普行法師全集 4

成唯識論研習

普行法師 著

法不孤起，必也應機而作。
唯識之理雖為佛說，但至佛滅後九百餘年，
經無著，世親二大菩薩之闡揚，始告大行。
稽其教理之演進，與當時小乘外道，實有密切之關係。

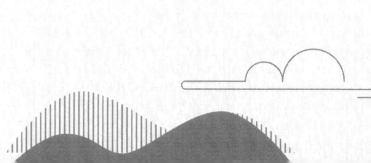

序

原夫「唯識」一學，乃屬於大乘佛法。「所云大乘，無過二種：一則中觀，二乃瑜伽，中觀則俗有真空，體皆如幻；瑜伽則外無內有，事皆唯識」（義淨南海寄歸傳）。此不特在印度為然，卽佛法東傳我國以後，西藏佛教學者，亦稱之為空有二大車軌。故唯識思想之在印度，僅有所謂瑜伽宗之名，尚未建立有唯識宗或相宗者，其在我國形成一完全之學派，且構成宗旨而為一家教學之目的，實始於李唐之慈恩大師。惟一般學者，在語言文字間，若說諸法之相狀，則多稱為「法相宗」；若說明萬法唯識之義，則曰「唯識宗」；或云「應理圓實宗」，則以法盡應理圓滿真實故；或云「普為乘教宗」，則以攝五乘故。其稱為慈恩宗，則以寺名宗焉。

嘗考此宗——唯識宗，以「五位百法」攝一切教門，立「三支比量」摧邪顯正，遠離「依他」及「偏計執」，證入「圓成實性」。誠末法時中救弊之良藥也。惟是，法不孤起，必也應機而作。唯識之理雖為佛說，但至佛滅後九百餘年，經無著，世親二大菩薩之闡揚，始告大行。稽其教理之演進，與當時小乘外道，實有密切之關係。故欲見唯識之真面目，須先明是時思想背景，蓋當時印度之思想學說，極為複雜，就外道方面言：其「唯神之梵天派」，則主張萬有皆聽命於神，人生毫無自在之權能；其「唯物之極微派」，則以為萬有之形成，皆以地、水、火、風各種極微為本體，離極微外，無精神之存在，故縱慾自恣，視人生如機械；其「神物混合之僧佉派」，則以為萬有不全聽命於神，亦非全屬物質之機械，乃由真神欲思受用諸塵，及由萬有本源與自性二法為生因。僧佉派之說，雖可補梵天，極微兩派之缺陷，然以至簡單之二元，即能生起極複雜之現象，實有因果不相似之弊，故唯識家極力破斥，而另建唯識之人生觀以糾之。至於小乘未了緣生之旨，即執惑業緣生為究竟；又但知六識，不立賴耶，不能自圓其說，故唯識家又建立非有非空之識變緣起論，以救小乘偏空之弊。此唯識學成立之背景也。

我國大乘佛法，雖八宗對立，各有特勝之義，然各宗理論，亦互攝無餘。近代唯識學泰斗——太虛大師，曾指出唯識三十頌之第二十三、二十四、二十五等三頌，可攝三論宗；第二十七、二十八兩頌，可攝禪宗；第二十六至三十之五頌，可攝律宗、華嚴宗、法華宗；第三十頌可攝淨土宗、真言宗。是卽此三十頌，不惟為唯識宗之宏綱，實佛法藏之寶鑰也。則治斯學者，大可「斷疑生信」，進而「信受奉行」焉。

至於唯識，雖為佛教學理上最煩瑣，而又最難研究之學說，但學者間，又莫不共認其思想理論，在全部佛法體系中，為最具條理、最有組織之一門學說，故不僅在佛法中有其特殊之地位，卽在學術界亦有其崇高之價值。因之，不特佛教學者應加以學習，卽一般學者，亦有學習之必要，庶於正法式微，邪說橫行之今日，能判別其錯綜複雜之思想，從而糾正其思想與邪曲之理論。近數十年來，佛教唯識學之為學術界所重視者以此。

普行法師年來專攻斯學，寫就「成唯識論研習」，連續刊登於「獅子吼」雜誌，就中多取材於「唯識述記」，不妄附己見，允為研究唯識之良助。今當裒集成册，爰隨喜而為之序云爾。

中華民國六十二年四月初一日　三寶弟子鄭壽彭敬序

自序

三藏之學，渺如烟海，何以但研習成唯識論？其緣由有二：

一、近代的西方思想界裏，有一種極其荒謬的哲學流派，其影響所及，簡直比洪水猛獸還厲害得多！那就是馬克斯之流的唯物論者。他們顢頇的辯證，謂：人類的意識，不能決定自己的生存，決定人類生存的，是物質生產。殊不知倡此謬論的，卻是他們自己的意識，而不是物質。我中華民國首當其衝，被這種荒謬思想拓展的趨勢，如狂風驟雨似的，分為有形與無形的兩路侵襲：有形的一路，明火執杖，挑起了所謂社會革命的階級鬥爭，把人類生存賴以維繫的人倫、道德、宗教、文化等，都摧毀無遺，造成神州陸沉的空前浩劫！他們既被物質所誑惑，又以物質誑惑人民、奴役人民，使其能造物質的意識，反被物質所凌奪，如役牛馬，但給水草。然而，人類畢竟與牛馬不同，怎能不暗自吞聲的在喊著：「時日曷喪，予及女（同汝）偕亡」呢？無形的一路，混進我們的復興基地，利用自由民主及經濟繁榮的方便，窮奢極欲，紙醉金迷，追求著物質的享受，使社會糜爛，民風凋敝，不知不覺的做了城狐社鼠；面對著昭然揭示的「莊敬自強」，却無動於衷，必至毀城壞社而後甘。

我們反攻復國，弔民伐罪的最高戰略，就是要針對著這兩路來犯的思想敵人，分頭痛擊，至於克敵致果的有效武器，那當然是至理究極的唯識論了。因為馬、列之流的唯物邪說，彷佛與印度的順世外道所主張的唯境無識，是魯衛之政，他們都是以物質為人類生存的唯一價值，不承認有物質以外的任何存在。然而物質，是有質礙的色法，又不出於數論外道的二十五諦、勝論外道的六句義，以及小乘所執離識而實有諸法的範圍，這在成唯識論的「廣破外執」一節裏，都一一予以破斥了。所以我們對這場維護人性尊嚴的思想戰爭，不打則已，要打，就得祭起我們這成唯識論的法寶。國家興亡，匹夫有責，何況佛子？此不慧研習成唯識論的緣由之一。

二、有人說：唯識學，不過是分析法相的理論，沒有說到有關觀行的教法。是不盡然，例如：徧計、依他、圓成三性，就是觀一切法：為妄情偏計而非有；依他緣起而非空；非有非空，便是平等真如的圓成實性。又如：資糧、加行、通達、修習、究竟的唯識五位，就是從地前的三十心起，貯備佛道資糧，分位修行，歷三大僧祇，四十一階，而至佛果。誰說這三性五位，不是觀行的教法？佛在楞嚴會上命二十五聖各述圓通，彌勒菩薩答道：「佛問圓通，我以諦觀十方唯識，識心圓明，入圓成實。」假使唯識學裏，沒有觀行的教法，試問：彌勒菩薩，他如何能證圓通？

慈氏既以諦觀唯識，入圓成實，復造瑜伽師地論，以弘揚唯識，承其學統者，綿延流長，舉不勝舉，略有：世親菩薩的唯識三十頌，護法等十大論師發揮三十頌義的論著，乃至玄奘大師盡收十師精粹，糅譯為洋洋大觀的成唯識論。此論雖廣明法相，實亦為行人窮究心性，照見本來的第一寶鑑。此不慧研習成唯識論的緣由之二。

此二緣，前為大悲，後為大智，乃諸佛菩薩出入世間的大行大化，末法比丘，何敢妄擬？太史公曰：「詩有之：高山仰止，景行行止，雖不能至，然心鄉（同嚮）往之。」是以為序。

中華民國六十二年二月　比丘釋普行於臺灣

成唯識論研習分科表

成唯識論研習

比丘 釋普行 著述

甲 敍源流

成唯識論，是法相唯識宗的第一要典，治此學者，在沒有回溯到唯識之所以成爲論的源流以前，大都有：又是「頌曰」；又是「論曰」，頭上安頭；脚下添脚的無謂困擾。如果再加上後人的註釋，那就更糟得一塌糊塗了，不要說探索其思想的淵源與發展的路線啦。所以研究唯識論的第一步工作，應該是回溯源流，把他的來龍去虎，如此這般的弄個清楚。

據說：佛滅度後，大概由五百年到九百年間的樣子，印度佛教界的思想，差不多都受了龍樹菩薩空宗學說的影響，因不了中道著於斷滅空見者，大有人在。九百年後，有一位無著菩薩應運而生，於薩婆多部出家。因思惟空義不得，乃上升都史多天，聽彌勒菩薩講瑜伽師地論，於境理行等相應五義深致善巧，下化有情，常無倒說。同時其弟世親菩薩，亦於薩婆多出家。初學小乘，並依大毘婆沙論造六百偈頌，以資弘揚。後爲無著所化，始回小向大，因聞阿毘達磨攝大乘品，及華嚴十地品等，方知謬讚小乘，貽誤匪淺，悔恨之餘，竟欲操刀截舌，以贖前愆。正在千鈞一髮之際，突被無著於三由旬外，遙舒一臂，迅急勸阻他說：汝既以此舌犯了執小之罪，盍不仍用此舌建立讚大之功呢？要知道解鈴還是繫鈴人啊。菩薩隨順兄旨，依瑜伽本論造三十唯識頌，發揚非有非空的大乘妙趣，以代其截舌懺罪的消極措施。是頌也，文約義博，幽微玄秘，所以唯識樞要讚之為：『萬象含於一字，千訓備於一言』。可惜，短頌甫就，未及長行廣釋，菩薩就歸真圓寂了。幸有護法等十大論師，先後繼起，各依本頌，妙闡幽微，遂成十釋。所謂：『濬情七轉，激河辯而讚微言；遊神八蘊，振金聲而流妙釋；淨彼真識，成斯雅論』。玄奘大師在西遊期間，遍參五印，窮究法藏，尤以在那蘭陀寺，受此唯識學於戒賢法師的因緣為殊勝。東歸後，奉詔大興譯政，本擬將十大論師的十種釋本各別翻出；因其參預譯政的弟子窺基，堅請將十釋糅譯為一部，並不惜以退迹的態度來支持他這一志在必行的主張。他在建議中說：『自夕夢金容，晨趨白馬；英髦間出，靈智肩隨；聞五分以心祈，攬八蘊而遐望；雖得法門糟粕，然失玄源之淳粹。今東出策賫，並目擊玄宗；幸復獨秀萬方，潁超千古；不立功於參糅，可謂失時者也。況羣聖製作，各馳譽於五天；雖文具傳於貝葉，而義不備於一本；情見各異，稟者無依。況時漸人澆，命促惠舛；討支離而頗究，攬初旨而難宣。請綜錯羣言以為一本，揩定真謬，權衡盛則』。大師經過一番考慮之後，認為基師的建議，頗具悲智，大可採行，遂聽改別翻為一譯。這纔在我們中國的文化史上，創建了燦爛光輝的奇蹟。

一經把這些來龍去脈的源流，搞清了之後，那些無謂的困擾，自然就解除了。原來：頌曰云云，是世親菩薩所造的三十本頌；論曰云云，是護法等十大論師對三十頌的妙釋；至於後人的註解，那又是兼彼頌論而並釋之了。並不是頭上安頭，脚下添脚啊。

乙 釋題名

成唯識論，本來梵云：「毘若底摩呾刺多悉提奢薩呾羅」。此翻毘若底爲「識」；摩呾刺多爲「唯」；悉提爲「成」；奢薩呾羅爲「論」；應讀爲「識唯成論」。爲順本國文法，正名爲「成唯識論」。安立題名的目的，不過爲使聞者在未入正文以前，先對本論的宗要，顧名思義，有一個概念而已。今略作四種解釋如下：

一、有建立的功能叫做成；遮無外境叫做唯；了別內知叫做識；除却內知，都無外境，叫做唯識。詞嚴義正，有條有理的言說，叫做論。成唯識論，就是成立唯識無境之理的言論。

二、三十本頌，名成唯識。因爲它是成立唯識之理的本頌之故。詮釋本頌，名之曰論，成唯識論，就是詮釋三十本頌的論文。

三、識的別名爲心，心不異識。八識性相，不離乎心；心心所法，無非是識。如：本論言識變；華嚴說心造；統而言之，一切法皆是識心之所變造，故曰不異。以不異故，攝心歸識，故名唯識。問：何不攝識歸心，名唯心呢？答：抉擇輕重，心但集起，識通因果（或說識在因地，心通果位，今不同彼說）。何以故？一切法都是由種子識發起現行，由現行熏習成種；如是因果果因，流轉三世，無非都是識的作用；就是修成佛果，也得三祇鍊行，百劫植因，一切法空，因果不空。爲極顯如是空不空義，故攝心歸識，統名唯識。成唯識論，就是成立此空不空的唯識之理的言論。

四、識分眞妄：一切染法，唯是妄識之所緣起；一切淨法，唯是眞識之所顯現。染妄緣起，一切假有；淨眞顯現，一切眞空；假有非有，眞空不空；泯空有相，歸唯識性；故曰唯識。成唯識論，就是成立此非有非空唯識性的理論。

丙　解正文

第一篇　敬願敍

第一章　歸敬願

稽首唯識性，滿分清淨者，我今釋彼說，利樂諸有情。

這四句偈的前二句是歸敬三寶，也就是發願時所舉行的儀式。後二句是所發的誓願。稽首，就是以五體投地，表示至心歸敬的禮儀，即今佛門所謂的頂禮。古禮有稽首、頓首之別：當禮拜時以首著地卽舉爲頓首；許久方舉爲稽首，是以稽首爲最敬禮，頓首次之。今言稽首，當然是致最敬禮了。致最敬禮，必有其至心歸敬的對象，這對象便是：唯識性、滿清淨、分清淨者。

唯識性，在本論裏說有二種；二種各二，總說三性。第一種是：一者虛妄，謂「遍計執」；二者眞實，謂「圓成實性」，爲簡虛妄，說實性言。第二種是：一者世俗，謂「依他起」；二者勝義，謂「圓成實」，爲簡世俗，故說實性。但這裏所說的唯識性，是單指圓成實性而言的。何以故？除却圓成實是爲迷悟所依，唯證所淨外，遍計虛妄，遣然後淨；依他世俗，斷然後淨，都不是如來所證得的眞如自性，所以也不是歸敬的對象之故。

問：三性旣作二種分別，何以又都叫做唯識？答：唯識是遍計依他之性，圓成實是唯識之性，所以都叫做唯識性。遍計依他顯體虛妄，圓成實性顯體眞實，所以又作二種分別。

如來究極唯識之性，圓證眞如妙理，斷盡二障，都無殘習，叫做滿清淨。菩薩於唯識之性，究猶未極；於眞如妙理，證猶未圓；於二障，斷猶未盡，叫做分清淨。

統如上說：唯識性就是法寶。因其攝盡一切教理行果，爲到佛地所乘乘故，所以列爲第一歸敬。滿清淨者就是佛寶。因其證眞如法性，究竟離垢卽名佛故，所以列爲第二歸敬。分清淨者就是僧寶，因菩薩僧依教行化，具佛資故，所以列為第三歸敬。

歸敬三寶，不是徒具形式，還要發宏誓大願，在實踐佛法的行動上，來表示眞正的歸敬。菩薩大願發自大悲大智，非同小可。「我今釋彼說」，便是大智；「利樂諸有情」，便是大悲。我，是護法等的自稱。彼說，是指世親所造的三十唯識頌。利樂，是得到大菩提、大涅槃的利益和安樂。有情，是含有情識的衆生。是說：我們護法等，謹向三寶致最敬禮，因為我們要來解釋世親菩薩所造的三十唯識頌，使一切衆生，都能得到大菩提大涅槃的利益和安樂，請三寶加被我們。可見歸敬三寶，並不是隨隨便便的輕率舉動，而是為着這一大事因緣啊。

歸敬三寶以求加被的話，並非迷信。在佛法固是不可思議的感通，在世法也是極高度的哲學理則。儒經的大學上說：『知止而后有定；定而后能靜；靜而后能安；安而后能慮；慮而后能得』。歸敬三寶就是知止。因為唯有三寶才是世人知其所止的至善境地，一如『緡蠻黃鳥，止於丘隅』然。既知其所止而止矣，則定靜安慮的心一境智，也就如枹鼓似的相應而至了。以此妙慧去釋唯識妙理，如說還有不吉祥的魔障從中作祟，使之釋而不「得」者，無有是處。所以凡在未釋經論之前，皆以「三寶最吉祥」而投誠歸敬，以求加被焉。

第二章　敍願由

第一節　為得勝果

今造此論，爲於二空有迷謬者生正解故；生解爲斷二重障故。由我法執，二障俱生。若證二空，彼障隨斷。斷障爲得二勝果故。由斷續生煩惱障故，證眞解脫；由斷礙解所知障故，得大菩提。

上來說：「我今釋彼說，利樂諸有情」。爲什麼非釋彼說，就不能利樂有情呢？以下是分三次說明造論之由，來答覆這個問題。

這是第一次。造此論，就是釋彼說。二空，是我空和法空。我、法本無，簡彼執有，故名爲空；然！此空義，顯眞如理，實性不空，非但空無。這是對於二空的正解。於此空義：凡夫外道全然不知，名之爲迷；聲緣二乘少分了解，但證偏空及斷滅空，皆名爲謬。如此！迷則非解；謬解非正。所以現在要造此論，就是爲使這些於二空理，迷謬而不生正解的人，生正解故。

他們對於二空的道理，不生正解就不生正解罷，一定要教他生解幹嘛？答：「生解爲斷二重障故」。斷，是斷除。障，是障礙。二重障是：（一）煩惱障，能障凡夫不得湼槃，流轉生死。（二）所知障，能障二乘於所知境不悟菩提。這二重障，非正解二空不能斷除，所以一定要教他於二空理，得到正確的了解。

於二空理，一生正解，就能斷除二障，這是什麼緣故呢？答：「由我法執，二障俱生；若證二空，彼障隨斷」。我執，是執有實我。法執，是執有實法。執有實我的我執，是生起煩惱障的根本。執有實法的法執，是生起所知障的根本。所以衆生一有我法二執，則煩惱所知二障，都一齊生起來了。反是！如果證了我法二空的眞理，則二執破，二障也就隨之而斷了。

為什麼要斷障，斷障有什麼好的去處呢？答：「斷障爲得二勝果故」。勝，是殊勝，卽超然之謂。果，是果位，對因而言。二勝果，是大菩提和大涅槃的二種佛果。聲緣二乘於此二果，得未圓滿；菩薩十地於此二果，雖得圓滿尙未究竟；唯佛於此究竟圓滿，超越彼等，故名爲勝。而此勝果，斷障方得，所以說：「斷障爲得二勝果故」。

怎見得二勝果是由斷障而得的呢？答：（一）「由斷續生煩惱障故，證眞解脫」。有情爲我執故，被貪瞋痴等擾惱身心，故名「煩惱」。此煩惱從後天師教，及邪分別而起者，造種種業；從先天與身俱生者，滋潤其業使之受報；如是流轉生死，相續不斷，故名「續生煩惱」。此煩惱能障涅槃，不令證入，故名「續生煩惱障」。契會眞理，叫做「證」。斷煩惱障，離生死縛，證大涅槃；復不見有生死可離，涅槃可證，叫做「證眞解脫」。外道二乘，雖斷煩惱，別取涅槃，灰身滅智，是假解脫；菩薩大悲化他，不捨生死，不取涅槃，是似解脫；顯勝彼等，故立眞名名「眞解脫」。（二）「由斷礙解所知障故，得大菩提」。大乘學者，在未成佛之前是學無止境的。若有、若空、若相、若性，凡是趣向於菩提大覺的一一法門，皆所知境；於所知的境上，起能知的智慧，叫做「解」。此智解所知，不似染汚煩惱，何以能爲障礙？都爲有輩淺見之徒，得少知足，認爲自己已學富五車，才高七步，無可再學了；由此法執，覆能知智，不使生起，名爲「礙解」；覆所知境，不使現前，名「所知障」。由斷此障，得無上覺，叫做「得大菩提」。二乘未斷此障，覺非菩提；菩薩斷未究竟，雖得菩提，未足言大；簡非彼覺，故立大名名「大菩提」。

第二節　令達二空

又爲開示：謬執我法，迷唯識者；令達二空，於唯識理，如實知故。

這是第二次說明造論之由。開，是開導迷謬。示，是指示眞理。於二空理不生正解的外道、二乘，執着內而身心的我；外而萬有的法，都是實實在在有其自性的。殊不知，這完全是自己識心之所變現，所謂：「自心取自心，非幻成幻法」，這便是「謬執我法迷唯識者」。今造此論，就是爲給此等迷謬的人們一個開示，敎他們了達我法二空，於唯識的眞理，如實而知。「達二空」，就是了達「依他起」的世俗唯識性；因爲我法都是依他緣起的，所謂：「因緣所生法，我說卽是空」，這就是所謂的開導迷謬。「如實知」，就是證知「圓成實」的勝義唯識性；因爲唯識的眞理就是圓成實，所謂：「若了依他起，離開遍計執，便證圓成實」，這就是所謂的指示眞理。

第三節　遮四異執

復有迷謬唯識理者：或執外境，如識非無；或執內識，如境非有；或執諸識，用別體同；或執離心，無別心所。爲遮此等種種異執，令於唯識深妙理中得如實解，故作斯論。

這是第三次說明造論之由。更有一些對唯識的道理，迷謬而不生正解的人，約略分爲四種：（一）或執外境，如識非無：這是小乘薩婆多——一切有部等的迷執。他們執着經上到處說有色心二法，隨卽認爲心識以外的色等五塵境界，也同裏頭的心識一樣不是沒有。（二）或執內識，如境非有：這是中觀學者清辯論師等空宗一派的謬執。他們依勝義諦，說裏頭的心識，也同外面的塵境一樣是沒有；但他們也依世俗諦，說有心境；二諦觀融，非有非空，是謂中道。（三）或執諸識，用別體同：這是大乘性宗一類菩薩的謬執，他們認爲諸識雖各有功用，却是同一阿賴耶的心體。所謂：「元以一精明，分成六和合」。（四）或執離心無別心所：這是小乘經部婆沙論師覺天等的迷執。他們執着經上「士夫三界染淨由心」的說法，隨卽認爲離了心王之外，別無所謂的心所，心所的名稱，不過是隨着心王所引起的功用，假緣安立罷了。

以上四種，唯識家通統認爲他們是唯識理的迷謬者。因爲前二種的執着，與唯識家有識無境的主張有異；第三種的執着，與唯識家諸識各有體用的主張有異；第四種的執着，與唯識家離心王外別有心所的主張有異。今爲遮斷此等種種異執，敎他們於唯識的深妙理中，得到如其實性的了知，故作斯論。

第二篇　釋難標宗

第一章　假難緣

若唯有識，云何世間，及諸聖教，說有我法？

這是藉着問難的因緣，以發起頌端的話。若，是假設之詞。時間遷流，無常變壞，隱覆眞理，叫做世；墮落在世中的人物，叫做世間。佛的尊號叫做聖；佛所說的經典叫做聖敎。

假定你們唯識家所說「唯識無境」的道理是對的話；那麼，世間的人以及聖教的經典，爲什麼都說有我法呢？如此，則不但與世間相違；而且與聖教亦相違。與世間相違，猶有可原；與聖教相違，那是絕對不成的。

第二章　標論宗

頌曰：由假說我法，有種種相轉；彼依識所變。此能變唯三，謂：異熟、思量，及了別境識。

以少文而攝多義叫做頌，每四句爲一頌。頌曰，是三十本頌上說。舉此頌說以標論宗，答上問難。由，是因由。假，是虛假，約有二種：（一）無體隨情假——世間凡夫所執着的我法，都如空華兎角，並無實體；但以妄情執爲我法。（二）有體施設假——聖教所說的我法，爲使衆生離諸倒想，入佛知見，雖有法體爲實義依，而此我法，究非法體，不過是隨緣施設的假名言相而已。所謂：「空拳誑小兒，以是度衆生。」

世間聖教所說的我法，原是由此二假而說起的，並不是眞的說有實在的我法啊。然，我法雖無，由假說故，却有許許多多不同的我相和法相展轉生起。問：假是對實而言的，既然沒有實我法，那麼假我法又從何說起？譬如：假使沒有草木等的實華；羊鹿等的實角，則空華兎角之說，亦無從安立。答：當知假我法，是依於內識的自證、見、相等三分心法變造出來的，不是離識而有的實我實法啊。彼所變的我法，雖有無量無邊那麼多，但此能變的識却只有三種：（一）異熟識——這是第八識的一種名稱。異，是變異；熟，是成熟；由前時之因，漸漸變異而成熟爲後時之果。（二）思量識——這是第七識的別名。思，是思慮；量，是度量；他無始來，不間斷的思量着第八識而執以爲我。(三) 了別境識——這是前六識的總名。能分別了知色等六塵粗境。

第三章 釋所標 (上)

第一節 別釋

論曰：世間聖教說有我法；但由假立，非實有性。我謂主宰；法謂軌持。

這是對第一句頌的解釋說：不錯！世間凡夫以及聖教，確乎都曾說有我法；但彼等所說的我法，無非是由假緣安立的假名言相，並沒有實在的體性；實在的體性，是離於名言的。什麼叫做我法呢？答：(一) 我謂主宰——主，是自主；宰，是判斷；能自作主張，判斷一切的就叫做我。(二) 法謂軌持——軌，是對事物能生知解的軌範。例如：依四諦的軌範，能對三界生苦集等的知解。持，是維持自相的功力。例如：松能維持松的自相，竹能維持竹的自相，松是松，竹是竹，松竹判然。凡屬有此能生物解的軌範；及有功力能維持自相的，都叫做法。

彼二俱有種種相轉。我種種相，謂：有情命者等；預流一來等。法種種相，謂：實德業等；蘊處界等。轉謂隨緣施設有異。

這是對第二句頌的解釋說：彼二我法，有千差萬別種種不同的名相轉起。我的種種名相，大別有二：（一）有情命者等——我具色心二法：起心動念，愛着貪染，名之謂情；色心相續，生死無間，名之謂命。此外還有其他很多關於「我」的名相，如：士夫、作者、知者……舉不勝舉，概以一「等」字括之。這是世間所說的種種我相。（二）預流一來等——預流，是斷三界見惑預入聖人之流的初果羅漢。一來，是尚須來欲界受一次生，方斷三界思惑的二果羅漢。此外還有很多，如：三果、四果、緣覺……略而不說，也概以一「等」字括之。這是聖教所說的種種我相。

法的種種名相，也大別有二：（一）實德業等——萬有的本體，名之謂實。顯體之相，名之謂德。所起作用，名之謂業。這僅是勝論外道所立的六句義的前三句；此外還有後三句，乃至數論外道的二十五諦，都不及備載，只好用一「等」字攝盡其餘。這是世間所說的種種法相。（二）蘊界處等——蘊，是色、受、想、行、識等的五蘊。處，是六根和六塵的十二處。界，是十二處再加六識的十八界。這不過是聖教所說的世間法；此外還有出世間法，如：四諦、十二因緣、六度；乃至無量法門，罄竹難書，也只好用一「等」字攝盡其餘了。這是聖教所說的種種法相。

何以世間聖教會有我法的種種相轉呢？都爲隨着他們的因緣差別，所以安立的名相也就有異了。世間所說是隨着遍計的因緣；聖教所說是隨着方便的因緣。如是隨緣，所安立的我法自然有異，這就叫做「轉」。所以說：「轉謂隨緣施設有異」。

如是諸相，若由假說，依何得成？

這是引起對第三句頌解釋的問難。如果照你們唯識家的說法：一切我法，不是用妄情執着而假說；便是由方便施設而假說。那麼，假必依眞方可得成，既無二眞可作憑藉；二假是依據什麼而得成立的呢？

彼相皆依識所轉變而假施設。識謂了別。此中識言，亦攝心所，定相應故。變謂識體，轉似二分。相見俱依自證起故。依斯二分，施設我法，彼二離此，無所依故。

這以下是解釋第三句頌，來答覆前面的問難。彼世間聖敎所說的我相和法相，雖不是依眞而假說，却都是依於內識的轉變而施設的假名言相啊。什麼叫做識呢？識的意義，就是了解和分別。不過這不是單指八識心王而言，連心所也都攝歸在內了。因爲心王是心所之王；心所是心王之所；王爲主，所爲從；亦如今之總統府與各部院間的整體系統然；一定有同氣連聲的相應關係。什麼叫做變呢？就是由識的自體——自證分，轉起似有而實無的相、見二分；這相、見二分，好像蝸牛的二角，依於蝸牛的頭而生起一樣，都是依於識體的自證分轉變出來的。依此見、相二分，來施設我、法二相——依能見的一分作用，施設我相；所見的一分境界，施設法相。因爲彼我法二相，如果離了這見相二分，就如蝸牛的角離了蝸牛的頭一樣無所依據了。

或復內識轉似外境。我法分別熏習力故，諸識生時變似我法。此我法相雖在內識，而由分別似外境現。諸有情類無始時來，緣此執爲實我實法。如患夢者，患夢力故；心似種種外境相現。緣此執爲實有外境。

或復，是更有一番道理，顯示我法非實的推進之詞。這道理是：（一）我法諸相，本非外境，不過是由內識的見、相二分轉變爲似是而非的外境而已。（二）因爲過去世對我法分別熏習之力，孕育在八識田中，成爲今世引生現行的種子之故，所以才由內識的自證分變起見、相二分的似我法相。（三）內識所變現的似我法相，雖非外境，然而分別起來，就好像顯現在心外的境界一樣；一切衆生之類，從無始時來就因此執着爲實我實法了。（四）這譬如染患眼病和在睡夢中的人一樣；本來沒有外境，由於眼花繚亂，睡夢顚倒之故，才由內心現出似乎是實在有的種種境相；因此就執着爲實有的外境了。

第二節　總釋

愚夫所計：實我實法，都無所有；但隨妄情而施設故，說之爲假。內識所變，似我似法，雖有而非實我法性；然似彼現，故說爲假。

舉凡不了解我法非實的凡夫、外道、二乘等，皆屬愚夫。他們所計執的實我實法，按道理講，都是無所有的；只是隨着他們的虛妄情執，施設為有主宰的我，有作用的法而已。因他是遍計執故，所以說他是假。這是世間所說的我法假而非實的理由。

由內識所變現的似我似法，按道理講，雖有依他緣起的似我法體，却沒有實我法性。然此似我似法，因為是彼內識的變現之故，所以也得說他是假。這是聖教所說的我法假而非實的理由。

外境隨情而施設故，非有如識；內識必依因緣生故，非無如境。由此便遮增減二執。

遍計所執的心外實境，因為是隨着世間的妄情而施為設置之故，體實都無，並非和依他的內識相似；依他起的內識，因為是必定依於種子因緣所生之故，體倒是有，並非和遍計所執的外境一樣。由於此內識非無；外境非有之故，便遮除了心外有境的增添執着；以及心境俱無的減損執着。

境依內識而假立故，唯世俗有；識是假境所依事故，亦勝義有。

因為外境是依托內識而安立的假我法相之故，所以只有世間俗流才執以為有。因為內識是假我法相的外境所依托的事體之故，所以不但世俗認為是有，就是超過世俗的勝義者，也認為是有。

不可誤會假境所依的識，就是勝義諦。當知「亦勝義有」的亦勝義，僅少勝於俗諦之俗，並非眞勝義諦。眞勝義中離言絕思，空尚不可說，何況說有。

唯識家立四種二諦。四種俗諦是：（一）假名無實諦——如軍林等隱覆眞理的假法。（二）隨事差別諦——如蘊處界等差別諸法。（三）證得安立諦——爲佛所證得，而方便安立的苦集滅道等四諦。（四）勝義世俗諦——二空帶詮，安立名相，故名世俗；理證眞如，故名勝義。四種勝義諦是：（一）體相顯現諦——即少勝於第一俗諦之第二俗。（二）因果差別諦——即較前二俗爲勝的第三俗諦。（三）依門顯實諦——即勝於前三俗的第四俗諦。（四）廢詮談旨諦——即一眞法界體妙離言的眞勝義諦，復又超勝於四種世俗諦，可謂勝義之勝義。

四種俗諦的第一諦，爲俗諦中的俗諦；餘三爲俗諦中的勝義，勝義諦中的俗諦。四種勝義諦的第四諦，爲勝義諦中的勝義；餘三爲勝義中的俗諦，俗諦中的勝義。所以唯識述記云：『眞不自眞，待俗故眞，即前三眞亦說爲俗。俗不自俗，待眞故俗，即後三俗亦名爲眞』。

亦勝義有的「識」，即屬於第二俗的隨事差別諦；亦屬於第一勝義的體相顯現諦；所以說是「亦勝義有」。其實是俗勝義而不是眞勝義啊。

甲一　總問答破

云何應知實無外境，唯有內識似外境生？實我實法不可得故。

一般外道小乘，對上來所說唯識無境的道理，猶未徹了，故作是問：我法是實，有目共覩；為什麼說：應當知道實無外境，唯有內識好像是外境生起一樣呢？答：因為你所謂的實我實法，推究起來是不可得的啊。

甲二　別問答破

乙一　問答破我

丙一　別破三類

如何實我，不可得耶？

為什麼說實我不可得呢？

諸所執我，略有三種：一者執我體常周徧，量同虛空，隨處造業受苦樂故。二者執我，其體雖常，而量不定，隨身大小有卷舒故。三者執我體常至細，如一極微，潛轉身中作事業故。

執我的外道雖多，類別不過三種：第一種是數論等的大我執——他們執着我體的性質，是三際相續，恒常不斷的；我相的範圍，是周圓普徧，量同虛空的；我用的功能，是到處可以造善惡諸業，受苦樂諸報的。第二種是無慚外道的不定我執——他們執着我體雖常，而我的身量範圍却是不一定的。如一般物理：遇熱則脹；遇冷則縮；若身量縮小，我可以卷之而藏諸秘；若身量脹大，我可以放之而彌六合。第三種是遍出外道等的小我執——他們執着我體雖常，而我的身量却只有一極微那樣小；因此我能夠潛伏在衆生身中，作種種事業。這三種我執，都是自語相違的，所以到下面唯識家才以子之矛而攻子之盾啊。

初且非理。所以者何？執我常徧，量同虛空，應不隨身受苦樂等。又常徧故，應無動轉，如何隨身能造諸業？又所執我，一切有情爲同爲異？若言同者：一作業時，一切應作；一受果時，一切應受；一得解脫時，一切應解脫，便成大過。若言異者：諸有情我，更相徧故，體應相雜。又一作業一受果時，與一切我處無別故，應名一切所作所受。若謂作受，各有所屬，無斯過者，理亦不然。業果及身，與諸我合，屬此非彼，不應理故。一解脫時，一切應解脫，所修證法，一切我合故。

這三種我執，餘二姑置不論，單說第一種大我，就不合道理。什麼原故呢？苦樂是無常，而不是常，你們既然執着大我是恒常周徧，量同虛空的，就不應當再說是隨身能受苦樂。

造業就必須要有動作，你們的大我既是常徧，就應該壅塞不通，而沒有轉動的餘地，何以能隨身造作諸業？

試問：你們的大我，一切衆生是共同一個呢，還是各各別異？若說是共同一個，那麼，一人作業時，一切人豈不都要同作；一人受果報時，一切人豈不都要同受？如此說來，萬一有一個人修行得到解脫生死時，一切人豈不都應當同時解脫嗎？這種過失可眞够大的了。若說是各各別異，那就應該甲的體中有乙；乙的體中有丙；乃至一切衆生的體都混雜不清，因爲你們所執着的大我是交相周徧的原故。

當一個人作業；一個人受報時，就應當名叫一切人所作；一切人所受。因爲你們執着一個人的我，和一切人的我的根塵等處，並無別異之故。如果你們再要詭辯的說：我們的所作所受，是耶穌歸耶穌，撒旦歸撒旦，並沒有彼此混雜不清的過失。這理由也未必然，因爲你們所作受的業果，及能作受的身體，是與一切人的我和合在一處的，却說此人作受不屬彼人，寧有此理？所以當一人解脫時，一切衆生都應解脫。因其所修證的法門，就是其所作受的業果，也是和一切衆生的我合在一處之故。

中亦非理。所以者何？我體常住，不應隨身而有舒卷；既有舒卷，如籥槖風，應非常住。又我隨身，應可分析，如何可執我體一耶？故彼所言，如童豎戲。

前面第一種的大我執已據理破斥，固無論矣。就是中間第二的不定我執，也是不合理的。什麼原故呢？

你們既然執着我體是常住的。常則不變；住則不動，就不應當再是隨身大小而有變動的舒卷啊。

既然執着我有舒卷不定的伸縮性，就應該不是常住。譬如：冶爐用以吹火的風匣——橐；和以竹管製成笛籥一類的樂器——籥；這橐籥裏面的風，是隨着橐籥的大小而有舒卷，並非常住。我有舒卷，亦復如是不應常住。

還有，你所執着的我，既是隨身而有舒卷，就應當可以分析出或舒或卷的差別。身體既可分析，隨身的我當然也可以分析，怎麼可以執着我體是常一呢？所以你所說的話，眞好像剛會豎立起來的兒童開玩笑一樣。

後亦非理。所以者何？我量至小，如一極微，如何能令大身徧動？若謂雖小，而速巡身，如旋火輪，似徧動者，則所執我，非一非常，諸有往來，非常一故。

不但前二種大我和不定我不合理，就是這第三種的小我執也是不合理的。什麼原故呢？

你所執着的我量，像一粒極微那樣小，在色究竟天一萬六千由旬的大身裏，動於此，必不能動於彼，如何能令大身普徧的轉動？若說我量雖小，卻能够很快的巡廻全身，像囘旋火輪似的周徧轉動。那麼，你所執的我就不是一；也不是常了，因爲諸所有往有來的東西，都不是常一之故。

又所執我，復有三種：一者卽蘊；二者離蘊；三者與蘊非卽非離。

外道的三種我執，已如前破。現在該破小乘的三種我執了。今先敍其執：第一種名叫卽蘊我——執着卽此五蘊便是我體。第二種名叫離蘊我——執着離此五蘊外，別有我體。第三種名叫非卽離蘊我——執着卽蘊非我；離蘊亦非我，非卽蘊非離蘊，便是我體。

初卽蘊我，理且不然。我應如蘊，非常一故。又內諸色，定非實我，如外諸色，有質礙故。心心所法，亦非實我，不恒相續，待衆緣故。餘行餘色，亦非實我，如虛空等，非覺性故。

這三種我執，先說最初的卽蘊我，按道理講就不對。怎樣不對呢？蘊，是色、受、想、行、識五種因素的化合物，不是常一的實體。因此其所執的卽蘊我，也應如蘊一樣不是常一的實我。這是總破卽蘊的我見。

內裏的諸色——眼、耳、鼻、舌、身等的五根，決定不是自在的實我，因爲他同外面的諸色——色、聲、香、味、觸等五塵一樣是有物質的障礙。這是別破色蘊的我見。

屬於心所法的受、想、行三蘊，及屬於心法的識蘊等，也並非實我。因爲他不是恒常相續，而是有待衆多的他緣或斷或續之故。這是別破受等四蘊的我見。

除心所法四十六個相應行法外，其餘的十四個不相應行法；及除五根五塵外，其餘的無表色等，也不是實我。因爲他同虛空一樣的沒有覺性。這是破餘行餘色的我見，並不是翻顯心心所是有覺性，應該許他是實我。

中離蘊我，理亦不然。應如虛空，無作受故。

最初的卽蘊我執，於理固然不對，就是這中間的離蘊我執，於理也不對。何以言之？因爲離了五蘊，就應該如虛空一樣，沒有能作業和能受報的人了。那怎麼能叫做我呢？

後俱非我，理亦不然。許依蘊立，非卽離蘊。應如瓶等，非實我故。又既不可說有爲無爲；亦應不可說是我非我。故彼所執，實我不成。

不但最初的卽蘊我執，和中間的離蘊我執不對，就是這最後不卽蘊、不離蘊的俱非我執，按理說也是不對的。

因爲彼犢子等，執着我與我所依的五蘊，是不卽不離的；然別有我體是非常非無常的。又執瓶等外器是依於色香味觸等四塵而建立的；然瓶與四塵也是不卽不離的。所以唯識家破他說：你們所執的我並非實我，因爲你們既許我是依蘊而立；又說我是不卽蘊，不離蘊。這不是同依於四塵所立的瓶等一樣是不卽四塵，不離四塵嗎？然，依於四塵的瓶等，不過是和合的假色；難道說依於五蘊的我，會是實我嗎？

彼等又立有：過去、現在、未來、無爲、不可說等五法藏。他們執着我是非常非無常；不可說是有爲，也不可說是無爲。所以唯識家又破他說：你們所執着的我，既然不可說是有爲、無爲；也應當不可說是我、非我。職是之故，彼犢子等所執着的實我，是不能成立的。

丙二　總破諸執

又諸所執，實有我體：爲有思慮？爲無思慮？若有思慮，應是無常，非一切時，有思慮故；若無思慮，應如虛空，不能作業，亦不受果。故所執我，理俱不成。

以下是綜合前面的諸所執我，再分四囘總破。這是第一囘。

諸多所執的實有我體，請問是有思慮呢，還是沒思慮？若說是有思慮，那你這個我就應該是沒有實體的無常。因爲思慮是有時起；有時不起，並不是一切時都有啊。若說是沒有思慮，那你這個我就應該像虛空一樣，不能作任何事業；也不能受任何果報。所以你們所執着的實我，無論在任何道理上講，都是不能成立的。

又諸所執，實有我體：爲有作用？爲無作用？若有作用，如手足等，應是無常；若無作用，如兎角等，應非實我。故所執我，二俱不成。

這是第二回總破諸所執我。

請問：你們所執着的實有我體，是有作用呢？還是沒有作用？若說是有作用，就應該如手足一樣的作息無常；若說是沒有作用，那就應該如兎角一樣沒有實我。所以你們所執着的實我，不管在有作用和沒有作用的理由上都不能成立。

雖無任何外道小乘執着沒有作用的我。然爲防有作用的我執被破斥後，很可能以無作用爲避難所，故附帶予以假破。

又諸所執，實有我體，爲是我見所緣境不？若非我見所緣境者，汝等云何知實有我？若是我見所緣境者，應有我見，非顛倒攝，如實知故。若爾，如何執有我者，所信至教，皆毀我見，稱讚無我。言無我見，能證涅槃；執著我見，沉淪生死。豈有邪見能證涅槃；正見翻令沉淪生死？

這是第三回總破諸所執我。

你們所執着的實有我體，是不是我見親自所緣的境界呢？如果不是我見所緣的境界，你們又怎樣知道有一個實我呢？如果是我見所緣的境界，那這個我見的我，就應該不攝屬於杯弓蛇影的錯覺了。因爲你知道的很確實啊。倘若眞的如此，爲什麼你們執有實我者自已所信奉的至極聖教——阿含經裏，都在毀棄我見，稱讚無我的說：唯有斷除我見的人，才能證到不生滅的涅槃覺岸；否則，執着我見的人，只有沉淪在生死迷流呢？

要是依你們說：不執我的知見是邪見；執我的知見是正見。那麼，豈有不執我的邪見，能證涅槃而成聖；執我的正見，反而沉淪生死而爲衆生之理？因明論理是以聖教量爲勝的，可見執我的不是正見，不執我的才是正見哩。

又諸我見，不緣實我，有所緣故，如緣餘心；我見所緣，緣非實我，是所緣故，如所餘法。是故我見，不緣實我；但緣內識，變現諸蘊，隨自妄情，種種計度。

這是第四回總破諸所執我。

先立一個能緣量，以破能緣的我見：「我見不緣實我」是宗；「有所緣故」是因；「如緣餘心」是喻。量中的意思是說：所執着的我見，並不能緣於實我；因爲我見另有它自己托緣而起的所緣緣故；也如緣餘法——五塵的五識心一樣各自有它各自的對象。

再立一個所緣量，以破我見的所緣：「我見所緣定非實我」是宗；「非有實我是所緣故」是因；「如所餘法」是喻。量中的意思是說：我見所緣的境，決定不是實我；因爲根本沒有實我作爲所緣的境故；也如五識心所緣的餘法一樣不是實境。

由於以上所說的這些緣故，我見絕對不緣實我，但緣從自己內識裏所變現出來的五蘊諸法。復隨自己的虛妄情見，在這五蘊法上生起種種計度而成爲所執的實我了。這是根據瑜伽、顯揚諸大乘論，不同小乘的說法，以結束總破而顯唯識。

丙三　分類伏斷

然諸我執略有二種：一者俱生，二者分別。

上來所說外道小乘等的我執雖多，然究其起因大略不過二種：第一種名叫俱生我執。這是與身俱生的一種微細執着。俗話說是：先天帶來的；或說是天然而有的。第二種名叫分別我執。這是隨着年齡的增長越來越粗的一種計執。俗話說是：後天學習的；或說是經驗所得。

俱生我執：無始時來，虛妄熏習，內因力故，恒與身俱；不待邪教及邪分別，任運而轉，故名俱生。

俱生我執：是從過去很遠很遠的無始以來，由虛妄諸法熏習而成內因——種子的力量，永遠的與身同在；並不等待師友的邪教，和自己的邪分別，就自然而然的隨着生身而轉起。所以名叫俱生。

此復二種：一常相續，在第七識，緣第八識，起自心相，執爲實我。二有間斷，在第六識，緣識所變五取蘊相，或總或別，起自心相，執爲實我。

此俱生我執又分二種：第一種名「常相續」——他在第七末那識裏，時常以第八阿賴耶識爲其見分所緣之境；而生起由七八二識自心所變現出來的相分；就妄執此相分以爲實我了。無明風動，本淨而染，故名爲起。七八二識，本非外境，故名自心。七八相緣，妄見影像，故名相分。其過不在所緣的境而在執着，故名爲執。未得無漏，恒起不斷，故名常相續。

第二種名「有間斷」——他在第六意識裏，不定時刻以七八二識所變現的五取蘊相，爲其見分所緣之境；或緣五蘊整體的總相；或緣五蘊局部的別相，而又轉起由意識自心所變現的相分，就又妄執此相分以爲實我了。蘊不自蘊，因取成蘊；取不自取，因蘊而取，所以名叫五取蘊。但緣有漏，不時而起，所以名叫有間斷。餘准前釋。

此二我執，細故難斷。後修道中，數數修習，勝生空觀，方能除滅。

這二種常相續與有間斷的俱生我執，因爲是無始串習，體相隱微之故，比較難斷。要在見道之後的修道位（二乘自一來向至阿羅漢果。菩薩自初地住心到十地出心）中，數數不斷的精進，修習勝過見道的我空觀智，到金剛心後才能把這二種俱生我執除絕滅盡。

分別我執，亦由現在外緣力故，非與身俱，要待邪教及邪分別，然後方起，故名分別。

俱生我執已如上說，現在該講分別我執了。這分別我執，雖有過去無始無明熏習的內因，還得藉着現在外緣的助力才能生起。因爲他不是與身俱生，而是要期待着後來不合乎正法的邪教影響；和自己不合乎正法的思惟分別，才能生起的。所以名叫分別我執。

唯在第六意識中有，此亦二種：一緣邪教所說蘊相，起自心相，分別計度，執爲實我。二緣邪教所說我相，起自心相，分別計度，執爲實我。

這分別我執的行相，間斷而粗猛，橫計分別，餘識都無。七八二識，既不間斷又不粗猛；前五識雖間斷而不粗猛。所以唯在第六意識中才有此執。前俱生我執有二種，這分別我執也有二種：第一種是以邪教所說的五蘊名相爲外緣，與內因會合，在自心幻起了五蘊的境相，隨卽分別計度，執此蘊相以爲實我了。這就是前來曾經說過的卽蘊我。第二種是緣邪教所說的我相，在自心生起了我相的幻影，隨卽分別計度，執此幻相以爲實我了。這就是前來曾經說過的離蘊我。總之，這都是同分妄見的心所變現，隨聽人家說什麼是我，他便在自己的心裏起了一種什麼的我相，而執以爲實了。

此二我執，粗故易斷。初見道時，觀一切法生空眞如，卽能除滅。

這二種分別我執的行相很粗猛，所以要比前二種隱微細密的俱生我執容易斷些。在最初入見道（大乘初地入心。二乘預流向果。）時，大乘觀一切法空，二乘觀一切生空，所悟眞如之理，便能把他除盡滅絕。

丙四　總釋我執

如是所說一切我執：自心外蘊，或有或無；自心內蘊，一切皆有。

前來所說的外道二乘等的一切我執，可作二種解釋如下：（一）自心外蘊是不定或有或無的。何爲自心外蘊？就是不了五蘊是自心所現的影像，橫計心外有一個五蘊本質的實我。這不是見分的親所緣緣。何爲或有或無？此心外蘊，在卽蘊我執中有；離蘊我執中無；非卽離蘊我中似有似無；在相續我執的第七識中有；在間斷分別的第六識中或有或無。（二）自心內蘊是一切皆有的。何爲自心內蘊？就是見分自緣自心所起的自心影像。這是親所緣緣。何爲一切皆有？此心內蘊，無論在外道二乘一切我執裏，都是有的。

是故我執，皆緣無常五取蘊相，妄執爲我。

因爲這個緣故，所有的一切我執，都是緣着自心的相分——無常如幻的五取蘊相，妄計執着以爲實我的。

然諸蘊相，從緣生故，是如幻有；妄所執我，橫計度故，決定非有。

雖說一切我執都是緣五取蘊相而起的，然！在自心以內的諸蘊影像：不管是屬於物質的色法；或是屬於受想行識等的心法，因爲這都是因緣所生，依他而起之故，所以好像是幻術變化一樣的假有。不了如幻，虛妄執着的心外之我，因爲這是蠻橫無理的計度之故，所以決定的沒有。

故契經說：苾芻當知：世間沙門、婆羅門等，所有我見，一切皆緣五取蘊起。

這是引經據典來證實以上所說的不謬。上契眞理下契衆機的佛經上說：你們做苾芻（比丘的變音）的，應當知道：無論世間的凡夫、修善止惡的出家沙門、修淨行的在家婆羅門、及其他種姓等，所有的我見，都是由於攀緣五取蘊相而起的。

丙五　辨釋妨難

實我若無，云何得有憶識、誦習、恩怨等事？

以下是假定執有實我之見的人，所作的三次妨難，唯識家亦逐一予以辨釋：三破彼執；三顯本宗。這是第一次妨難：如果沒有實我，爲什麼吾人會有：對往事的記憶、現前境界的認識、又能讀誦經史、學習技藝、感雨露深恩、結血海怨讐、以及造作種種事業呢？

所執實我，既常無變，後應如前，是事非有；前應如後，是事非無。以後與前，體無別故。若謂我用，前後變易，非我體者，理亦不然。用不離體，應常有故；體不離用，應非常故。

以下是先破彼執，次顯本宗。今先破彼執：你們所執的實我，既是恒常而沒有變化的，那麼！後來因學而有的知識能力，就應當和從前沒有學過時一樣的沒有；從前沒有學過的知識能力，也應當和後來學過時一樣的有才對。因爲你們所執的實我，是前後一體無二無別啊。

若說前後有變更改易的是我的作用，而不是我的體，這理也不對。因用不離體，體既是常，用也應當是常；體不離用，用既是無常，體也應當是無常之故。

然諸有情，各有本識，一類相續，任持種子。與一切法，更互爲因，熏習力故，得有如是憶識等事。故所設難於汝有失。非於我宗。

前已破彼所執，今復辨顯本宗：實我雖無，然！諸有情，各各有其第八阿賴耶的本識，同是一類相續不斷，負擔着執持種子使之不失不壞的責任。怎樣相續任持呢？本識種子和一切現行法是互爲因果的：以種子生起一切法而論，種子爲因，一切法爲果；以一切法熏習成種而論，一切法爲因，種子爲果。以是因果果因相續任持的熏習力故，所以才有記憶往事，認識現境等事的作用。這並不是實我的能力啊。所以你們自己所設的妨難，這過失反在你們的自身，而不在我們唯識的本宗啊。

若無實我，誰能造業，誰受果耶？

這是第二次妨難：倘若沒有實我，試問：誰能造業，誰受果報呢？

所執實我，既無變易，猶如虛空，如何可能造業受果？若有變易，應是無常。

以下是第二次先破彼執，次顯本宗。今先破彼執：你們所執的實我，既是常無變易，那就如同虛空一樣，怎麼會有造業受報的可能呢？若說是有變易，就應該是無常啊。

然諸有情，心心所法，因緣力故，相續無斷，造業受果，於理無違。

前已破彼所執，今復辨顯本宗：雖無實我造業受報，然！一切衆生：以內托阿賴耶識自體種子的根本「心法」爲因；外起貪瞋痴等別作用的「心所有法」爲緣；由此因緣力故，相續不斷的在諸趣中造業受報。這在道理上說，是沒有違逆的。

我若實無，誰於生死，輪迴諸趣？誰復厭苦，求趣涅槃？

這是第三次妨難：實我若是子虛烏有的話，試問：誰在生死死生的諸趣中受着輪迴之苦呢？既無實我在諸趣中輪迴受苦，又誰在厭離此苦而求趣入於不生不滅的涅槃呢？

所執實我，既無生滅，如何可說生死輪迴？常如虛空，非苦所惱，何爲厭捨求趣涅槃？故彼所言常爲自害。

以下是第三次先破彼執，次顯本宗。今先破彼執：既然所執實我，是沒有生滅的，怎麼可以說：「實我若無，誰於生死輪迴諸趣」呢？既然所執實我，是常如虛空而無所苦惱的，又說什麼：「誰復厭苦，求趣涅槃」呢？所以彼言實我是常，只徒爲害自己而已。

然有情類，身心相續，煩惱業力，輪迴諸趣；厭患苦故，求趣涅槃。

前已破彼所執，今復辨顯本宗：雖無實我，然！一切衆生之類，却藉着一個五蘊假合的身心，相續不斷的，起煩惱惑、造善惡業、受五趣報，就這樣生死死生的輪迴諸趣。因對此苦深生厭患之故，所以才求趣涅槃。那裏有什麼實我呢？

由此故知，定無實我；但有諸識，無始時來，前滅後生，因果相續。由妄熏習，似我相見。愚者於中，妄執爲我。

這是總駁所執實我之非，以顯唯識正義之是的結論：由於前來破執辨難多方說教之故，證知決定沒有實我。那麼，有什麼呢？但有八識心心所法，自無始來，刹那刹那的前念才滅後念又生；由此前因後果相續不斷的虛妄熏習，好像有一個我相現前似的。愚者不覺，顛倒其中，就執着這個本非實我的妄相以爲實我了。

乙二　問答破法

丙一　總徵法無

如何識外實有諸法，不可得耶？外道餘乘，所執外法，理非有故。

我執已如前破，現在該破法執了。爲破此執，故先徵問：爲什麼心識之外的實有諸法，不可得呢？答：因爲外道和其餘的小乘們，所執着的心外諸法，在道理上說，是沒有的啊。識外沒有實法可得，難道說識內有實法可得嗎？否！因爲外道餘乘，不了諸法是唯識所造，執爲識外有法，故破彼無。並不是翻顯識內有實法可得。

丙二　別破外道

外道所執，云何非有？

爲破外道所執實法，故設此問以發其始。

且數論者，執我是思。受用薩埵、剌闍、答摩，所成大等二十三法。然大等法，三

事合成，是實非假，現量所得。

其他外道姑置不論，且先談談數論外道吧：梵名僧佉，此翻數論，是當時印度一種哲學流派。數爲度量諸法的根本，從數所起之論，名爲數論。凡是這一流派的論主和學人都叫做數論者。彼宗妄立二十五諦以明宇宙萬有開展順序的根本原理。復執此二十五諦中的「大」等二十三法，雖以冥諦爲生因，却是以薩埵——貪、刺闍——瞋、答摩——痴等三事和合而成爲自體的。這三事合成的二十三法，爲有思想的我知者——神我所受用，並非虛假而是現量所證得的實在情形。解如左表。

二十五諦
- 冥諦：萬有的生因
- 三事
  - 薩埵（貪）
  - 刺闍（瞋）
  - 答摩（痴）
  - 二十三法
    - 大：能生萬有的作用
    - 我執：爲大所生，能生諸法
    - 五唯：色、聲、香、味、觸
    - 五大：地、水、火、風、空
    - 五知根：眼、耳、鼻、舌、身
    - 五作業根：口、手、足、二便處
    - 心根：肉團心
- 我知者：能受用一切法的神我

彼執非理，所以者何？

這是總駁彼數論者所執的實法爲非理，並設問其所以非理之故，以引出向下的破文。

大等諸法，多事成故；如軍林等，應假非實。如何可說現量得耶？

向下是別破彼執以酬答前面的設問，此略破非實：彼宗自許大等二十三法，是由貪瞋痴等三事和合而成的。那就好像聚卒成軍；衆木成林一樣，應當是虛假而不是實在啊。怎麼可以說是現前所見到的實境呢？

又大等法，若是實有，應如本事非三合成。薩埵等三，卽大等故，應如大等亦三合成。轉變非常，爲例亦爾。

這是先從正面破其所成的二十三法；再從反面破其能成的本法三事；然後總結俱是無常。

又彼所執的大等二十三法，假定說是實有的話，就應該像能生他法不爲他法所生的貪等本事一樣不是三事合成。

反過來說，貪等三事，也應當如大等二十三法一樣是三事合成。因爲二十三法既爲三事所合成，那麼，三事就是二十三法啊。

因此，無論是本事也罷；二十三法也罷，只要有一法是三事合成的轉變無常，其餘就可以例知也是轉變無常了。

又三本事，各多功能，體亦應多，能體一故。三體既徧，一處變時，餘亦應爾。體無別故。

這是從體用上雙破彼執：又貪瞋痴三種本事，在合成二十三法的一一法上，既然有很多的功能，那麼，三事的體性，也應當很多，因爲能和體沒有兩樣啊。貪等三種事體，既然普徧的合爲二十三法，那麼！這二十三法有一處起變化時，其餘的一切法不用說也應當起變化了。因爲法的體性，沒有差別啊。

許此三事，體相各別，如何和合，共成一相？不應合時，變爲一相；與未合時體無別故。若謂三事體異相同，便違己宗，體相是一。體應如相，冥然是一；相應如體，顯然有三。故不應言，三合成一。

這是就體相上破彼三事合一的執著：如果彼宗自許貪瞋痴三事的體相，是各各別異的話，那如何三事能和合成爲一相呢？

也不應該說：三事在未合以前的體是各別的；既合以後就變成一相了。因為合時的體與未合時的體，前後並無別異啊。

倘若說是：三事的體雖各異；三事的相卻是一同的。這更糟！因為這種說法，反而與彼自己「體相是一」的宗旨相違背了。

總而言之：假使三事合成一相，那麼，體就應該同相一樣，翕然冥合而為一；相也應該和體一樣，顯然分明而為三。這樣，三事的體，既然不成其為三；合成的相，也不成其為一了。所以不應當說：三事合成一相啊。

又三是別，大等是總。總別一故，應非一三。

這是破其總別：貪瞋痴等三事，謂別、謂三；合成大等的二十三法，謂總、謂一。然而，因為總別合而為一之故，所以總也不成總；別也不成別了。總別既都不成，那麼，一也不應該是一；三也不應該是三啊。

此三變時，若不和合，成一相者，應如未變。如何現見，是一色等？若三和合成一相者。應失本別相，體亦應隨失。

這是破彼二種轉計：（一）破彼轉計三事變時非成一相：當此貪等三事，轉變成為大等二十三法之時，如果不是合成一相的，就應當像沒有變時一樣的見有三別。爲什麼現前所見是一個色相呢？（二）破彼轉計三事變時合成一相：設若三事在變時合成一相，就應該失去了其原來的三種別相，其相既失，其體也應隨之而失了。

不可說三各有二相：一總、二別。總卽別故，總亦應三，如何見一？若謂三體，各有三相，和雜難知，故見一者。既有三相，寧見爲一？復如何知三事有異？若彼一一皆具三相，應一一事皆成色等。何所闕少，待三和合？體亦應各三，以體卽相故。

這是破彼又二種轉計：（一）彼又轉計：本法三事各有二相：一是總相；一是別相。當其相成之時，在所成的大等諸法上但見一總；在能成的本法三事上則見三別。唯識家破他說：這種計執的說法是不可以的。因爲大等的總，就是三事之別的緣故，所以大等總法，應當也是三相，怎能但見一相呢？（二）彼又轉計：本法三事的每一事體，都具有三法事相，如：貪之一法兼具瞋痴；乃至痴之一法亦兼具貪瞋。在這樣和合雜糅所成的大等諸法裏，三相難知，所以但見一相。唯識家又破他說：本法三事既各有三相，所成大等還應見三，豈但見一？如果但見一相，又怎樣知道貪瞋痴三事是各各別異呢？設若三事的一一事上都具有三相，那大等諸法就應當一事便成，何以有所闕少，必待三事和合而後成呢？復次：一一事上既各具三相，也應當各具三體，因爲體就是相啊。

又大等法，皆三合成，展轉相望，應無差別。是則因果，唯量諸大，諸根差別，皆不得成。若爾，一根應得一切境；或應一境一切根所得。世間現見情與非情，淨穢等物，現比量等，皆應無異。便爲大失。

這是從世間因果總破彼執：彼宗大等二十三法，皆爲貪瞋痴三事所合成。以此而論：若以大諦望我執等諸法；或以執諦望大等諸法，展轉相望，彼此之間，不是就沒有差別了嗎？如此，則能成的三事之因，所成的二十三法之果——五唯量、五大、十一根等的差別諸法，一概都不能成立了。

倘若眞的那樣，一個眼根就應當能見色聲香味觸法等六境；一個色境也應當爲眼耳鼻舌身意等六根所緣得。以此類推，不必定要什麼根緣什麼境了。世間現實所見到的：有情衆生、無情器界、清淨的、汚穢的、根境相隣的現量、旁證測知的比量、一切等等，都應該沒有差別啊。這樣便成爲旣違因果，又違世間的大過失哪。

故彼所執，實法不成。但是妄情計度爲有。

總而言之：以唯識故，彼數論者所執著的實法，是不能成立的。不過是妄情計度以爲有罷了。數論所執至此破竟，向下是破勝論所執了。

勝論所執，實等句義，多實有性，現量所得。

數論所執，已如前破，向下是破勝論所執。欲破其執，先敍其宗：梵名「吠世史迦」，此翻爲「勝」。造六句論，勝於一切，故名「勝論」。勝論所執著的實等句義，即其所造實、德、業、大有、同異、和合等的六句論。這六句中，除末一句的和合外，餘五句都是直覺現量所得的實有性。所以說：「多實有性，現量所得」。六句義略表解如左。

六句義
- 實：宇宙萬有的實體
- 德：莊嚴顯體的德相
- 業：體相上所起的作用
- 大有：實德業三，皆屬有性之所有
- 同異：實等總體爲同，別相爲異
- 和合：能令異相歸攝同體

彼執非理。所以者何？諸句義中，且常住者，若能生果，應是無常，有作用故，如所生果。若不生果，應非離識，實有自性，如兎角等。諸無常者，若有質礙，便有方分，應可分析，如軍林等，非實有性；若無質礙，如心心所，應非離此有實自性。

這以下是正破彼執。因為彼宗執著所謂的六句義中有：常、無常、生果、不生果、有質礙、無質礙的種種分別。所以在未講破文以前，不得不把他這些執著略明如下。

實句中分為九種：地、水、火、風四種能造的父母極微常能生果，所造的子極微無常亦能生果；空、時、方、我、意五種常而不能生果。德句中分為二十四種：覺、樂、苦、欲、瞋、勤勇、法、非法、行、離、彼性、此性、聲、香等十四種無常不能生果；色、味、觸、數、量、別性、合、重性、液性、潤等十種，或常能生果；或無常不能生果。（例如：量中的圓性為常；大小長短為無常。餘略不錄）。業句中分為五種：取、捨、屈、申、行等，都是無常而能生果的。其餘有等三句都是常而不能生果的。諸句義中，除實句中的地、水、火、風、意五種是有質礙外，其餘都是無質礙的。

唯識家針對勝論外道以上的種種執著，予以破斥的說：他們這些執著，都沒有道理。何以知之？且就其六句義中的常住來說吧：倘若這個常住是能生果的話，就應該是無常而不是常；因為凡有作用都是無常，生果是有作用之故；也像他所生的果一樣是無常。倘若這個常住是不能生果的話，就應該不是離開心識之外，實有一個常法的自體；因為唯識無境之故；好像兎角一樣，只是意識想像而已。

再就其六句義中的無常來講吧：倘若這個無常是有質礙的話，便有其方所與位分，那就應該可以歷歷予以分析；好像衆卒編成的軍隊，和多木蔚成的樹林一樣，並非實在有個軍隊和樹林的自體啊。倘若這個無常是沒有質礙的話，那又好像心王心所一樣，也應當不是離開心識之外，另有一個實在的自體。

又彼所執地、水、火、風，應非有礙，實句義攝；身根所觸故；如堅、濕、煖、動。即彼所執堅、濕、煖等，應非無礙，德句義攝；身根所觸故，如地、水、火、風。地、水、火三對靑色等，俱眼所見，准此應責。故知無實地、水、火、風與堅濕等各別有性；亦非眼見實地、水、火。

彼宗所執實句義中的地水火風是有質礙的；德句義中觸所攝的堅濕煖動是沒有質礙的。但地水火風之性，就是堅濕煖動，又都同是身根所觸的境。可謂矛盾已極。所以唯識家才反覆立量，予以破斥如下：

第一量是：宗——地水火風應非有礙及實句攝；因——身根所觸故；喻——如堅濕煖動。意謂：彼所執的地水火風，應該沒有質礙，也不是實句義之所攝；因爲彼宗自許地等是身根所觸的境故；既是身根所觸的境，就應當同德句中觸所攝的堅濕煖動一樣是沒有質礙，也不是實句所攝啊。這是以彼之德，例破彼實。

第二量是：宗——堅濕煖動應有質礙非德句攝；因——身根所觸故；喻——如地水火風。意謂：反過來說，就是彼所執堅濕煖動，也應該不是沒有質礙，更不是德句義攝；因爲彼宗自許堅等是身根所觸的境故；既是身根所觸之境，就應當同實句中身根所觸的地水火風一樣不是沒有質礙，也不是德句所攝啊。這是以彼之實，例破彼德。

不但用前面二量的理由可破彼執，即以地水火三對青黃赤色，俱以眼根所見爲因，也可以照前量的格式，反覆立量而予以破責。不過把地水火風裏，不能以眼見的風字除掉；把堅濕煖動，換成青黃赤；身根所觸，換成眼根所見就行了。

基於以上理由：故知沒有實在的地水火風，與堅濕煖動等各別不同的有性，爲身根所觸；也沒有實在的地水火，與青黃赤色，爲眼根所見。

又彼所執實句義中有礙常者，皆有礙故，如粗地等。應是無常。

彼宗所執六句義中，獨實句中的地、水、火、風父母極微和意根五種，是有質礙的常法。唯識家破他說：這五種常法，應該是無常而不是常。因爲彼宗自許這五種法，都和無常的粗地一樣有質礙，當然也應同粗地一樣無常。

諸句義中，色根所取，無質礙法，應皆有礙。許色根取故。如地、水、火、風。

彼宗執著德句義中的色、味、香、聲等，及業、有二句義，都是色根所取的無質礙法。唯識家破他說：這些無質礙法，應當是有質礙的。因爲彼宗自許這些法都和有質礙的地、水、火、風一樣是色根所取之故。既同地等一樣是色根所取，當然也同地等一樣是有質礙。

又彼所執，非實德等，應非離識，有別自性。非實攝故，如石女兒。非有實等，應非離識，有別自性。非有攝故，如空華等。

彼所執的六句義中，不屬於實句的德等五句，應該不能離開心識，別有其五句的自體。因爲彼宗自許德等五句，不是實句所攝故。既非實句所攝，那就好像石女生兒一樣。石女豈能生兒？不過但憑心識的虛妄想像而已。此破諸句非實。

不屬於有句的實等五句，也應當不能離開心識，別有其五句的自體；因爲彼宗自許實等五句，不是有句所攝故。既非有句所攝，那就好像空華一樣，空中豈能有華？不過是心識所幻現的妄影而已。此破諸句非有。

以此二例，反覆爲破，一切句義有而非實；實而非有，唯識是宗。

彼所執有，應離實等，無別自性。許非無故，如實德等。若離實等，應非有性。許異實等故，如畢竟無等。如有非無，無別有性，如何實等有別有性？若離有法有別有性，應離無法有別無性；彼既不然，此云何爾？故彼有性，唯妄計度。

彼宗執著實等有法之外，另有一個有性，能有實等諸法。所以唯識家才針對他這種執著，作如下的破斥。

彼宗所執著的有性，應當離開實德業等，別無有性的自體；因爲彼宗自許有性不是沒有實德業的有法之故；如此說來，有性豈不同實德業等是一囘事嗎？那裏另外還有一個有性的自體呢？

倘若有性離開了實德業等，就應該不成其爲有性了；因爲彼宗自許有性是不同於實德業等的有法之故；既不同於實德業等，便同兎角一樣畢竟一無所有，那還成其爲什麼有性呢？如果說有性不是沒有，而是有性之外無別有性的話，那麼！實德業等也不是沒有，怎麼另外又有一個有性呢？倘若離了有法，另外有一個有性，那就應當離了無法，另外也有一個無性啊。這話你當然不以爲然，那麼「彼旣不然，此云何爾」？怎麼可以說離此有法之外，別有一個有性呢？因此彼宗所執著的有性，不過是虛妄計度罷了。並不是眞的有個有性啊。

又彼所執，實德業性，異實德業，理定不然。勿此亦非實德業性，異實等故，如德業等。又應實等非實等攝，異實等性故，如德業實等。地等諸性，對地等體，更相徵詰，准此應知。如實性等，無別實等性，實等亦應無別實性等。若離實等，有實等性，應離非實等，有非實等性。彼旣不爾，此云何然？故同異性，唯假施設。

這段破同異性的文，雖然不大好懂，你只要把它執著的意思牢牢記住，在破執的原則下，不必過份拘泥文字所限的領域，也就不太難懂了。彼宗執著六句義中的同異句，是實德業的體性；而不卽是實德業。換句話說，就是離開實德業，另外有一個實德業的體性，名叫「同異性」。對實德業而言爲總同異性；對九實、二十四德、五業而言爲別同異性。然破此多法的同異性，只須立一個破實同異性的量做範例，其餘便可以准例而知了。

彼宗所執實德業性——同異性，是離開實德業而有的道理決定不對。實德業外，勿（無）此同異性，也不是實德業的體性；因彼宗自許，同異性是離開實等的法體之故；既離實法，那就如離於實法的德業一樣不是實性了。離實如此，離德業等，亦可例知。

又彼所執的實法，也應當不是實法的當體所攝；因彼宗自許，實法是異於實性之故；既異實性，那就如異於實性的德業一樣不是實法所攝了。實異實性如此，德業異德業性，亦可例知。

總同異性，已如上說，別同異性，准例如下：地等法外，無此同異性，也不是地的體性；因彼自許，同異性是離於地法之故；既離地法，那就如離地法的水火風一樣不是地的體性了。離地如此，離水火風乃至其餘的三十四法，亦可例知。

又彼所執的地法，也不是地法所攝；因彼自許，地法是異於地性之故；既異地性，那就如異於地性的水火風一樣不是地法所攝了。地異地性如此，水火風等異水火風等性，亦可例知。

如果說同異性就是實等之性，二者沒有分別的話，那麼，實等法外，也應當別無所謂的同異性。倘若離開實等法的當體，別有一個實等的同異性，那就應當離開非實等的法體，別有一個非實等的同異性了。這話你一定不認爲是對的，那麼「彼既不爾，此云何然」？爲什麼說離開實等，別有一個同異性呢？所以彼宗所執著的同異性，不過是假緣施設而已，並不是眞的有個同異性啊。

又彼所執，和合句義，定非實有。非有實等，諸法攝故，如畢竟無。彼許實等，現量所得，以理推徵，尚無實有；況彼自許，和合句義，非現量得，而可實有？設執和合，是現量境；由前理故，亦非實有。

六句義的前五句，都已次第破竟，現在是破第六句義。彼宗執著實等的五句義外，別有一個實在的第六句義，能使實等五句相屬而不相離，名「和合性」。又執實等五句是現量所得，和合則否。所以唯識家破他說：彼所執的和合句義，決定不是實在有的；因彼宗自許，和合句義並非有、實、德、業等句所攝之故；既非有、實等句所攝，那就等於兎角一樣，畢竟沒有所謂的和合性。彼宗自許是現量所得的實等五法，以理推究，尚且不是實有；況彼自許不是現量所得的和合句義，而是實有的嗎？縱使執著和合句義也是現量所得的境界，因爲現量境，已被前面破實等的道理破斥之故，所以也不是實有。上來六句義已分別破竟，向下是總破能所，結歸唯識。

然彼實等，非緣離識，實有自體，現量所得。許所知故，如龜毛等。

彼宗執著實等句義，是離識而有實體的；又是能緣的心識所知的現量境。所以唯識家破他說：彼所執著的實等句義，不是離開心識別有一個實體的現量，而爲能緣的心識之所緣得；因爲彼宗自許是心識所緣知的境界之故；既爲心識所緣知，那就如龜毛一樣的離識無體。這是總破其所緣之境而結歸唯識。

又緣實智，非緣離識，實句自體，現量智攝。假合生故，如德智等。廣說乃至，緣和合智，非緣離識，和合自體，現量智攝。假合生故，如實智等。

彼宗執著緣實句之智，即是緣離識別有實句自體現量之智。殊不知，既離識因，縱有外緣亦不生智。所以唯識家破他說：緣實句之智，並不是緣離識別有實句自體的現量智所攝；因爲智是藉因托緣，多法假合而生之故；如緣德句之智一樣，因德句之智即假合生故。不但實德之智是假合而生，推廣起來，就是業、有、同異、和合等句之智，也不是緣離識而有和合等自體的現量智所攝；而是和實智一樣是假合而生啊。這是總破其能緣之智結歸唯識。

故勝論者實等句義，亦是隨情妄所施設。

以唯識故，所以勝論外道的實等六句義，也是隨着虛妄情執之所施設。勝論所執至此破竟，向下是破大自在天。

有執有一大自在天：體實、徧、常，能生諸法。

梵云摩醯濕伐潓，此翻爲大自在天，天王有三目八臂騎白牛，居色界頂，爲三千界之主。印度有一種祀大自在天的外道，執此天體：眞實、徧滿、常住，能生一切法。

彼執非理。所以者何？若法能生，必非常故；諸非常者，必不徧故；諸不徧者，非眞實故；體既常徧，具諸功能，應一切處時，頓生一切法。待欲或緣方能生者，違一因論；或欲及緣，亦應頓起，因常有故。

唯識家對彼大自在天的執著，斥之爲非理。並明其所以非理之故如下：如果你們執著的大自在天，是能生一切法的，那決定不是常住；凡不是常住的，決定不能徧滿一切；凡不能徧滿一切的，也決定不是眞實。自在天體既是常徧，而且具備一切功用和能力，就應當於一切處、一切時，頓生一切法啊。何以不能呢？如果說自在天體雖是常徧，但須等待衆生的欲求或助緣，才能生一切法的話，那豈不是以多法爲因，違背了你們自許以自在天爲唯一生因的論調了嗎？或衆生的欲求及助緣，也應當忽然頓起，何須相待？因爲你們說是常有之故。既是常有，何待欲緣而後生呢？基於以上種種緣故，所以斥之爲非理。

餘執有一大梵、時、方、本際、自然、虛空、我等：常住實有，具諸功能，生一切法。皆同此破。

外道除掉以上數論等三種，其餘還有：大梵、時、方、本際、自然、虛空、我等七種。這七種外道，是各以其所執的法而命名的。惟本際，不是佛典所謂「平等本際」的本際；自然，也不是佛典所謂「離於造作」的自然。這七種外道的名稱雖異，其所執著的道理，却都和自在天的執着一樣是：常住、實有、具諸功能、生一切法；所以也同破自在天的前例一樣予以破斥。

有餘偏執，明論聲常，能爲定量，表詮諸法；有執一切聲皆是常，待緣顯發，方有詮表。

外道除以上十種外，還有其餘兩種偏執的聲論外道：第一種是婆羅門所信奉的吠陀論，本土翻爲「明論」。彼執此論之聲，是梵王所說，以能詮的決定量，來表詮諸法實義，所以說是常住。餘聲不契實義，故是非常。第二種是毘伽羅論者，本土翻爲「聲明記論」，卽五明之一的「聲明」，是印度一種語言學。復分兩派：一派是待緣而顯的「聲顯論」。彼執一切聲性，雖本常有，但須待尋伺等緣，構成名句文後，才能有所詮表而顯現於世；而此所顯的音響却是無常。一派是待緣而發的「聲生論」。彼執一切聲性，本非常有，須待衆緣而後發生，生已卽常住不滅。

彼俱非理。所以者何？且明論聲，許能詮故，應非常住。如所餘聲。餘聲亦應非常。聲體如瓶衣等，待衆緣故。

彼二種聲論者的偏執，都是不合理的。怎樣不合理？撇開別的不講，且說婆羅門所執的明論聲，就應該不是常住。因爲他們自許其論聲能表詮諸法之故。然諸法不一，詮不同時，豈不是和其餘的一切聲一樣不是常住嗎？

不但明論聲不是常住，就是其餘的一切聲顯、聲生，也應當不是常住。因爲他們自許是待尋伺衆緣所顯發之故。待緣顯發的聲體，豈不是像花瓶和衣服一樣不是常住嗎？聲體如是，聲音就更不必說了。

有外道執：地、水、火、風，極微實常，能生粗色。所生粗色不越因量；雖是無常，而體實有。

還有一種外道，執著有實常的地、水、火、風四大極微爲因，能和合聚積生起粗色的果。所生的粗色，大小、輕重，不超越一個本因極微的限量。這粗果雖是無常，而其本因的體，却是實有。

彼亦非理。所以者何？所執極微，若有方分，如蟻行等，體應非實；若無方分，如心心所，應不共聚，生粗果色。既能生果，如彼所生，如何可說，極微常住。

彼所執的實常極微能生粗色，也不合理。其所以不合理的原故何在？試問其所執的四大極微，有沒有方向和分位呢？若有方分，則極微之體，就應當像蟲蟻的爬行一樣不是實常；若無方分，就應當像心王、心所一樣不能和合聚積生起粗的果色；既能生果，則能生的極微，就應該和所生的粗色一樣，怎麼可以說極微是常住呢？能生極微如是破竟，下破所生粗色。

又所生果，不越因量。應如極微，不名粗色。則此果色，應非眼等色根所取。便違自執。

極微和合所生的粗果，應超越每一極微的因量。如不越因量，那就應當同極微一樣的渺小，不得名爲粗色。那麼，這果色也就應當不是眼根所能見到的東西了。既非眼根所見，豈不和他們自許眼根能見粗色的執著相違背了嗎？所生粗色如是破竟，向下合破。

若謂果色，量德合故，非粗似粗，色根所取。所執果色，既同因量，應如極微，無粗德合，或應極微亦粗德合。如粗果色，處無別故。

倘若彼爲理屈妄圖自救的說：所生果色，因爲是許多極微的量德和合之故，本非粗色而似是粗色，堪爲眼根的見能所取得。這話是不足以自救的。因爲彼所執的果色，既同一個本因極微的限量一樣渺小，就應當像極微一樣沒有粗德和合；再不然！就應當極微也和粗果色一樣是粗德和合；因爲極微和粗果色的體相涉入，並沒有兩個處所的分別之故。

若謂果色偏在自因，因非一故，可名粗者。則此果色，體應非一；如所在因，處各別故。既爾，此果還不成粗，由此亦非色根所取。

倘若彼又自救的說：所生果色是普偏存在於自己的本因極微裏，因爲本因極微不止一個，而是許多個體的聚積之故，所以可名爲粗。如此說來，這個果色的體，就應該不是一個；也像他所在的本因一樣有許多各別不同的處所。既然如此，這個果色依舊還不能成其爲粗，因此也就不是眼根之所能見了。

若果多分，合故成粗。多因極微，合應非細。足成根境，何用果爲？既多分成，應

非實有。則汝所執，前後相違。

彼爲自救又復轉計：本因極微，雖衆多和合，亦不成粗；果色則否，合便成粗，卽是實有。所以唯識家再破他說：設若和合多分的果成爲粗色的話，那麼，和合多分的本因極微也應當不成爲細；足可構成眼根所見的粗境，還用粗果色幹嗎？既然果是多分和合所成的粗色，就應當不是實有。如此！則你們前曾執着所生果色不越因量，被破斥後，展轉自救乃至現在又執粗果是多分合成，豈不是前後互相矛盾了嗎？

又果與因，俱有質礙，應不同處，如二極微。若謂果因體相受入，如沙受水，藥入鎔銅。誰許沙銅體受水藥。或應離變，非一非常。

所生的果色與本因極微，既然都是有質礙的東西，就應該像兩粒極微一樣不同住在一處啊，怎麼說是多分合成呢？若再詭辯的說：果和因的體雖是兩個，但能互相受入，果色能容受本因極微；本因極微也能容受果色。好像沙能納受水；變銅爲金的藥能進入鎔解的銅中一樣。試問有誰會讚許你這沙銅的體能受水藥的謬論呢？當知水藥只能入二粒沙銅極微的空隙裏，不能入一粒沙銅極微之體。所以當沙受水時，二沙應卽分離；銅受藥時，應卽變質。離則非一；變則非常。果色和本因極微的互相受入，亦復如是非一非常。

又粗色果，體若是一；得一分時，應得一切。彼此一故，彼應如此。不許違理，許便違事。故彼所執，進退不成。但是隨情，虛妄計度。

粗色果，倘若是整個一體的話，就應該不管得到任何那一分時，一切分等於都得到了。因為你們執著彼此是一體之故，所以得彼應如得此；得此也應如得彼。你們讚不讚成這種說法呢？如果不讚成，便與你們自宗彼此是一的道理相違；如果讚成，便與世間彼此非一的事實相違。所以你們的執著，無論許與不許，進退都是不能成立的。不過是隨着虛妄情執的計度而已。粗果極微二合破竟，向下總結一切外道。

然諸外道，品類雖多，所執有法，不過四種。

據說印度外道有九十六種之多，不止上來所破的十三種。然諸外道的品類雖多，究其所執的實有法，歸納起來不過只有四種。向下一一舉破。

一執有法與有等性，其體定一。如數論等。

第一種是數論外道。彼執二十五諦中的大等二十三諦是所生的「有法」；第一冥諦是能生二十三法的「有等性」；有法與有等性的體定然是一。類似這種外道不止一家，即數論黨徒，便有十八部之多，所以說「如數論等」。

彼執非理。所以者何？勿一切法卽有性故。皆如有性，體無差別。便違三德我等體異；亦違世間諸法差別。又若色等卽色等性，色等應無靑黃等異。

彼數論等的執著是沒有道理的，怎樣沒有道理？因爲不可執著一切法卽是有性之故。若執一切法卽是有性，那一切法豈不都同有性一樣沒有差別的法體了嗎？這不但違背其自敎貪瞋痴等三德，及「我」等二十三法，體相各異的宗旨；而且也違背了世間共許諸法差別的事實。又假使色等卽是色等無差別的有性，那就應當沒有靑黃赤白等的分別了，這是不是又違背了現量境界呢？

二執有法與有等性，其體定異。如勝論等。

第二種是勝論外道。彼執六句義中的有句是能生的「有等性」；其餘實等五句是所生的「有法」；有法與有等性的體決定不同。勝論黨徒，也有十八部之多，所以說「如勝論等」。

彼執非理。所以者何?勿一切法非有性故,如已滅無,體不可得。便違實等自體非無;亦違世間現見有物。又若色等,非色等性,應如聲等,非眼等境。

彼勝論等的執著也是沒有道理的。怎樣沒有道理?因爲不可執著一切法不是有性之故;若執一切法不是有性,那一切法的體,豈不是像已竟消滅了的東西一樣無影無蹤了嗎?這不但違背其自教實德業等非無自體的宗旨;而且也違背了世間現見的所有一切。又假定色等沒有色等的有性,那就應當像與眼根沒有關係的聲香味一樣不是眼根所能見了。這豈不是又違背現量境了嗎?

三執有法與有等性,亦一亦異。如無慚等。

第三種無慚外道,就是尼犍子。本土翻爲離繫,離三界繫縛之謂。因修裸體苦行,不知羞慚,所以佛教毀之爲無慚。彼執一切法體的共相爲「有等性」;一一法體的別相爲「有法」。共相是一;別相是異。像無慚這一類的外道,實繁有徒,所以說「如無慚等」。

彼執非理。所以者何?一異同前一異過故。二相相違,體應別故。一異體同,俱不成故。勿一切法,皆同一體。或應一異,是假非實。而執爲實,理定不成。

彼無慚等的執著也沒有道理？若執一，即同前數論等執一的過失一樣；若執異，即同前勝論等執異的過失一樣。一不是異；異也不是一；這二相既然相違，體也應當有別。否則！你這一異同體的二相，就互相抵消都不能成立了。所以不可執著一切法，都是同一個體，或把應當是假而非實的一異之說，執爲實法。這道理定然不成。

四執有法與有等性，非一非異。如邪命等。

第四種是邪命外道。在印度名爲「若提子」。唯識述記說是「阿時縛迦」，翻爲正命。佛敎毀之爲邪命。彼等執有法與有等性，既不是一；又不是異。其生活方式，種類很多，有：高聲顯威、自說功德、看相算命等，不一而足，所以說「如邪命等」。

彼執非理。所以者何？非一異執，同異一故。非一異言，爲遮爲表？若唯是表，應不雙非；若但是遮，應無所執；亦遮亦表，應互相違；非表非遮，應成戲論。又非一異，違世共知，有一異物；亦違亦宗，色等有法，決定實有。是故彼言唯矯避過。諸有智者勿謬許之。

彼邪命等的執著也沒有道理。怎樣沒有道理？非一就是異；非異就是一；非一非異的執著，直同前面所破三家一異的過失是一樣的。試問這非一非異的話，是遮遣之詞呢？還是表顯之詞呢？若唯是表顯，就不應當雙非；若但是遮遣，就不應當執著；若既遮又表，就應當是二相互違；非表非遮，就成爲無意義的戲論了。

又世人共知有一異之物，如色等有法：青望青爲一；望黃爲異。彼宗亦自許色等有法決定實有。今說非一非異，豈非與世間相違；與自宗也相違了嗎？所以他們所說的話，完全是矯詐詭辯，苟且避過之詞，凡是有智慧的人，不要謬許他是離言絕相的畢竟空啊。外道法執，至此破竟。向下是破小乘法執。

丙三　別破餘乘

餘乘所執，離識實有色等諸法，如何非有？

問：除大乘以外，其餘的小乘，他們執著離識而實有的色等諸法，怎樣能說他沒有呢？

彼所執色，不相應行，及諸無爲，理非有故。

答：彼小乘等，所執的七十五法裏，除四十七個心心所法，不在破斥之列。餘如：色法十一（五根、五境、無表色）；不相應行法十四（得、非得、同分、命根、無想定、滅盡定、無想果、生、住、異、滅、文身、名身、句身）；無爲法三（虛空、擇滅、非擇滅）。按道理說都是沒有的。

且所執色，總有二種：一者有對，極微所成；二者無對，非極微成。

且說彼所執的十一種色法，歸納起來總略不過二種：一種是極微所成的根境十處有對礙色法；二種是非極微所成的法處無對礙色法。

彼有對色，定非實有。能成極微非實有故。

彼有對礙的色法，決定不是實有。因其能成的極微，並非實有之故，所成的粗色當然也不是實有。

謂諸極微，若有質礙，應如瓶等是假非實；若無質礙，應如非色，如何可集成瓶衣等。

若追問到底，能成色法的極微，何以不是實有？那倒要反問你這極微有沒有質礙呢？若說有質礙，就應該像花瓶一樣，是假合而不是實有；若說沒有質礙，就應當同沒有色是一樣，怎麼可以和合起來成爲瓶、衣等的物色呢？

又諸極微，若有方分，必可分析，便非實有。若無方分，則如非色，云何和合，承光發影。日輪纔舉照柱等時，東西兩邊，光影各現；承光發影，處既不同，所執極

微，定有方分。又若見觸壁等物時，唯得此邊，不得彼分；旣和合物，卽諸極微，故此極微，必有方分。

經部計極微有方分。薩婆多計極微無方分，極微卽和合；和合卽極微。今分別予以破斥如左：

這許多極微是不是各有其方向和位分呢？若說有方分，那必定可以一一予以分析，便不是實在有的東西了。這是破經部所計。

若說沒有方分，那就直同無色一樣，怎麼能够和合爲承光發影的粗色呢？例如：當旭日東昇，剛纔照着一根柱子的時候，這柱子的東西兩邊，便呈現着不同的光明和闇影，承光發影的處旣不同，彼所執的極微決定是有方分。又如：當眼根見得或身根觸得牆壁的這一邊時，不能同時見觸得那一邊，你旣然計執和合物卽是極微。今和物有方分，所以極微必然也有方分。這是破薩婆多部所計。

又諸極微，隨所住處，必有上下、四方差別。不爾，便無共和集義；或相涉入，應不成粗。由此極微，定有方分。

又諸多極微，隨便住在什麼地方，每一極微的週遭，必定有上下四方等六分的差別。所謂：『極微與六合，一應成六分』。不然的話！便沒有和合集聚的意義；或應互相涉入而爲一粒極微，不能成爲粗色。所謂：『若與六同處，聚應如極微』。由此證明極微決定有方分。

執有對色，即諸極微。若無方分，應無障隔。若爾！便非障礙有對。是故汝等，所執極微，必有方分；有方分故，便可分析，定非實有。

若執有對色，即是極微；極微外別無對色；那不是就沒有方分了嗎？若無方分，就應當如虛空一樣，沒有障礙阻隔的色體啊，果然如此！那極微便不即是有對礙的色法了。以此之故，你們所執著的極微，必定還是有方分；因爲有方分的緣故，便可分析；所以決定不是實有。

故有對色，實有不成。

因爲能成的極微，不是實有之故，所成的有對礙色，實有也不能成立。

五識豈無所依緣色？

問：照以上所說能成的極微及所成的對色都非實有，那麼！前五識豈不是沒有所依的眼等五根，及所緣的色等五境了嗎？因爲五根及五境都是有對礙的色法啊。

雖非無色、而是識變。謂識生時，內因緣力，變似眼等，色等相現。即以此相，爲所依緣。

答：雖然前五識不是沒有所依與所緣的根境等色，而根境等色却是內識之所變現，並非離識別有極微所成的根境。就是說：諸識生時，都是由第八識裡種子因緣的力量，變現似有根境的相分。前五識卽以此相分所變的根爲所依，所變的境爲疎所緣緣；又在此疎緣境上變起自識的相分——五塵境爲親所緣緣。

這不難看出前五識都是由第八識種子一路變出，在變的階段和作用上別立識名，決定不是另外有個前五識，在等着第八識變現的相分，作爲他們的依緣。所以二十頌有云：『識從自種生，似境相而轉』。

然眼等根，非現量得；以能發識，比知是有。此但功能，非外所造。外有對色，理既不成，故應但是內識變現。發眼等識，名眼等根，此爲所依生眼等識。

然眼等五根，並非直覺的現量所量得，而是從其能發識的作用上推測比知是有的。這不過是僅有發識的功能，並不是心外別有四大種所造的色啊。心外的有對色，於理既然不能成立，所以應當是內識種子之所變現。雖爲識變，然作用不同，名亦有別；發眼等識，名眼等根。這就是所依的眼等五根，而生的眼等五識。

此眼等識，外所緣緣，理非有故。決定應許：自識所變，爲所緣緣。謂能引生，似自識者；汝執彼是此所緣緣。

這眼等五識，所緣緣的心外之境，按道理說是沒有的。既然沒有外境爲所緣緣，那就決定應許：是以自識所變的相分，還爲自識見分的所緣緣。

所緣緣的定義是：能生識的法體，叫做「緣」；所生的識上帶有似境非境之相，叫做「所緣」。例如：沒有色則眼無所見，識亦不生，所以色爲能生眼識的緣；眼見色時所生的識上，帶有似色非色之相爲識所緣。這樣識變的行相，名叫「似自識」。所緣緣就是能引生此似自識者。汝等小乘執彼心外之境，實則就是此能引生似自識的所緣緣。

非但能生。勿因緣等，亦名此識，所緣緣故。

小乘正量部不立「似自識」，他認爲但能生識的就是所緣緣，不必假借似自識者。所以論主破他說：並非但能生識的就是所緣緣。如果照你們的執着，那能生識的因緣、增上緣、等無間緣，也應當名爲此識的所緣緣啊。

眼等五識，了色等時，但緣和合，似彼相故。

這是小乘經部的執着。他說：當眼等五根了別色等五塵之時，不緣極微；但緣極微所成的假和合相。呈現在五識上的假和合相，名叫「似彼相」。

非和合相，異諸極微，有實自體。分析彼時，似彼相識，定不生故。彼和合相，既非實有，故不可說是五識緣。勿第二月等，能生五識故。

這是破上文經部的執着。和合相，並不是離開了極微，別有其實在的自體。試把彼和合相分析到不成其爲和合時，那似彼和合相的識，就決定不能生起；所以知道它沒有實在的自體。這和合相，既然不是實有；所以不可說它是眼等五識的所緣境。因爲沒有像揑目所見的第二月那樣虛假不實的東西，能爲五識的生緣之故。

非諸極微，共和合位，可與五識，各作所緣；此識上無極微相故。非諸極微，有和合相；不和合時，無此相故。非和合位，與不合時，此諸極微，體相有異；故和合位，如不合時，色等極微，非五識境。

薩婆多等執着：當極微和合爲粗相時，每一粒極微都具有一個實體的和合相；都能爲五識的所緣緣；不是和合的極微，則無此資格。所以論主破他說：並非許多極微共同和合爲一相時，就可以給前五識作爲所緣緣；因爲極微但能爲緣發識，不能爲識所緣，識上不帶極微相故。也並非每一粒極微在和合時，都有一個和合相；因爲它原本就是極微，在不和合時就沒有這個和合相啊。因爲並非在和合時與不和合時，這些極微的體相前後有何差別；所以無論在和合與不和合時的色等極微，都不是眼等五識的所緣境。

有執色等，一一極微，不和集時，非五識境；共和集位，展轉相資，有粗相生，爲此識境。彼相實有，爲此所緣。

上破極微但能爲緣，不能爲所緣，因五識不帶極微相故，新薩婆多，聞之而自救的說：色等一粒一粒的極微，在沒有和合集聚以前，可以說不是眼等五識的所緣境；既和集以後，彼此展轉相藉資助，便各有粗相生起而爲此五識的所緣境了。因彼粗相是實有法，爲此所緣的足够條件啊。

彼執不然。共和集位，與未集時，體相一故。瓶甌等物，極微等者，緣彼相識應無別故。共和集位，一一極微，各各應捨微圓相故。非粗相識，緣細相境。勿餘境識，緣餘境故。一一應緣，一切境故。

彼以上這種執着還是不對。總有四過：1.極微和集相資，與未和合相資時的體相，總是一樣的；如何在和集相資時，能生粗相作爲五識的所緣境呢？2.假使瓶甌等物的極微量是相等的話；那麼，緣彼瓶甌等相的識，就應當沒有差別。然而！事實並不如此，印在識上的瓶、甌二相，却是大異其趣。這證明不是和集相資的等量爲所緣緣。3.共和集位的一一極微，都應當爲相資故而捨棄其根本極微的圓相。如此！則極微的本相旣失，誰爲所緣？4.當知緣瓶等粗相的識，不能兼緣極微細相的境。若執瓶等卽是極微，緣瓶等的識，就是緣極微的識；那麼！其他緣色等的識，不是也可以緣聲等的境，乃至任何一識都應當遍緣一切境了嗎？世間寧有此理！

許有極微，尚致此失；況無識外眞實極微。

許你有實極微，尚且招致這四種過失；何況按唯識正義，根本就不許識外有實極微，那過失豈不更大！

由此定知：自識所變，似色等相，爲所緣緣。見託彼生，帶彼相故。

由這以上所說的各種道理來推究，決定知道是以自己的內識所變現那似色非色的相分爲所緣緣。

因爲所緣緣具有二義：一是自識的見分託彼相分影像而生識的「緣」義。二是所生的識上帶有彼相分影像的「所緣」義故。

然識變時，隨量大小，頓現一相；非別變作，衆多極微，合成一物。

然當自識變現相分境時，是隨着其體量的大小，頓然現出一個相來，並不是先變成許多極微，然後再和合成爲一物。這大乘唯識所變的一相假法，和小乘積小成大是實，或極微是實，成大是假等的執着，迥然不同。

爲執粗色，有實體者，佛說極微，令彼除析；非謂諸色，實有極微。諸瑜伽師，以假想慧，於粗色相，漸次除析，至不可析，假說極微。雖此極微，猶有方分，而不可析；若更析之，便似空現，不名爲色。故說極微是色邊際。

外人反問：既然你們說沒有極微，爲什麼佛說有極微呢？答：佛爲執有粗色實體的人說極微，是敎他分析粗色，了無實義；不是說一切色有極微的實體啊。修境、理、行、果、機相應五義的瑜伽師，以心境相應鑑色非實的假想觀慧，漸漸把粗色作一次一次的分析，到分無可分的程度，無以名名，假說他叫極微。此極微雖猶有「方分」的基本單位，却不可以物理方法去分析他；設若用化學把他再一分析，那極微便似虛空相現，不得名爲色相了。所以說極微是窮盡色相邊際與虛空為鄰。

由此應知：諸有對色，皆識變現，非極微成。

由此應知：只要是有對礙的色法，都是由自己內識所變現，並不是由所謂極微的和合而成的。破有對色竟，下破無對色。

餘無對色，是此類故，亦非實有；或無對故，如心心所，定非實色。諸有對色，現有色相，以理推究，離識尚無；況無對色，現無色相，而可說為眞實色法？

眼等五識所起的有對礙色，已如前破。其餘「法處」所起的無對礙色，也不是實有。因為它和這有對礙色是同類之故。或者因為它是無對礙的緣故，所以也同心心所法一樣，決定不是實有的色法。現有色相可見的一切有對色，以理推究，尚且不是離識而有實體；何況無色相可見的無對色，而可說為眞實的色法嗎？

表無表色，豈非實有？

或問：你們唯識家既然說有、無對色，都不是實有；那麼！有表色及無表色，豈不是實有嗎？

此非實有。所以者何？且身表色。若是實有，以何爲性？

唯識家答覆他說：這表、無表色，當然也不是實有，什麼理由呢？先說這依身而起的表色吧。倘若指手畫脚一切身業動作的表示是實有的話，試問：拿什麼東西來做他不變的體性呢？

若是形，便非實有，可分析故；長等極微，不可得故。

若說身的形色就是表色的體性，那便不是實有；因爲形色是可以分析的東西啊・至於說構成形色的長短極微，早已爲長短形色而失其本圓相，更談不到是實有了。

若言是動，亦非實有，纔生卽滅，無動義故。有爲法滅，不待因故；滅若待因，應非滅故。

若說身業的動作就是表色的體性，那也不是實有；因爲動纔生已，刹那卽滅，好像心心所法，沒有實在的動義之故。這本來就是刹那生滅的有爲法，並不等待任何滅的因緣而後始滅；若待滅因，那就應當不是滅而是生、住了。

若言有色，非顯非形，心所引生，能動手等，名身表業，理亦不然。此若是動，義

如前破；若是動因，應卽風界；風無表色定不應名表。又觸不應通善惡性，非顯香味，類觸應知。故身表業，定非實有。

若說別有一種色法：既不是青黃赤白等顯而易見的顯色；也不是長短方圓等有形可見的形色；而是從心裏所引生的不動色，但能令手足動作自在，這個名子就叫做身表業。按道理說這也不對。若說此色能令手動，當然也能令身動，這動義同前面破過了的動義是一樣的。若說不是動而是動的因緣，那應當是風大；然！風雖能動，却無表色，不應該名爲表色啊。又身業是通善、惡、無記三性的；風爲觸塵所攝，但通無記，不應名爲身表業。應當知道不屬於顯色的香、味等塵，也同觸塵一樣不是身表業。所以你們所說的身表業，決定不是實有。

然心爲因，令識所變，手等色相，生滅相續，轉趣餘方，似有動作。表示心故，假名身表。

然而大乘所謂的身表業，並非徧計執無，而是以一念不覺心動爲因，令第八識所變的根身相分色塵，在第六識分別之卜，好像有生滅相續，由此方轉趣餘方的種種動作。爲表示是心行之故，假名之爲身表，而實非身表。

語表亦非實有聲性。一刹那聲，無詮表故；多念相續，便非實故。外有對色，前已破故。

不但身表業不是實有，就是以音聲爲性的語表業，也不是實有。因爲刹那一念的音聲，沒有詮解和表示的意義；若待多念相續始有所詮表，那便不是實有了。這多念所成的語表聲，同極微合成的外有對色一樣，在前面已竟破過了。

然因心故，識變似聲，生滅相續，似有表示，假名語表，於理無違。

然而大乘所謂的語表業，也和身表業同樣是因不覺心起之故，令第八識所變的相分聲，在第六識分別之下，好像有生滅相續的音聲有所表示，假名之爲語表，而實非語表。

表既實無，無表寧實？

有表色既如前破，非實有法；無表色豈是實有嗎？

然依思願，善惡分限，假立無表。理亦無違。謂此或依發勝身語善惡思種，增長位立；或依定中止身語惡現行思立，故是假有。

然大乘所謂的無表色雖非實有，却是依思願善惡分限而假立；心造的作用爲「思」，也就是思心所；祈滿所欲爲「願」，也就是欲心所；依此思、願所起的善惡心行，有作止時分的定限，假立名爲無表色。但這不過是僱侗的總說，還有以下二種分別：一種是散無表：依發殊勝身語善惡的種子思心所，在止惡作善，止善作惡的功能增長時而假立的。二種是定無表：依定中止息身語惡的現行思心所而假立的。這二種無表色，因爲是假立名故，所以說是假有。

世尊經中，說有三業；撥身語業，豈不違經？

外人難唯識家說：佛經中說有身、語、意三業，你們竟敢撥無身語二業，說唯有識，這豈不是與經義相違背了嗎？

不撥爲無，但言非色。

唯識家答：我們何曾撥無身語二業，不過說那不是色法罷了。不是色法是什麼？向下別答。

能動身思，說名身業；能發語思，說名語業。審決二思：意相應故，作動意故，說名意業。

身語意三業，都是思心所的作用功能。思有三義：一、審慮思；二、決定思；三、動發勝思。這第三的動發勝思，能動爲取捨屈伸的身表，名叫身業；發爲名句文等的語表，名叫語業。其餘的審慮和決定二思，則是因與意識相應而爲意識活動之故，所以名叫意業。

起身語思，有所造作，說名爲業。是審決思，所遊履故；通生苦樂異熟果故，亦名爲道。故前七業道，亦思爲自性。

設問：何故名「業」與「道」。答：這思心所能起動身語而有所造作，所以名之爲「業」。道有二義：一、動發勝思，是「審慮」和「決定」二思的遊履之處。即身語二業，是經過審、決之後纔發動的。二、這思心所既能動發身語，造善造惡，自然也通於善惡所生的苦樂二種異熟當果。以此二義之故，所以不但名之爲業，亦名爲道。因此十業道中，不但屬於意識所起的貪、瞋、癡等後三業道，是以思爲體性的；就是屬於身所造的殺、盜、婬；語所造的妄言、綺語、兩舌、惡口等的前七業道，也是以思爲體性的。

或身語表，由思發故，假說爲業；思所履故，說名業道。

前解「思」名業道，此解身語名業道義。不管是身表業或語表業，因爲都是由思心所所發動之故，所以假名爲業；因爲都是經過思心所的審決之故，所以名爲業道。

由此應知：實無外色；唯有內識，變似色生。

此總結前非而歸正義。由於前來破一切色法的道理，就應當知道，實在沒有心外的色法；但有內識所變現那似是而非的色法生起。破色法竟，下破不相應行。

不相應行，亦非實有。所以者何？得非得等，非如色心及諸心所，體相可得；非異色心及諸心所，作用可得。由此故知，定非實有；但依色等，分位假立。

不但色法不是實有，就是得、非得等十四個不相應行法也不是實有。其故何在？因爲它不同於色法、心法、及一切心所有法一樣有現比二量的體性可得；也不是離了色法、心法、及一切心所有法的現比二量別有作用可得。所以知道它決定不是實有；不過在色心等法的分位上假立名言而已。

以彼所執色等實法，破彼所執不相應行。並非大乘共許色心等法實有體用可得。

此定非異色心心所，有實體用，如色心等，許蘊攝故。或心心所，及色、無爲所不攝故，如畢竟無，定非實有。或餘實法所不攝故，如餘假法，非實有體。

這是緊躡上文再立三量以破其非：第一量是難有體用：宗——不相應行法決定不是異於

色、心、心所等法，而有實在的體用；因——彼宗自許爲五蘊所攝故；喻——如沒有實在體用的色心等法一樣。第二量是明非實有：宗——不相應行法決定不是實有；因——心、心所、色、無爲等法所不攝故；喻——好像龜毛兎角，畢竟一無所有。第三量是說有假法：宗——不相應行法並非實有體性；因——除假法外，並非其餘的三無爲乃至九無爲等的實法所攝故；喻——如其餘的瓶衣等假法一樣。

且彼如何知得非得，異色心等，有實體用？

這以下是依次別破十四個不相應行。先問外人：你怎樣知道「得」和「非得」這兩個不相應行法，是離了色心等法，別有實在的體用呢？

契經說故。如說：如是補特伽羅成就善惡；聖者成就十無學法。又說：異生不成就聖法；諸阿羅漢不成就煩惱。成不成言，顯得非得。

契，是契合：上契佛理；下契衆機。補特伽羅，翻爲數取趣：卽異生之類，數數輪廻於五趣之中。十無學法：（一）正見；（二）正思惟；（三）正語；（四）正業；（五）正命（六）正精進；（七）正念；（八）正定；（九）正解脫；（十）正智。異生，是異類而生的凡夫。

外人引經爲證來答覆上面的問題。上契佛理，下契衆機的佛經上說：凡夫成就了善惡諸業；聖人成就了十無學法。又說：凡夫不成就無漏聖法；阿羅漢不成就有漏煩惱。成就就是「得」；不成就就是「非得」這成、不成的話，顯然就是得、非得啊。

經不說此異色心等，有實體用，爲證不成。

彼引經爲證，唯識家也以教理難彼：不錯！成、不成的話，的確是契經所說；可是！經上但說成不成，並沒有說離開色心等法，別有成不成的實在體用啊。所以你引經爲證，是不能成立的。

亦說輪王成就七寶。豈卽成就他身非情？若謂於寶有自在力，假說成就；於善惡法，何不許然，而執實得？若謂七寶在現在故，可假說成；寧知所成善惡等法，離現在有？離現實法，理非有故。現在必有善種等故。

輪王，就是轉輪聖王，出現於此洲增劫期間。七寶是：象寶、馬寶、兵臣寶、藏臣寶、女寶、珠寶、輪寶。這七寶的前五寶是「他身有情」；後二寶是「非情」。

契經上也說轉輪聖王成就七寶，難道說是輪王變成他身有情及非情了嗎？若說因爲輪王於七寶有隨心所欲的自在力用，所以假說名爲成就，並非實有七寶可得。那麼！凡夫於善惡法，爲什麼不許說是唯識所變，假名成就，一定要執着有實法可得呢？若說因爲七寶是現在有的緣故，可以假說名爲成就；那你又怎樣知道所成的善惡等法，是離開現在而有，不名成就呢？無爲眞如皆現在有，那有離開現在而有實法之理。因爲必須有現在的善惡等法，做未來現行的種子之故，這當然可以說是假名成就。

又得於法有何勝用？

再問：你這個「得」，在「所得」的法上，究竟有什麼殊勝的功用呢？

若言能起，應起無爲。一切非情，應永不起。未得已失，應永不生。若俱生得，爲因起者，所執二生，便爲無用。又具善惡無記得者，善惡無記，應頓現前，若待餘因，得便無用。

二生，是本生與隨生。小乘據色心變化的作用，立生、住、異、滅四相。此四相又各分本相及隨相之二，合本法自體，共成有爲九法。本生相雖能生其餘八法，而不能自生，必待隨生以生之；隨生相但能生本生，而不能生自、餘八法，必待本生以生之。這就是本、隨二生互爲能所的作用。

若說這個「得」有能生起諸法的勝用，那你們自許有得的無爲，就應該能夠生起；無得的非情器界，及未得、已失等法，就應該永久不生。然而！事實並不如此，有得的無爲，不見得就能够生起；無得的非情，及未得已失等法，反倒能够生起了。

若說非情及未得已失等法，現雖無得，但它們都有一個與生俱生的「得」，能爲後時生「得」之因。如此說來！那你們所執着的有爲九法中的本生和隨生，不是就沒有互爲能所的作用了嗎。

又俱生「得」，具有善、惡、無記三性，那善、惡、無記，就應當隨着俱生「得」一時頓現。若雖有得，須待餘因方能俱起者，那麼！餘因自能生法，要「得」幹嗎用呢？

若得於法，是不失因。有情由此，成就彼故。諸可成法，不離有情；若離有情，實不可得。故得於法，俱爲無用。得實無故，非得亦無。

倘若執着這個得是一切法的不可缺失之因，諸有情類無不由此得因而成就彼法。照這樣說，只要是可以成就的法，便不能離開有情；若離有情，就沒有什麼得可得了。所以這個得對於一切法來說，都是沒用的。

這樣推究起來，因爲得實無故，所以非得亦無。

然依有情，可成諸法；分位假立，三種成就：一種子成就。二自在成就。三現行成就。

得雖實無，然而依據有情可能成就的法，按時分地位假立三種成就：（一）凡不由功用而自然現行的法，如：染污法未爲奢摩他定力所伏斷；無記法未爲聖道所永害；生得善法未爲邪見所損壞等，這都叫做「種子成就」。（二）由加行力所生的善法，及一分無記，增强種子的勢用而成就自在，這叫做「自在成就」。（三）現在起於諸蘊、處、界的善、惡、無記等法，這叫做「現行成就」。

翻此假立，不成就名。此類雖多；而於三界，見所斷種，未永害位，假立非得，名異生性。於諸聖法未成就故。

把正面假立成就的「得」，翻轉過來，反面便是假立不成就的「非得」。這不成就的種類雖多；約而言之，不過於三界見道所斷的惑業種子，在沒有被聖道永害的位上，假立一個非得的名叫做「異生性」而已。因爲他沒有成就無漏的聖法之故。

復如何知，異色心等，有實同分？

不相應行的第一個「得」，及第二個「非得」，已如前破，現在該破第三的「同分」了。小乘執同分爲一實法，由此實法令物相同，故名同分。

論主問：你又怎樣知道，離開色心等法，別有一個同分的實法呢？

契經說故。如契經說：此天同分；此人同分；乃至廣說。

外人答：因爲是佛經所說之故。經上這樣說：大家同生天趣而爲天的一分，就是天同分；同生人趣而爲人的一分，就是人同分；乃至廣說四聖六凡一切同分，所以我們知道有一個同分的實法。

此經不說，異色心等，有實同分。爲證不成。

這以下是論主對外人的非難。經上但依色心假說同分，並沒有說離色心外，別有同分的自體。所以你舉經上的證據，是不能成立的。

若同智言，因斯起故，知實有者。則草木等，應有同分。又於同分起同智言。同分復應有別同分。彼既不爾，此云何然？

同智言，就是對同分理解的智慧，及表詮的言說。若謂緣五趣四生等同分的智解與言詮，都是由同分而起之故，所以知道有實同分。如此！則吾人亦嘗對松竹梅蘭等草木之類，起同分的智解與言詮，如說：「松竹梅爲歲寒三友，蘭爲王者香」，就應當也有草木等的同分。何以但許有情有同分，不許無情也有同分呢？

還有，若說在同分上起同智同言，豈非同分外有別同分？如此展轉推徵，不是犯了無窮之過了嗎？彼別同分，既不許有，此實同分，云何而然呢？

若謂爲因，起同事欲，知實有者，理亦不然。宿習爲因，起同事欲，何要別執有實同分？

同事，是同作一種事業，如大家同修淨土。同欲，是同趣一種欲境，如大家發願往生。若說非以同分爲因，就不能生起同事同欲，所以知道實有同分。這理也不對！是由無始世來的熏習爲因，纔能生起現世的同事同欲，爲什麼要執着有一個實在的同分呢？

然依有情身心相似，分位差別，假立同分。

小乘執色心外，別有實同分既被破斥，然而大乘的同分是怎樣的呢？不過依於有情的身心相似，在分位的差別上，假立一個同分的名而已。例如：人與人的身心相似；與畜生的分位差別。白種人與白種人的身心相似；與黑種人的分位差別。即在此有情的內法上，安立假名。這是大乘衆之同分，和小乘衆同之分的區別。

復如何知，異色心等，有實命根。

不相應行法第三的同分，已如上破，現在該破第四的命根了。

論主問：你又怎樣知道，離開色心等法，別有一個實在的命根呢？

契經說故，如契經說：壽、煖、識三。應知命根，說名爲壽。

外人答：因爲是佛經所說之故。經上這樣說：壽、煖、識三法，就是命根。然而命根的正義，唯在於壽，所以應當知道命根的名就叫做「壽」。

此經不說，異色心等，有實壽體。爲證不成。

這以下是論主對外人的非難。經上並沒有說離色心外，別有壽的實體。所以你舉經爲證，是不能成立的。

又先已成色不離識；應此離識無別命根。又若命根，異識實有；應如受等，非實命根。

又前在破色法裏，已成立了色不離識的道理。煖，是色法；命根，又是壽煖識三法所攝。依理推徵，就應當離開了識，別無所謂的命根。假使命根是離識而有的話，那就應當如離識無體的受、想一樣不是實在的命根了。

若爾，如何經說三法？義別說三，如四正斷。住無心位，壽煖應無？豈不經說，識不離身？既爾，如何名無心位？彼滅轉識，非阿賴耶，有此識因，後當廣說。

四正斷，亦名四正勤：（一）爲令已生惡除斷而勤精進。（二）爲令未生惡不生而勤精進。（三）爲令未生善生起而勤精進。（四）爲令已生善增長而勤精進。

本文設外人三問，論主三答：（一）問：照你們唯識家說，離識無別壽體。若爾！爲什麼經上說有壽、煖、識三法呢？答：但是阿賴耶一識，約義不同，別說三法：約識的相分身根所攝色，名叫做煖；約識的種子能持，名叫做壽；約識的現行，名叫做識。這同四正斷一樣，但是一個勤心所，約善惡已生、未生二義，別說四法。（二）問：既然壽煖體唯一識，當人入滅盡定的無心位時，心識都謝，壽煖何不隨之而無？答：豈不聞經上說：「識不離身」嗎？滅盡定的識，既未離身，怎能會沒有壽煖？（三）問：滅盡定人，識既未滅，爲什麼名叫無心位呢？答：他滅的是前七轉識，並不是連阿賴耶識都滅了啊。所以有阿賴耶識的原因，後面當有詳細的說明。

此識足爲界趣生體；是徧恒續異熟果故。無勞別執，有實命根。

這阿賴耶識，足夠爲：欲、色、無色三界；地獄、餓鬼、畜生、人、天五趣；卵、胎、濕、化四生等的輪廻報體。因爲它是普遍恒常於一切時處，相續不斷，而又能引業受報的異熟果故。無須再受勞慮，執着識外別有命根的實體。

然依親生此識種子。由業所引，功能差別，住時決定，假立命根。

第八阿賴耶識的自體分，是親生現行識的種子。這種子由宿世善惡業力的強弱，引生功能的差別，決定了衆生一期住世時限的長短。依此假立名爲命根。這是本識種子名爲命根的所以然。

復如何知，二無心定，無想異熟，異色心等，有實自性？

不相應行法第四的命根，已如上破。現在該破第五的無想定、第六的滅盡定、第七的無想果了。二無心定，就是無想定及滅盡定。無想異熟，就是無想果，亦名無想天，即修無想定生天的果報。

論主問：你又怎樣知道：無想定、滅盡定、無想果，都是離開色心等法而有實在的自體呢？

若無實性，應不能遮心心所法，令不現起。

外人答：倘若這無想定等，沒有實在的體性，就應當不能遮礙心王及心所法，使它暫時不能現起。

若無心位，有別實法，異色心等，能遮於心，名無心定；應無色時，有別實法，異色心等，能礙於色，名無色定。彼旣不爾，此云何然？又遮礙心，何須實法，如堤塘等，假亦應遮。

論主破他說：倘若入無心位時，別有一種非色非心的實法，能遮礙着心，令不現起，名無心定者；就應當入無色位時，也別有一種非心非色的實法，能遮礙着色，令不現起，名無色定啊。這話你當然不會贊成，那麼！彼無色位別有實法，你們旣不許爾；此無心位別有實法，云何而然呢？還有一個理由：遮心何必一定要用實法；如堤塘等遮水一樣，假法不是也可以嗎？

謂修定時，於定加行，厭患粗動心心所故，發勝期願，遮心心所，令心心所，漸細漸微；微微心時，熏異熟識，成極增上，厭心等種。由此損伏心等種故，粗動心等暫不現行。依此分位，假立二定。此種善故，定亦名善。

那麼！大乘所謂的無心定是怎樣的呢？在修定時，因加行功用，厭患那七轉識粗動的心王心所，發起一種殊勝的期許與願望，想着收到遮礙這心王心所的預期效果。令此心王心所，漸次由粗而細，細而微，直到鄰近定前，微而又微的刹那心時，熏彼阿賴耶識，成就了無以復加的極增上厭心種子。由此增上厭心具有損伏勢力的緣故，粗動心暫被損伏而不起現行。就在這一期無心的分位上，安立了兩個無想定、滅盡定的假名。因此厭心是善的種子，所以這兩個定名也叫做善。

無想定前，求無想果，故所熏成種，招彼異熟識。依之粗動想等不行。於此分位，假立無想。依異熟立，得異熟名。故此三法，亦非實有。

在修無想定的當前，爲求無想果故，所以由熏習而成的種子，招致依於阿賴耶識異時而熟的果報。這時依本識而生的粗動心等，便不起現行。就在此無心的分位上，安立了無想的假名；同時也因爲是依於異熟識而建立的果法，所以也得名爲異熟。由於以上所說的種種道理之故，不但前四法不是實有，就是這無想定、滅盡定、無想果三法，也不是實有。

復如何知，諸有爲相，異色心等，有實自性？

十四個不相應行法，已破其七，現在該破第八至第十一的諸有爲相了。

論主問：你又怎樣知道：生、住、異、滅四有爲相，是離開了色心等法，別有實在的體性呢？

契經說故，如契經說：有三有爲之有爲相，乃至廣說。

外人答：因爲佛經上這樣說：有爲法，有三種有爲相：生、住異、滅。因住相爲有情所愛着，令捨愛故，把住異合說爲一相了。乃至廣說：無常一相；生、滅二相；住、異、滅三相。這不過都是四相開合的說法罷了。

此經不說，異色心等，有實自性。爲證不成。

經上但說，四相與色心等法，非一非異，並沒有說，離開了色心等法之外，別有實在「有爲相」的自性啊。因此你們引用經上的證據，是不能成立的。

非第六聲便表異體；色心之體，即色心故。非能相體定異所相；勿堅相等異地等故，若有爲相異所相體；無爲相體應異所相。

梵文文法，表示名詞的變化，有八種語格，名八轉聲。這八轉聲是：體聲、業聲、具聲、所爲聲、所從聲、所屬聲、所依聲、呼聲。第六聲，就是這八轉聲裏第六的「所屬聲」，是屬他的語格。小乘有部、執着色心的法體爲恒有；離法體外，別有生住異滅四相的實性，能使色心起生滅變化的作用；故名色心的法體爲所相，生住異滅四相爲能相。

彼執有爲相離色心外，別有實體的理由，就是根據這第六聲屬他的意義。所以論主破他說：並不是第六的屬聲，便能表示法外別有實體；因爲屬於色心等法之體，即是色心之故。所以能相的生住異滅之體，並沒有離開所相的色心等法。你能說堅、濕、煖、動的能相，離開了地、水、火、風的所相了嗎？假使生住異滅的有爲相，能够離開色心等法的所相而實有的話，那無爲法的寂靜相，就應當離開了無爲法的體而別有啊。

又生等相，若體俱有，應一切時，齊興作用。若相違故，用不頓興；體亦相違，如何俱有？又住異滅，用不應俱。

生住異滅四相的體，設若是同時俱有，就應當不管在什麼時候，都能够同起作用啊；何以不能呢？若說因爲它們的作用是前後相違之故，所以起不同時；體非相違，故能俱有。那麼！體與用是不相離的，用旣相違，體也應當相違，怎能說它是同時俱有呢？

有執：住異滅三相的作用，是同時俱起。殊不知這三相的作用，彼此相望：住引當果；異衰其力；以至於滅，不無有別。所以論主又破他說：住異滅三相的作用，也不應當是同時俱起，因爲它是前後相違的啊。

能相所相，體俱本有；用亦應然，無別性故。若謂彼用更待因緣。所待因緣，應非本有。又執生等，便爲無用。

有執：體爲本有，用離體無。所以論主破他說：能相的生住異滅，和所相的色心等法，它們的體性既然都是本有；它們的作用，也應當都是本有；因爲體用的性質，沒有兩樣啊。若說此體是本來俱有，彼用則須更待因緣，當然不是本有的親因緣了。既有同類的親因緣體，猶須更待疎緣。這樣！你們所執着的生住異滅四相，不是就毫無作用了嗎？

所相恒有，而生等合。應無爲法，亦有生等。彼此異因，不可得故。

若謂：色心等法的所相三世恒有，此外別有生住異滅的能相無常，與之相合。那麼！無爲法恒有，就應當也有生住異滅與之相合啊。這反顯了無爲既無生住異滅與之相合，有爲亦然。因爲有爲法和無爲法的體雖有別，然其所以能爲生等相合之因，彼此却沒有兩樣。

又去來世，非現非常。應似空華，非實有性，生名爲有，寧在未來？滅名爲無，應非現在。滅若非無，生應非有。又滅違住，寧執同時？住不違生，何容異世？故彼所執，進退非理。

小乘執着：四相之一的生相屬於未來；住異滅三相屬於現在；住滅同時；生住異世。所以論主破他說：過去世已成過去，未來世還沒有到來；這既非現在，又非恒常，應當如空華一樣不是實有的體性。生因有而名生，未來既不是有，豈有生在未來之理？滅因無而名滅，現在既不是無，滅就應該不屬於現在啊。若說滅相非無，那生相就應該也不是有啊。

滅能滅法，與住相違，怎能執着它們是同時？住令法有與生無違，如何容其存在於相反的異世？因此！他們的執着：進而說是滅住異世，住生同時吧，便違自宗；退而說是滅住同時，住生異世吧，便違正理。可謂進退失據。

然有爲法，因緣力故，本無今有，暫有還無，表異無爲，假立四相。

然而大乘的有爲法，是依託着因緣的力量，本來沒有，現在有了；現在暫有，刹那還無。爲表示這不是無爲法，才建立了生住異滅四相的假名。

本無今有，有位名生；生位暫停，卽說爲住；住別前後，復立異名；暫有還無，無時名滅。

四相的假名，就是依託這四種因緣而建立的：本來沒有現今有了，依此有位的因緣，假立「生」名；依生位暫停的因緣，假立「住」名；按暫住時間的推移，而有前後盛衰的差別，依此差別的因緣，假立「異」名；法雖暫有，還歸於無，依此無的因緣，假立「滅」名。

前三有故，同在現在；後一是無，故在過去。

前面的生、住、異三相是有，所以同在現世；最後的一個滅相是無，所以屬於過去。

如何無法與有爲相？表此後無，爲相何失？

設問：假使滅法是無，怎樣能作有爲法的相？答：滅法並不是表示現在有法，也不是表示本無、今無，而是表示此現有法，於後時無。以此假作有爲法相，有什麼過失呢？

生表有法先非有；滅表有法後是無；異表此法非凝然；住表此法暫有用。

生，是表示現有的法，並不是先前就有；滅，是表示暫有的法，到後來終歸於無；異，是表示此法，並不是凝然堅實的永不變滅；住，是表示此法，暫時還有點作用。

故此四相，於有爲法，雖俱名表，而表有異。此依剎那，假立四相。

所以這生住異滅四相，在有爲法中，雖然都名爲表，而其所表的法，却各有不同的意義。這是依剎那生滅，假立的有爲四相。

一期分位，亦得假立。初有名生；後無名滅；生已相似相續名住；即此相續，轉變名異。是故四相，皆是假立。

四相不但可依剎那生滅而假立，也可依一期分位而假立。當法最初纔有的時候叫做「生」；到最後沒有的時候叫做「滅」；生後相似繼續存在的期間叫做「住」；即此相續盛衰的轉變叫做「異」。以是之故，這一期四相，也都是假緣安立的。

復如何知，異色心等，有實詮表，名句文身？

有爲四相已如前破，現在該破名、句、文身了。顯體爲「名」；如「五蘊」是顯色心之體的名稱。詮義爲「句」；如「五蘊皆空」是詮解色心非有的句義。字名爲「文」。聚積爲「身」。聚積兩個以上的名爲「名身」；兩個以上的句爲「句身」；兩個以上的字爲「文身」。

論主問：你又怎樣知道，離開色心等法，別有實在的名、句、文身呢？

契經說故，如契經說：佛得希有名句文身。

外人答：因爲佛經上說：一成佛！就得未曾有的名、句、文身，是以知之。

此經不說，異色心等有實名等。爲證不成。

你們動不動就引經爲證，要知道這經上並沒有說離開色心等法，別有實在的名、句、文身啊。所以你們引用的證據是不能成立的。

若名句文異聲實有。應如色等，非實能詮。

聲，是能詮。彼執異聲別有實體的名句文。所以論主破他說：倘若名句文是離聲而有實體的話，那就應當同離聲的色、香、味、觸一樣，不是實有的能詮了。

謂聲能生名句文者。此聲必有音韻屈曲，此足能詮，何用名等？

彼執名句文身，由聲而生。所以論主破他說：若說名句文是由聲而生，那能生名句文的聲，必定有音韻的調節，和屈曲的詞義。這聲音已足够詮解義理的能力，還用名句文身做甚？

若謂聲上音韻屈曲，卽名句文，異聲實有。所見色上形量屈曲，應異色處，別有實體。

若說聲上的音韻屈曲，就是離聲而實有的名句文。那麼！所見色上形量屈曲的長短方圓，也應當是離色而別有的實體啊。然而長短方圓，並非離色而有，那名句文又怎能離聲而有呢？這不是一樣的道理嗎？

若謂聲上音韻屈曲，如絃管聲，非能詮者；此應如彼聲，不別生名等。又誰說彼定不能詮。

若說聲上的音韻屈曲，恰如琴瑟等的絃聲，笙簫等的管聲，同樣不能詮表義理，所以知道離聲別有能詮的名句文。如此說來！這語聲上的屈曲，既如絃管聲一樣不能詮表；就應當也如絃管聲一樣不能別生名句文啊。語聲既不能別生名句文；名句文即不離語聲。又誰說彼決定不能詮表呢？

聲若能詮，風鈴聲等，應有詮用。此應如彼，不別生實名句文身。若唯語聲能生名等，如何不許唯語能詮。

大乘主張語聲能詮表，風鈴聲不能。所以小乘以風鈴聲例同語聲亦能詮表，反顯語聲不能詮表的說：倘若照你們大乘聲能詮表的主張，那風聲鈴聲就應當都有詮表的功用啊。風鈴聲既不能詮表，那語聲又何能詮表呢？

小乘主張語聲能生名句文，風鈴聲不能。所以論主以語聲例同風鈴聲不生名句文以破之曰：倘若照你們小乘的主張，這語聲上的屈曲，就應當如彼風鈴聲一樣不能別生實有的名句文身啊。若許唯獨語聲能生名句文，風鈴聲不生；爲什麼不許唯獨語聲能夠詮表，風鈴聲不能詮表呢？

何理定知，能詮卽語？寧知異語，別有能詮？

外人問：根據什麼理由知道能詮表的就是語聲？論主反詰：你又怎樣知道離語聲體，別有能詮的名句文身？

語不異能詮，人天共了。執能詮異語，天愛非餘。

離語聲體無別能詮的名句文，這道理，不管是人是天都能夠了解。若執能詮的名句文身，與語聲無涉，則是你們這些天所憐愍的愚人，而不是其餘的智者。

然依語聲分位差別，而假建立名句文身。

然能詮的聲體並不是沒有名句文身，而是依語聲的分位差別，建立了名句文身的假名。並不是名句文身，離聲別有。

名詮自性；句詮差別；文卽是字，爲二所依。

問：什麼叫做分位差別？答：名是詮法體性的；例如：天、人的名，是詮表天和人的自體。句是詮法差別的；例如：欲界天、色界天、無色界天的句，是詮表天的差別；出家人、在家人，是詮表人的差別。文就是字，能詮表諸法自性、差別的名、句，都是依文字而成立的。

此三離聲，雖無別體；而假實異，亦不卽聲。

問：上來說名等就是聲上的屈曲。然而聲爲色法，名等爲不相應行法，可謂：風、馬牛不相及，這道理如何能說得通？答：這名句文三法，離聲雖無別體；而名等是假，聲體實有，因假與實異，所以雖不離聲，亦不卽聲。以不卽聲說是不相應行；以不離聲說是聲上屈曲。

由此法詞，二無礙解，境有差別。聲與名等，蘊處界攝，亦各有異。

二無礙解，是菩薩說法的二種智辯：（一）於名句文能詮的教法，智解暢達，叫做「法無礙」。於諸方言詞，通利自在，叫做詞無礙。

問：聲和名等，既無別體，何以有假實的不同？答：由於這法、詞二無礙解的緣故，所緣的境界，就有二種不同的差別：（一）法無礙解，對所詮故，緣假名境。（二）詞無礙解，對衆機故，緣實聲境。不但境有差別，就是聲和名句文，分攝在五蘊、十二處、十八界的三科裏，也各各有異：（一）聲爲色蘊、聲處、聲界所攝。（二）名句文爲行蘊、法處、法界所攝。這說明了聲和名等，並非體有二異，不過是對所攝的不同罷了。

且依此土，說名句文，依聲假立，非謂一切。諸餘佛土，亦依光明，妙香味等，假立三故。

但依此娑婆國土的衆生機緣，以音聲而作佛事，所以說名句文，依聲假立，並不是說一切佛土都和娑婆一樣。其餘的十方佛土：也有依佛光明而作佛事的；也有依妙香味而作佛事的；（如無垢稱經所說）。也有依園林、臺觀、佛身而作佛事的；（如維摩經說）。總之，無論依什麼作佛事，都得依衆生機緣，在所施爲的法上，假立名句文三種。

問：光明等非聲可比，它如何也有名句文？答：所謂名句文者，顯義而已；凡能顯義，都叫做名句文。近今電視傳眞，尚有名句文，何況佛土光明等而沒有名句文嗎？

有執隨眠，異心心所，是不相應，行蘊所攝。

諸惑種子，隨逐有情，眠伏在第八阿賴耶識裏，能使衆生昏迷如睡，名叫「隨眠」。有一類小乘彌沙塞等，除十四個不相應行法外，還執著諸惑種子——隨眠，是離開心王心所，爲不相應行蘊之所攝。

彼亦非理。名貪等故，如現貪等，非不相應。

他們這種執着，也不合理。因爲隨眠種子的名稱，就是貪、瞋、痴、慢、疑諸惑，同現行的貪等沒有兩樣，都是屬於心心所法，並非不相應行。

執別有餘不相應行。准前理趣，皆應遮止。

還有執着其餘的不相應行，如：正量部的無表戒；正理師的和合性等。准以前面破斥的道理和義趣，都應當遮止，不再執爲離心別有的不相應行。破不相應行法竟。

諸無爲法，離色心等，決定實有，理不可得。

十四個不相應行法，前已破竟，這向下該破無爲法了。小乘執有三種無爲：虛空、擇滅、非擇滅；都是離開色心等法，決定實有。與大乘眞如望有爲法不卽、不離、不一、不異的道理相違。所以論主總斥之以「理不可得」。

且定有法，略有三種：一現所知法，如色心等。二現受用法，如瓶衣等。如是二法，世共知有，不待因成。三有作用法，如眼耳等。由彼彼用，證知是有。無爲非世共知定有，又無作用，如眼耳等。設許有用，應是無常。故不可執無爲定有。

決定有的法，約略有三種：一種是現在所知的法，例如色法及心、心所法。二種是現在所受用的法，例如水瓶和衣服等物。這二種法，全世界上的人，都知道有，不須等待任何比量測度的因緣才能成立。三種是有作用的法，例如眼耳鼻舌身等的五種淨色根，雖非世人所共知，但智者由彼等發識的作用來證知它是有的。

無爲法，既不是世人所共知的前二種；又不是有作用的第三種。設若謬許無爲有作用，那就應當是無常而不是無爲了。這三種定有法裏，都沒有無爲，所以你們不可以執着無爲決定是實有。

然諸無爲，所知性故；或色心等，所顯性故。如色心等。不應執爲，離色心等，實無爲性。

然三無爲，既非實有，究竟是怎樣的呢？一是斷我、法二執所證知的眞如實性。二是由色心等法所顯的眞如實性。如：五蘊無處，顯虛空無爲；以簡擇心，滅除煩惱，顯擇滅無爲；色心緣闕，顯非擇滅無爲。無爲既是色心所顯，應同色心一樣不離色心，所以你們不應當執着離開色心等法，另外有所謂實在的無爲性。

又虛空等，爲一爲多？

問：虛空、擇滅、非擇滅，這三種無爲，每一種無爲的體性，是只有一個呢？還是有許多個？

若體是一，徧一切處，虛空容受，色等法故，隨能合法，體應多成。一所合處，餘不合故。不爾，諸法應互相徧。若謂虛空不與法合，應非容受，如餘無爲。又色等中，有虛空不？有應相雜；無應不徧。

虛空無爲，是恰如虛空似的一種實體，並非虛空。若執虛空無爲是一體的話，那必然要徧滿到虛空的一切處。可是虛空却不止一個，因被其所容受的無數色法，隔離成無數的虛空了。那麼！虛空無爲，就不得不隨方就圓跟着能與虛空相合的色法，變成了多體。因爲一一色法，只能各合一處空，不能徧合餘處之故。假使不是這樣，那一一色法，都應當互徧互融而成爲一色了。

若說虛空不與色合，那色法就應當同其餘的擇滅、非擇滅二種無爲一樣，不是虛空所容受的東西了。

試問：一一色法裏，有沒有虛空呢？若有，則色空就應當互相間雜；若無，則虛空就應當不徧及於一切法。不徧及於一切法的虛空，但可以名有爲，怎麼可以名無爲呢？

一部一品結法斷時，應得餘部餘品擇滅。

結法，是煩惱惑的異名。迷於四諦之理的見惑四部；迷於事理的修惑一部；共爲五部。按品類差別，分配於三界九地的見惑有八十八品；修惑有八十一品。擇滅無爲，是以智慧簡擇的功力，斷除一切煩惱所證得的滅諦。

假使執着這擇滅無爲是一體的話，那麼，當你斷了一部或一品的煩惱惑時，就應當證得了其餘四部，或八十七品等的擇滅無爲啊。

一法緣闕得不生時，應於一切得非擇滅。

非擇滅無爲，是但闕能生煩惱結法的因緣，使法不生；非以智慧簡擇所證得的滅諦。

假使執着這非擇滅無爲是一體的話；當一個結法闕緣而得不生時，就應當於一切法上得到了非擇滅無爲啊。

執彼體一，理應爾故。

上來所說的道理，因爲你們執着彼三無爲各有一體之故，所以就應當有這種過失。

若體是多，便有品類，應如色等非實無爲。虛空又應非徧容受。

上來破無爲體一，此破無爲體多。倘若無爲法是多體的話，那便有千萬品類的等差，就應當同色法一樣不是實在的無爲了。又若無爲法是多體的話，那虛空無爲，就應當失掉其普遍和容受的意義了。有色的地方沒有虛空，便非普遍；有虛空的地方沒有色，便非容受。

餘部所執離心心所，實有無爲，准前應破。

除三無爲外，還有其餘大衆四部等，執着離開心王心所，別有實在的九無爲，也應當准照前面破三無爲的例破。

又諸無爲，許無因果故，應如兎角，非異心等有。

兎角，是意識想像的東西，離心無實兎角。有爲法，是因緣造作的因果法。無爲法，是離因緣造作的非因果法。

若許無爲法沒有因果，就應當同兎角一樣，不是離開色心等而實有的法啊。

然契經說，有虛空等諸無爲法。略有二種。

無爲法既非實有，然而佛經中爲什麼說有虛空等諸無爲法呢？這約略有兩種道理，不同與小乘的說法。

一依識變，假施設有。謂曾聞說虛空等名；隨分別有虛空等相。數習力故，心等生時，似虛空等，無爲相現。此所現相，前後相似，無有變易，假說爲常。

一種道理是：依心識的變現，假施設有。就是說：曾經聽佛菩薩說過虛空的名字，隨即起心分別，有虛空等相以爲緣境。因不斷聞說，數數熏習力故，所以當心生時，就好像有虛空無爲等相的顯現。此所現相，前念後念，相似恒起，沒有什麼變化和改易。這不過把虛空變成無色礙相而已，並非無爲。假說這就是常住的無爲。

二依法性，假施設有。謂空無我，所顯眞如，有無俱非，心言路絕，與一切法，非一異等，是法眞理，故名法性。

二種道理是：依一切法的體性，假施設有。就是說：由空無我法所顯的眞如，非有、非無、非俱有無、非非有無。你想它是個什麼，也想不到；說它是個什麼，也說不着；眞個心行路絕，言語道斷；與一切法非一非異。因一切法有生滅，眞如無生滅，所以非一；一切法本卽眞如（如波卽水），眞如隨緣爲一切法（如水成波），所以非異。這是萬法的眞理，所以名叫法性。

離諸障礙，故名虛空。由簡擇力，滅諸雜染，究竟證會，故名擇滅。不由擇力，本性清淨，或緣闕所顯，故名非擇滅。苦樂受滅，故名不動。想受不行，名想受滅。此五皆依眞如假立，眞如亦是假施設名。遮撥爲無，故說爲有；遮執爲有，故說爲空；勿謂虛幻，故說爲實；理非妄倒，故名眞如。不同餘宗，離色心等，有實常法，名曰眞如。

大乘就在這眞如法性顯緣的不同方面，假立了六種無爲：（一）離一切障礙所顯的眞如法性，叫做「虛空無爲」。（二）以無漏智慧簡擇之力，滅一切雜染煩惱，究竟證會了眞如法性，叫做「擇滅無爲」。（三）不由智慧簡擇之力，自性本來清淨；或因有爲法闕緣不生所顯的眞如法性，叫做「非擇滅無爲」。（四）到了第四靜慮天，滅一切粗動苦樂等受所顯的眞如法性，叫做「不動無爲」。（五）由非想地的滅盡定，想受心所都不起現行所顯的眞如法性，叫做「想受滅無爲」。（六）眞如無爲。前五種無爲，固然都是依此眞如顯緣的差別而假立，所以它們都是詮表法性之相的假名；其實連這眞如的名，也是依不可說如，不可說非如的法性而假施設的。

爲遮遣惡取空及邪見的人撥法性全無，所以說之爲有；其實法性是非有非不有。爲遮遣一切法決定是實有的執着，所以說之爲空；其實法性是非空非不空。不可說法性也同一切法是一樣的依他如幻，所以說之爲實；其實法性是非實非不實。然而法性的理體，既非虛妄，又非顚倒，所以名叫「眞如」。這非有非空非實非不實的大乘眞如，絕對不同其餘小乘的執着，離開色心等法，別有一個實在常住之法名叫眞如。

故諸無爲，非定實有。

由於以上的假立名故，所以如：譬喻師的三無爲、五蘊論的四無爲、大衆部等的九無爲，都不是決定性的實有。別破餘乘竟，向下合破外餘。

丙四　合破外餘

外道餘乘，所執諸法，異心心所，非實有性，是所取故，如心心所。能取彼覺，亦不緣彼，是能取故，如緣此覺。

前面外道和小乘們所執着的諸法，如：外道的二十五諦、六句義；小乘的色法、不相應行法等，都不是離開心王心所，別有所謂的實體性；而是他們以自識的見分所取的相分境；此境同心王心所一樣，並非別有實體。就是能取彼相分境的見分——覺，也不能緣彼心外實法；因彼所謂的心外實法者，原是其能取自心的瞪發勞相；這好像自緣自心的見分——覺一樣。卽所謂：「自心取自心，非幻成幻法」。

諸心心所，依他起故，亦如幻事，非眞實有。爲遣妄執，心心所外，實有境故，說唯有識。若執唯識，眞實有者，如執外境，亦是法執。

不但外境，卽一切心王心所，也不是眞實有性。因爲它們都是依托其他因緣而生起之故，如同以幻術變造的戲法一樣。那麼！心境既然都非實有，爲什麼說唯有識呢？那是因爲遮遣外道餘乘，一般執着心心所外，別有實境之故，所以纔方便說唯有識，並不是說唯識實有啊。若執唯識是實有者，那就同執着外境一樣的也是法執。

這是唯識家的誠實言，一向苦口婆心，受盡了多少寃枉氣，被人家在無邊佛法裏，畫一個小圈圈，稱之爲法相宗、或唯識宗，如今可大白於天下矣！懷疑唯識的學人，也可以一澆塊壘了。

丙五　分類伏斷

然諸法執，略有二種；一者俱生，二者分別。

然外道和餘乘的法執雖多，總略不過二種：一種是俱生法執；二種是分別法執。

俱生法執，無始時來，虛妄熏習，內因力故，恒與身俱。不待邪教，及邪分別，任

運而轉，故名俱生。

第一種法執爲什麼叫俱生？因爲這種法執，是從無始以來，虛妄法的熏染習慣，在八識田中種下了虛妄法的種子。由於這內識種子潛在力的緣故，永久的與身俱生，勿須等待後天師友的邪教，及自己的邪分別，它自然而然的會展轉生起，所以名叫俱生。

此復二種：一常相續：在第七識，緣第八識，起自心相，執爲實法。二有間斷：在第六識，緣識所變，蘊處界相，或總或別，起自心相，執爲實法。

這俱生法執又分二種：一種叫做常相續：這是在第七識緣第八識所起的自心相分境時，就執此以爲實法了。二種叫做有間斷：這是在第六識緣第八識所變的五蘊、十二處、十八界的相分境時，或執蘊等整體的總相；或執色等局部的別相，復又生起第六識自心的相分境，就執此以爲實法了。

此二法執，細故難斷。後十地中，數數修習，勝法空觀，方能除滅。

這二種俱生法執，行相比較微細，所以也比較難斷。必須從初地菩薩開始，一地一地的數數修習那殊勝的法空觀，一直修到十地金剛身後，纔能夠究竟除滅。

分別法執，亦由現在外緣力故，非與身俱。要待邪教，及邪分別，然後方起。

第二種法執爲什麼叫做分別？因爲這種法執，不但有無始熏習的內因，也得由現在外緣的助力，它不是與身俱生，而是要等待着後天師友的邪教，及自己的邪分別，然後纔能够生起。所以名叫分別。

唯在第六意識中有。此亦二種：一緣邪教，所說蘊處界相，起自心相，分別計度，執爲實法。二緣邪教所說自性等相，起自心相，分別計度，執爲實法。

分別法執，唯在第六意識中有，餘識中無。這也有二種：一種是因爲聽了邪教所說五蘊、十二處、十八界的種種法相，生起了自心的相分境，就分別計度這相分境，以爲實法了。二種是聽了邪教所說，如：數論師的自性——冥諦；勝論師的六句義等種種法相，生起了自心的相分境，就分別計度這相分境，以爲實法了。

此二法執，粗故易斷。入初地時，觀一切法，法空眞如，即能除滅。

這二種分別法執，行相比較粗猛，所以也比較容易斷除。只要進入初地菩薩的階位，觀察一切法空眞如，就能够除滅。

丙六　總釋法執

如是所說，一切法執。自心外法，或有或無；自心內法，一切皆有。

像這以上所說的一切法執：屬於妄計的心外之法，在相續恒起的第七識裏似有；在間斷分別的第六識裏不定有無。屬於因緣所生的心內之法，那是一切都有的。

是故法執，皆緣自心，所現似法，執爲實有。

因此之故，所以一切法執，都是自緣自心所變現的似法非法，因不了是自心之所變現，就執着這似是而非的法相以爲是實有了。

然似法相，從緣生故，是如幻有。所執實法，妄計度故，決定非有。

然而一切似有的法相，因爲是從內識種子因緣所生之故，它不是眞如，而是如幻的假有。至於所執着的心外實法，那完全是虛妄計度，決定的沒有。

故世尊說：慈氏當知：諸識所緣，唯識所現，依他起性，如幻事等。

因此之故，所以佛在解深密經裏對彌勒菩薩說：慈氏！你應當知道：諸識所緣的境界，並不是什麼心外實法，唯是從自識裏變現出來那毫無自性，全仗他緣生起的如幻假事。

甲三　總結境無

如是外道餘乘所執，離識我法，皆非實有。故心心所，決定不用外色等法，爲所緣

緣，緣用必依實有體故。

像以上這些外道和小乘，他們所執離開心識以外的我、法，那都不是實有。所以心王心所，決定不用心識以外的色等塵境，爲所緣緣。因爲所緣緣的作用，必須依托着內識實有的自體分啊。

現在彼聚心心所法，非此聚識親所緣緣。如非此所緣，他聚攝故。

八識的心心所法，各爲一聚；彼此相望爲彼聚、此聚。如：眼識的心王心所爲一聚；耳識的心王心所亦爲一聚；二聚相望爲彼聚、此聚。餘可類推。

不但不用外色等法爲所緣緣，就是五七等聚的心心所法，也只能以各自的見分，緣各自所變相分的本質境，而不能彼此互爲所緣。第六聚識雖能徧緣十八界，也並非把其他聚識的心心所法，作爲它直接的親所緣緣，只不過是間接的疎所緣緣而已。好像青黃赤白等的色塵，不能爲耳聚識的所緣緣一樣。因爲是屬於其他眼聚識的所攝故。

同聚心所，亦非親所緣；自體異故；如餘非所取。

不但各聚識的心心所法，不能互爲親所緣緣；就是同聚識的心所法，也不能爲同聚識的親所緣緣。例如：眼聚識不能親緣眼聚識的心所法；耳聚識不能親緣耳聚識的心所法。因爲心所法的作用，與心的自體有異故。好像不是自心所取的其他餘法一樣。

由此應知：實無外境，唯有內識，似外境生。是故契經伽他中說：如愚所分別，外境實皆無；習氣擾濁心，故似彼而轉。

這是第三節總結的總結：以上三段結文的前一段，是遣心外有境；後二段，是遣心外有心。因爲心外之心，與境無異，故並遣之，不可但看成八識王所，各具一體。否則！便成爲與遣境無關的閒文了。

由此應知：實在沒有我、法等的外境，唯有內識所變現的相分，好像外境生起一樣。因此之故，所以佛經中有這麼幾句頌說：愚夫所分別的一切外境，都不是實有；而是由無始時來的習氣，擾亂了濁溷不清的識心所妄見；好像有外境轉起似的，其實不然！

第四節　釋外妨難

有作是難：若無離識實我法者，假亦應無。謂假必依眞事似事共法而立。如有眞火，有似火人，有猛赤法，乃可假說此人爲火。假說牛等，應知亦然。我法若無，依何假說？無假說故；似亦不成。如何說心，似外境轉？

有外人作此問難：倘若沒有離識的實我、法，那世間和聖教所說的假我假法也應當沒有。因爲假事必須依據着眞事、似事、共法這三個條件纔能建立。例如：有眞火，就叫做眞事；有與火類似的人，就叫做似事；有火人同具的猛性與赤色，就叫做共法；這三個條件都具備了，纔可以假說這人爲火。假說火如此，假說牛亦然：有眞牛；有與牛類似的人；有牛人同具粗壯力大的共法，纔可以說此人爲牛。

以此而論：必須有實我實法的眞事；識所變的似事；同類性的共法，然後纔可以假說識所變的叫做似我、法。今實我、法既無，那假我、法又從何說起？既無假可說，無眞可擬，試問，誰似似誰？爲什麼你們說「心似外境轉」呢？

彼難非理。離識我法，前已破故。依類依實，假說火等，俱不成故。

依類，就是指「似事」和「共法」而言，因似事、共法，必依類故。如人類的正報相似；依報相共。依實，就是指「眞事」而言，因眞事必依實體故。如實有火體，方名眞火。這是上文外人問難時，所謂假事必須依據的三個條件。

論主總斥彼難爲非理。因爲彼宗所執離識而有的實我、法，在前面第三節裏通統都破過了。所以依類、依實而假說火、牛，一概都不能成立。

依類假說，理且不成。猛赤等德，非類有故。若無共德而假說彼；應亦於水等，假

說火等名。

先講依類假說的理，就不能成立。因爲猛赤等法僅是火德，而不是同異類俱有的共德。若於不共火德的人類，而可假說彼人似火；那就應當也可以假說水名爲火了。這樣依類假說的理，如何能夠成立？

若謂猛等，雖非類德，而不相離，故可假說。此亦不然。人類猛等，現見亦有互相離故。

若謂：猛赤的火德，雖非與一切類共，然而與人類却不曾相離，故可假說此人爲火。這理由也不盡然！因爲現見人類或性不猛而色亦不赤；或性雖猛而色不必赤；或色雖赤而性不必猛。不猛不赤的，是德類相離；猛而不赤或赤而不猛的，是猛赤相離。如是相離，則火德非與人共也明矣。怎樣可以假說此人爲火。

類既無德；又互相離。然有於人，假說火等。故知假說不依類成。

誠如上說，人類既然沒有火德；而火德又失其類的互相分離。然而猶有假說人爲火者。因此之故，所以知道假說不一定要依類纔能成立。

依實假說，理亦不成。猛赤等德，非共有故。謂猛赤等，在火在人，其體各別，所依異故。無共假說，有過同前。

不但依類假說的理不成，就是依實假說的理由也不成。因爲猛赤等德，並非火人共有之故。就是說：假定這一個猛赤德，是一部份在火；一部份在人，可以說得上是共法。唯其是共法，纔可以依眞火的猛赤，假說人的猛赤似火。今此猛赤德，但在火而不在人，其非共法可知。這是因爲火是火；人是人；火與人的體既各別，所依的法自然也就不同了。如此猛赤既非火人共法，那這依實而假說的過失，豈非同前面說水爲火是一樣嗎？

若謂人火德相似故，可假說者，理亦不然。說火在人，非在德故。由此假說，不依實成。

若說人火的德，雖不共其猛赤，却也不無相似之處，故可假說此人似火。這道理也不盡然！因爲必須在人的體上，也有火的猛赤，然後纔可以假說人似火；並非毫無理由的，就在人的德上說有似火之處啊。試想想看，人是有情，火是無情，他兩家的德，如何能够相似？例如：星星之火，可以燎原；刼火能壞大千世界，人有是德否？

由此不可依實假說似火，而竟假說似火。可見假說不一定要依實纔成。

又假必依眞事立者，亦不應理。眞謂自相；假智及詮俱非境故。謂假智詮，不得自相。唯於諸法共相而轉。亦非離此，有別方便，設施自相爲假所依。然假智詮，必依聲起；聲不及處，此便不轉。能詮所詮，俱非自相。故知假說，不依眞事。

上來破依實中，但明假說不依實成，沒有說明實事的眞相，故今又說：若以爲假說必依眞事而建立者，也不合理。因爲眞事是非證莫知的諸法自相，不是假智詮的分別言說所能及的心外之境。就是說：假智詮的分別言說，不可能達到自相的境地，只能在諸法的共相上展轉生起。例如：有爲法以局於色心等的一法爲「自相」，統攝色心等法的生住異滅等理爲「共相」；色法又分十一處，以局於一處爲「自相」，統攝十一處的根境等爲「共相」；乃至每一事物又分許多極微，以局於每一極微爲「自相」，統攝一切極微的事物爲「共相」；如是展轉至不可分別言說爲「自相」，尚可分別言說的極微爲「共相」。

據此推論：自相就是共相；共相就是自相；自既非自；共亦非共，都無實體。不過以假智詮的分別言說爲「共相」；離分別言說爲自相耳，實則無所謂自相與共相。所以說：並非離此共相以外，別有一個方便施設的自相，爲假智詮所依托。

然而假智詮，必定依托着聲音，纔能够生起。例如：聞雷聲而起對雷的分別，說之爲雷；聞他人說雲的語聲，而起對雲的分別，亦說之爲雲。假使聲音達不到的地方，這假智詮便失掉了分別言說的作用而不能轉起。所以知道假說不是依托着眞事而成立的。

由此但依似事而轉。似謂增益，非實有相。聲依增益似相而轉，故不可說假必依眞。

由此當知，假說的轉起，不依自相，但依似事。什麼叫做似事？謂：似事本無，不過在自相上增添了一個並非實有而執爲實有的妄相，名爲似事而已。能詮的聲，就是依托這似相而轉起的。因此之故，所以不可說假必依眞立。

是故彼難不應正理。

因此，彼小乘等的問難，與正確的佛理，是不相應的。

然依識變，對遣妄執，眞實我法，說假似言。由此契經伽他中說：爲對遣愚夫，所執實我法；故於識所變，假說我法名。

然而假說雖不依眞，却是依托自識所變的見、相二分。爲對治遣除愚夫外道等，虛妄執着的眞實我、法故，所以纔隨情假說似我、似法的名言。因此佛經中有頌云：「爲對遣愚夫，所執實我法；故於識所變，假說我法名」。第三章釋所標宗的上三句竟，向下第四章續釋下三句。

第四章　釋所標（下）

第一節　別釋三句

識所變相，雖無量種；而能變識，類別唯三。

這是解釋本頌下三句的前一句：「此能變唯三」。由識所變的相分，雖然有無量數，那麼多的種類；而此能變的識，分別起來，却只有三類。向下後二句頌，便是這三類的解釋。

一謂異熟：卽第八識，多異熟性故。二謂思量：卽第七識，恒審思量故。三謂了境：卽前六識，了境相粗故；及言顯六合爲一種。

這是合解本頌下三句的後二句：「謂異熟思量，及了別境識」。上文所說那三類能變的識，都是些什麼？現在把它列舉如左：

第一類的名字，叫做「異熟」。梵語「毘播迦」，我國舊譯爲「果報」；新譯爲異熟。攝義有三：（一）異時而熟：卽業果成熟的時期，與業因隔世而異；及因緣勝者先熟；劣者後熟，先後異時。（二）變異而熟：卽從「因」變異，而成熟爲「果」。（三）異類而熟：

即善因感樂果；惡因感苦果，但苦樂二果，都是非善非惡的「無記性」，與善惡性的「因」類有異。例如：富、貴、彭年，並非善性，而是由前世的善因所感；貧、賤、夭折，亦非惡性，而是由前世的惡因所感。這異熟果報，就是第八識的意義。因爲第七識，雖多相續，而非異熟；前六識，雖通異熟，而間斷非多；唯第八識，是過去所造的種種業因，承受現世業果的總報主，其異熟性，多於餘識之故。又，異熟性，除佛，徧通於異生、二乘有學、無學、菩薩十地，所以說是「多異熟性」。

第二類的名字，叫做「思量」。思，是思慮。量，是度量。這思量，也就是第七識的意義。因爲第六識的思量，但審而非恒；第八識的思量，但恒而非審；前五識的思量，恒、審都非；唯第七識的思量，通於有漏、無漏，恒常審思着「我」和「無我」，其思量的功用，勝於餘識之故，所以說是「恒審思量」。

第三類的名字，叫做「了境」。了，是了別。境，是境相。這了別境相，也就是前六識的意義。因爲前六識，除佛以外，都是以了別粗境爲功能。所以說是「了別相粗」。這是有情類所共知；大小乘所極成。不同於但了細境的七、八二識。所以把它們合併起來爲「了境」的一種。

此三皆名能變識者，能變有二種。

上文說：異熟、思量、了境這三類，所以都叫做能變識者，因爲它們有二種能變的功用。如下應知。

一因能變：謂第八識中等流、異熟二因習氣。等流習氣，由七識中，善、惡、無記，熏令生長；異熟習氣，由六識中，有漏善惡，熏令生長。

因，是第八識所藏能生現果的種子。等流，是相似爲等；同類爲流。習氣，是由過去熏習所成的現氣分，也就是種子的別名。

上文所說二種能變的第一種是「因能變」。什麼叫做因能變？就是第八識裏，有二種習氣的變化作用：（一）等流習氣，是由前七識裏善、惡、無記三性的熏習，使之生長而成的。（第七識勢用微弱，但通無記。六識徧通三性）。這種子將來所生的果，也和它這三性是相似同類。所以名爲「等流習氣」。（二）異熟習氣，是由前六識裏善、惡二性的熏習，使之生長而成的。這種子將來所生的果，是異於它這善惡二性的無記性。所以名爲「異熟氣習」。

前七識的現行法，是前因之果；也是後果之因。所以但擧現行以顯因變，非爲果變。

二果能變：謂前二種習氣力故，有八識生，現種種相。

第二種是「果能變」。什麼叫做果能變？就是由於前面等流習氣能變之力的原故，使八識的三性因緣等流果生；由於前面異熟習氣能變之力的原故，使第八識及前六識的無記異熟果生。這二果所顯八識的見、相二分，色心差別。所以說「現種種相」。

二種習氣，是後果之因；也是前因之果。所以但舉二種習氣以顯果變，非爲因變。

等流習氣，爲因緣故，八識體相差別而生，名等流果。果似因故。

以等流習氣，爲生果的因緣之故，使八識的自體分，與見、相二分，生起了千差萬別的現行果法；因爲這因緣所生的果，與能生的因，是相似同類的善等三性之故，所以名叫「等流果」。

異熟習氣，爲增上緣，感第八識，酬引業力，恒相續故，立異熟名。感前六識，酬滿業者，從異熟起，名異熟生，不名異熟，有間斷故。即前異熟及異熟生，名異熟果，果異因故。

異熟習氣，是加强因緣勢力的增上緣。他有兩種感果的功能：（一）感招第八阿賴耶識，爲酬答其一生所造的主要善惡業因，而引生其當來應得的五趣總報果。這種「酬引業力」

，無始時來，相續不斷，所謂：『恒轉如瀑流』。因此，給他起個名字叫做「異熟」。（二）感招前六識，為酬答其一般性的善惡業因，而圓滿其當來在五趣中，應得的：身體強弱、壽命長短、貧富貴賤等的別報果。這種「酬滿業者」，因為是間間斷斷的從異熟生起，所以只能名叫「異熟生」，不得名為「異熟」。即此第八識的異熟；及前六識的異熟生，都叫做異熟果。因為他們的因是善惡，果是無記，果異因故。

此中且說我愛執藏，持雜染種，能變果識，名為異熟。非謂一切。

上來所說的異熟果，雖然牽涉到第八識及前六識的關係，實際上是說那我愛執藏，持雜染種子，能變現行果法的第八識名眞異熟。並不是說連前六識異熟生的一切業感，都叫眞異熟啊。釋難標宗竟，下廣陳能變。

第三篇　廣陳能變

第一章　解初能變

第一節　結前生後

雖已略說能變三名；而未廣辨能變三相。且初能變，其相云何？

前面已告結束的一頌半文，不過是略標論宗而已，向後才是正論的發舒。在釋所標宗裏，雖已把三種能變的名稱，說了個大概；然而還沒有把三種能變的相狀，作詳細的分析。現在先講初能變。故設問曰：「且初能變，其相云何」？

第二節　舉頌以答

頌曰：初阿賴耶識，異熟一切種；不可知執受，處了常與觸，作意受想思，相應唯捨受。是無覆無記，觸等亦如是，恒轉如瀑流，阿羅漢位捨。

這十句——二頌半文，是把初能變，作十門分別，以答上問：（一）阿賴耶識，是自相門。（二）異熟，是果相門。（三）一切種，是因相門。（四）執受處，是所緣門。（五）了，是行相門。（六）常與觸、作意、受、想、思、相應，是相應門。（七）唯捨受，是三受門。（八）無覆無記，是三性門。（九）恒轉如瀑流，是因果法喻門。（十）阿羅漢位捨，是伏斷位次門。這是按照唯識述記的十門分別。

第三句的「不可知」，是「所緣」及「行相」二門的難測之義。第八句的「觸等亦如是」，是例同心王，都不是對初能變相的分別，所以不把他們列為別門。這十門的意義，向下論文自有解釋。

第三節　解頌文

甲一　別解本識

乙一　略解三相

論曰：初能變識，大小乘教，名阿賴耶。此識具有能藏、所藏、執藏義故。謂與雜染互爲緣故；有情執爲自內我故，此卽顯示初能變識所有自相，攝持因果爲自相故。此識自相，分位雖多，藏識過重，是故偏說。

三相，就是頌文的前二句，十門分別的前三門：自相、果相、因相。現在先講第一自相門的阿賴耶。

這初能變的第八識，無論在大小乘教的任何經典裏，通統都叫阿賴耶，非爲大乘所獨擅。因爲這第八識裏，具有：能藏、所藏、執藏的三種意義之故。能藏、所藏，是由阿賴耶識與前七識的現行雜染等法，互相爲緣而得名。如以阿賴耶識含藏雜染種子而論，則阿賴耶識是能藏；如以雜染等法覆藏阿賴耶識而論，則阿賴耶識是所藏。執藏，是由第七識，執着第八識的見分，以爲自內之我而得名。以愛着我故，又名「我愛執藏」。

以上所說，就是明白顯示初能變識，所有的自體相狀，是由於攝持因果而形成的。攝，是含攝；持，是依持。能藏，是因；所藏，是果。自相爲總；因果爲別。以自相之總，含攝因果之別；以因果之別，依持自相之總。所以說是「攝持因果」。

這第八識的自相，分位的名稱雖多；然而以阿賴耶執藏的過失，重於異熟等故，所以偏說阿賴耶名。

此是能引，諸界趣生，善不善業異熟果故，說名異熟。離此，命根衆同分等，恒時相續，勝異熟果，不可得故。此卽顯示初能變識所有果相。此識果相雖多位多種；異熟寬不共，故偏說之。

第一自相門的阿賴耶，已如上說。現在該講第二果相門的異熟了。這初能變的第八識，是因爲他能够牽引着造善惡業的衆生，到三界、五趣、四生的輪迴道裏，去受那異時而熟的總報果故，所以名叫異熟果。

彼小乘薩婆多等，執着離此第八識外，別有所謂：命根——壽命、衆同分——衆生的共報，窮生死蘊等，爲異熟果。然而，他們這些執着，求之於恒時不斷，生滅相續的殊勝異熟果體，是不可得的啊。這反顯了唯有第八初能變識的所有果相，是眞異熟。

問：第八識果相的立名，除異熟果外，尙有：等流果、士用果、增上果、離繫果四位；何以偏說異熟？答：異熟果的名義，除離繫果是無漏聖果外，通四果之三：以因果前後相望而論，亦通等流；以種子生果的力用而論，亦通士用；以俱有因生果而論，亦通增上。所以說：「異熟寬」。這三果不但第八識有，連前七識都有；唯異熟果爲第八識所獨具。所以說：「異熟不共」。以此「異熟寬不共」故，偏說異熟果名。

此能執持諸法種子，令不失故，名一切種。離此，餘法能偏執持諸法種子，不可得故。此卽顯示初能變識所有因相，此識因相，雖有多種，持種不共，是故偏說。

三相的前二相，已如上說。現在該講第三因相門的一切種了。這初能變的第八識，是因爲他能够執持世、出世間諸法種子，令其生果的功能，不致消失之故，所以名叫「一切種」。

小乘經部譬喻師等，執着離此第八識外，色根中有心心所，及四大種等的種子；心心所中也有色根種子。然而他們所執着的這些色心等法，不是有質礙；便是無實體，求其有偏執諸法種子的功能，是不可得的啊。這反而顯示了，唯第八初能變識，才能以偏執諸法種子，來莊嚴他的因相。

這第八識因相的立名，雖有：俱有因、同類因等六種或十種之多。然而這些，都沒有第八識持種的意義。持種的意義，唯第八識所獨具，不共他法。所以偏說持種名。

初能變識，體相雖多，略說唯有如是三相。

這是略解三相的結論。初能變識的體相，隨義立名，雖有多種：或等流果等；或俱有因等。然，略而言之，不過只有這：自相、果相、因相三種而已。

乙二　別解種子

丙一　辨解體相

一切種相，應更分別。

上來雖已略說三相，然而，一切種的因相，問題比較複雜，實有更予分析的必要。

此中何法名爲種子？謂本識中，親生自果，功能差別。此與本識，及所生果，不一不異。體用因果，理應爾故。

問：什麼叫做種子？答：第八根本識裏，無始熏習的親因，生起了各種不同的現行果法，這生果的差別功能，就叫做種子。那麼！這種子與本識，及其所生的果法，是一耶，還是異呢？答：不一不異。因爲：識是體，種子是用；種子是因，所生是果；體用因果，義相判然，所以說是非一。然而，體是用的體，用是體的用；因是果的因，果是因的果；體用因果，實不相離，所以說是非異。按道理講，應當就是這樣。

雖非一異，而是實有。假法是無，非因緣故。

問：這種子與本識，及其所生的果，既然非一非異，什麼都不是，那只怕是假法吧？答：雖非一異，而種子却有實體做生法的因緣。假法無體，恰如兎角；因爲他不是生法的因緣啊。

此與諸法，既非一異，應如瓶等，是假非實。若爾，眞如應是假有；許則便無眞勝義諦。

外人問：種子和他所生的現行諸法，既爲因緣，非一非異，那就應當如瓶等一樣的是假而非實。因爲瓶等的假色法，也是以極微爲因緣，而非一非異啊。

論主反詰：假使非一非異的法，都是假有的話，那麼！眞如法性，也與諸法是非一非異，難道說也是假有不成？若許眞如是假，那眞勝義諦不是就沒有了嗎？試問：憑什麼修行成佛？

然諸種子，唯依世俗，說爲實有，不同眞如。

然而，一切種子，唯依世俗諦，說爲實有；一入勝義便成了虛妄假法。他不同眞如，隨在眞俗二諦，都是實有；不但是世俗的勝義，而且是勝義的勝義。所以應當簡別。

種子雖依第八識體，而是此識相分非餘；見分恒取此爲境故。

種子雖是依附着第八識的自體分，然而却是此識的相分所攝，而不是屬於其餘的見等三分。這是因爲見分恒緣自證分的差別功能，隨變種子爲相分境，而不是種子原來就是相分啊。

諸有漏種，與異熟識，體無異故，無記性攝。因果俱有善等性故，亦名善等。諸無漏種，非異熟識性所攝故。因果俱是善性攝故，唯名爲善。

這是把種子分爲有漏、無漏二種來講：（一）有漏種子與異熟識：若以體性而論，他們沒有兩樣，都是非善非惡的無記性；若以功能差別而論，不管是能熏的現因，所結的現果，都有善、惡、無記三性的可能。所以這種子也隨着三性的差別，而名爲善等種子了。（二）無漏種子，因爲不是無記性的異熟所攝，因果俱屬善性之故。所以只能名之爲善，不名惡或無記。

若爾，何故決擇分說，二十二根，一切皆有異熟種子，皆異熟生？

外人問：若說無漏種子，非異熟性所攝，那爲什麼瑜伽第五十七卷決擇分裏說：二十二根，無論是前十九根的有漏，後三根的無漏，都有異熟識所生的異熟種子呢？

雖名異熟，而非無記。依異熟故，名異熟種。異性相依，如眼等識。或無漏種，由

熏習力，轉變成熟，立異熟名。非無記性所攝異熟。

論主答：那些無漏種子，雖然名叫異熟，而性非無記。因爲他所依附的識是異熟，所以從識名叫異熟種，並不是和異熟識同一體性啊。這異性相依，好像通三性的眼識，依附着無記的眼根而名眼識一樣。識依根如是，種子依識又何獨而非然？這還是約種子本有邊而論的，若約新熏邊說：無漏種子，由熏習的力量，展轉變異到成熟的現行果法時，也立個名字叫做異熟。這並不是無記性所攝的那個異熟啊。

丙二　辨解本熏

此中有義：一切種子，皆本性有，不從熏生，由熏習力，但可增長。

種子究竟是本有，抑或熏生？這問題有三家不同的主張。第一家護月等的主張是本有的。他說：一切種子，無論有漏無漏，都是本來就有，並不是從現行的熏習而生。經論上雖說由熏習而有，但那是指增長而言，並不是本來沒有，從今熏習才有的啊。因爲熏習的勢力，只能達到使種子增長，而不能使種子從無而有。

如契經說：一切有情，無始時來，有種種界，如惡叉聚，法爾而有。界卽種子差別名故。又契經說：無始時來界，一切法等依。界是因義。瑜伽亦說：諸種子體，無

始時來，性雖本有，而由染淨新所熏發。諸有情類，無始時來，若般涅槃法者，一切種子皆悉具足；不般涅槃法者，便闕三種菩提種子。如是等文，誠證非一。

說種子本有，不是隨隨便便的信口開合，而是有根有據的。現在把經論上的根據說在下面：

無盡意經上說：「一切有情，無始時來，有種種界，如惡叉聚，法爾而有」。界，是種子差別的異名。就是說：從無始時來，這種子就好像印度一種名叫「惡叉」的毒果，落地聚在一處一樣，是法爾自然而有的。

還有阿毘達摩經上說：「無始時來界，一切法等依」。界，是因義，也就是種子的別名。就是說：無始時來，這種子就爲一切現行法等所依持。

不但佛經，就是瑜伽論上也說：一切種子的體性，雖是無始本有，而要由染淨二種現行緣法的熏習，才能發爲有漏無漏的二種現行果法，一切有情自無始時來，假使有入無餘涅槃的可能，那便是他具足了一切有漏無漏的種子；假使沒有入涅槃的可能，那便是他闕少了聲聞、緣覺、佛的三種菩提種子。然而一切衆生皆當成佛，可見有、無漏種，都是本有，就看他受熏的現緣是染是淨，來決定他生死或涅槃的成果了。像這種子本有的證據，經論中屢見不鮮，非此一說。

又諸有情，既說本有五種性別，故應定有法爾種子，不由熏生。又瑜伽說，地獄成就三無漏根，是種非現，又從無始展轉傳來，法爾所得，本性住種。由此等證，無漏種子，法爾本有，不從熏生。有漏亦應法爾有種，由熏增長，不別熏生。

既然經上說一切有情，有：聲聞、緣覺、菩薩、不定、凡夫等四種性別，就應當知道決定有法爾本有的種子，不由熏生。又如，瑜伽論中說：在地獄裏受苦的罪報衆生，他們尚能成就三無漏根，這種子是本有而不是現行。可見凡夫不是沒有無漏種子，不過是無漏種子未起現行罷了。又，地持善戒等經，說有從無始展轉傳來法爾所得的本性住種性。（卽本識元具的無漏種性）。由這些經論的證明，可知無漏種子確是法爾本有，非從熏生。未起現行的無漏種子，尚且是法爾本有；曾起現行的有漏種子，不用說也是法爾本有了。不過是由熏習而增益其種子的成長而已，並不是別有熏生的種子。

如是建立因果不亂。

這是第一家主張種子本有的結論。必須要這樣：有本有的種子；增長的熏習；才可以建立了前因後果秩然不亂的程序。

有義：種子皆熏故生。所熏能熏，俱無始有。故諸種子，無始成就。種子既是習氣異名，習氣必由熏習而有。如麻香氣，華熏故生。

這向下是第二家難陀論師的主張，恰與第一家的本有論相反。他說：種子都是由熏習而生，並非本有。無論所熏的種子，及能熏種子的法，都是無始時有。假使沒有無始能熏的法，那裏會有無始所熏的種子。所以一切有漏無漏種子，都是從無始成就的。習氣的異名就是種子，種子既是習氣的異名，那麼，習氣必定由熏習才有的啊。

譬如：印度人用以榨塗身香油的胡麻。因爲這胡麻本來不香，所以預先用一種香華和胡麻放在一起，令熏成香，然後榨油。當知此油香氣，華熏故生；法熏種子，亦復如是。

如契經說：諸有情心，染淨諸法，所熏習故，無量種子之所積集。論說內種定有熏習；外種熏習或有或無。

種子皆由熏生，也有經論作證。經上說：一切有情的心，無非由染淨諸法所熏習的原故，才有無量種子的積集，是名爲心。論上也說：第八阿賴耶識裏的種子，決定由熏習而有。此外，如稻穀等無情生物的種子，則或有熏習，或無熏習，却不一定。

又名言等三種熏習，總攝一切有漏法種。彼三既由熏習而有，故有漏種，必藉熏生。

前引經論證實其說，此約教理申明其義。現行法熏染在阿賴耶識裏的習氣有三：（一）名言。（二）我執。（三）有支。這把一切有漏法的種子，都攝無不盡了。這三種習氣，既然都是由熏習而有，所以有漏法的種子，也必然藉着熏習的力量，才能生起。

無漏種生，亦由熏習。說聞熏習，聞淨法界等流正法而熏起故。是出世心種子性故。

不但有漏種子，由熏習而生，即無漏種子，也是由熏習而生的。怎樣熏習？據經論上說是：聞佛菩薩從淸淨法界平等眞如性裏，宣流出來的正法，而熏起的。在未聞熏前是世間有漏；旣聞熏後，便是出世心的無漏種子性。所以不是法爾本有。

有情本來種性差別。不由無漏種子有無；但依有障無障建立。

第一家以有情本有四種性別，來證明確有法爾無漏種子。那知有情的種性差別，並非由於無漏種子的有無而建立；而是依於煩惱、所知二障的有無而建立的啊。

如瑜伽說：於眞如境，若有畢竟二障種者，立爲不般涅槃法性；若有畢竟所知障種非煩惱者，一分立爲聲聞種性，一分立爲獨覺種性；若無畢竟二障種者，即立彼爲如來種性。

這是主張依有障無障，建立種性差別的引證。例如瑜伽論上說：在眞如法性的境上，若有煩惱、所知二種障礙畢竟不可斷的，立為不般涅槃的凡夫種性。若有但斷煩惱，尚有所知障畢竟不可斷者：鈍的一分立為聲聞種性；利的一分立為獨覺種性。若有二種障礙畢竟都可以徹底斷盡的，就立他為如來種性。

故知本來種性差別，依障建立，非無漏種。

由此證明，所以知道本有種性的差別，是依於二障而建立的。與無漏種子無關。

所說成就無漏種言，依當可生，非已有體。

第一家引證瑜伽論所說：「地獄成就三無漏根」的話，那是說當來出了地獄，斷了煩惱障後，可生無漏種子；並非說現在地獄裏的衆生，本已有了無漏種子的體性。

有義：種子各有二類：一者本有：謂無始來，異熟識中，法爾而有，生蘊處界功能差別。世尊依此，說諸有情，無始時來，有種種界，如惡叉聚，法爾而有。餘所引證，廣說如初。此卽名為本性住種。

這向下是第三家護法菩薩，破前二師各執一端的主張。他說：有漏種子和無漏種子各有二類：第一類是本有。什麼叫做本有？就是從無始時來，第八異熟識裏，本來就有生起五蘊、十二處、十八界的差別功能。世尊卽依據此理，說一切有情，從無始來，就有各種不同的種子，好像惡叉果聚積在一處似的。這種子是法爾本有的。其餘所引用經論上的證據。一如最初第一家護月所說。這個法爾本有的名字，就叫做「本性住種」。

二者始起：謂無始來，數數現行，熏習而有。世尊依此，說有情心，染淨諸法，所熏習故，無量種子之所積集。諸論亦說，染淨種子，由染淨法熏習故生。此卽名為習所成種。

第二類是始起。什麼叫做始起？就是從無始時來，數數不斷被現行法所熏習而有的。世尊卽依據此理，說有情的心，是由於染淨諸法所熏習的原故，第八阿賴耶識裏，才有無量種子的積集。不但經上這樣說，就是很多的論上也這樣說：一切染淨法的種子，是由一切染淨現行法所熏習的原故才生起的。這個熏習始起的名字，就叫做「習所成種」。

若唯本有，轉識不應與阿賴耶為因緣性。

若依第一家種子唯是本有的說法；那七轉識，就不應該與第八阿賴耶識作因緣性。然而經論上却說七轉識與阿賴耶，是互為因緣性的喲。

如契經說：諸法於識藏，識於法亦爾；更互為果性，亦常為因性。此頌意言：阿賴耶識與諸轉識，於一切時展轉相生，互為因果。

例如阿毘達摩經上說：『諸法於識藏，識於法亦爾，更互爲果性，亦常爲因性』。這四句頌的意義，就是說：第八阿賴耶識——識藏，與前七轉識的現行諸法，不管在什麼時候，他們都是展轉相生，互爲因果的。

何以說是展轉相生，互爲因果？七轉識的現行諸法，給阿賴耶識作二種緣性：（一）長養種子，熏習現因。（二）攝殖種子，以引當果。阿賴耶識，也給轉識現行作二種緣性：（一）爲現行作種子。（二）爲現行作依止。以現行熏種子而論，則能熏的現行爲因；所熏的種子爲果。以種子生現行而論，則能生的種子爲因；所生的現行爲果。如是展轉相生，互爲因果。這證明了種子非唯本有。

攝大乘說：阿賴耶識，與雜染法，互爲因緣；如炷與燄，展轉生燒。又如束蘆，互相依住。唯依此二建立因緣。所餘因緣，不可得故。若諸種子，不由熏生，如何轉識，與阿賴耶，有因緣義？非熏令長，可名因緣；勿善惡業，與異熟果，爲因緣故。又諸聖教，說有種子，由熏習生，皆違彼義；故唯本有，理教相違。

攝大乘論上也說：「阿賴耶識，與雜染法，互爲因緣」。第八阿賴耶識——種子，能生七轉識雜染現行諸法，但也爲現行法之所熏。他們就是這樣種生現；現熏種互爲因緣的。玆再舉二喻以明如下：（一）「如炷與燄，展轉生燒」。炷是燈心。燄是燈火。燈炷能生燈燄；燈燄也能燒燈炷。如是炷生燄；燄燒炷，展轉生燒。好像種生現；現熏種，展轉生熏一樣。（二）「又如束蘆，互相依住」。束蘆是綑成一束的蘆葦。他們是互相依倚，才能站立得住的。也好像種子與現行，誰也不能離誰而獨立存在一樣。除了這種子與現行二法以外，再沒有其他的餘法，可以建立因緣的關係了。

若說種子唯是本有，不由熏生。那如何這論上說七轉識與阿賴耶，有互爲因緣的意義呢？

若說縱然也有熏習，不過是熏習本有的種子使之增長而已；並非本無種子，因熏而有。所以當善惡業的現行，熏習本有種子的時候，這善惡業與本有的種子，當然也可以名爲因緣。照你這樣說，那善惡業，只是異熟果的增上助緣，怎麼可以叫做因緣？又，聖教上都說種子是由熏習而生。所以你那種子唯本有論，於理於教，都是相違背的啊。

若唯始起，有爲無漏，無因緣故，應不得生。有漏不應爲無漏種，勿無漏種，生有漏故。許應諸佛，有漏復生；善等應爲不善等種。

若依第二家種子唯由熏習始得生起的說法，那也不對。因爲勝義涅槃的無爲無漏，固然用不著種子因緣，然而三乘見道的有爲無漏，那就不能沒有種子因緣了。這有爲無漏的種子因緣，倘非本有，就應當如兎角一樣的不得生起。無論怎樣熏習，卽令是最勝的世第一法，終屬有漏，他只能在加行位中，做初無漏的增上緣，而不能做無漏種子的親因緣。假定有漏可以做無漏的種子因緣，那無漏種子，豈不是也可以生有漏法了嗎？試問：你許不許這樣說？若許！則諸佛便應重生有漏，而為煩惱衆生；善法也應當做惡法種子；惡法也應當做善法種子了。

分別論者，雖作是說：心性本淨，客塵煩惱，所染污故，名為雜染。離煩惱時，轉成無漏，故無漏法非無因生。而心性言，彼說何義？若說空理，空非心因，常法定非諸法種子，以體前後，無轉變故。若卽說心，應同數論，相雖轉變，而體常一。惡無記心，又應是善；許則應與信等相應；不許便應非善心體；尚不名善，況是無漏？有漏善心，既稱雜染，如惡心等，性非無漏，故不應與無漏為因，勿善惡等，互為因故。

這向下是破分別論。梵名毘婆闍婆提，譯為分別論師。或指大乘異師；或指小乘諸部，傳釋不一。因其所說是非含混，尚須分別，所以給他起個名字叫「分別論」。因為彼論也主張無法爾種子，故乘便破之。

分別論者，雖然這樣說：根本就沒有法爾本有的種子。不過凡夫的心性，本來就是清淨的，因被生滅來去，不清淨的客塵煩惱所染污，所以才名叫雜染。如果離開了煩惱，便轉彼雜染而成爲無漏了。所以無漏法，如乳變酪，乳中自有酪性，並非無因而生的法爾本有。

然而彼所說的心性，究是何義？若說心性是眞空如理；則眞空不動，非心因緣；如理常恒，也決定不是諸法種子。因爲做因緣種子，必須是前後能够轉變的生滅法；眞如性體，沒有前後際的轉變之故。若說心性，就是凡夫的心體；那就應當同數論外道所說的二十五諦一樣：其大等二十三法的有漏心相，雖然能够轉變；而冥諦——自性，及神我的無漏心體，則常一不動。如此說來，有漏的心體，旣是無漏，那惡、無記心，不是也應當名之爲善了嗎？試問你許不許這樣說法？若許，則有漏惡等的心體，就應當與信等十一個善心所法相應啊，何以不相應呢？若不許，則有漏惡等的心體，便不是善法了，善尙不名，何況無漏。

若說有漏善心，與信等相應，可生無漏；是亦不然！因爲有漏善心，同惡心一樣，他們的體性都是雜染，並非無漏，所以不應當給無漏做生法因緣。不可以善爲惡因；惡爲善因；善惡相違互爲因緣啊。

若有漏心，性是無漏；應無漏心，性是有漏；差別因緣，不可得故。又異生心，若是無漏；則異生位，無漏現行，應名聖者。若異生心，性雖無漏，而相有染，不名無漏，無斯過者，則心種子，亦非無漏，何故汝論，說有異生，唯得成就無漏種子？種子現行，性相同故。

倘若有漏心的體性是無漏的話；那麼，無漏心的體性，豈不也應當是有漏嗎？因爲若但許有漏心性是無漏，不許無漏心性是有漏，這樣差別的因緣，是不可得的啊。又如流轉在五趣中異類而生的凡夫心，若是無漏，就應當在凡夫位，起無漏現行，名爲聖者，何以仍名凡夫？若以爲凡夫心的體性雖是無漏，而心的行相却是染污，所以不名無漏，這樣說就沒有上面的過失了。如此說來！那心的種子，也不是無漏，爲什麼你們的論上說，凡夫唯得成就無漏種子，不說成就無漏現行呢？種子和現行，性和相，不都是一樣嗎？

然契經說：心性淨者，說心空理，所顯眞如，眞如是心眞實性故。或說心體，非煩惱故，名性本淨，非有漏心，性是無漏，故名本淨。

然而佛經所說的心性淸淨：是修我、法二空觀行，斷煩惱、所知二障，所顯的眞如理性；這眞如就是心的眞實性啊。或說，因爲心的眞實性，不是煩惱之故，名「性本淨」。那裏是有漏心的體性，就是無漏，而名爲「本淨」呢？

由此應信：是諸有情，無始時來，有無漏種，不由熏習，法爾成就，後勝進位，熏令增長，無漏法起，以此爲因。無漏起時，復熏成種；有漏法種，類此應知。

這是論主申張本宗的正義：由此以上所說的眞理，就應當深信這一切有情，無始時來，就有法爾成就，不由熏習的無漏種子。不過後來修行，到殊勝進步的解脫分——三賢位時，這種子就因熏修而漸漸增長了。無漏的現行果法，就是以這本有無漏種子爲因緣而生起的。當這無漏現行生起的時候，又熏習成了無漏種子而入於見道。這樣種生現，現熏種，更番熏生而究竟涅槃。無漏法的種子是如此，有漏法的種子，也就可以比類而知了。

諸聖教中，雖說內種定有熏習；而不定說一切種子，皆熏故生；寧全撥無本有種子？然本有種，亦由熏習，令其增盛，方能得果，故說內種，定有熏習。其聞熏習，非唯有漏；聞正法時，亦熏本有無漏種子，令漸增盛，展轉乃至生出世心，故亦說此名聞熏習。聞熏習中，有漏性者，是修所斷，感勝異熟，爲出世法勝增上緣。無漏性者，非所斷攝，與出世法正爲因緣；此正因緣，微隱難了，有寄粗顯，勝增上緣，方便說爲出世心種。

諸聖教中，雖說第八識裏的種子，定有熏習，但沒有決定說一切種子，都是由熏習而生的。怎麼可也完全撥無法爾本有的種子呢？不過本有種子，也得由熏習的助緣，使之增長，才能够得到結果罷了。所以說第八識裏的種子，定有熏習。

然則！何以說聞熏習，是聞等流正法，熏起了出世心的種子呢？其聞熏習，不但熏習有漏種子；而且在聽聞正法時，也熏習了本有的無漏種子，使之漸漸增長，生起了無漏現行；又由無漏現行，熏成無漏種子；如是展轉，到後來就生起了出世道心。所以也說這由聞熏而增長的本有種子，名叫「聞熏習」。

那麼！在聞熏習中的有漏無漏，怎樣的分別？聞熏習中：屬於有漏性的，那是修道所斷的惑業種子，他能感招殊勝的異熟果報，作爲出世法的增上緣；屬於無漏性的，那就不是修道所斷的惑業種子了，他可以直接作爲出世法的正因緣。不過這正因緣——無漏種子的相狀，微細隱秘得難以了知，只有寄名在粗顯而易知的增上緣上，方便假說這是出世心種；其實出世心的正因緣，還是本有的無漏種子。

依障建立種性別者，意顯無漏種子有無。謂若全無無漏種者，彼二障種，永不可害，即立彼爲非涅槃法。若唯有二乘無漏種者，彼所知障永不可害，一分立爲聲聞種性，一分立爲獨覺種性。若亦有佛無漏種者，彼二障種，俱可永害，即立彼爲如來種性。故由無漏種子有無，障有可斷不可斷義。

所謂瑜伽依有障無障建立種性差別的意義，是在顯示無漏種子的有無，並非與無漏種子無關。就是說：假定有人完全沒有無漏種子，他那煩惱、所知二障種子，是永遠的不可斷除，就依他來建立沒有涅槃的凡夫種性。假定有人但有二乘無漏種子，而沒有佛的無漏種子，他那煩惱障雖然可斷，而所知障却永遠的不可損害，因此，在這種人裏，比較鈍的一分，就依他來建立聲聞種性；利的一分，就依他來建立獨覺種子。假定有人不但有二乘無漏種子；

而且也有佛的無漏種子，那他的煩惱、所知二障種子，畢竟都可以完全斷除，就依他來建立如來種性。所以由於無漏種子的有無，二障才有可斷不可斷的意義。

然無漏種，微隱難知，故約彼障，顯性差別；不爾，彼障有何別因，而有可害不可害者？若謂法爾有此障別，無漏法種，寧不許然？若本全無無漏法種，則諸聖道，永不得生；誰當能害二障種子，而說依障立種性別？既彼聖道，必無生義，說當可生，亦定非理。然諸聖教，處處說有本有種子，皆違彼義，故唯始起，理教相違。由此應知：諸法種子，各有本有、始起二類。

問：既然障有可斷不可斷，是由於無漏種子有無的原故，為什麼彼論依有障無障，來建立種性差別呢？答：二障雖由無漏種子的有無，而有可斷不可斷義；然而，因為無漏種子的相狀，微隱難知，所以才約彼障的有無，來顯示種性的差別。假使沒有無漏種子，試問：憑什麼原因，那二障有可斷不可斷的差別呢？

若說沒有任何原因，本來就有這二障可斷不可斷的差別。那麼，無漏法的種子，你何以不許是法爾本有呢？如果完全沒有法爾的無漏種子，那三乘聖道，不是就永遠的不能生起了嗎？如此！則誰在損害二障種子，而說依障建立種性差別呢？既然聖道闕種不生，當來也決定沒有這個無因生果的道理。何況諸經論裏，都處處說有本有種子，這聖教的正義，不是一齊都違背了嗎？所以你們但說種子由熏始起，而抹殺了本有的價值，不但不合乎道理，而且也違背了教義。

由此應知：一切法的種子，無論有漏無漏，各有法爾本有與始起的兩類。辨解本熏竟，下釋種子義。

丙三　釋種子義

然種子義，略有六種：一、刹那滅：謂體纔生。無間必滅，有勝功力，方成種子。此遮常法，常無轉變，不可說有，能生用故。

種子的含義，大概有六種：第一種是「刹那滅」。就是：剛纔生起的有爲法體，在時速一念之頃的刹那間，就馬上又變滅而趨於果法了；由生到滅，中間沒有片刻停留的間隙；有這樣殊勝生滅無常的功用和能力，纔可以成爲種子。這遮簡不是無爲眞如的常法；也不是外道自性神我的常法。因爲常法沒有無常轉變的種子義，所以不可說他有能生果的功用之故。

二、果俱有：謂與所生現行果法，俱現和合，方成種子。此遮前後及定相離。現種異類，互不相違，一身俱時有能生用；非如種子，自類相生，前後相違，必不俱有。雖因與果有俱不俱，而現在時可有因力，未生已滅，無自體故，依生現果，立種子名；不依引生，自類名種，故但應說，與果俱有。

第二種是「果俱有」。就是：能生的種子，與所生的現行果法，不但在時間上是俱時現在；就是在空間上也是和合在一起的，這樣纔可以成爲種子。這遮簡不是種子引種子的因果異時，前後相違。

因爲所生的現行果法，與能生的種子，他們的體性雖是異類，而互不相違，所以能夠在一身中，同時有能生所生的功用。不像那前念種子引後念種子，他們雖是自類相生，而前後相違，必不能俱時而有。

問：何以但許種子生現行的異類因果是俱時，不許種子引種子的自類因果是俱時呢？答：種子生現行，現行雖亦熏種子，而所生的種子，未卽生果，既不失爲因緣；又無無窮之過，故許俱時。種子引種子，若許俱時，則一剎那，便生多果，不但有無窮之過；而且也失掉了因緣的意義。

雖然因和果：有生現果的俱時；有引自類的不俱時，而要以現在俱時，可能有生果的因力者，爲合格的種子。此外，未來的因還沒有生；過去的因已竟滅了，他們都沒有做種子資格的自體。所以依能生現果的因，來建立種子的名稱；不依引生自類的種子，名爲種子。因此，但應說：種子是與「果俱有」的。

三、恒隨轉：謂要長時一類相續，至究竟位，方成種子。此遮轉識，轉易間斷，與

種子法，不相應故。此顯種子，自類相生。

第三種是「恒隨轉」。就是：要在一段很長的時期，性同一類的種子，正當前念滅時，後念即生。如是生滅非常；相續非斷；一直到了對治道的究竟位止，才能成爲種子。這遮簡不是七轉識；因爲七轉識的苦、樂、捨三受，還沒有遇到對治，就隨着外境而轉變了，與恒隨轉的種子法則不合。這是顯示生滅恒轉的種子義，從念起到對治的期間，必有與果俱現之時，並非與果不俱的自類相生。

四、性決定：謂隨因力，生善惡等，功能決定，方成種子。此遮餘部，執異性因，生異性果，有因緣故。

第四種是「性決定」。就是：要隨順着現行熏生因力的功能，決定善因生善果；惡因生惡果；無記因生無記果，纔能成爲種子。這遮簡不是其餘小乘薩婆多部所執著的：善因生惡果；惡因生善果。他們還說這異性因生異性果，有因緣的意義。其實像這果不隨因，不合「性決定」的種子義，算得什麼因緣？

五、待衆緣：謂此要待自衆緣合，功能殊勝，方成種子。此遮外道執自然因，不待衆緣，恒頓生果；或遮餘部，緣恒非無。顯所待緣，非恒有性，故種與果，非恒頓

生。

第五種是「待衆緣」。就是：這種子的本身，要等待衆緣會合，來幫助他生果的功能殊勝時，纔能成爲種子。這遮簡不是自然外道所執著的「自然因」，不須等待衆緣會合，便能恒時立刻的生起了果法；或遮其餘的小乘，衆緣是一切時恒有的執著。假定眞的如此！那種子豈不也應當是恒能生果嗎？所以要遮別他們，來顯示種子所待的緣，並非恒有；也並非不待衆緣，就能恒時頓生果法。

六、引自果：謂於別別色心等果，各各引生，方成種子。此遮外道執唯一因，生一切果；或遮餘部，執色心等，互爲因緣。唯本識中，功能差別，具斯六義，成種非餘。

第六種是「引自果」。就是：別別不同的色心等果，各各都爲他自己的種子所引生。如：善等色法的現行果，爲善等色法的種子所生；善等心法的現行果，爲善等心法的種子所引生；這樣纔能成爲種子。這遮簡了自在天外道，唯以一「大自在天」爲因，生一切果法的執著。假使眞的如此，那一切果，就應當沒有別異，果既有異，因何能一？或遮簡薩婆多部的執著：色法種子，能與心法的現行爲因；心法種子，也能給色法的現行爲因；如是色心互爲因緣。若說這是增上緣，倒還可以，怎麼能說這是因緣？

唯有第八根本識裏的種子，在生果的功能差別上，具足了這六種種子的意義，纔可以名爲種子。其餘的七轉識，都不够這種子的資格。

丙四　辨內外種

外穀麥等，識所變故，假立種名，非實種子。此種勢力，生近正果，名曰生因；引遠殘果，令不頓絕，即名引因。

上來說，唯有第八根本識裏的種子，纔具足六義；唯具足六義，纔能名爲種子。然則，外面的穀麥等非情之類，何以也名叫種子呢？答：穀麥等的種子，因爲都是內識所變的相分之故，不過假名叫穀種麥種而已，其實，他們並不是眞的種子。

這內外種子，生果的勢力有兩種：一種是「生近正果」——種子的勢力，發展到恰好的近距離時，有一種正當的結果，如：內種所生現在的人身；外種所生茁壯的芽莖等；這種生近正果的因，就叫做「生因」。二種是「引遠殘果」——種子的勢力，引伸到强弩之末的疏遠距離時，尚有剩餘的殘敗之果，不會馬上就頓時滅絕，如：枯喪的屍骸；萎謝的花木等；這種引殘果的因，就叫做「引因」。

內種必由熏習生長，親能生果，是因緣性。外種熏習，或有或無，爲增上緣。辦所生果，必以內種，爲彼因緣；是共相種，所生果故。

第八識裏的種子：必定由熏習而生；熏習而長。熏習而生的，是新熏種子；熏習而長的，是法爾種子。這種子，是親生一切現行果法的因緣性。至於外種，則或有熏習，或無熏習，却沒有一定。例如：苣勝藉他華香，是有熏習；松柏自爾蒼翠，是無熏習。然而，這外種的熏習，只不過是增上緣而已；要成辦生果大業，必須以第八識裏的種子，來做他們的因緣；因爲這穀麥等，都是有情第八識裏的共相種子，所生的共報果法啊。

丙五　辨熏習義

依何等義，立熏習名？所熏能熏，各具四義，令種生長，故名熏習。何等名爲所熏四義？一、堅住性：若法始終，一類相續，能持習氣，乃是所熏。此遮轉識，及聲風等，性不堅住，故非所熏。二、無記性：若法平等，無所違逆，能容習氣，乃是所熏。此遮善染，勢力强盛，無所容納，故非所熏，由此如來第八淨識，唯帶舊種，非新受熏。三、可熏性：若法自在，性非堅密，能受習氣，乃是所熏。此遮心所，及無爲法，依他堅密，故非所熏。四、與能熏共和合性：若與能熏同時同處，不

即不離，乃是所熏。此遮他身，剎那前後。無和合義，故非所熏。唯異熟識，具此四義，可是所熏，非心所等。

問：依什麼意義，來建立熏習的名稱呢？答：熏習，有能熏、所熏兩種。這兩種熏習，都各自具備了四種意義，能令種子生長，所以名爲熏習。現在先把所熏四義，依次列舉如左：

第一種是「堅住性」：若有一法，始自無始，終至究竟，無論善、惡、無記，只要是同一類性相續不斷，能够執持習氣不令散失的，那便是所熏。這箇別不是七轉識，及如聲風一般間斷的十一色等。因爲七轉識的有漏種子，到了初見道的無漏心位就散失了；根境十色及法處所攝色等，到了無色界及滅盡定時，也就沒有了。他們的體性，都不堅住，所以不是所熏。

第二種是「無記性」：若有一法，是非善非惡的平等性，但於善惡習氣，都能隨順容納，而無所違逆的，那便是所熏。這遮簡不是善法和惡法。因爲他們的勢力強盛，不但不能互相容納；而且也不能自類相容。一如旃檀之香、阿魏之臭，俱不受熏然，所以也不是所熏。因此唯無記性，才能受熏之故，所以佛的第八無漏淨識，是從因地帶來的舊種，並不是新受熏的。

第三種是「可熏性」：若有一法，像自在王一樣的自由自在，不做他法的附傭；而且性非堅密，體是虛疏，能够容受習氣的，那便是所熏。這遮箇不是心所法；也不是無爲法。因爲心所法是心王的附傭，而且是依根而起，毫不自在；無爲法的性是堅密，體非虛疏，不能容受習氣之故，所以他們都不是所熏。

第四種是「與能熏共和合性」：若所熏與能熏，在同一時間，同一處所，雖能熏之體，不卽是所熏；然能熏所熏，亦不相離；有這樣和合性的，那便是所熏。這遮箇不是不同一處的自他二身；也不是不同一時的刹那前後。因爲自他二身，是自作自受，誰的業識也不能熏誰的阿賴耶；誰的阿賴耶也不受誰的業識所熏。刹那前後的能所亦不相應。所以他們都不是「所熏」。

唯有第八異熟識，纔具有以上這四種意義，可以說是所熏。並非不具四義的心所法、無爲法、七轉識等是所熏啊。

何等名爲能熏四義？一、有生滅：若法非常，能有作用，生長習氣，乃是能熏。此遮無爲，前後不變，無生長用，故非能熏。二、有勝用：若有生滅，勢力增盛，能引習氣，乃是能熏。此遮異熟心心所等，勢力羸劣，故非能熏。三、有增減：若有勝用，可增可減，攝植習氣，乃是能熏。此遮佛果，圓滿善法，無增無減，故非能

熏。彼若能熏，便非圓滿，前後佛果，應有勝劣。四、與所熏和合而轉：若與所熏，同時同處，不卽不離，乃是能熏。此遮他身，刹那前後，無和合義，故非能熏。唯七轉識，及彼心所，有勝勢用，而增減者，具此四義，可是能熏。

所熏四義，已如上說，現在再把能熏四義，也依次列舉如左：

第一種是「有生滅」：若有一法，前後刹那，遷變無常，能有作用使習氣生長的，那便是能熏。這遮簡不是無爲法。因爲無爲法是前後不變的常法，而不是無常，沒有能使習氣生長的作用，所以他不是能熏。

第二種是「有勝用」：若有一法，生滅無常的勢力，特別强盛，能够引生習氣的，那便是能熏。這遮簡不是第八異熟心、心所法。因爲他們引生習氣的勢力太羸弱了，所以不是能熏。

第三種是「有增減」：若有一法，有强盛的勢力和功用，可以增進；也可以減退；能够這樣去攝植習氣的，那便是能熏。這遮簡不是佛果。因爲佛果已圓滿了無漏善法，無可增減了，所以不是能熏。假使佛果能熏，便是佛的功德，尚未圓滿，那就應當有前後勝劣的差別了。

第四種是「與所熏和合而轉」：若能熏與所熏，是刹那同時；一身同處；不卽不離的，那便是能熏。這遮簡不是不同處的自他二身；也不是不同時的刹那前後。因爲他們都沒有不即不離的和合義，所以不是能熏。

唯有以第八識爲其所緣的七轉識，及其心所有法，有勝勢用，能增能減，纔具有以上這四種意義，可以說是能熏。

如是能熏與所熏識，俱生俱滅，熏習義成，令所熏中，種子生長，如熏苣勝，故名熏習。

這向下是辨熏習義一小段文的總結：能熏的七轉識，與所熏的異熟識，生則俱生，滅則俱滅，熏習的意義，於是乎成就。這纔能令所熏異熟識的種子，由生而長；恰似華熏苣勝，令香氣生長一樣，所以名爲熏習。

能熏識等。從種生時，即能爲因，復熏成種，三法展轉，因果同時。如炷生燄，燄生焦炷；亦如蘆束，更互相依，因果俱時，理不傾動。能熏生種，種起現行，如俱有因，得士用果。種子前後，自類相生，如同類因，引等流果。此二於果，是因緣性。除此，餘法皆非因緣。設名因緣，應知假說。

能熏的七轉識，在從第八種子識裏生起的當兒，便能爲生果之因；復以其所生的現行果法，熏成種子。能生的種子是一法；所生的現行是一法；現行所熏的種子又是一法。這樣種生現；現熏種；三法展轉，因果同時，好像燈炷生燈燄；燈燄又燒焦了燈炷；又好像綑成一束的蘆葦，互相依立一樣。這因果同時，顛撲不破的道理，誰也推翻不了。

現行熏種子，種子起現行，彷彿像六因中的「俱有因」，所得五果中的「士用果」一樣。前念種子，引生後念種子的自類相生，也彷彿像六因中的「同類因」，引生五果中的「等流果」一樣。除此二因，可給其所生之果爲因緣外，餘法都不得名爲因緣。設若名爲因緣！應知那是方便假說，不是辨體親近的實因緣啊。

是謂略說一切種相。

這是別解種子的總結。上來不過是把種子的一切義相，略說一下而已。

乙三　解行相、所緣門

丙一　擧頌答問

此識行相所緣云何？謂不可知，執受處了。了，謂了別，卽是行相；識以了別爲行相故。處，謂處所，卽器世間；是諸有情所依處故。執受有二：謂諸種子及有根身。諸種子者：爲諸相名，分別習氣；有根身者：謂諸色根，及根依處。此二皆是識

所執受，攝爲自體，同安危故。執受及處，俱是所緣。阿賴耶識，因緣力故，自體生時，內變爲種，及有根身，外變爲器。卽以所變，爲自所緣，行相仗之，而得起故。

上來略解阿賴耶識的自相、異熟的果相、一切種的因相等三門竟。現在該講「了」的行相，及「執受處」的所緣二門了。

問：這初能變識的行相與所緣，是怎樣的解釋？答：那就是頌上所說的：「不可知執受、處、了」啊。玆從後向前，依次釋之如左：

了，是了別，也就是行相。因爲第八識的自體分，是以了別爲他的見分行相之故。換言之，了別的行相，就是第八識體能見那一分的動態。

處，是處所，也就是器世間。因爲世間是一切有情所依住的處所之故。說明白一點：世間，就是盛放衆生這些東西的器皿。

執受有二：一是「諸種子」；二是「有根身」。什麼叫做諸種子？就是對一切事物的境相，能詮所詮的假名言說，分別計執，落在阿賴耶識裏的習氣；這習氣，就是種子的別名。什麼叫做有根身？就是有形可見的浮塵根——眼等五根；及無形可見的淨色根——眼等五根的神經纖微。具有這些根的身，就叫做「有根身」。因爲這種子與根身，不但都是第八識所執持與領受的東西；而且還把他們攝為阿賴耶的自體，與之同安共危；所以叫做「執受」。

這執受的種子、根身，及處所的器世間，都是第八賴耶識的所緣境。以此因緣，當阿賴耶識的自體生時，就內變而為種子及根身；外變而為器世間了。即以此自識所變的相分，還為自識所緣之境。見分的行相，就是仗托這所緣的境而生起的啊。

丙二　廣解所答

此中了者：謂異熟識，於自所緣，有了別用；此了別用，見分所攝。然有漏識，自體生時，皆似所緣，能緣相現，彼相應法，應知亦爾。似所緣相，說名相分；似能緣相，說明見分。若心心所，無所緣相，應不能緣自所緣境。或應一一能緣一切，自境如餘，餘如自故。若心心所，無能緣相，應不能緣，如虛空等；或虛空等，亦是能緣。故心心所，必有二相。如契經說：一切唯有覺，所覺義皆無；能覺所覺分，各自然而轉。

上來已把行相、所緣二門說了個大概，向下再為分別詳釋：先行相；後所緣。

這裏所謂的「了」，就是第八異熟識，在自己所緣的相分境上，有一種了解分別的行相作用。這了別行相的作用，是自識的見分所攝，非餘分攝。然而當有漏識的自體生時，這本來是依他起的相、見二分，都好像是徧計所緣的境相，及能緣的行相，顯現在心外一樣。第八識心王既然有此能緣與所緣的見、相二分，那和他相應的五個心所法，當然也不例外。這相似偏計所緣的境相，就說他名叫相分；能緣的行相，就說他名叫見分。

倘若在緣境的時候，心，心所上沒有帶着所緣的境相，那見分就應當不能緣自心所緣的相分了。自識既沒有相分做見分的所緣境，見分又不能無境所緣，在這種情況下，見分所緣的境，必然是餘識的相分無疑！如此，則每一個識的見分，不是都能緣一切識的相分了嗎？例如：眼識的見分，能緣耳識的相分聲、鼻識的相分香、舌識的相分味等。因爲自境既如餘境而無所緣；餘境也如自境而有所緣啊。

倘若心、心所法，沒有能緣的行相，那就應當如虛空一樣，沒有緣境的功能。能緣的心、心所法，既如虛空一樣的不能緣境；那麼！不能緣境的虛空，當然也如心、心所法一樣的能緣境啊。

由於以上所說的道理之故，所以心、心所法，必定有所緣的境相，及能緣的行相。例如：契經上說：『一切唯有覺，所覺義皆無；能覺所覺分，各自然而轉』。這前二句是說：一切法唯有能覺了的內識；至於所覺的外境，都是虛幻而沒有實義的。後二句是說：這能覺所覺的見相二分，各自隨着他的因緣和合而轉起，並不須要心外之法，或所謂大自在天等的造作。

執有離識所緣境者，彼說外境是所緣，相分名行相；見分名事，是心心所自體相故。心與心所同所依緣，行相相似，事雖數等，而相各異，識受想等，相各別故。

執著離開了心識之外，別有所緣之境的小乘們說：心外之境，就是所緣的相分，名叫「行相」；見分名叫做「事」——自體。因爲見分是心、心所的自體；相分是心、心所的行相之故。心與心所，因爲是同依一根；同緣一境之故，所以他們所緣的行相也很相似。事——見分的心心數，在同所依緣的總相上，雖是相似而等，然而在功能的別相上，卻是各各不同。因爲識相是了別；受相是領納；想相是取境，他們的作用都不一樣啊。

達無離識所緣境者，則說相分是所緣，見分名行相，相見所依自體名事，即自證分。此若無者，應不自憶心心所法，如不曾更境，必不能憶故。心與心所，同所依根，所緣相似，行相各別，了別領納等，作用各異故。事雖數等，而相各異，識受等體有差別故。

了達離心識外，別無所緣之境的大乘們，則說：相分，是所緣的境，並非小乘所謂的心外之法。見分，名叫行相，也並非小乘所說的事。相、見二分共同依托的自體，纔名叫做事；也就是自體證知自己有緣境事功的「自證分」。假使沒有這個自證分的自體，爲見、相二分所依托，那就應當不能够憶念自己的心、心所法了。這好像不曾更境一樣，決定不能憶念。不曾更境，就是沒有閱歷過的事物，那只怕做夢也夢不到吧！

心王和心所，是同一依根，如眼識王所，同依眼根等。所緣的境，也彷彿相似，如緣青，則皆變爲青；緣黃，則皆變爲黃等。但其分別緣境的行相，卻是各各別異。因爲識的了別，和受的領納等，他們的作用，都不一樣啊。識的自體——「事」和心數，依緣的根境雖等，而行相各異。因爲識有識體；受有受體；識受等體，有差別故。

然心心所，一一生時，以理推徵，各有三分：所量、能量、量果別故；相見必有所依體故。如集量論伽他中說：似境相所量。能取相自證；卽能量及果，彼三體無別。

然而當心王心所，一個個生起的時候，按道理推究，每一王所各有三分：一是所量的相分；二是能量的見分；三是量果的自證分。以心量境，好像以尺量物，物是所量；尺是能量；量知之數卽是量果。故以所量名相分；能量名見分；量果名相、見二分所依的自體——自證分。

如集量論的頌中說：唯識所現，似有而實無的外境相分，就是所量；能執取境相的見分，就是能量；自證分，就是量果。他們的功能各有三分，而唯一的識體並無差別。

又心心所，若細分別，應有四分：三分如前，復有第四證自證分；此若無者，誰證

第三？心分既同，應皆證故。又自證分應無有果，諸能量者，必有果故。不應見分是第三果；見分或時非量攝故。由此見分，不證第三；證自體者，必現量故。此四分中，前二是外，後二是內，初唯所緣，後三通二：謂第二分但緣第一；或量非量。或現或比。第三能緣第二第四。證自證分，唯緣第三。非第二者，以無用故，第三第四，皆現量攝，故心心所四分合成。具所能緣，無無窮過。非卽非離，唯識道成。

又有一種說法：若再把心王和心所，仔細的分析一番，則每一王所應有四分：除前面所說的相、見、自證三分以外，還有一個第四的「證自證分」。其理由如下：

假使沒有這個證自證分，試問：第二的見分，有第三的自證分來給他作證，誰來給自證分作證呢？這當然是證自證分了。

無論第三的自證分，第二的見分，大家既然同是心的一部分，都應當有個證明，所以纔立第四的證自證分，來證明第三的自證分；也像自證分，證知見分一樣。

見分是能量，自證分是量果。當自證分緣見分時，那見分便成爲所量的相分；自證分便成爲能量的見分了。那麼！立誰來做量果呢？這當然也是證自證分了。因爲凡是能量的，必定要有個量果啊。

不應當這樣說：以第二的見分，回頭來做第三的量果，不是也行嗎？何必要證自證分？當知：見分緣境，不一定是如鏡照物，那樣確實的現量；或許有時是箇斷的非量啊。所以他沒有資格，回頭來證第三的自體。那麼！證自體的是誰呢？那必定是證自證分的現量啊。

相分、見分、自證分、證自證分，這四分的前二分，緣似外境而名外；後二分，自體內證而名內。第一的相分，只是所緣的境，而無能緣之用；其次的見等三分，則通所緣與能緣之二。就是：第二的見分，只能緣第一的相分，而不能反緣第三。因爲他沒有緣第三現量境的一定把握，有時量；有時非量；有時是親自證到的現量；有時是推測而知的比量之故。第三的自證分，不但能順緣第二的見分；而且也能反緣第四的證自證分。證自證分，唯緣第三而不緣第二，因爲第二已爲第三所緣，用不着再緣了。第三和第四，因爲都是現量所攝，有互爲能緣及所緣的功用，所以心王和心所，只要四分合成，就不會再有第五緣第四；第六緣第五……的無窮之過了。這四分的用別非卽；體一非離，唯識的妙理，就這樣成就了。特將四分的關係，表解如下。

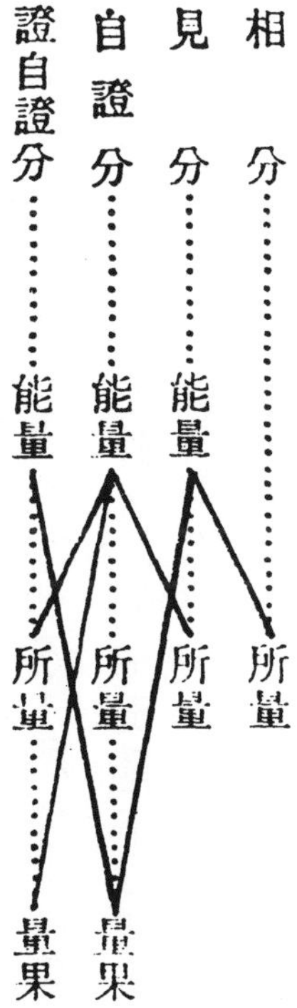

是故契經伽他中說：衆生心二性，內外一切分；所取能取纏，見種種差別。此頌意說：衆生心性，二分合成。若內若外，皆有所取能取纏縛，見有種種或量非量，或現或比，多分差別。此中見者，是見分故。

所以佛經裏有這麼幾句頌說：「衆生心二性，內外一切分；所取能取纏，見種種差別」。這幾句頌的意思是說：衆生的心性，有兩種成份：一是緣外的見、相二分；二是緣內的自證分，及證自證分。因被這內外四分，所取的妄境，和能取的妄見所纏縛，所以纔見有：現量、非量、比量等的種種差別。這裏所說的「見」，就是能見的那一部分。

如是四分：或攝爲三，第四攝入自證分故。或攝爲二，後三俱是能緣性故，皆見分攝。此言見者，是能緣義。或攝爲一，體無別故。如入楞伽伽他中說：由自心執著，心似外境轉，彼所見非有，是故說唯心。如是處處說唯一心；此一心言，亦攝心所。

上來所說的相分、見分、自證分、證自證分。這四分，也可以把證自證分，歸納到自證分裏，使之合而爲三。也可以把證自證分及自證分，都歸納到見分裏去，使之合而爲二；因爲除前面的第一分，是所緣外，後面這三分，都是屬於見分所攝的能緣性。這裏所謂的見分，純粹是能緣義，不帶所緣，因爲沒有第三，更緣見分之故。也可以把他們通統歸納起來，使之合而爲一；因其用雖有四，而體實無別啊。

例如入楞伽經的頌中說：由於衆生自心的執着，好像有外境轉起一樣，其實那裏有什麼外境，還不是唯識所變嗎？以是之故，所以纔說唯心。像這種唯是一心，更無外境的說法，經中處處可尋。可是，這裏所說的一心，並不只是統攝八識心王，而是連五十一個心所法，也都統攝在內了。

故識行相，即是了別；了別，即是識之見分。

這是辨行相門的結論：由於上來所說的種種原故，所以識的行相，就是了別；了別，就是第八識的見分。

所言處者：謂異熟識，由共相種成熟力故，變似色等，器世間相，即外大種，及所造色。雖諸有情，所變各別，而相相似，處所無異，如衆燈明，各徧似一。

了別的行相門，已如上說，向下該講執受處的所緣門了。今先講處字。

所謂處者：就是第八異熟識裏的共相種子，由於這種子成熟的因緣之力，變現出一種似實色而非實色的器世間相；也就是身外能造的地、水、火、風四大種；及所造的色、香、味、觸四塵色。因其是外處非情，故名爲外；並不是心外的實法。

諸有情類，唯識所變的東西，雖各別不同；然而共業種子所感的共報果相——處所，卻是相似無異。譬如：衆燈齊明，光耀一室；這徧滿一室的燈光，雖由衆燈所共照，卻分不出彼此所照的光來。

誰異熟識，變爲此相？

問：都是誰的異熟識，變成了這器世間的相似相呢？向下有三家主張不同的答案。

有義：一切。所以者何？如契經說：一切有情，業增上力，共所起故。

第一家的主張是：器世間，是一切凡聖、五趣衆生，增上業力之所共起。何以知之？佛經上是這樣說的啊。

有義：若爾，諸佛菩薩，應實變爲此雜穢土；諸異生等，應實變爲他方、此界、諸妙淨土。又諸聖者，厭離有色，生無色界，必不下生；變爲此土，復何所用？是故現居，及當生者，彼異熟識，變爲此界。經依少分，說一切言，諸業同者，皆共變故。

第二家反駁第一家說：照你這樣說，未免太儱侗了。假定世界眞的是一切凡聖等的業力所共起；那麼！久已亡失了雜穢種子的諸佛菩薩，就不是假緣度化，而是實在的變成了我們這個雜染穢濁的國土；五趣異生，也應當不由佛菩薩的神力加被，變化所作，而實在的變爲他方極樂、此界靈鷲等的諸妙淨土了。又如不還果等的聖者，他們既已厭離了欲色界，上生無色界去了，必定不願再來下生；那麼！變此穢土，又有什麼用處呢？

是故，器世間，是由現身所住，及次當所生的人，隨其凡聖的異熟，而變爲他方、此界、或穢、或淨的國土了。經上所說的「一切」，是依少分同業而言，凡是一切造業相同的人，大家都可以變爲一個器世間啊。

有義：若爾，器將壞時，旣無現居，及當生者，誰異熟識，變爲此界？又諸異生，厭離有色，生無色界，現無色身，預變爲土，此復何用？設有色身，與異地器，粗細懸隔，不相依持，此變爲彼，亦何所益？然所變土，本爲色身依持受用；故若於身，可有持用，便變爲彼。由是設生他方自地，彼識亦得變爲此土；故器世界，將壞初成，雖無有情，而亦現有。此說一切共受用者；若別受用，准此應知；鬼人天等，所見異故。

第三家反駁第二家說：若依你的說法，器世間，只是現居及當生的人所共起；那麼！當世界瀕臨壞劫時，既沒有現居及當生的人，試問：是誰的異熟識變爲這個世界呢？還有，早已厭離欲色，好容易生到無色界的衆生，他們已竟沒有色身了；變土原爲色身依住，既無色身，他預先變好這個穢土，有什麼用處？卽令有色身，與異地器界比較起來，粗細懸隔，何止天淵！這敎他如何依住？既不堪依住，那麼，以此上界的異熟識，變彼下界的穢土，又有什麼益處呢？

然而所變的土，本爲色身依持受用而設，所以只要他認爲於色身可能有依止受用價值的，便變爲彼土。因此，不一定是現居及當生，就是生在他方世界的人，以彼界的異熟識，也可以變爲此界之土。所以器世間，無論在將壞或初成，雖無現居及當生的人，而依然現有。

這是說一切有情，可以共同受用的大千世界。至於在這共中不共的各別受用，亦應准此例知。例如：鬼、人、天等，雖然都生在這個共同受用的大千世界，而其各自所見的局部境界，却是共中的不共。

諸種子者：謂異熟識，所持一切有漏種法，此識性攝，故是所緣。無漏法種，雖依附此識，而非此性攝，故非所緣。雖非所緣，而不相離，如眞如性，不違唯識。

處字的解釋，已如上說。這向下該講「執受」了。執受，有「諸種子」及「有根身」二種。今先講諸種子。

什麼叫做諸種子？就是：第八異熟識所攝持的三性有漏法種。這三性種子，一攝入本識自體分裏，便都成爲非善非惡的無記性了。所以也就做了本識所緣的相分境。問：有漏種子，依自體分爲識所緣；無漏種子，亦依自體，何以不相提並論，而獨言有漏呢？答：無漏法種，雖也依附着識的自體，然而他不是無記性，而是善性；所以不能做有漏識的所緣。問：識既不緣無漏種子，豈不違背了唯識的道理嗎？答：不違背！無漏種子，雖非自識所緣的境界，但也不是離識而別有的實法；如「眞如識性」，雖非識所緣境，但也不違背唯識的道理。

有根身者：謂異熟識，不共相種，成熟力故，變似色根，及根依處，卽內大種，及所造色。有共相種，成熟力故，於他身處，亦變似彼；不爾，應無受用他義。

上來釋諸種子竟，此下釋「有根身」。什麼叫做有根身？就是：第八異熟識裏的不共相種子，成熟的因緣之力，變現爲浮塵和勝義的似色根，及根所依附的身處。也就是身內地、水、火、風的四大種，及色、香、味、觸的所造色。這在共相的器世間裏，是共中的不共，所以由不共相種子所變現。

異熟識裏，還有一種共相種子；由於這種子成熟的因緣之力，於他人身處，也變爲似彼相。否則，他人就不能有助於我，而爲我所受用了。這在不共相的自他根裏，是不共中之共，所以由共相種子所變現。

此中有義：亦變似根。辯中邊說：似自他身，五根現故。有義：唯能變似依處，他根於己，非所用故。似自他身，五根現者，說自他識，各自變義。故生他地；或般涅槃，彼餘屍骸，猶見相續。

關於「有根身」的解釋，有兩家不同的說法，第一家說：自識不但能變塵境；而且也變自他的根身。怎見得呢？因爲辯中邊論上這樣說：自身和他身的五根，都可以變現啊。

第二家說：自識只能變他人的根依處——身，而不能變他人的根。因爲自己既不能用他人的根，去緣自己所緣的境，變他做甚？辯中邊裏所說那「似自他身，五根現」的話，是說：自己和他人的阿賴耶識，各自變爲各自的根，並不是自己的識，能變他人的根啊。問：自識既不能變他根，怎樣知道能變他根的依處呢？答：假使有人在此地報盡，轉生他地；或修行入無餘涅槃之時，所剩下的屍骸，我們不是還看見他繼續存在嗎？這證明每個人的根依處，都是自他所共變的啊。否則，這剩餘的屍骸，是誰的識所變的呢？

前來且說業力所變，外界內身，界地差別。若定等力，所變器身，界地自他，則不決定；所變身器，多恒相續。變聲光等，多分暫時，隨現緣力，擊發起故。略說此

識，所變境者：謂有漏種，十有色處，及隨法處，所現實色。

前來所說，僅止於業力所變那外而器界、內而根身，有界地差別，唯緣自地的一定範圍。若以定等之力，所變的器界根身，就沒有界地、自他分限的決定了。如：馬勝比丘，以通力見色界梵王；色、無色界諸天，各以通力及定力，變異地身境，到佛前聽法；西方彌陀以願力接引行者；行者亦以念力，往生彼土，得見彼佛等。所變的根身器界，都能够持續到一段很長的時期；所變的音聲和光明，多分如曇花一現，刹那卽逝。因爲聲光是隨着緣力擊發而起的，如雷聲和電光，是隨着陰陽電的緣力所擊發，緣盡則不復相續。

這執受處的所緣門，不過是把阿賴耶識所變的境界，如：有漏法的種子；五根五塵的十色處；及依威德定隨着法處所現的實色等，略說一下而已。

何故此識，不能變似心心所等，爲所緣耶？有漏識變，略有二種：一隨因緣勢力故變。二隨分別勢力故變。初必有用，後但爲境。異熟識變，但隨因緣，所變色等，必有實用。若變心等，便無實用，相分心等，不能緣故。須彼實用，別從此生。變無爲等，亦無實用。故異熟識，不緣心等。

問：爲什麽異熟識，只能變色，而不能變心、心所爲所緣呢？答：在凡位的有漏識變略有二種：一種是：不加作意，隨着種子因緣勢力而變的；二種是：作意籌度，隨着分別勢力而變的。隨着種子因緣所變的，必定有其實在的功用；隨着分別勢力而變的，那只是當情所現的無用之境。

異熟識變，但是隨着種子因緣，不加作意，所以他所變的相分色，必有實用；若變心、心所，那就沒有實用了。因爲隨着見分所變的相分心法，都如鏡花水月，沒有緣慮的實在體用，所以第八不緣。問：心、心所既無實用，生他做甚？答：須彼七轉識，受用外境起現行時，才一個個的從這第八識裏生起。問：心、心所，因無實體，第八不變；那麼！無爲法有實體，變無爲法好嗎？答：無爲法雖有實體，而非因緣，所以變無爲法，也是一樣的沒有實用。是故異熟識，但緣所變的相分色，而不緣心、心所等。

至無漏位，勝慧相應，雖無分別，而澄淨故，設無實用，亦現彼影。不爾，諸佛應非徧智。故有漏位，此異熟識，但緣身器及有漏種，在欲色界，具三所緣。無色界中，緣有漏種。厭離色故，無業果色，有定果色，於理無違，彼識亦緣，此色爲境。

問：有漏識，不由分別，隨着因緣所變的法，尚有實用。無漏位也無分別，何以沒有實用？答：到了無漏位時，便與勝慧相應，雖然沒有籌度取相的分別，而澄淨明澈，如鏡海秋月，雖不緣實法，亦現心影，使萬法不能逃其形。不然，諸佛就應當不是徧知一切法的「正徧智」了。

因有、無漏位，緣境寬狹，大相懸殊，所以有漏位的凡夫，他們的異熟識，只能緣根身、器界、種子。在欲色界裏，具備了這三種所緣；無色界裏，但緣種子。因其厭離欲色之故，雖無因業受報的業果色；然而猶有由禪定引發的定果色——種子，彼第八識，亦得緣此爲境。這在道理上，並不違背。

不可知者：謂此行相，極微細故，難可了知；或此所緣，內執受境，亦微細故；外器世間，量難測故，名不可知。云何是識取所緣境，行相難知？如滅定中，不離身識，應信爲有！然必應許，滅定有識，有情攝故，如有心時。無想等位，當知亦爾。

上來釋行相、所緣二門竟。但頌文在這二門上，還有「不可知」三字，怎樣解釋？答：不可知有二義：一是能緣的見分：因其行相極微細的原故，所以難可了知。二是所緣的相分：因其內所執受的種子及勝義根，也是微細難知；外所依住的器世間，更是量大難測，所以名「不可知」。

外人問：爲什麼說，這第八識所緣境的行相，是不可知呢？既不可知，應非是識！答：例如滅盡定中的「不離身識」，他的行相，就是不可知的，雖不可知，應信有識。玆立量如下：1.宗——應許滅盡定有識。2.因——非如木石，有情攝故。3.——如未入定前有心時一樣。滅盡定人有識，無想定等，當然也有。

乙四　解相應門

丙一　舉頌答問

此識與幾心所相應？常與觸、作意、受、想、思相應。阿賴耶識，無始時來，乃至未轉，於一切位，恒與此五心所相應，以是偏行心所攝故。

上來初能變識的十門義，已解其五，向下該講第六的相應門了。問：這第八阿賴耶識，與幾個心所相應？答：他常常和觸、作意、受、想、思這五個心所相應。阿賴耶識，從無始以來，直到尚未轉爲大圓鏡智而成佛以前，在九法界的一切位裏，都恒常和這五個心所相應。因爲這五個心所，是普徧與八識俱時生滅的「徧行」心所啊。

丙二　別釋五所

觸爲三和，分別變異，令心心所，觸境爲性；受想思等，所依爲業。謂根境識，更相隨順，故名三和。觸依彼生，令彼和合，故說爲彼。三和合位，皆有順生心所功能，說名變異。觸似彼起，故名分別。根變異力，引觸起時，勝彼識境，故集論等，但說分別，根之變易。和合一切心及心所，令同觸境，是觸自性。

這向下是把五個徧行心所，各別作一解釋。今先釋第一觸心所。觸有二義：一，以根、境、識三法和合的分別變異之力，使心、心所與塵境接觸，爲觸的體性。二，受、想、思等一切心所，都依之而起，爲觸的業用。就是說：這一體三名的根、境、識，不但不互相乖違，而且更互相隨順的依根取境而生識，所以名叫三和合。因爲觸心所：一則依彼三和合而生；二則能令彼三法和合。所以說「觸」，就是彼根、境、識的三和合。

如何名爲「變異」？在根、境、識三法的和合位上，都有隨順生起一切心所的功能，與未和合以前無此功能有異，所以說名變異。

如何又名「分別」？觸心所上，也有似彼三法和合，順生一切心所的變異功能，所以又名分別。

問：觸心所，既爲根、境、識三法和合，說名分別變異；何以集論但說「分別根之變異」呢？答：因爲當根、境、識三法和合，引起觸心所時，根的變異力量，超勝於識、境二法，所以雜集論等，但說分別根的變異，而不說分別識、境的變異。其實觸的功能，不但根、境、識三法缺一不可，而且還能和合一切心、心所的行相，都來和他同緣一境。這就是觸的自性。

既似順起，心所功能，故以受等，所依爲業。起盡經說：受想行蘊，一切皆以觸爲

緣故，由是故說：識觸受等，因二三四，和合而生。瑜珈但說：與受想思，爲所依者，思與行蘊，爲主勝故，舉此攝餘。集論等說：爲受依者，以觸生受，近而勝故。謂觸所取，可意等相；與受所取，順益等相，極相鄰近，引發勝故。

觸既似根、境、識三和合，有能順生心所的功能，所以受、想、思等一切心所，都依之爲業，這在起盡經裏，可以找到證明。經裏說：受、想、行三蘊，乃至一切心所，都是以觸爲緣而生起的。因此纔說：識是因根、境二法和合而生；觸是因根、境、識三法和合而生；受、想、思等一切心所，則是因根、境、識、觸四法和合而生。

既然一切心所，都是因觸而生，何以瑜伽師地論，但說觸以受、想、思爲所依，而不說以行蘊爲所依呢？那是因爲行蘊是以思爲主體；思的作業能力，又較行等爲勝，所以但舉此「思」來該攝餘法。若然！何以集論又說：觸是以「受」爲所依呢？那是因爲受因觸生，他們的關係比較接近，勝過餘法之故。就是說：觸所碰到的好、惡、好惡俱非等境；與受所領略的苦、樂、苦樂俱非等境，極相鄰近，引發的機緣，勝過餘法之故。

然觸自性，是實非假，六六法中，心所性故，是食攝故，能爲緣故，如受等性，卽非三和。

小乘經部，以根、境、識三和合爲藉口，便撥觸無實體。唯識家破他說：然而，觸有觸的自性，雖三和成，非卽三和，是實非假。其故有三：一，此觸在六識、六觸、六受、六想、六思、六愛這六六法中，是屬於心所法故。二，此觸爲段食、觸食、意思食、識食這四種食性所該攝故。三，此觸爲十二因緣中的第六因緣故。由此三故，觸和受、想、思，是同樣的有自性，怎能說他是無體的三和？

作意，謂能警心爲性。於所緣境引心爲業。謂此警覺，應起心種，引令趣境，故名作意。雖此亦能引起心所，心是主故，但說引心。有說：令人廻趣異境，或於一境持心令住，故名作意。彼俱非理，應非徧行，不異定故。

第一的「觸」心所，已如上說，現在該講第二的「作意」心所了。怎樣叫做作意？能警覺未生心的種子，使之生起，就是作意的體性；能引既生心去攀緣前境，就是作意的業用。就是說：一則警覺應生心的種子；二則引令趣緣塵境；有這樣兩種功能，所以名叫作意。問：也引心所不？答：雖然這作意也能引起心所，唯因心王爲主，心所爲從，所以但說引心，「所」也就不言而喻了。

有說：作意，是令心廻轉，趣向於另一異境。或說：作意，是持心住於一境，不使散亂。他們這兩種說法都不對！因爲廻趣異境，應非徧行；持心令住，不異定故。

受，謂領納順違俱非境相爲性；起愛爲業。能起合離非二欲故。有作是說：受有二種：一境界受，謂領所緣。二自性受，謂領俱觸。惟自性受，是受自相，以境界受，共餘相故。彼說非理！受定不緣俱生觸故。若似觸生，名領觸者；似因之果，應皆受性。又既受因，應名因受，何名自性？若謂如王食諸國邑，受能領觸，所生受體，名自性受。理亦不然！違自所執，不自證故。若不捨自性，名自性受、應一切法，皆自性受。故彼所說，但誘嬰兒。然境界受，非共餘相，領順等相，定屬己者，名境界受，不共餘故。

第二的「作意」心所，已如上說，現在該講第三的「受」心所了。怎樣叫做受？領納那或順、或違、或順違俱非的境界，就是受的體性；起愛，就是受的業用。怎樣起愛？就是對於受所領納的順境起合欲；違境起離欲；順違俱非的中庸境，那就無所謂合離二欲了。

但有「正理」論師，却這樣說：受有二種：一種叫做境界受，能領納所緣的境界。二種叫做自性受，能領納「俱觸」。「領俱觸」：就是受由觸生，同時觸所觸到的苦、樂、捨，他都能夠領納。唯有「自性受」，能領納觸境，不與餘法所共，可以說是「受」的自相。至於「境界受」，那是和其餘的心、心所，共同領納的境界啊。

以上正理論師所說，唯識家謂爲非理！因爲受由觸生，如何後受能緣前觸？若以爲受因觸生，與觸相似，所以名爲領觸。如此說來！那一切從因所生，與因相似的「等流果」，就應當叫做「自性受」啊。還有，既然觸爲受因，那觸因所生的受，就應當名爲因受，何以名「自性受」呢？

若說：譬如「王食國邑」，不過是食國邑所產的物資，但從其能產而言「食國邑」罷了。受能領觸，亦復如是：不過是領觸所生的受體，但從其能生而言「領觸」罷了，因爲這是自領的意思，所以名叫「自性受」。這道理，也未必然！因爲這自領的意義，和你們那「心不自證」的執着，是相違背的啊。

若說：自領並非自緣，而是不捨離自體，名爲自性受的話；那麼！盡世間所有的一切法，沒有一法是捨離自體的，難道說，都叫做自性受嗎？所以你們所說的一大堆謬理，只可以誘騙那尚在襁褓中的嬰兒，而不值方家一哂。

自性受，雖如上破，然而，境界受，也不是共餘相。能領納順、違、及順違俱非諸境，決定屬於自己的，纔可以叫做境界受；其餘的心所法，但能緣境，而不能攝境定屬於己，怎能說是共餘相呢？

想，謂於境取像爲性；施設種種名言爲業。謂要安立，境分齊相，方能隨起，種種名言。

第三的「受」心所，已如上說，現在該講第四的「想」心所了。怎樣叫做想？對於所緣之境的影像，執取不捨，就是想的體性；施設種種名字言說，就是想的業用。怎樣叫施設名言？就是：要安立境界相的分齊，纔起了種種名字和言說。例如：爲要安立世間相的分齊，纔起：有情世間、器世間、乃至三界九地等的種種名言。

思，謂令心造作爲性；於善品等，役心爲業。謂能取境，正因等相；驅役自心，令造善等。

五個偏行心所，前來已釋其四。現在該講第五的「思」心所了。怎樣叫做思？令心造作，就是思的體性；役心於善惡等事，就是思的業用。就是說：能取現境，爲邪正行因之相，驅使自心去造善造惡。例如：聽經聞法，爲正行的因相，能驅使自心去修出世善道；若看誨盜誨淫的書刊，便爲邪行的因相，那就少不了要驅使自心去造那奸盜邪淫的惡業了。

丙三　釋相應義

此五既是偏行所攝，故與藏識，決定相應。其偏行相，後當廣釋。此觸等五，與異熟識，行相雖異，而時依同，所緣事等，故名相應。

以上這觸、作意、受、想、思五個心所，既然屬於偏行所攝，所以和第八藏識，決定相應。至於偏行的行相怎樣，到後面自當有詳細的解釋。這觸等五個心所，和第八異熟識，他們的見分行相雖異；然而，起同時；依同根；所緣的相分境，及自體分——事，也是相似而等。所以名叫相應。

乙五　解三受門

丙一　理解頌文

此識行相，極不明了，不能分別，違順境相，微細一類，相續而轉，是故唯與捨受相應。又此相應受，唯是異熟，隨先引業轉，不待現緣，任善惡勢力轉故，唯是捨受。苦樂二受，是異熟生，非眞異熟，待現緣故，非此相應。又由此識，常無轉變，有情恒執，爲自內我，若與苦樂二受相應，便有轉變，寧執爲我？故此但與捨受相應。

上來初能變識的十門義，已解其六，向下該講第七「唯捨受」的三受門了。今先釋頌文：這第八阿賴耶識的行相，極不明了，他不能淸淸楚楚的分出：那是違境；那是順境；只是一類不分違順的微細行相，在剎兒念念生滅，相續而轉。因此，他只能和非苦非樂的捨受相應。

又，這個相應受，唯是第八異熟識總業所招感，他隨着先世業力的牽引，並不須要等待現前的什麼助緣，任聽其過去世善惡勢力的發展，而自然轉起。因此，與第八識相應的，唯獨是這個捨受。至於苦樂二受，那是前六識的異熟生，待緣方起，而不是第八識的眞異熟。所以他不和這第八識相應。

又，由於這第八阿賴耶識，是一類相續的常無轉變，所以有情的第七識，就不斷的執着他爲常一的自內之我。倘若與苦樂二受相應，那便不是一類相續的捨受，而是有善惡轉變的餘受了。這如何能執爲常一之我？因此，第八識，但與捨受相應。

丙二　釋外妨難

若爾，如何此識，亦是惡業異熟？既許善業，能招捨受，此亦應然；捨受不違苦樂品故。如無記法，善惡俱招。

外人問：若依你們唯識家說，第八識唯與捨受相應的話；那麼！爲什麼第八識不但是善業的異熟識，而且也是惡業的異熟識呢？調順的善業，能招感苦樂俱非的捨受，還馬馬虎虎說得過去；怎麼逼迫的惡業，也能招感苦樂俱非的捨受呢？

論主答：你旣許善業能招感捨受，當然惡業也能招感捨受。因爲捨受並不違背苦樂二品，所以善惡業都可以招感啊。譬如：非善非惡的無記法，善業也招感；惡業也招感。我們再說一個容易了解的譬喻，譬如：一幅素絹，你隨便用什麼顏色去染他都可以。

如何此識，非別境等，心所相應？互相違故。謂欲，希望所樂事轉；此識任業，無

所希望。勝解，印持決定事轉；此識瞢昧，無所印持。念，唯明記曾習事轉；此識昧劣，不能明記。定，能令心專注一境；此識任運，剎那別緣。慧，唯簡擇得等事轉；此識微昧，不能簡擇。故此不與別境相應。

外人又問：爲什麼這第八阿賴耶識，不與「別境」及「善」等的心所相應呢？論主答：那是因爲他們的行相，是互相違背的啊。現在先把與五個別境心所的不相應義，列擧如下：

一、欲心所，是隨着希望的樂事而轉的；第八識，則是任聽其過去的業力而轉，他自己並沒有所謂的希望。

二、勝解心所，是從猶豫不定中，印可堅持所決定的事而轉的；第八識，則是瞢瞢昧昧，本非猶豫，所以也無所謂印持。

三、念心所，是由明確記憶曾經熟習過的事而轉的；第八識，則昧闇劣弱，他不能明記曾經緣過的境界。

四、定心所，能令心專注於所觀之一境；第八識，則任運隨業，剎那別緣。

五、慧心所，是唯以簡擇得失之事而轉的；第八識，則隱微闇昧，不能簡擇。

因此，第八識不與別境心所相應。

此識唯是異熟性故。善染汚等，亦不相應；惡作等四，無記性者，有間斷故，定非異熟。

怎樣與善十一、染污的根本煩惱六、隨煩惱二十，也都不相應呢？那是因爲這第八識，是無記的異熟性，所以他不但不與「別境」相應；而且與善染污等，亦不相應。

善染與無記的異熟，可以說是不相應；那惡作、眠、尋、伺，這四種無記性的不定心所，何以也不是異熟呢？這四種不定心所，雖然也是無記性；但他們都是前六識有間斷的異熟生，決定不是第八識由過去「因」，相續而轉的眞異熟啊。

乙六　解三性門

法有四種，謂：善、不善，有覆無記、無覆無記。阿賴耶識何法攝耶？此識唯是無覆無記，異熟性故。異熟若是善染污者，流轉還滅應不得成。又此識是善染依故；若善染者，互相違故，應不與二俱作所依。又此識是所熏性故；若善染者，如極香臭，應不受熏；無熏習故，染淨因果俱不成立。故此唯是無覆無記。

上來初能變識的十門義，已解其七，向下該講第八「無覆無記」的三性門了。法有四種：(一)善，(二)不善，(三)有覆無記，(四)無覆無記。阿賴耶識，是屬於這四種法的那一種呢？當然是無覆無記了。因爲他是非善非惡的異熟性啊。

假使異熟是屬於善性的話，那因業流轉的凡夫，就應當不能成就五趣生死；假使是屬於惡性的話，那修道還滅的聖人，就應當不能成就涅槃妙果。

又，這第八識，雖是善惡二法同所依止的總報主，而實非善惡。假使是善，便不能爲惡法所依止；是惡，便不能爲善法所依止。如是相違，那怎能給善惡二法，作同所依止的總報主呢？

又，這第八識，雖是善惡之所熏性，而實非善惡。假使是善惡的話，那就應當如極香的旃檀，或極臭的阿魏一樣，不能再受熏習了。熏習，就是種子。如果第八識裏，沒有熏習的種子，那一切染淨法的因果，不是都不能成立了嗎？因此，阿賴耶識，唯是無覆無記，而不是其餘三法。

覆，謂染法，障聖道故；又能蔽心，令不淨故。此識非染，故名無覆。記，謂善惡，有愛非愛果，及殊勝自體可記別故；此非善惡，故名無記。

什麼叫做無覆無記？「覆」的意義，就是障蔽。染法能障聖道，不令悟入；能蔽眞心，不使清淨。阿賴耶識不是染法，所以名爲無覆。「記」的意義，就是：善法有可愛果；惡法有非可愛果；及有此殊勝的善惡法體，可資記別。記別，就是懸知記取其當來愛與非愛的差別果相。這阿賴耶識，沒有善惡因果，可資記別，所以名爲無記。

觸等亦如是者，謂如阿賴耶識，唯是無覆無記性攝。觸、作意、受、想、思亦爾。諸相應法，必同性故。

上來講「無覆無記」的第八門竟，向下該講「觸等亦如是」了。但這是說觸等心所，例同心王，而不是分別阿賴耶的識體，所以不在義門之列。

怎樣叫做「觸等亦如是」呢？就是說：例如阿賴耶識，唯是無覆無記性攝，這觸、作意、受、想、思五個徧行心所，也是無覆無記性攝。因為凡是相應的心心所法，他們在善、惡、無記的三性裏，必定是同屬一性。

又觸等五，如阿賴耶，亦是異熟。所緣行相俱不可知，緣三種境，五法相應，無覆無記，故說觸等亦如是言。

又有第二家這樣說：觸等五個心所，和阿賴耶識有五種相同的意義：（一）異熟報果，（二）所緣行相，俱不可知，（三）緣三種境——根身、器界、種子，（四）與觸等五法相應，（五）是無覆無記。這在前面八門義中，都已講過了。阿賴耶識，有這五種意義，觸等也有，所以說：「觸等亦如是」。但觸等不能與觸等相應，何得例同？所以到後面也連帶的遭到論主的破斥。

有義，觸等如阿賴耶，亦是異熟，及一切種。廣說乃至無覆無記，亦如是言，無簡別故。彼說非理！所以者何？觸等依識，不自在故。如貪信等，不能受熏；如何同識，能持種子？

又有第三家這樣說：觸等也和阿賴耶識一樣的是異熟果體；及有、無漏法的一切種子；乃至無覆無記。「亦如是」的話，是指阿賴耶識的一切與一切，並沒有於此如是，於彼不如是的簡別。

論主斥彼所說，謂爲非理！什麼原故呢？觸等心所，是依於本識心王的附庸，所以他沒有心王受熏持種那樣的自在；就像貪瞋……等的煩惱心所；及信、精進……等的善心所一樣不能受熏。既不能受熏，如何例同本識，能執持種子呢？

又若觸等，亦能受熏，應一有情有六種體。若爾，果起從何種生？理不應言，從六種起，未見多種生一芽故。若說果生唯從一種，則餘五種，便爲無用。亦不可說，次第生果，熏習同時，勢力等故。又不可說六果頓生。勿一有情，一剎那頃，六眼識等，俱時生故。

又、假定觸等五個心所，也和阿賴耶識一樣能夠受熏，就應當一個有情，有六個種子。若然！一個現行果法，究應從那個種子生起來呢？按道理說，不應該從六個種子共生一果，因爲誰也沒有見過有許多物類的種子同生一芽啊。若說生果只要一個種子就夠了，那末！其餘的五個種子，豈不都成沒有作用的廢物了嗎？也不可說，六個種子次第生果。因爲種子既是同時熏習，勢力均等，無分勝劣，那會有先後次第生果的道理。也不可說，六個種子同時頓生六果。因爲沒有一個有情，在一剎那的頃刻，一個心王和五個心所，同時生六個眼識、六個耳識……等的現行果法啊。

誰言觸等，亦能受熏持諸種子？不爾，如何觸等如識名一切種？謂觸等五，有似種相，名一切種。觸等與識，所緣等故。無色觸等有所緣故。親所緣緣，定應有故。此似種相，不爲因緣生現識等，如觸等上，似眼根等，非識所依。亦如似火，無能燒用。

第三家一聽到論主對他的破斥，認爲是曲解了他的意思，隨卽申辨說道：我們並沒有說，觸等心所，也能受熏持諸種子啊。

論主反詰：你既不承認觸等能受熏持種，爲什麼說觸等也同阿賴耶識一樣，名一切種子呢？

第三家答：那是因爲觸等五個心所所變的種子，和本識所變的種子彷彿相似之故，所以名叫一切種。這有三種理由：（一）觸等心所，與本識同所緣境，若觸等不緣種子，便有與本識緣境不同的過失，（二）就是生到無色界去，也有種子爲觸等心所的所緣相。（三）無論心王或心所，一定有他自己的相分種子，來做他自己見分的親所緣緣。若但憑心王所變種子，而不在觸等心所上現似種相，那便不是觸等的親所緣緣。但這似種子的影像，並不是生現行果識的因緣性。例如心所上，所變的觸似眼等根，不能親生眼等五識；親生眼等五識的根，是心王所變。又如鏡裏所現的似火像，他沒有燃燒的功用。

彼救非理！觸等所緣，似種等相，後執受處，方應與識而相例故。由此前說，一切種言，定自受熏，能持種義。不爾，本頌有重言失。

彼爲自救所作的答辯，殊爲非理！因爲觸等所緣的似種相，名一切種，是本頌十門義中第四的所緣門，這要到第三門一切種後的執受處裏，纔可以與本識心王相例，如何說在執受處前的一切種裏。因此，前句所說的「一切種」言，決定是能够受熏及執持種子的意義，而不是緣似種相。不然！在前句「一切種」裏，業已說過了似種，到後句的「執受處」裏，又說似種，那本頌豈非有重言的過失了嗎？

又彼所說，亦如是言，無簡別故，咸成例者，定不成證！勿觸等五，亦能了別；觸等亦與觸等相應。由此故知：亦如是者，隨所應說，非謂一切。

又彼所說「亦如是」這一句頌，是沒有簡別，心王心所，義皆例同的證詞，是決定不能成立的。試問：識能了別；觸等五個心所也能了別嗎？識與觸等相應；觸等也與觸等相應嗎？因此，所以知道，「亦如是」這句頌，是隨其所應的無覆無記而說的；並不是沒有簡別，不管相應不相應，通亦如是。

乙八　因果法喻門

丙一　釋頌答問

阿賴耶識，為斷為常？非斷非常，以恒轉故。恒，謂此識，無始時來，一類相續，常無間斷，是界趣生施設本故；性堅持種令不失故。轉，謂此識，無始時來，念念生滅，前後變異，因滅果生，非常一故；可為轉識熏成種故。恒言遮斷，轉表非常，猶如瀑流，因果法爾。

上來於八門義後，釋「觸等亦如是」竟，向下該講第九「恒轉如瀑流」的因果法喻門了。問：阿賴耶識，是斷滅呢，還是常住？答：都不是！什麼原故呢？恒故非斷；轉故非常。

怎樣叫做恒？就是說：這阿賴耶識，從無始以來，他在善、惡、無記的三性中，純屬於一類相續，常無間斷的無記性。因此，他有兩種功能：一是爲三界、五趣、四生安立的本因；二是堅持種子，由受熏起，直到金剛位止，不令散失。

怎樣叫做轉？就是說：這阿賴耶識，從無始以來，就念念生滅，刹那不住的在前後變異。因其前因既滅，後果又生，不是自性的常一之法，所以纔能爲七轉識所熏，而成就了一切染淨法的種子。

總之，以上所說：恒的意義，是遮簡非斷；轉的意義，是表顯非常。這非斷非常的阿賴耶，猶如瀑流一般，其前因後果的推演，自然是這樣的。

如瀑流水，非斷非常，相續常時，有所漂溺。此識亦爾：從無始來，生滅相續，非常非斷，漂溺有情，會不出離。又如瀑流，雖風等擊，起諸波浪，而流不斷。此識亦爾：雖遇衆緣，起眼識等，而恒相續。又如瀑流，漂水上下，魚草等物，隨流不捨。此識亦爾：與內習氣，外觸等法，恒相續轉。

這是以瀑流水，三喻阿賴耶識，來幫助我們對阿賴耶識的了解。茲依次分別如左：

一、譬如長江大河，激湍急卒的瀑流：說他是「斷」吧？不是！他「不捨晝夜」的在那兒奔流，怎能說他是斷；說他是「常」吧？也不是！他「逝者如斯夫」後浪推前浪，滾滾而下，又怎能說他是常。此外，他還有兩種作用：一是漂泊；二是沉溺。這阿賴耶識，也像瀑流水似的，他無始時來的煩惱業浪，生滅非常；相續非斷，把三界有情，或漂泊到人天二趣；或沉溺到三塗惡道，使他們都不得出離。

二、又如瀑流：雖因風力的吹擊，而疊起了層層的驚濤駭浪，然而他並不因此而間斷了他的流動。這阿賴耶識，也是一樣，雖遇六塵緣影，現起了眼等六識的翻滾浪潮，然而他並不因此而間斷了他的因果相續。

三、又如瀑流：漂着水上的草；水下的魚，隨流上下而不得捨離。這阿賴耶識亦然，內而習氣；外而觸受等法，也如魚草一樣，隨着識浪的起伏，相續而轉。

如是法喻：意顯此識，無始因果，非斷常義。謂此識性，無始時來，剎那剎那，果生因滅。果生故非斷；因滅故非常。非斷非常，是緣起理。故說此識，恒轉如流。

以上所說「恒轉如瀑流」的法和喻，完全爲顯示這阿賴耶識的無始因果，不落於斷常二邊的意義。就是說：這阿賴耶識的體性，從無始以來，就剎那剎那的在果生因滅。剎那果生，所以他不是斷；剎那因滅，所以他不是常；這非斷非常，就是緣起的正理。因此，說這阿賴耶識，恒時轉變的情勢，如瀑流水。

過去未來，既非實有；非常可爾，非斷如何？斷豈得成緣起正理？過去未來，若是實有，可許非斷，如何非常？常亦不成緣起正理。

一切有部等，反對唯識家「非斷非常，是緣起理」的正論。他說：我們主張過去未來，實有體性，可以說：未來的果生非斷；過去的因滅非常。你們的過去未來，既非實有，若說因滅非常，倒還可以；如何可說果生非斷；難道說「斷」也成爲緣起的正理了嗎？

論主破他說：過去未來，假定都是實有的話，可以說是未來非斷；如何可說過去非常？你說我們的「斷」，不是緣起正理，難道說你們的「常」，是緣起正理嗎？

豈斥他過，己義便成？若不摧邪，難以顯正。前因滅位，後果即生；如秤兩頭，低昂時等；如是因果，相續如流，何假去來，方成非斷？

有部師辭窮猶辯：你們唯識家，怎可以破斥別人的過失，來成立自已的宗義呢？

論主對：邪正不並立，若不摧邪，難以顯正；所以要破斥你們的過失，來顯示本宗的正義。正當前因滅時，後果卽生，無間刹那；如以秤秤物，正當這頭低垂的同時，那頭就高昂起來了。這樣，因果相續，如瀑流水，已具足了非斷非常的正義；何必要假藉過去未來的「有」，來成立「非斷」的道理呢？

因現有位，後果未生，因是誰因？果現有時，前因已滅，果是誰果？既無因果，誰離斷常？若有因時，已有後果；果既本有，何待前因？因義既無，果義寧有？無因無果，豈離斷常？

彼等再度問難：若依你們「果生因滅，非斷非常」的說法；那麼！現有因位的果，尚未生時，這個因，是誰的因呢？現有果位的因，已經滅了，這個果，又是誰的果呢？如此，有因無果，因亦非因；有果無因，果亦非果；既然因果都無，是誰離斷常，教你們在這裏說非斷非常呢？

論主也再度反難：若依你們「過去未來有體」的執着；則是現有因時，本已有了後果。果若本無，可待因生；今果既已本有，何須更待前因？這樣，因義既無，果義何有？無因無果，怎能離了斷常？既不離斷常，那就難怪要破斥你們了。

因果義成，依法作用，故所詰難，非預我宗。體既本有，用亦應然，所待因緣亦本有故；由是汝義，因果無定，應信大乘緣起正理。

彼等遭難，又有所辯解：過去未來的因果，雖已有了法體，然而，因果意義的成立，是依法的作用，並非依於法體；所以你們的詰難，好像無的放矢，非關我們的宗義。

論主又撥他說：你們所執著的「體」既是本有；「用」也應當是本有；即所待以起用的因緣，也應當是本有；因為一切法的體用是沒有差別的啊。因此，你們的執著，決定沒有因果生滅的意義；那就應當來信仰大乘的緣起正理。

謂此正理，深妙離言，因果等言，皆假施設。觀現在法，有引後用，假立當果，對說現因。觀現在法，有酬前相，假立曾因，對說現果。假謂現識，似彼相現。如是因果，理趣顯然，遠離二邊，契會中道，諸有智者，應順修學。

這是唯識家中張本宗的正義。他說：這大乘唯識學的正理，實在深妙到離言絕相的境地了。至於前面有關因果等的言說，那不過是方便施設的假法而已。

怎樣施設？觀察現法的趣勢，有引生當來果法的功用，即依此功用，假立一個當果的名言，對此現法說名為因；觀察現法的來源，有酬報前因之相，即依此相，假立一個曾有前因的名言，對此現法說名為果。怎樣叫做假？就是：當識緣現法的時候，觀其所從生，在識上變現一種過去非因似因，及現法非果似果的假相；觀從其所生，變現一種未來非果似果，及現法非因似因的假相。像這樣假說因果，而實非因果的道理與義趣，顯然是遠離斷常二邊，契合了非斷非常的中道義。因此，凡屬有智慧的行者，都應當隨順修學這唯識的緣起正理。

有餘部說：雖無去來，而有因果，恒相續義。謂現在法，極迅速者，猶有初後生滅二時：生時酬因，滅時引果；時雖有二，而體是一。前因正滅，後果正生；體相雖殊，而俱是有。如是因果，非假施設；然離斷常，又無前難。誰有智者，捨此信餘。

一切有部等，既遭破斥，另有其餘的上座部起而救難。他說：雖然沒有過去未來的法，却不無因果相續的意義。就是說：現在法的遷變，最迅速的，猶有初生後滅的兩個時間：此法生時，就是酬答前因之果；滅時，就是引生當果之因。這生滅法雖有初後二時，然而這二時的生滅法體，却是一個。前因正在滅時，後果即生；這法體與生滅二相雖殊，却是俱時現有。

像我們這樣沒有過去未來，但有體性的因果，並不是施設的假法。然而既離斷常二邊，又無前面「果既本有，何待前因」，「因是誰因，果是誰果」等大小乘的諸多責難。那裏有智慧的人，肯捨此究竟了義的說法不信，去信那不了義的說法呢？

彼有虛言，都無實義。何容一念，而有二時？生滅相違，寧同現在？滅若現在，生應未來；有故名生，既是現在，無故名滅，寧非過去？滅若非無，生應非有；生既現有，滅應現無。又二相違，如何體一？如苦樂等，見有是事。生滅若一，時應無二；生滅若異，寧說體同？故生滅時，俱現在有，同依一體，理必不成。

這是論主對上座部的破斥：你們這些說法，徒有虛言，都無實義。怎能在刹那一念之間，而容有生滅二時呢？互相違背的生、滅二法，又怎能同時現在？倘若「滅」是現在，那「生」就應當是未來啊。這因有而名叫做「生」的，既是現在，那因無而名叫做「滅」的，豈不就是過去嗎？假定滅不是無，那生就應當也不是有；既然「生」是現有，當然「滅」也是現無了，因為他們是互相違背的啊。

再立一個比量：一、宗——生滅二法，體應非一。二、因——相違背故。三、喻——如苦樂等。意思是說：這生滅二法，應當不是一體；因為他們是互相違背的原故；譬如苦和樂，並非一體，這是世間現見的事實。

生滅若是一體，就應當沒有初後二時；若是別異，又怎能說他是一體？因此，你們這生滅二法，俱現在有，同依一體的道理，必定不能成立。

經部師等，因果相續，理亦不成！彼不許有阿賴耶識，能持種故。由此應信大乘所說：因果相續，緣起正理。

經部師等的主張，因果前滅後生，相續不斷的道理，雖然也同大乘一樣是勝義；但他們執著色心二法的功用，就是種子，根本就不承認有攝持種子的阿賴耶。所以論主說：經部師等，那因果相續的道理，也不能成立；因為他們不許有阿賴耶識，能夠攝持種子之故。因此，應當信奉大乘所說：「種子生現行，現行熏種子」，這樣因果相續的緣起正理。

乙九　伏斷位次門

丙一　釋頌答問

此識無始恒轉如流，乃至何位當究竟捨？阿羅漢位，方究竟捨。謂諸聖者，斷煩惱障，究竟盡時，名阿羅漢。爾時此識，煩惱粗重，永遠離故，說之爲捨。

上來十門義已解其九，此下該講最後「阿羅漢位捨」的伏斷位次門了。問：這無始時來，如瀑流水，從未間歇的阿賴耶識，要修行到何等果位纔能把他究竟捨棄了呢？答：要到阿羅漢位，纔能究竟捨棄。就是說：三乘聖人，把煩惱障，都究竟斷盡了，這時的果位，就叫做阿羅漢。一到了阿羅漢位，這阿賴耶識裏的粗重煩惱，就永遠離去，所以名之爲「捨」。

丙二　廣解頌文

此中所說阿羅漢者，通攝三乘無學果位。皆已永害煩惱賊故；應受世間妙供養故；永不復受分段生故。云何知然？決擇分說：諸阿羅漢、獨覺、如來，皆不成就阿賴耶故。集論復說：若諸菩薩得菩提時，頓斷煩惱，及所知障，成阿羅漢，及如來故。

這裏所說的阿羅漢，並非但指小乘四果，而是把三乘的無學果位通攝在內了。無學，就是修學圓滿，無可再學。這無學位的阿羅漢，具有三義：（一）殺賊——他們都已永遠殺害了刧奪慧命的煩惱賊。（二）應供——應受三界人天的上妙供養。（三）無生——永遠不再受那一期一期的分段生死苦報了。

怎樣知道阿賴耶識，是三乘皆捨；阿羅漢名，通攝三乘呢？因爲瑜伽論的決擇分裏說：阿羅漢、獨覺、如來，這三乘聖人，都不成就阿賴耶識；所以知道這阿賴耶識是三乘皆捨。雜集論裏又說：若諸菩薩，修行到金剛身後，得大菩提而成佛時，頓斷煩惱、所知二障：約斷煩惱障說，名阿羅漢；約斷所知障說，名為如來。大乘菩薩，尚名阿羅漢，聲緣二乘更何待言；所以知道阿羅漢名，通攝三乘。

若爾，菩薩煩惱種子，未永斷盡，非阿羅漢，應皆成就阿賴耶識。何故即彼決擇分說：不退菩薩，亦不成就阿賴耶識？彼說二乘無學果位，迴心趣向大菩提者，必不退起煩惱障故；趣菩提故，即復轉名不退菩薩。彼不成就阿賴耶識，即攝在此阿羅漢中，故彼論文，不違此義。

外人問：若依你們唯識家說，把煩惱究竟斷盡了，纔能捨棄阿賴耶識，名阿羅漢；那麼，不退菩薩的我愛執藏，只是暫伏不起，尚未永遠斷盡，並不是三乘無學的阿羅漢，他們都應當成就阿賴耶識；爲什麼彼決擇分說：不退菩薩，也不成就阿賴耶識呢？

論主答：決擇分說「不退菩薩，不成就阿賴耶識」的話，並不是指直趣菩提的菩薩而言；而是說：聲緣二乘，證了無學果位之後，更廻心趣向於大菩接道，他們既然先已斷了煩惱，又廻小向大，必不會再退起煩惱，成就阿賴耶；因其趣向菩提之故，也就由二乘無學轉名爲「不退菩薩」了。決擇分所說那不成就阿賴耶識的不退菩薩，就是這裏所說的阿羅漢。所以彼瑜伽論的文句，並不違背這唯識論的意義。

又不動地以上菩薩，一切煩惱永不行故；流駛流中，任運轉故；能諸行中起諸行故；剎那剎那轉增進故；此位方名不退菩薩。然此菩薩雖未斷盡異熟識中煩惱種子，而緣此識我見愛等，不復執藏爲自內我；由是永捨阿賴耶名，故說不成阿賴耶識，此亦說彼名阿羅漢。

又有一說：大乘十地，第八「不動地」以上菩薩，他們也捨棄了阿賴耶識，名爲不退。因爲他們有這四個條件：（一）一切煩惱種子，永遠降伏而不起現行。（二）駕駛著度人的法筏，在生死流中，自由自在的任運而轉。（三）能於六度萬行的一切行中修一切行；不似七地以前，但以一切行莊嚴一行。（四）無漏智慧，不爲有漏所間斷，剎那剎那的在展轉增進。因此，不動地以上菩薩，纔能名爲不退，而捨棄了阿賴耶名。

這不動地以上的不退菩薩，雖未究竟斷盡了第八異熟識裏的煩惱種子，然而，當他們第七識的見分，緣第八識時的我見和我愛，已經不再執此藏識爲自內之我而起現行了。因此，永遠的捨棄了這個阿賴耶識——我愛執藏的惡名。所以說，不退菩薩不成就阿賴耶識；也說他名叫阿羅漢。

有義：初地以上菩薩，已證二空所顯理故；已得二種殊勝智故；已斷分別二重障故；能一行中，起諸行故。雖爲利益起諸煩惱，而彼不作煩惱過失；故此亦名不退菩薩。然此菩薩，雖未斷盡俱生煩惱，而緣此識所有分別我見愛等，不復執藏爲自內我，由斯亦捨阿賴耶名，故說不成阿賴耶識，此亦說彼名阿羅漢。故集論中作如是說：十地菩薩雖未永斷一切煩惱；然此煩惱猶如咒藥，所伏諸毒，不起一切煩惱過失。一切地中如阿羅漢已斷煩惱，故亦說彼名阿羅漢。

又有論師作這樣不合理的解釋：不但八地以上，就是初地以上菩薩，也捨棄了阿賴耶識，名爲不退。因爲他們有這五個條件：（一）已經證到了由我、法二空，所顯的眞如。（二）得到了「正體」和「後得」的二種殊勝智慧。（三）分別的煩惱、所知二障，都已斷除了。（四）能於六波羅蜜的一行修集諸行。（五）雖爲方便利益有情，起諸煩惱；然而，他並不作煩惱染污的過失。因此，初地以上菩薩，也可以名爲「不退」。

這初地以上的不退菩薩，雖未把與生俱來的煩惱，究竟斷盡；然而，緣第八識時，所有的分別我見和我愛，已經不再執此藏識爲自內之我了；因此，也捨棄了這個阿賴耶名，所以說他不成就阿賴耶識，也說他名爲阿羅漢。

所以雜集論中纔這樣說：從初地到十地的菩薩，雖只斷了分別煩惱，還沒有連俱生煩惱永遠斷除；然而，這俱生煩惱，已爲萬行功德所降伏，好像被咒術和藥力所降伏的毒蛇，不再傷人一樣，他不能再作起惑造業的過失了。這十地中的不退菩薩，和阿羅漢一樣，都已斷了煩惱，所以也說他們名阿羅漢。

彼說非理！七地已前猶有俱生我見愛等，執藏此識爲自內我，如何已捨阿賴耶名？若彼分別我見愛等，不復執藏，說名爲捨；則預流等諸有學位，亦應已捨阿賴耶名，許便違害諸論所說。

論主斥彼以上所說，謂爲非理！七地以前菩薩，第七識的俱生我見和我愛猶起現行，執此第八藏識爲自內之我，如何能說他們已經捨了這個阿賴耶名呢？若說七地以前的分別我見和我愛，不再執藏識爲我，就說之爲捨；那小乘的預流果、一來果、不還果諸有學位，他們也都斷了分別我執，難道說也捨棄了阿賴耶名不成？然而，聖教並沒有這樣說。若許他們也捨阿賴耶，便與經論所說大相逕庭。

地上菩薩所起煩惱，皆由正知不爲過失，非預流等得有斯事，寧可以彼例此菩薩？彼六識中所起煩惱，雖由正知不爲過失；而第七識，有漏心位，任運現行，執藏此識，寧不與彼預流等同？由此故知彼說非理。然阿羅漢斷此識中煩惱粗重，究竟盡故，不復執藏，阿賴耶識爲自內我；由斯永失阿賴耶名，說之爲捨；非捨一切，第八識體。勿阿羅漢，無識持種，爾時便入，無餘涅槃。

彼師遭難，復圖自救的說：初地以上菩薩的煩惱，都是由於方便度生的正知而起，並沒有染污惑業的過失。這不是小乘初果的預流；二果的一來；三果的不來所能做得到的事，如何可以拿他們來例同這地上菩薩？

論主再給反難：彼七地以前的地上菩薩，依前六識所起那間間斷斷的粗重煩惱，雖由正知不爲過失；然而其第七識的有漏心位，那一類相續無間的微細煩惱，當不住還任運現行，執此藏識爲我，豈不同那預流等的有學位是一樣嗎？因此，所以知道你們所說非理。

然而三乘無學的阿羅漢，究竟斷盡了這第八識裏的粗重煩惱，不再以執藏的阿賴耶識爲自內之我，從此永遠失掉了我愛執藏的阿賴耶名，這就叫做捨；並不是連能藏、所藏的第八識體一概都捨棄了。倘若把第八識體都已捨棄，於金剛心時，已無識持種，便應入無餘湼槃！試問，那有這樣的阿羅漢？

然第八識，雖諸有情，皆悉成就；而隨義別，立種種名：謂或名心：由種種法，熏習種子，所積集故；或名阿陀那：執持種子，及諸色根，令不壞故；或名所知依：能與染淨，所知諸法，爲依止故；或名種子識：能徧任持，世出世間諸種子故。此等諸名，通一切位。或名阿賴耶：攝藏一切雜染品法，令不失故；我見愛等執藏以爲自內我故。此名唯在異生、有學；非無學位，不退菩薩，有雜染法執藏義故。或名異熟識：能引生死，善不善業，異熟果故。此名唯在異生、二乘、諸菩薩位；非如來地，猶有異熟，無記法故。或名無垢識：最極淸淨，諸無漏位，所依止故。此名唯在如來地有；菩薩、二乘、及異生位，持有漏種，可受熏習，未得善淨第八識故。如契經說：如來無垢識，是淨無漏界，解脫一切障，圓鏡智相應。

第八識，雖是一切有情所成就的共法；然而又隨其成就差別的意義，建立了七種異名。現在把他依次說明如下：

一名爲心：梵名質多，此翻爲心。因爲現行諸法，把熏習下來的種子，都積集在這第八識裏面，然後再起現行；即隨此集起的意義，建立了「心」的名稱。

二名阿陀那：阿陀那，是梵語，此翻「執持」。因其能執持諸法種子及根身，使之不壞；即隨此執持的意義，建立了「阿陀那」名。

三名所知依：因其能給所知的善、惡、無記三性，作爲依止；卽隨此依止的意義，建立了這個「所知依」的名稱。

四名種子識：因其能爲世、出世間，作生法因緣；卽隨此能生諸法的意義，建立了這個「種子識」的名稱。

因爲這四種異名，無論有漏無漏，若凡若聖，通統都有，所以說：「通一切位」。

五名阿賴耶：此有三義：1能含藏一切雜染品法的種子。2爲一切雜染品法所覆藏。3由第七識的我見和我愛，執藏爲自內之我。卽隨此：能藏、所藏、執藏三義，建立了「阿賴耶」名。（參閱三相門）這阿賴耶名，唯在凡夫、二乘有學、七地以前菩薩纔有；並不是連二乘無學的阿羅漢，及八地以上的不退菩薩，還有這雜染法我愛執藏的意義。

六名異熟識：因此識能牽引有情，到三界生死的輪廻道裏，去受那由善惡業所感招的無記性果報；卽隨此果與因異的意義，建立了「異熟識」名。（參閱三相門）。這異熟識名，唯在凡夫、二乘有學、無學、菩薩十地纔有；並不是到了純無漏善的如來地，還有這異熟識的無記法。

七名無垢識：此識最極淸淨，爲一切無漏法所依止；卽隨此淸淨的意義，建立了「無垢識」名。這無垢識名，唯在如來地有；至於菩薩、二乘、凡夫，他們還執持着有漏種子，受七轉現行所熏習，沒有證得無垢善淨的第八識。例如，如來功德莊嚴經上說：『如來無垢識，是清淨的無漏性；解脫煩惱、所知二障的纏縛；與大圓鏡智相應」。佛智圓明；宇宙萬有，衆生業果，悉於中現，所以喻之以大圓鏡。

阿賴耶名，過失重故，最初捨故，此中偏說。異熟識體，菩薩將得菩提時捨。聲聞獨覺，入無餘依涅槃時捨。無垢識體，無有捨時，利樂有情，無盡時故。心等通故，隨義應說。

阿賴耶這個藏識的名字，過失太重，最初在三乘無學的阿羅漢位，就把他捨棄了；因此，頌中偏說：阿羅漢位唯捨此識。異熟識體，菩薩要到將得菩提的金剛心時，纔能捨棄，所謂：「金剛心生，異熟識滅」；聲聞獨覺要到入無餘依湼槃時捨。唯有無垢識體，則永無捨時，因爲利樂有情的行願，是沒有窮盡的啊。

至於前面所說的：心、阿陀那、所知依、種子識，那是通於一切凡聖的。因爲這第八識的七種異名：有通一切凡聖；有三乘分位而捨；所以應各隨其義而予以說明。

甲二　總明本識

然第八識、總有二位：一有漏位，無記性攝；唯與觸等，五法相應，但緣前說，執受處境。二無漏位，唯善性攝。與二十一心所相應。謂徧行五、別境五、善十一，

與一切心恒相應故。常樂證知所觀境故。於所觀境，恒印持故。於曾受境，恒明記故。世尊無有不定心故。於一切法，常決擇故。極淨信等常相應故。無染污故。無散動故。此亦唯與捨受相應。任運恒時平等轉故。以一切法爲所緣境，鏡智徧緣一切法故。

上來雖以十門義別解本識，然而這第八識，以三乘而論，總略不過二位，現在把他列舉如左：

一、有漏位：就是菩薩十地，及二乘無學以前諸位。這有漏位的第八識，他們是無記性的異熟所攝。唯與觸、作意、受、想、思這五法相應，但緣前面「行相」及「所緣」門裏，曾經說過那執受處的根身、種子、器界三種境界。

二、無漏位：就是功果圓滿的如來地。這無漏位的第八識，異熟已空，唯是善性所攝。與徧行五、別境五、善十一，這二十一個心所，俱都相應。怎樣與觸等徧行心所相應？因爲觸等五法，與一切心，都是恒時相應的，當然無漏心也不例外。怎樣與欲等別境心所相應？因爲佛常樂證知所觀的境相，就是「欲」；於所觀境印持無疑，就是「勝解」；於曾習境明記不忘，就是「念」；沒有不定的散心，就是「定」；於一切法，常以智慧抉擇，就是慧。因此，也與別境五法相應。怎樣與十一個善心所，也是相應呢？因爲如來至極清淨，所以與信等十一個善法，也是相應的。

何以不和煩惱心所相應呢？因爲佛無染汚，所以不和貪等的根本煩惱六，隨煩惱二十，這些染法相應。何以不和不定心所相應呢？因爲如來身語，任運湛寂，性非散動，所以不和「惡作」等的四法相應。

這無漏位，也如本識因地一樣，唯與苦樂俱非的捨受相應。因爲佛智，是任運恒時，不變不動，不作分別的平等轉故，所以是非苦非樂。至於緣境，則是十八界、有漏、無漏，無所不緣。因爲大圓鏡智，是徧緣一切法的啊。第三節解本識竟。

第四節　證有本識

甲一　總擧教理

云何應知此第八識，離眼等識有別自體？聖教正理，爲定量故。

上來以十門義，解本識竟。此下是引五教十理，來證有本識。外人問：你們唯識家，怎樣知道這第八識，離了眼等六識，別有一個自體呢？論主答：這不是世間的現量境，而要以聖言的教典，及比知的正理二量，來作決定性的權衡；是以知之。

甲二　別引教證

謂有大乘阿毘達摩契經中說：『無始時來界，一切法等依；由此有諸趣，及涅槃證得』。此第八識，自性微細，故以作用而顯示之。頌中初半，顯第八識為因緣用。後半，顯與流轉還滅作依持用。界是因義，即種子識；無始時來，展轉相續，親生諸法，故名為因。依是緣義，即執持識；無始時來，與一切法，等為依止，故名為緣。

這是所引五教的第一教。有一部叫大乘阿毘達摩經，他裏面有四句頌這樣說：從無始時來，有情第八識裏的有、無漏種，便為一切染淨現行法所依止。因此，纔有流轉五趣染法的凡夫，及證得涅槃淨法的聖人。

論識必當顯體，不應約義。但這第八識的體性，細微難顯，所以只好以他的作用，來顯示他的體性了。這四句頌的前二句，是顯示第八識能給現法作因緣用；後二句，是顯示與流轉生死，及還滅涅槃作依持用。

第一句頌「無始時來界」，這個「界」字的意義，就是「因」；也就是「種子識」。他無始時來，種生現；現熏種，就這樣展轉相續，刹那不斷的生起了一切現行果法；所以名之爲「因」。第二句頌「一切法等依」，這個「依」字的意義，就是「緣」；也就是「執持識」。他無始時來，就爲一切現行法所依止；所以名之爲「緣」。

謂能執持，諸種子故。與現行法爲所依故，卽變爲彼，及爲彼依。變爲彼者，謂變爲器，及有根身。爲彼依者，謂與轉識作所依止。以能執受五色根故，眼等五識，依之而轉。又與末那爲依止故，第六意識依之而轉。末那意識轉識攝故；如眼等識，依俱有根。第八理應是識性故；亦以第七爲俱有依。是謂此識爲因緣用。

什麼叫做因緣用？就是說：第八識能執持種子，爲一切現行法所依止；因此，「卽變爲彼，及爲彼依」。「變爲彼」的意義，就是由種子識，變現爲器世間，及有根身。「爲彼依」的意義，就是第八識，給七轉識作爲依止。怎樣給轉識作依止？因爲第八識能執受眼、耳、鼻、舌、身這五種色根之故；所以眼等五識，纔得依這五種色根而轉起。又因爲能給第七末那作依止故；所以第六意識，纔得依這末那爲心根而轉起。這第七末那，及第六意識，因爲是屬於轉識之故；所以也同眼等五識一樣的依俱有根。第八識旣是識的體性，按道理，也應當以第七末那爲俱有依。（諸識轉生的同時，必有不可或缺的根，爲所依託；就叫做俱有依）。這就是所謂第八識的「因緣用」。

由此有者，由有此識；有諸趣者，有善惡趣。謂由有此第八識故，執持一切順流轉法，令諸有情，流轉生死。雖惑業生皆是流轉；而趣是果，勝故偏說。或諸趣言，通能所趣；諸趣資具，亦得趣名。諸惑業生，皆依此識，是與流轉，作依持用。

這是解釋第三句頌「由此有諸趣」。「有」字貫通上下句：「由此有」，就是由於有此現法所依的第八識。「有諸趣」，就是有三界人、天的二善趣，及獄、鬼、畜的三惡趣。就是說：因爲有此第八識的原故；所以纔能執持一切「順流轉」的染法種子，來起有漏現行；令一切有情，都流轉於五趣生死。

雖依惑造業，由業引生集苦的一切有漏，都叫做流轉；然而，五趣是生死苦果，在流轉道中，最爲殊勝，所以纔偏說諸趣爲流轉。或者，諸趣這個名字，是通稱能趣的惑業，和所趣的苦果，連這諸趣所須的資具——器世間，也得隨着所趣而名之爲趣。

一切惑、業、生的有漏所攝法，都是依托這第八識，纔得成就。所以說，第八識是與流轉法作依持用。

及涅槃證得者，由有此識故，有涅槃證得。謂由有此第八識故，執持一切順還滅法，令修行者，證得涅槃。此中但說能證得道，涅槃不依此識有故。或此但說所證涅槃，是修行者正所求故。或此雙說，涅槃與道，俱是還滅品類攝故。謂涅槃言，顯

所證滅。後證得言，顯能得道。由能斷道，斷所斷惑，究竟盡位，證得涅槃。能所證斷，皆依此識，是與還滅作依持用。

這是解釋第四句頌「及涅槃證得」。由有此識的原故，所以纔有涅槃證得。就是說：因爲有這第八識的原故，所以纔能執持着一切「順還滅」的淨法種子，來起無漏現行；令修道諦的行人，能够證得滅諦——涅槃。以下還有三家不同的解釋：

第一家說：這裏所說，不過是能證的道諦，而不是所證的涅槃。因爲淸淨寂滅的涅槃法，不是親依這第八識而有的啊。

第二家說：這裏所說，不過是所證的涅槃，而不是能證的道諦。因爲涅槃是修行人正所欲求的覺果啊。

第三家說：這裏是雙說涅槃和道諦。因爲，不但道是還，涅槃是滅；而且道和涅槃，都可以說之爲還、爲滅，他們都是屬於還滅品類的啊。要知道這一句頌裏，前面的「涅槃」二字，是顯示所證的滅諦；後面的「證得」二字，是顯示能證的道諦。以這能斷的道諦，去斷那所斷的惑業，到了究竟斷盡的地位，便證得了所證的滅諦——涅槃。

總之：無論能斷的道、所斷的惑、能證的道、所證的滅，都得依托這第八識纔行。所以第八識，是給還滅法作依持用。

又此頌中，初句顯示此識自性無始恒有。後三顯與雜染清淨二法總別，爲所依止。雜染法者：謂苦集諦，卽所能趣，生及業惑。清淨法者：謂滅道諦，卽所能證，涅槃及道。彼二皆依此識而有。依轉識等，理不成故。或復初句，顯此識體無始相續。後三顯與三種自性爲所依止。謂依他起，徧計所執，圓成實性。如次應知。今此頌中，諸所說義，離第八識，皆不得有。

這四句頌，除了上面所作的解釋外，還有兩種解釋，玆列舉如左：

一、這四句頌裏的前一句「無始時來界」，是顯示這第八識體，是無始恒有。後三句，是顯示這第八識，給雜染、清淨二法，作總別的依止：第二句「一切法等依」，就是顯示爲染淨二法的總所依止；第三句「由此有諸趣」，就是顯示爲染法的別所依止；第四句頌「及涅槃證得」，就是顯示爲淨法的別所依止。雜染法：就是苦、集二諦；也就是所趣的生死，及能趣的惑業。清淨法：就是滅、道二諦；也就是所證的涅槃，及能證的道諦。這雜染和清淨二法，都是依第八識而有的；若說是依七轉識，那道理，是不能成立的。

二、這四句頌的前一句，是顯示這第八識體，無始時來相續無間。後三句，是顯示這第八識與三種自性爲所依止：(一) 依他起自性，就是第二句「一切法等依」。因爲現行的有、無漏法，都是依種子因緣而起的。(二) 徧計所執自性，就是第三句「由此有諸趣」。因爲諸趣都是由徧計所執的我、法而有的。㈢圓成實自性，就是第四句「及涅槃證得」。因爲無漏淨法，就是圓成實性啊。所以說：「後三顯與三種自性爲所依止，如次應知」。

總之：這頌中所說的許多意義，離開了第八識，就一無所有了。

卽彼經中復作是說：『由攝藏諸法，一切種子識；故名阿賴耶，勝者我開示』。由此本識具諸種子，故能攝藏諸雜染法，依斯建立阿賴耶名，非如勝性轉爲大等。種子與果，體非一故；能依所依，俱生滅故。與雜染法，互相攝藏。亦爲有情執藏爲我，故說此識名阿賴耶。已入見道諸菩薩衆，得眞現觀，名爲勝者。彼能證解阿賴耶識，故我世尊正爲開示。或諸菩薩皆名勝者。雖見道前，未能證解阿賴耶識，而能信解，求彼轉依，故亦爲說。非諸轉識，有如是義。

這是所引的第二教。就在這阿毘達摩經裏，還有四句頌，這樣說：由於第八識裏，有能攝藏諸法的一切種子，所以名叫阿賴耶；除非是勝者——菩薩，佛纔給他們開導和指示。

因爲這第八根本識裏，具有一切法的種子之故，所以能够攝持所含藏的雜染諸法；就依此意義，來建立阿賴耶名。這並非如數論外道，執有常一之體的勝性——冥諦，轉變爲「大一等二十三法，而爲神我所受用的二十五諦一樣（參閱第二篇第三章第三節裏的別破外道）。因爲本識種子，與現行果法，非一非異；能依的諸法，與所依的識體，都是生滅非常，所以不同彼「數論」所說。

「與雜染法，互相攝藏」，就是能藏與所藏。「亦爲有情執藏爲我」，就是我愛執藏因爲有這：能藏、所藏、執藏三義，所以說這第八識，名叫阿賴耶。

已入初地見道的菩薩，得到了由二空所顯的眞理現觀，名爲勝者。因爲他們能夠證知悟解了阿賴耶識，不起分別我執，所以世尊，纔給他們正式開示，使達究竟後地。或者，不問地上地前，卽令是住、行、向的三十心，及加行位的菩薩，都叫做勝者。他們雖在見道以前，尚未證解阿賴耶識；然而，却對阿賴耶識，有了不疑的信解，希望轉所依的二障種子爲無漏眞智，而得湼槃妙果；所以世尊也一樣的給他們說阿賴耶。

以上所說：具諸種子、攝藏諸法，除却第八阿賴耶識外，並非七轉識有如是義。

解深密經亦作是說：『阿陀那識甚深細，一切種子如瀑流；我於凡愚不開演，恐彼分別執爲我』。以能執持諸法種子，及能執受色根依處；亦能執取結生相續；故說此識名阿陀那。無性有情不能窮底，故說甚深；趣寂種性不能通達，故名甚細。是一切法眞實種子，緣擊便生轉識波浪，恒無間斷，猶如瀑流。凡卽無性，愚卽趣寂；恐彼於此起分別執，墮諸惡趣，障生聖道；故我世尊不爲開演。唯第八識，有如是相。

這是所引的第三教。解深密經裏，也有四句頌，這樣說：阿陀那，是第八識的另一異名，其相甚深，又甚微細；他裏面的一切種子，刹那生滅，猶如瀑流一般的迅速；佛對凡夫、二乘，向不輕易開演這阿陀那識，恐怕他們分別執着爲自內之我。

爲什麼第八識的名字，叫做阿陀那？因爲他具有以下三義：（一）能執持有、無漏法的一切種子，令不失壞。（二）能執受色根，及根所依處——身，令生覺受。（三）能執取「中有」去投胎結生，令本、中、後三有，生死相續。所以第八識的名字，叫做阿陀那。

爲什麼說「阿陀那識甚深細」？五性中的無性有情——凡夫，他們沒有三乘無漏種子，不能窮究阿陀那識的本源底蘊，所以說是「甚深」。趣寂種性——愚法二乘，他們雖有無漏種子，而趣向於灰心滅智的空寂愚法，不能通達實證的阿陀那識，所以說是「甚細」。

阿陀那識，是一切法的眞實種子，一遇到外緣的擊發，便會生起七轉識的現行波浪，生滅相續，恒無間斷；其勢之洶猛，有如太白所謂『黃河之水天上來』，那樣的瀑流一般！

凡，就是無性的凡夫。愚，就是趣寂的二乘。恐怕他們這兩種人，於此阿陀那識，起分別我、法二執：凡則因分別我執，起惑造業，墮諸惡趣；愚則因分別法執，障生聖道，所以我佛世尊，不給他們這兩種人開演此識。

以上把阿陀那的一切種子，喻如瀑流，唯第八識有如是相，餘識都無。

入楞伽經，亦作是說：『如海遇風緣，起種種波浪；現前作用轉，無有間斷時。藏識海亦然，境等風所擊；恒起諸識浪，現前作用轉』。眼等諸識，無如大海恒相續轉，起諸識浪。故知別有第八識性。此等無量大乘經中，皆別說有此第八識。

這是所引的第四教。入楞伽經裏，也這樣說：譬如大海裏面的水，一遇到風力鼓蕩的外緣，便興起了激湍奔騰的種種波浪。這海水藉着風緣所起的現前作用，相續而轉，無間斷時。能藏、所藏、執藏的阿賴耶識，也和大海裏面的水一樣，一遇到所緣相分境風的擊發，便不斷興起了七識波浪的現行作用。間斷的眼等轉識，沒有一個像大海那樣：「恒相續轉，起諸識浪」的作用。因此，我們知道，除眼等識外，別有一個第八識的體性。還有像這樣無量的大乘經中，都說除轉識外，別有此第八阿賴耶識。

丙二　證成至教

諸大乘經，皆順無我，違數取趣；棄背流轉，趣向還滅；讚佛法僧，毀諸外道；表蘊等法，遮勝性等；樂大乘者，許能顯示，無顛倒理，契經攝故。如增一等，至教量攝。

上來雖引大乘三經，證有本識；然而，外人壓根兒就不相信大乘是佛所說的眞實至教；旣非佛說，奚足爲證？所以這向下是先立一「三支比量」，次引莊嚴論，來辨證大乘眞是佛說。今先立比量：

一、宗——諸大乘經至教量攝

二、因——皆順無我，違諸取趣故
棄背流轉，趣向還滅故
讚佛法僧，毀諸外道故
表蘊等法，遮勝性等故
樂大乘者，許能顯示，無顚倒理，契經攝故。

三、喻——如增一等。

這量中的意思是說：諸大乘經，都是佛所說的眞實至教。有五種原因可以證明：（一）大乘，也都是順着人無我的空義，違反數取趣——有情的我執；這與小乘的我空，有何區別？（二）背棄那流轉生死的苦集，趣向於還滅的涅槃；這也無異於小乘的四諦。（三）讚歎佛法僧三寶自他二利的功德，毀斥一切外道的邪說邪行；這與小乘的破邪顯正，也是一鼻孔出氣。（四）表顯五蘊、十二處、十八界的緣起法，以遮別數論者的二十五諦，及勝論者的六句義；這分明與小乘的緣生無我，如出一轍。（五）喜歡大乘的人，自許大乘能夠顯示正知正見的無顛倒理，是契經所攝。也如小乘：增一阿含、雜阿含、中阿含、長阿含這四種至教，一樣的都是佛說。

又聖慈氏，以七種因，證大乘經，眞是佛說：一先不記故：若大乘經，佛滅度後，有餘爲壞，正法故說，何故世尊，非如當起諸可怖事，先預記別？二本俱行故：大小乘教，本來俱行，寧知大乘獨非佛說？三非餘境故：大乘所說，廣大甚深，非外道等，思量境界，彼經論中，曾所未說；設爲彼說，亦不信受；故大乘經非非佛說。四應極成故：若謂大乘是餘佛說，非今佛語；則大乘教，是佛所說，其理極成。五有無有故：若有大乘，卽應信此諸大乘教，是佛所說，離此大乘不可得故；若無大乘，聲聞乘教，亦應非有。以離大乘，決定無有得成佛義，誰出於世，說聲聞乘，故聲聞乘，是佛所說，非大乘教，不應正理。六能對治故：依大乘經，勤修行者，皆能引得無分別智，能正對治一切煩惱，故應信此是佛所說。七義異文故：大乘所說義趣甚深，不可隨文而取其義，便生誹謗，謂非佛說。是故大乘眞是佛說。如莊嚴論頌此義言：『先不記俱行，非餘所行境；極成有無有，對治異文故』。

爲辨證大乘眞是佛說，上來已立三支比量爲辨；今復更引莊嚴論證。慈氏——彌勒菩薩，在其所造的莊嚴論中，曾以七種理由，證實大乘眞是佛說。玆依次列舉如下：

一、先不記故：怎樣叫做先不記？假使大乘，是佛滅度後，有人爲破壞正法，假託佛說所僞造的話；那麼，佛在未滅度前，爲什麼不像正法滅經所說：『瞻波羅國城邑，有諸比丘滅我正法』等可怖之事，一樣向弟子們預先記別的說：我滅度後，有人僞造大乘，破壞正法呢？佛既沒有預爲記別；可知大乘的的確確是佛說無疑。

二、本俱行故：怎樣叫做本俱行？大小乘教，本來猶人之二足，鳥之兩翼，一時俱行；既是一時俱行，當然都是佛說；不可能是佛滅度後，壞正法者，方造大乘。怎知小乘是佛說，大乘獨非佛說呢？

三、非餘境故：怎樣叫做非餘境？大乘教理，廣大甚深，唯佛能說，亦唯對大機人纔說；決非欲壞正法的外道和小乘們的思量境界。因此，在他們的經論中，不曾說過大乘的教理；就是給他們說，他們也不能信解受持。所以大乘經並非不是佛說；不過如阿陀那頌中所謂：「我於凡愚不開演」罷了。

四、應極成故：怎樣叫做應極成？若謂大乘是其餘的古佛或他方佛說，而不是今佛的釋迦語。如此，則大乘是佛說的道理，已是大小乘教所共計的「至極成就」了。

五、有無有故：怎樣叫做有無有？若許有大乘教，就應當相信大乘眞是佛說。因爲離佛說外，別無能詮大乘妙理的教法之故。假使沒有大乘教，那聲聞乘教，也應當沒有！因爲離開了大乘，決定沒有修六度萬行的菩薩，得證佛果；試問：是誰出於世，說聲聞乘，教衆生斷煩惱了生死呢？難道說聲聞乘，也不是佛說的嗎？聲聞乘既是佛說，而獨以大乘爲非佛說，這如何能合正理？

六、能對治故：怎樣叫做能對治？依照大乘自度度他的六波羅蜜，勤去修行的人，都能引得體會眞如的無分別智，正堪對治貪瞋痴……等一切煩惱。所以應當相信這大乘教，是佛所說。

七、義異文故：怎樣叫做義異文？大乘所說意趣，至極深妙，往往義與文異，意在言外；不可隨文取義，執指爲月，便誹謗大乘非佛所說。因此義異文故，所以大乘眞是佛說。

以上所舉這七種理由，在莊嚴論的頌文裏，說得尤爲肯綮而扼要。如『先不記、俱行，非餘所行境，極成、有無有，對治、異文故』。

乙二　共許小乘

餘部經中亦密意說：阿賴耶識，有別自性。

爲證有本識，上來已引大乘三經分爲四教；今復更引小乘四經共爲一教，也就是所引教證的第五教。所以說：不但大乘，就是餘部的小乘經，也以深密的微意這樣說：離六轉識外，別有阿賴耶識的自體。這是總括，向下把所引四經來次第別說。

謂大衆部，阿笈摩中，密意說此名根本識。是眼識等所依止故。譬如樹根，是莖等本，非眼等識，有如是義。

在大衆部的阿笈摩——阿含經裏，有密意說：這第八識的名字，叫做「根本識」。因爲他是眼、耳、鼻、舌、身、意六識，所依止的原故。這第八識，譬如樹根一樣是莖幹枝葉花果的根本。並不是眼等六識，有這種根本的意義。

上座部經分別論者，俱密意說此名有分識。有謂三有；分是因義。惟此恒徧，爲三有因。

上座部經的分別論者，也密意說：這第八識的名字，叫做「有分識」。有，就是三有——欲、色、無色的三界生死。分，就是「因」的意義。前六識非恒非徧，所以不是「有分」，唯有這第八識，纔是恒常周徧於一切時處，而爲三界有情的生死之因。所以叫做「有分識」。

化地部說此名窮生死蘊，離第八識，無別蘊法，窮生死際，無間斷時。謂無色界，諸色間斷；無想天等，餘心等滅；不相應行，離色心等，無別自體，已極成故。唯此識名，窮生死蘊。

化地部也說：這第八識的名字，叫做窮生死蘊。「窮生死蘊」的意義就是：不間斷的流轉，直到金剛喻定爲止，窮盡於生死的邊際之謂。離第八識，再沒有別的蘊法，能夠窮生死際，無間斷時了。就是說：無色界的色法間斷了，色法不能窮生死際；無想天的六識心都伏滅了，六識心也不能窮生死際；不相應行法更不必說，他離了色心二法，連自體都沒有，又怎能窮生死際？這道理，是大小乘教所共許，並非大乘所獨裁。所以唯有這恒徧於三界九地，而爲生死之因的第八識，纔堪稱爲「窮生死蘊」哩。

說一切有部增一經中，亦密意說此名阿賴耶，謂愛阿賴耶、樂阿賴耶、欣阿賴耶、喜阿賴耶。謂阿賴耶識，是貪總別三世境故，立此四名。有情執爲眞自內我，乃至未斷，恒生愛著。故阿賴耶識，是眞愛著處，不應執餘五取蘊等。謂生一向苦受處者。於餘五取蘊不生愛著，被恒厭逆餘五取蘊，念我何時，當捨此命、此衆同分、此苦身心，令我自在受快樂故。五欲亦非眞愛著處。謂離欲者，於五妙欲，雖不貪著，而愛我故。樂受亦非眞愛著處。謂離第三靜慮染者，雖厭樂受，而愛我故。身見亦非眞愛著處。謂非無學，信無我者，雖於身見不生貪著，而於內我，猶生愛故。轉識等亦非眞愛著處。謂非無學，求滅心者，雖厭轉識等，而愛我故。色身亦非眞愛著處。離色染者，雖厭色身而愛我故。不相應行，離色心等，無別自體，是故

亦非眞愛著處。異生有學，起我愛時，雖於餘蘊，有愛非愛，而於此識我愛定生。故唯此是眞愛著處。由是彼說阿賴耶名，定唯顯此阿賴耶識。

說一切有部的增一阿含經，也密意說：這第八識的名字，叫做阿賴耶。更立：愛、樂、欣、喜四個阿賴耶名。這四個阿賴耶名，是依於貪著三世總別之境而立的：愛，是貪著三世的總句；樂、欣、喜，是貪著現在、過去、未來，如其次第的三世別境。因爲有情執著這阿賴耶識爲自內的眞我，直到金剛心後爲止，恒起不斷；所以有情的眞愛著處，是阿賴耶識，而不是其餘的五取蘊、五欲、樂受、身見、轉識、色身、不相應行這七種異執。怎樣知道這七種異執，不是有情的眞愛著處呢？其理由如下：

一、五取蘊，不是有情的愛著處。試看那一向生在三惡趣裏受苦的衆生，不是時常在厭離他們的五取蘊身嗎？總想：我什麼時候能夠捨棄了這一期的壽命；以及與有情同受苦樂之因的衆同分；和身心的苦果，使我得到自在解脫的快樂境界。這可見有情的愛著處，並不是五取蘊。

二、五欲，也不是有情的眞愛著處。因爲離了欲界的凡夫，及未斷我執的「不來果」，他們雖於一向認爲奇妙的五欲塵境，不起愛著；然而，對於「我」的愛著，依然如故。這可見有情的眞愛著處，也不是五欲。

三、樂受，是有情的眞愛著處嗎？不是！因爲離了第三靜慮——禪天的人，他們雖已到了捨念清淨的四禪天，沒有樂受之可言；然而，還有捨不得的我愛執藏——阿賴耶識，可見樂受也不是有情的眞愛著處。

四、身見，是不是有情的眞愛著處？也不是！因爲除了無學的阿羅漢，其餘的有學、凡夫，他們雖也於「無我」之理，能夠信解，不起身見；然而，還照樣的愛著他那自內之我的阿賴耶。所以身見也不是有情的眞愛著處。

五、轉識等，可是有情的眞愛著處吧？也不是！因爲除無學外，其餘求滅盡定，及無想定等的有學、凡夫，他們雖已厭棄了七轉識，及心所有法，而猶有第八阿賴耶識的我愛執藏。所以轉識等，也不是有情的眞愛著處。

六、色身，更不是有情的眞愛着處。因爲生到無色界的人，他們雖已厭離了有色染的根身，而猶於阿賴耶識的「我」甘之如飴。所以色身更不是有情的眞愛着處。

七、不相應行，不用說也不是有情的眞愛着處。因爲他離了色心等法，如泥菩薩過河，自身不保，怎能做有情的眞愛着處呢？

阿賴耶識，非到無學位不能究竟斷除，所以當異生、有學，他們起我愛時，雖於這五取蘊等的七種異執，或愛、或不愛，然而，於阿賴耶識的我愛，決無不生之理。所以，唯有這阿賴耶識，纔是有情的眞愛着處。因此，增一阿含所說那阿賴耶名，決定是爲顯示這眞愛着處的阿賴耶識而說的。

甲三　別引理證

乙一　有持種心

已引聖教，當顯正理。謂契經說：雜染清淨，諸法種子之所集起，故名爲心。若無此識，彼持種心不應有故。謂諸轉識，在滅定等，有間斷故。根、境、作意、善等類別，易脫起故，如電光等，不堅住故，非可熏習，不能持種，非染淨種，所集起心。此識一類，恒無間斷。如苣勝等，堅住可熏。契當彼經，所說心義。若不許有，能持種心，非但違經，亦違正理。謂諸所起染淨品法，無所熏故，不熏成種，則應所起唐捐其功。染淨起時，既無因種；應同外道，執自然生。

爲證有本識，上來已引五教，此下更引十理。這是所引的第一理。在佛經上說：有漏的雜染，和無漏的清淨，這一切法的種子，都聚集在一處而起現行，他的名字，就叫做「心」。倘若沒有這第八識，那持種的心就不應當有。

除第八識外，餘識都沒有種子集起的意義。因爲七轉識，到了滅盡定和無想定位，都被定力所伏斷，而不起現行了。至於前六識所依的六根；所緣的六境；以及作意的心所；和善、惡、無記三性；又都是類別各異，起不俱時，所以易於脫落，好像石火電光一樣，既不堅住，又怎能受熏持種？所以他們都不是那染淨種子所集起的「心」。

唯有這第八識，是一類無記性的捨受，始自念起，終至成佛，從來不曾間斷。好像能受香花熏習的苣勝。他的性既堅住，當然可以受熏持種，而契合了經上所說，由染淨種子所集起那「心」的意義。

倘若你不許可有能持種的第八識心，不但違背了經義，而且也違背正理。何以言之？所起能熏的染淨品法，既沒有所熏的對象，便不能熏成種子；既不能熏成種子，則其所起能熏的染淨功果——生死涅槃，豈不都虛棄而空無了嗎？如此，染淨起時，既無種子爲因，那就應當同無因外道的執着一樣——一切法都是自然而生。

色不相應，非心性故。如聲光等，理非染淨，內法所熏，豈能持種？又彼離識無實自性，寧可執爲內種依止？轉識相應，諸心所法，如識間斷，易脫起故，不自在故，非心性故，不能持種，亦不受熏。故持種心，理應別有。

色法和不相應行法，並非心體，好像音聲和電光一樣。按道理說，他們都是不可熏習的外法，而不是染淨的內法所熏，怎能執持種子呢？又彼色法和不相應行，他們離開了內識，本身便如兎角一樣，沒有實在的自性，怎麼可以執着他們是內法種子的依止處呢？

與轉識心王相應的心所有法，也和他們的心王一樣間斷易脫，而不是任運自在的心體；

所以不能持種，也不能受熏。因此，依理而論，應當除轉識，乃至與轉識相應的心所法外，別有一個第八識的持種心。

有說：六識無始時來，依根境等，前後分位，事雖轉變，而類無別。是所熏習，能持種子。由斯染淨因果皆成，何要執有第八識性。彼言無義。所以者何？執類是實，則同外道；許類是假，便無勝用，應不能持內法實種。又執識類，何性所攝？若是善惡，應不受熏；許有記故，猶如擇滅。若是無記，善惡心時，無無記心，此類應斷，非事善惡，類可無記。別類必同，別事性故。又無心位，此類定無，既有間斷，性非堅住，如何可執持種受熏？又阿羅漢，或異生心，識類同故，應爲諸染無漏法熏，許便有失。又眼等根，或所餘法，與眼等識，根法類同，應互相熏。然汝不許，故不應執識類受熏。又六識身，若事若類，前後二念，既不俱有，如隔念者，非互相熏，能熏所熏，必俱時故。執唯六識，俱時轉者，由前理趣，既非所熏，故彼亦無能持種義。

有小乘經部師這樣說：前六識，從無始以來，在依根、緣境、作意、三性，這些前後分位的事上，雖有轉變；而其識的一類，却並無差別。因此，既可受熏，又能持種，染淨法的因果，都可以成就，何必一定要執着有一個受熏持種的第八識呢？他這種說法，論主斥之爲無義，其理由如下有六：

一、你們所執着的識類，是實在呢，還是虛假？若執識類是實，那便同勝論外道，所執着的「同異句」是實有一樣。若許識類是假，那便沒有殊勝的功用，怎能來執持這內法的實有種子呢？

二、你們所執着的識類，在三性中是屬於那一性呢？若是屬於善性或惡性，那就應當不能受熏。不但善和惡，不能互爲能熏與所熏；而且也不能自類相容（參看第三節裏的辨熏習義）。因爲大家共許善惡是屬於有記之故。好像「擇滅無爲」的無漏善，他不能再受善染諸法的熏習了。若是屬於無記，起善惡心時，無記心便無，這個識類就應當間斷，如何能夠受熏？也不可執着事是善惡，類可無記。因爲分別事的識類，必定與他所分別的事，是同屬一性。

三、到了無想天、無想定、滅盡定、極睡眠、極悶絕的五無心位時，這識類決定沒有。像這樣既有間斷，而體性又不堅住的識類，如何可以執着他能持種受熏呢？

四、無論是阿羅漢，或是凡夫，他們的識類，假定如你們所說是沒有差別而能受熏的話；就應當阿羅漢也能受染法的熏習；凡夫也能受無漏法的熏習；阿羅漢也不叫阿羅漢；凡夫也不叫凡夫了。試問，你們許不許這樣？若許，便有無凡無聖，凡聖不分的重大過失！

五、眼等六根，是識所依的根類；色等六境，是識所變的法類。如此根法類同，就應當能够互相受熏；然而，你們不許。既不許根類和法類能够受熏，就不應當執着識類能受熏啊。

六、六識身的事類和識類，這前後二念，既然不是同時俱有，那就好像隔離很久的時間一樣，怎能互相受熏？要知道，能熏的事類；和所熏的識類，必須是同時俱有纔行。

不信有能受熏持種的第八識，唯一的執着有俱時而轉的前六識者，也由於上面破識類受熏的道理，予以例破。縱使六識俱時的說法能够成立；然而他既非所熏，當然也沒有能够持種的意義。

有執色心，自類無間，前爲後種，因果義立，故先所說，爲證不成。彼執非理，無熏習故。謂彼自類，既無熏習，如何可執前爲後種？又間斷者，應不更生，二乘無學，應無後蘊，死位色心，爲後種故。亦不應執，色心展轉，互爲種生。轉識色等，非所熏習，前已說故。

有人計執：色與色爲自類，心與心爲自類；前色生後色，前心生後心；就這樣自類無間的前爲後因，後爲前果，建立了因果的意義。因此，你們唯識家先前所說那別有一個第八識的證明，都不能成立。

論主斥彼計執爲非理。怎樣非理？無熏習故。就是說：種子，是由熏習而成的，彼所執的色心自類，既然前念中沒有熏習而成的後念種子，怎麼可以執着前爲後種呢？

假定前念色心，能爲後念種子的話；那麼，凡夫生在無色界的色，和無想天的心，他們這前念的色心，都久已間斷，後來再墮落下界，就應當不能更生色心了？還有一個理由：二乘無學——阿羅漢和辟支佛，他們也應當沒有斷盡煩惱的最後心；當然也不能入無餘涅槃不受後有。因爲你們說前念的死位色心能爲後因，後後應同前前故；他如何能斷盡煩惱，入無餘涅槃，不受後有？

也不可執着，色中有心的種子，後當生心；心中也有色的種子，後當生色；如是展轉互爲種生。當知，轉識間斷，色根非心，他們都不是所熏習的東西，如何能爲諸法種子？這在前面早已說之再再了。

有說三世諸法，皆有因果感赴，無不皆成，何勞執有能持種識？然經說心爲種子者，起染淨法勢用强故。彼說非理！過去未來，非常非現；如空華等，非實有故。又無作用，不可執爲因緣性故。若無能持染淨種識，一切因果皆不得成。

有人這樣說：過去、現在、未來的三世諸法，自有因能感果；果能赴因；因果感赴，無不皆成，何必徒勞執有持種的第八識體？然而，經上爲什麼說心爲種子呢？那是因爲染淨心法的勢用太强，勝過根境之故，所以但說唯心，並不是說心能持種啊。

論主斥彼所說，謂爲非理！怎樣非理？因爲過去法已滅；未來法未生；既非常無間斷；又非現量所得；好像空華兎角一樣的沒有實體。既無實體，當然也沒有感果的作用；怎樣可以執着他有種子的因緣性呢？因此，倘若沒有一個執持染淨法種的第八識體，那一切世、出世間的因果法，不是都不能成立了嗎？

有執大乘遣相空理爲究竟者，依似比量，撥無此識及一切法。彼特違害前所引經，知斷證修染淨因果，皆執非實，成大邪見。外道毀謗染淨因果，亦不謂全無，但執非實故。若一切法皆非實有，菩薩不應爲捨生死，精勤修集菩薩資糧。誰有智者，爲除幻敵，求石女兒用作軍旅？故應信有能持種心，依之建立染淨因果。彼心卽是此第八識。

大乘遣相，有、空俱遣，非有非空，非不究竟。然有不了非空，但執非有的空理爲究竟者；他們依據似是而非的比量，來撥斥沒有這第八識，及一切染淨因果等法，特地違背了我們前面所引證的經義。例如：知苦斷集的染法因果；證滅修道的淨法因果；他一概都執爲非實。這豈不是成爲外道的大邪見了嗎？因爲外道毀謗染淨因果，也並非說完全沒有染淨等法，不過執着染因不能感惡果；淨因不能感善果；染淨因果，都沒有實法而已。

假使一切法都非實有的話；那麼！菩薩就不應當爲捨生死，去精勤修集那菩提資糧。生死菩提既非實有，那個有智慧的人，肯爲除滅如幻如化的生死之敵，去徵募那石女所生的兒子，用作軍旅呢？

所以應當相信有一個能够執持種子的心，卽依此心來建立染淨因果。這個能爲染淨因果的持種心，就是第八識。

乙二　有異熟心

又契經說：有異熟心，善惡業感。若無此識，彼異熟心，不應有故。謂眼等識：有間斷故；非一切時是業果故；如電光等，非異熟心。異熟不應斷已更續。彼命根等，無斯事故。眼等六識業所感者，猶如聲等，非恒續故。是異熟生，非眞異熟。定應許有眞異熟心，酬牽引業，徧而無斷，變爲身器，作有情依；身器離心，理非有故。不相應法，無實體故。諸轉識等，非恒有故。若無此心，誰變身器？復以何法恒立有情？又在定中，或不在定；有別思慮，無思慮時，理有衆多身受生起。此若無者，不應後時身有怡適，或復勞損。若不恒有眞異熟心，彼位如何有此身受？非佛起餘善心等位，必應現起眞異熟心。如許起彼時，非佛有情故。由是恒有眞異熟心。彼心卽是此第八識。

這是所引的第二理證。契經上說：有一種名叫異熟心，他是由前世所造的善惡業因，感得第八識的異熟總報果。假使沒有這第八識，那異熟心也不應當有。

除第八識外，餘法都沒有做異熟報果的條件。因爲眼等六識，有時間斷，並非一切時都在那兒做業果。好像閃爍不定的電光一樣，所以他不是異熟心。若是異熟心，就不應當斷了又續，因彼宗自許命根和五根等的異熟，是相續不斷，斷卽不續，並沒有斷了又續的那回事。所以知道間斷的前六識，不是異熟心。

前六識裏，業所感的別報果，好像聲風一樣的斷斷續續，而不是恒相續。所以只能說他是異熟生，而不是眞異熟。因此，我們決定讚成有一個眞異熟心，他能夠酬牽業因，引生報果（參看第二篇第四章第二節）。普偏於三界九地、五趣、四生，不間斷的變現爲根身器界，作爲有情的依止。這根身器界，假定離開了異熟心，按果不離因的道理來說，就應當沒有。

不相應行法，沒有實體；六轉識，又非恒有。假定沒有這異熟心，試問：誰變根身器界，又憑什麼恒立有情？

又如禪師坐禪：或在定中，沒有思慮；或心不定，仍有思慮。理應有很多感覺不同的身受生起。此身受若無，就不應當到出定後，覺得身體有禪悅的怡適，或禪病的勞損。設若沒有恒偏的眞異熟心，在定中領納，他如何會有這身受的感覺。

除佛以外，餘如：菩薩、二乘、異生，所起的善、惡、無記的三性心位，必定現起了眞異熟心。因爲這九法界的衆生，都不是佛所示現的有情啊。由於這以上所說的道理之故，所以有情必定恒有一個眞異熟心。這個眞異熟心，就是第八識。

乙三　有趣生體

又契經說：有情流轉五趣四生。若無此識，彼趣生體不應有故。謂要有實有、恒、徧、無雜，彼法可立正實趣生。非異熟法，趣生雜亂。住此起餘，趣生法故。諸異熟色，及五識中業所感者，不徧趣生，無色界中全無彼故。諸生得善及意識中業所感者，雖徧趣生，起無雜亂而不恒有。不相應行，無實自體，皆不可立正實趣生。唯異熟心，及彼心所，實恒徧無雜，是正實趣生。此心若無，生無色界，起善等位，應非趣生。設許趣生攝諸有漏，生無色界，起無漏心，應非趣生。便違正理，勿有前過，及有此失，故異熟法，是正實趣生。由是如來非趣生攝。佛無異熟無記法故，亦非界攝。非有漏故。世尊已捨苦集諦故。諸戲論種已永斷故。正實趣生，既唯異熟心及心所，彼心心所，離第八識，理不得成。故知別有此第八識。

這是所引的第三理證。還有契經上說：五趣是：天、人、畜生、餓鬼、地獄。四生是：

卵、胎、濕、化。流轉在五趣四生裏的有情，他們倘若沒有這第八眞異熟識，那趣生的實體就不應當有。就是說：必須具備了實有、恒常、周徧、不雜這異熟識的四種意義，那正實的趣生法纔可以建立。否則，便有如下不具四義的過失。

一、假使不是眞異熟法，那五趣四生的體，便會雜亂。例如：住在天趣的有情，而起其餘人畜等趣的果法；住在卵生的有情，而起其餘胎濕等生的果法。這五趣四生的體，不是就雜亂得不成其爲趣生了嗎？

二、諸異熟色，卽五根五境除聲九處。五識中業所感者，卽異熟所生的苦、樂、捨三受。他們都不是週徧於五趣四生之法。天趣化生的無色界裏，全都沒有他們。

三、由前世修行，感得今世與生俱生的一切善法，及第六意識裏業因所感的別報果，他們雖能週徧於五趣四生，起無雜亂，而不恒有。一到滅盡定等的五無心位，都又間斷了。

四、不相應行法，不與色心相應，無實自體，都不可以建立爲正實趣生的總報果。

以上所說，不具四義等法，既然都不夠做正實趣生的資格，那就唯有眞異熟心，及其心所，具備了實有、恒常、週徧、無雜這四種意義，是正實趣生了。倘若沒有這眞異熟的無記心，那生到無色界的有情，起善心位，就應當沒有趣生的總報體。若說無色界的有情，他們所起的善法，是屬於趣生所攝的三界有漏，應有報體的話；那麼！二乘聖者的阿那含，生「非想處」，起「無所有處」的無漏善法，就應當不是趣生啊。假定眞的如此，便違背了三界有情無一不是趣生的正理。要想沒有前面所說那不具四義，以及最後這違背正理的雙重過失；那就非以眞異熟識爲正實趣生不可。

因此，如來不屬於趣生所攝；因爲無垢至善的佛位，沒有異熟的無記法故。也不是屬於「界」攝，因爲有漏法的意義是「界」，佛不是有漏法故。怎樣不是有漏法？世尊已捨苦、集二諦；一切有漏的戲論種子，都已永遠的斷除了。

既然唯有異熟心，及其心所，是正實趣生，那這異熟的心心所法，離開了根本的第八識，就沒有任何理由可以成立。所以我們知道，除六識外，別有這個第八識。

乙四　有能執受

又契經說：有色根身，是有執受；若無此識，彼能執受，不應有故。謂五色根，及彼依處，唯現在世是有執受。彼定由有能執受心。唯異熟心，先業所引；非善染等；一類能偏，相續執受，有色根身。眼等轉識，無如是義。此言意顯眼等轉識，皆無一類，能偏相續，執受自內有色根身。非顯能執受唯異熟心。勿諸佛色身無執受故。然能執受有漏色身，唯異熟心，故作是說。謂諸轉識，現緣起故，如聲風等。彼善染等，非業引故，如非擇滅。異熟生者，非異熟非；非偏依故；不相續故；如電光等，不能執受有漏色身。諸心識言，亦攝心所；定相應故，如唯識言。非諸色

根，不相應行，可能執受，有色根身；無所緣故，如虛空等。故應別有能執受心。彼心卽是此第八識。

這是所引的第四理證。又契經上說，有色根身之所以能夠存在者，就是因爲他有一個能執受的東西——第八識。若無此識，那能執受的東西就不應當有。就是說：眼等五根，及根所依處——身，他們過去已滅；未來尚無，唯現在世，才有執持和領受的感覺。這證明了他們一定有一個能執受的心。

唯有第八異熟識，纔是能執受的心。因爲他具有如下三義：（一）他是由前世業因，所引生的總報體。（二）他不是善，也不是惡，而是一類非善非惡的無記性。（三）在一期生死中，他不是執此不執彼，有時執，有時不執，而是普偏的相續不斷，執受着有色根身。除第八識外，其餘的眼等轉識，都沒有這三種執受的意義。

以上所說的意思，是顯示除第八異熟心外，其餘的六轉識都沒有一類普偏相續的意義，能執受自內的有色根身。並不是顯示唯異熟心纔能執受；連諸佛的無漏色身，也沒有能執受的無垢識阿。然而，要執受有漏色身，那就非異熟心不可了。因此，纔作以上的這種說法。

此下是立五個比量，以破異執。

第一個比量，是總破六識：一、宗——六轉識，不能執受有漏色身。二、因——因爲他們是現緣所起的現行之故。三、喻——好像風聲一樣，沒有任何執受的條件。

第二個比量，是別破異性：一、宗——彼轉識裏的善惡性，都不能執受有漏色身。二、因——因爲他們不是先世業因所引的總報體。三、喻——好像「擇滅無爲」的無漏善一樣，不能執受有漏。

第三個比量，是破異熟生：一、宗——六轉識裏的異熟心，不能執受有漏色身。二、因——有三種原因：(1)他不是第八識的眞異熟，(2)他不是「徧依」，而是各別依轉。例如：眼識只能依眼根而轉起，不能徧依耳等餘根。(3)他不是「相續」，而是有間斷的，有時執，有時不執。三、喻——好像電光一樣閃爍不定。

第四個比量，是例破心所：一、宗——前面所說的異熟心，及六轉識，也含攝着他們的心所在內，例亦不能執受。二、因——因爲心王和心所，有主從的關係，他們一定相應。三、喻——如說「唯識」一樣，也連帶着心所說在裏面。

第五個比量，是破多色執受：一、宗——五色根，及不相應行，都不能執受有漏色身。二、因——因爲色根，和不相應行法的命根、同分；他們都離心無體，既不能緣，當然也無所緣緣。三、喻——好像虛空一樣。

以上所說的六轉識，乃至不相應行，既然都不能執受，那就應當別有一個能執受的心。這個心，就是第八識。

又契經說：壽、煖、識三，更互依持，得相續住。若無此識，能持壽煖，令久住識，不應有故。謂諸轉識，有間有轉，如聲風等，無恒持用，不可立爲持壽煖識。唯異熟識，無間無轉，猶如煖壽，有恒持用，故可立爲持壽煖識。經說三法更互依持。而壽與煖一類相續，唯識不然，豈符正理？雖說三法更互依持，而許唯煖不偏三界。何不許識獨有間轉？此與前理非爲過難。謂若是處，具有三法，無間轉者，可恒相持。不爾，便無恒相持用。前以此理，顯三法中所說識言，非詮轉識，擧煖不偏，豈壞前理？故前所說，其理極成。又三法中，壽煖二種，旣唯有漏，故知彼識，如壽與煖，定非無漏。生無色界，起無漏心，爾時何識能持彼壽？由此故知有異熟識，一類恒偏，能持壽煖，彼識卽是此第八識。

這是所引的第五理證。契經上說：欲色界的有情，有其所持的壽命和煖氣；也有其能持的異熟識，這壽、煖、識三法，恰如三足鼎立，闕一不可，這樣更互依持，才得以相續而住。倘若沒有這異熟識；那能持壽煖，使之久住於世的識，是那個呢？怎見得除了異熟識，餘識都沒有執持壽煖的功用呢？因爲六轉識，在五無心位，是有間斷的；在善惡無記三性，是有轉變的；好像聲風一樣，沒有恒久執持的功用；所以不可立他爲能持壽煖的識。唯有第八異熟識，沒有間斷和轉變的缺點，好像從生到死的一期壽煖一樣，有恒久執持的功用。因此，可以立他爲能持壽煖的識。

論主難外人說：經上說，壽命、煖氣、異熟識，這三法是更互依持，機會均等。倘若執着壽煖二法是一類相續，唯識不然；那怎能符合經上所說的正理？

外人反問：經上雖說壽煖識三法，更互依持。然而也許唯有「煖」法不徧三界（無色界無）。何以不許「識」法獨有簡斷呢？

論主答：你這話，對我前面所說那三法互依的道理，並不能構成對過失的妨難。因爲經上所謂的三法互依，那是說在欲色界裏，同時俱有這壽煖識三法，而沒有間斷和轉易的，才可以恒相依持。否則，若有間轉，像六轉識那樣，便沒有恒相依持的功用。並不是說，連無色界裏也有煖法啊。而且我前面以恒相持用的道理，所顯示那壽煖識三法中的「識」，是指一類相續的第八識而言；並不是詮解那有間斷的六轉識。汝今舉煖法不徧三界爲例，怎能破壞我前面所說的道理？因此，我前面所說的道理，是極可成立的。

又，三法互依的壽煖二法，既唯有漏，所以知道彼三法中的識，也和壽煖一樣的不是無漏。那麼，生到無色界的人，起無漏心，那時雖無色煖，尚有壽命；試問：是什麼識在執持他這壽命呢？你不能說是間斷的六轉識，或無漏心吧！因此，所以知道有一種一類無記，相續恒有、體徧三界的異熟識，能持壽煖。這異熟識，就是第八識。

乙六　有生死心

又契經說：諸有情類，受生命終，必住散心，非無定心。若無此識，生死時心，不應有故。謂生死時，身心惛昧，如睡無夢，極悶絕時，明了轉識，必不現起。又此位中，六種轉識，行相所緣不可知故。如無心位，必不現行。六種轉識，行相所緣，有必可知，如餘時故。眞異熟識，極微細故，行相所緣俱不可了。是引業果，一期相續，恒無轉變，是散有心。名生死心不違正理。

這向下是所引的第六理證。契經上說：諸有情類，在投胎受生，及報盡命終之時，必然住於散心，而不是住於無心和定心。就是無、定心位，也不過沒有六轉識罷了；並不是沒有第八識。倘若沒有這第八識，那生死時的心，就不應當有。就是說：有情在生死時的五識身，及第六意識，都已惛沉悶闇；好像五無心位中的熟睡、悶絕一樣。這時分別明了的六轉識，必定不能現起。

又、這生死位中，六轉識的行相——見分，與所緣——相分，都已失掉了知覺；好像無心位一樣，必定不能現行。反過來說，假定生、死位中，有六轉識的話；那他的行相與所緣，就應當像平時一樣的可以了知。

第八眞異熟識的自體，極其微細，所以他的行相與所緣，俱不可知。他是由前世業因所引生的總報果，在一期生死中，他是相續不斷的；恒無轉變的；是散心位，而不是定；是有心位，而不是無心。以這樣的第八眞異熟識，名爲「生死心」，決定不會違背正理。

有說五識，此位定無。意識取境，或因五識，或因他教，或定爲因。生位諸因，既不可得；故受生位，意識亦無。若爾，有情生無色界，後時意識應永不生，定心必由散意識引。五識他教，彼界必無，引定散心無由起故。若謂彼定由串習力，後時率爾能現在前；彼初生時，寧不現起？又欲色界，初受生時，串習意識亦應現起。若由惛昧，初未現前，此卽前因，何勞別說。有餘部執生死等位，別有一類微細意識，行相所緣俱不可了。應知卽是此第八識。極成意識，不如是故。

有一派大乘異師。他說：五轉識，在生死位中，決定沒有。這是大小乘教所共許，料無諍論。唯第六意識，尙須分別。怎樣分別？意識取境，有三種因：1或因五識緣塵，隨取影像。2或因他人說教，別取知解。3或因禪定，取殊勝境。受生位中，旣然沒有這三種能起意識的因，當然也沒有所起的第六意識。至於死位，那是共許以惛昧爲因的，就不必說了。這可見生死位中，並不是因爲有第八識的原故，纔沒有六轉識。

論主破他說：若照你這樣說法，那有情生到無色界時的意識，就永遠不能生起了。然而，無色界的定心，必須由散心意識所引生。能生意識的「五識」和「他教」二因，無色界裏又沒有他們。如此，則能夠引定的散心意識，尚無從生起，試問，那定心又怎樣引生？恐怕還是離不了第八識吧！

若彼異師又復救言：無色界裏，雖無能生散意的二因；然而他們的定心，却是由於在下界時，散意引定的慣習之力，到無色界的後時，隨能現前，這有什麼不對呢？

論主反難：照你說，定心既因下界慣習之力而起，何不起於初生刹那，而待後時呢？還有，欲色界的有情，初受生時，其前世串習的第六意識也應當現前。何以不呢？若說：無色界的定心，及下界的散心，所以在初生刹那不能現起者，那是因爲有情初生時的惛昧之故。對了！這就是前面所說那生死位中，六識不起的原因，何勞妄生枝節，別說什麼三因、串習呢？

小乘上座部師，執着意識有兩類：除一類粗意識外，別有一類微細意識，在生死位中，他的行相和所緣，俱不可知。當知，彼所謂的微細意識，就是這第八識。因爲大家所公認的意識，只有可以了知的一類，他不同這不可了知的第八識一樣。

又將死時，由善惡業，上下身分，冷觸漸起。若無此識，彼事不成。轉識不能執受身故。眼等五識各別依故；或不行故。第六意識不住身故。境不定故；徧寄身中恒

相續故。不應冷觸用彼漸生。唯異熟心，由先業力，恒徧相續，執受身分。捨執受處，冷觸便生。壽煖識三不相離故。冷觸起處。卽是非情。雖變亦緣，而不執受。故知定有此第八識。

有情將命終時，善業重的，先從足底冷起，漸漸向上；惡業重的，先從頭頂冷起，漸漸向下，這是將捨執受的第八識，帶着他今世所造的業因，或上生善趣；或下墮惡道，去承受那當來報果的預兆。倘若沒有這第八識，那一樁漸生冷觸的事兒，如何得成？因爲六轉識，都不能負起這執受根身的責任啊。

眼等五識，不能執受，有兩種原因：（一）各別依故：他們是各自依各自的根；各自緣各自的境。執於此，不能執於彼。（二）或不行故：若根壞緣闕，或命終前捨五識身時，他們乾脆就不起現行。由此二因，所以眼等五識不能執受。

第六意識不能執受，有三種原因：（一）不住身中：他不是去後來先的主人翁，所以他不住身中。（二）境不定故：意識緣境，於蘊、處、界，轉易不定。（三）徧寄身中恒相續故：意識雖然不是住在身中的主人翁，却是寄寓在身中的旅客；他無境不緣，有境便緣，就時常這樣的斷而復續。由此三因，所以第六意識，根本就不能執受；怎能說冷觸是因意識捨執受而生的呢？

唯有第八眞異熟心，是由先世業力所引的總報果。所以他纔能恒、徧、相續的執受根身。凡是捨棄了執受的部分，冷觸便生。因爲壽、煖、識三法，是不相離的，識若離去，壽煖也勢必隨之而離。所以冷觸起處，便成了沒有知覺的非情外器；這非情外器，雖也爲第八識所變與所緣；然而，却不爲第八識所執受。因此，所以知道除六轉識外，決定有一個第八識。

乙七　爲緣起依

又契經說：識緣名色，名色緣識，如是二法，展轉相依，譬如蘆束，俱時而轉。若無此識，彼識自體不應有故。謂彼經中自作是釋：名，謂非色四蘊；色，謂羯邏藍等；此二與識相依而住。如二蘆束，更互爲緣，恒俱時轉，不相捨離。眼等轉識，攝在名中，此識若無，說誰爲識。亦不可說名中識蘊，謂五識身；識，謂第六。羯邏藍時，無五識故。又諸轉識，有間轉故，無力恒時執持名色。寧說恒與名色爲緣？故彼識言，顯第八識。

這是所引第七理證。契經上說：『識緣名色，名色緣識』。名色，是五蘊的總名：受、想、行、識四蘊，是屬於無形可見，但以詮名而知的心法；所以名之謂「名」。色之一蘊，是屬於極微所成，有形質可見的色法；所以名之謂「色」。這名色雖在母胎中漸漸成長，然而，必須有一個投胎的識，和他們互相爲緣，識緣名色而住，名色緣識而有。這樣展轉互依，好像綑成一束的蘆葦，彼此纔能同時站起一樣。倘若沒有這第八識，那個緣名色的識，就不應當有。

彼經中就有這樣的解釋：名，是不屬於色蘊的受、想、行、識四蘊。色，是羯邏藍——雜穢（父母精血和合爲雜，不淨爲穢）。這名色二法，和投胎的識，是相依而住。恰如兩簇蘆束，彼此互藉而立一樣。所以從生到死，這名色和識，他們永遠是俱時而轉，不相捨離的。

眼等六識，都攝在名色的四蘊「名」中。如果說，沒有第八識；那「識緣名色，名色緣識」的識，是指誰來說的呢？難道說！是四蘊名中的六識自緣不成？

也不可說，名中的識蘊，是眼等五識；與名色互緣的識，是第六意識。因爲初成胎的羯邏藍位，在七日以內，只是一個皰腫的「頞部曇」，此時五根尚無，何況有依根而起的五識身？所以名中的識蘊，是第七「末那」，及第六意識；與名色互緣的識，那是第八識啊。

又、六轉識，因爲他們都是有間斷，而又有轉易的原故，所以沒有永久執持名色，使之不壞的堅固性能。怎麼能說他們是恒與名色更互爲緣的識呢？因此，彼經中所謂：「識緣名色，名色緣識」的這個識，顯然是指第八識而言。

又契經說：一切有情皆依食住。若無此識，彼識食體，不應有故。謂契經說，食有四種：一者段食，變壞爲相。謂欲界繫香、味、觸三，於變壞時，能爲食事。由此色處，非段食攝，以變壞時，色無用故。二者觸食，觸境爲相。謂有漏觸，纔取境時，攝受喜等，能爲食事。此觸雖與諸識相應，屬六識者，食義偏勝。觸粗顯境，攝受喜樂，及順益捨，資養勝故。三意思食，希望爲相。謂有漏思，與欲俱轉，希可愛境，能爲食事。此思雖與諸識相應，屬意識者，食義偏勝。意識於境，希望勝故。四者識食，執持爲相。謂有漏識，由段、觸、思，勢力增長，能爲食事。此識雖通諸識自體，而第八識，食義偏勝。一類相續，執持勝故。由是集論，說此四食、三蘊、五處、十一界攝。此四能持有情身命，令不壞斷，故名爲食。

這向下是所引的第八理證。契經上說：三界、五趣、四生的一切有情，無一不是依「食」而得安住。食有：段食、觸食、意思食、識食四種。倘若沒有這第八識，那識食的體，就不應當有。現在把經上所說的四種食，依次分解如下：

第一種，名叫段食。此食，以分段變壞爲相。就是說：繫縛在欲界的有情，他們資養身命，必須把食物含有：香氣、滋味、及冷煖堅軟的觸等三塵，經過咀嚼、消化，分段變壞的程序，纔能成爲食事。至於色處，那不是屬於段食所攝。因爲當食物變壞時，他的色相，並沒有飽腹和資養的作用。

第二種，名叫觸食。此食，以接觸外境爲相。就是說：凡夫的有漏「觸心所」，纔與外境接觸，便能攝取喜、樂、捨受，以資養身心，而成爲食事。這觸食，雖徧與八識相應；然而，屬於六識的食義偏勝。因爲七、八二識，觸境微細，不能攝受喜樂；雖但有捨受，而不生順益。唯六識觸境粗顯，能攝受喜樂，以及順益的捨受，其資養的意義，至爲殊勝之故。

第三種，名叫意思食。此食，以希望爲相。就是說：有漏的「思心所」，與「欲心所」俱時轉起，希望着可愛的順境，以爲食事。這意思食，雖徧與八識相應；然而，屬於第六意識的食義偏勝。因爲他對於可愛境界希望的殷重，殊非餘識之所能及。

第四種，名叫識食。此食，以執持爲相。就是說：凡夫的有漏識，由於段食、觸食、思食，這三食的資養之故，使其執持的勢力，得以增長，能爲食事。這識食，雖偏通於八識自體；然而，以第八識的食義偏勝。因爲他是一類恒不改易，相續無間，執持身命的功用殊勝之故。

因此，雜集論裏說：這四種食，在五蘊裏，屬三蘊所攝：段食屬色蘊；觸思二食屬行蘊；識食屬識蘊。在十二處裏，屬五處所攝：段食屬香、味、觸三處；觸思二食屬法處；識食屬意處。在十八界裏，屬十一界所攝：段食屬香、味、觸三界；觸思二食屬法界；識食屬六識及意根七界。因爲這四種食，能够執持着有情的身命，使之不壞，亦不斷滅。所以名之爲食。

段食，唯於欲界有用。觸、意思食，雖徧三界；而依識轉，隨識有無。眼等轉識，有間有轉，非徧恒時，能持身命。謂無心定、熟眠、悶絕、無想天中，有間斷故。設有心位，隨所依緣，性界地等有轉易故。於持身命，非徧非恒，諸有執無第八識者，依何等食，經作是言：一切有情，皆依食住？

四食中的段食，唯在欲界的有情，纔能有用。觸和意思二食，雖徧三界；然而，他們畢竟是隨着八識心王，相應而轉的心所法。與六識相應的，隨識或無；與第八識相應的，隨識恒有，所以說，「隨識有無」。這可見唯有識食，是徧通三界，恒時而有的「食」了。

六轉識，既有間斷，又有轉易，當然不是徧通三界，恒時而有，他怎麼能執持有情身命？就是說：六轉識一到了滅盡定、無想定、熟眠、悶絕、無想天，這五個無心位時，都間斷了。別說無心位啦，就是在有心位時，他們也不是恒有；而是隨其所依的根，和所緣的境，在善、惡、無記三性，及三界、九地裏，時有轉易。如此，則六識非徧非恒，怎能執持身命？一般執着沒有第八識的人，試問，經上憑什麼「食」，這樣說：『一切有情，皆依食住』呢？

非無心位，過去未來，識等爲食。彼非現常，如空華等，無體用故。設有體用，非現在攝。如虛空等，非食性故。亦不可說，入定心等，與無心位，有情爲食。住無心時，彼已滅故。過去非食，已極成故，又不可說，無想定等，不相應行，卽爲彼食。段等四食，所不攝故。不相應法，非實有故。

有人這樣說：無心位中，雖無有識，而以定前的識，爲「食」，不是也行嗎？今破之曰：那怎麼能行！並非無心位前後，過去未來的識，能爲識食。因爲他們既非現在，又非恒常；好像空華一樣的沒有體用。縱有體用，也不屬現在所攝，與虛空無異，他怎麼能爲食性？也不可說：隣入定時的心，離定前不遠，可以給無心位的有情，作爲食事。爲什麼不可這樣說呢？因爲住無心位的有情，他那隣入定時的心，已被伏滅成爲過去了，怎能爲現在的食事！這是大小乘教，都很贊成的啊。

又不可執着經上有『禪悅食、法喜食』的話；就說：無想定、滅盡定、命根、同分等的不相應行法，就是彼無心位的食性。何以故？一則，無想定等，不屬於段、觸、思、識，這四食所攝。二則，不相應行法，並非離色心外，有實自體。自體尙無，如何能爲食事？

有執滅定等，猶有第六識，於彼有情，能爲食事。彼執非理，後當廣破。又彼應說：生上二界，無漏心時，以何爲食？無漏識等，破壞有故，於彼身命不可爲食。亦

不可執無漏識中，有有漏種，能爲彼食。無漏識等，猶如涅槃，不能執持，有漏種故。復不可說：上界有情，身命相持，卽互爲食。四食不攝，彼身命故。又無色無身命，無能持故。衆同分等，無實體故。

又有人執着，滅盡定和無想定裏，猶有第六意識，給彼定中的有情，作爲食事。這種執着，是不合理的。到後面當有詳細的破斥。

根本就不應當說：滅盡定中的人，還有第六意識，能爲食事。假定這是應當說的話；試問：當滅盡定人，上生色、無色界，起無漏心時，以什麼爲食呢？你一定會說：此時有漏意識，既已間斷，那就以無漏識爲食吧。殊不知，無漏是破壞有漏的，怎可以無漏識，來做執持有漏身命的食事？

也不可執着，無漏識中，潛藏有有漏種子，能爲色、無色界，滅盡定人的食事。爲什麼不可這樣執着呢？因爲無漏識，好像涅槃一樣，他不能執持有漏種子之故。

復不可說：色、無色界的有情，起無漏心時，他們以根身執持壽命；壽命執持根身；如是身、命相持，互爲食事。爲什麼不可這樣說呢？一則，所謂「身、命互食」，那是你們的杜撰，不是佛所說的段、觸、思、識四食所攝。二則，無色界的有情，沒有色身，拿什麼執持壽命？三則，命根、衆同分，是沒有實體的不相應行，又怎能爲有情的食事？

由此定知，異諸轉識，有異熟識，一類恒徧，執持身命，令不斷壞。世尊依此，故作是言：一切有情，皆依食住。唯依取蘊，建立有情。佛無有漏，非有情攝。說爲有情，依食住者，當知皆依示現而說。既異熟識，是勝識性，彼識卽是此第八識。

基於以上所說的種種理由，決定知道，另有一種與六轉識不同的異熟識。他是一類相續，恒常週徧，執持有情身命，使之不斷不壞的識食之體。世尊卽依此識的意義，作如是說：「一切有情，皆依識食而得安住」。設難：照這樣說，佛也是依食而住的有情了；否則，何以言「徧」？答：唯依有漏的五取蘊而建立有情，佛無「有漏」，當然不屬於有情所攝。然而，說爲有情，依食住者；當知，那是依佛方便示現的應身而說的；實則佛非有情，非非有情。

既知識食雖徧通八識，要以異熟爲殊勝食體。那識食，豈非就是第八識嗎？

乙九　不離身識

又契經說：住滅定者，語身心行，無不皆滅。而壽不滅，亦不離煖，根不變壞，識不離身。若無此識，住滅定者，不離身識，不應有故。謂眼等識，行相粗動，於所緣境，起必勞慮。厭患彼故，暫求止息，漸次伏除，至都盡位。依此位立，住滅定者，故此定中，彼識皆滅。若不許有微細一類，恒徧執持，壽等識在，依何而說識

不離身。若謂後時彼識還起，如隔日瘧，名不離身。是則不應說心行滅。識與想等，起滅同故。壽煖諸根，應亦如識，便成大過。故應許識如壽煖等，實不離身。

這向下是所引的第九理證。契經上說：住滅盡定者，他們身行的出入息、語行的尋伺、心行的受想，通統都滅盡了，而壽命不滅；所以身上的溫度，也依然保持，根不變壞，識不離身。倘若沒有這第八識，那滅盡定人的「不離身識」，就不應當有。

所謂滅盡定人的「不離身識」，不許是六轉識嗎？不許！因爲六轉識的行相，粗顯散動，於六塵境，攀緣不定，勞思焦慮。行者因厭患彼故，暫求止息，從粗到細，觀無相想，漸次伏除，直到都滅盡位，卽依此位建立了「滅盡定」名。所以在這滅盡定中的六轉識，無不都滅。倘若不許有微細難知的一類無記、恒無間斷、體徧三界、執持壽煖的第八識存在，試問：經上依什麼說「識不離身」呢？

若說：滅盡定中的六轉識，雖已除滅，到後來出定時，還要再起。所以說「識不離身」，好像說隔日一發的瘧疾，名「瘧不離身」一樣。照你這樣說，那經中就不應當說「心行滅」，說識滅纔對。因爲說「心行滅」，原爲顯定中有識。今汝所說的識，是和心行的受想，於定中同滅，定後同起故。壽、煖二法，以及諸根，也應當同識一樣，在定中無，出定方有。這麼一來！入定出定，等於死而復生，豈不成爲大過？因此，我們應當承認，除轉識外，另有一個第八識，在滅盡定中，與其所執持的壽、煖二法，一樣的不離於身。

又此位中，若全無識，應如瓦礫，非有情數，豈得說為住滅定者。又異熟識，此位若無，誰能執持諸根壽煖？無執持故，皆應壞滅，猶如死屍，便無壽等。既爾，後識必不還生，說不離身，彼何所屬？諸異熟識，捨此身已，離托餘身，無重生故。又若此位，無持種識，後識無種，如何得生？過去未來不相應法，非實有體，已極成故。諸色等法，離識皆無，受熏持種，亦已遮故。然滅定等，無心位中，如有心位，定實有識。具根壽煖，有情攝故。由是理趣，住滅定者，決定有識，實不離身。

住滅盡定位的人，若全無識，就應當如破瓦碎石一樣，不在有情之數了。怎麼可以說他是住滅盡定的人呢？

又，住滅盡定位的人，如果沒有異熟識，更有誰能執持根身壽煖？既然沒有能執持的識，那根身豈不都要腐壞，同死屍一樣的沒有壽命了嗎？如此，則出定後的識，如何能夠還生？經中所說那「識不離身」的話，也就沒有着落了。如果第八異熟識，眞的在滅盡定中捨了此身，他立刻會離開此地，到別處去托生其餘的另一他身。決無起死回生之理。

又、倘若滅盡定位，沒有執持種子的識；那出定已後的識，旣無種子，如何得生？過去未來，如空華兎角；不相應行，非實有體；已為大小乘教所極成。十一色法，離識都無，他們不能受熏持種，這在前面，也已遮簡過了。然而，在滅盡定、無想定、熟睡、悶絕、無想天，這五種無心位中的人，實在同有心位一樣，並非無識；也一樣的具有根身、壽、煖，爲有情所攝，非同瓦礫。由這以上所說的道理和義趣；住滅盡定位的人，決定有個第八識，實不離身。

若謂此位，有第六識，名不離身，亦不應理。此定亦名無心定故。若無五識，名無心者，應一切定，皆名無心。諸定皆無五識身故。意識攝在六轉識中，如五識身，滅定非有。或此位識，行相所緣，不可知故，如壽煖等，非第六識。若此位有行相所緣，可知識者，應如餘位，非此位攝。本爲止息行相所緣可了知識，入此定故。

若說：因爲滅盡定位有第六識，所以纔名叫識不離身。這話也不合理。因爲滅盡定，不但名叫滅盡定，而且也名叫無心定；所謂「無心」者，就是無此粗動的第六識啊。

若說：滅盡定所以亦名無心定者，那是因爲他沒有前五識的原故，並不是沒有第六識。照你這樣說，所有的一切定，甚至連無心的熟睡、悶絕，都應當名叫無心定囉！因爲他們都沒有五識身啊。當知，第六意識，旣同五識身一樣的屬於六轉識，當然在滅盡定中，也應同五識身一樣的沒有。

這滅盡定位的不離身識，他的行相——見分，及所緣——相分，也如壽煖二法一樣的微細難知，所以不是粗動的第六識。倘若滅盡定位，有行相所緣可知的第六識，這滅盡定位就應當如餘位有心一樣，而不是滅盡定位所攝了。試想想看看，本為止息有行相所緣可知的第六識，而入此定，那裏還會有第六識的存在。

又若此位，有第六識，彼心所法，為有為無？若有心所，經不應言住此定者，心行皆滅；又不應名滅受想定。此定加行，但厭受想，故此定中，唯受想滅。受想二法，資助心強，諸心所中，獨名心行。說心行滅，何所相違？無想定中，應唯想滅，但厭想故。然汝不許。既唯受想，資助心強，此二滅時，心亦應滅。如身行滅，而身猶在，寧要責心，令同行滅？若爾，語行尋伺滅時，語應不滅，而非所許。然行於法，有偏非偏：偏行滅時，法定隨滅；非偏行滅，法或猶在。非偏行者，謂出入息，身息滅時，身猶在故。尋伺於語，是偏行攝。彼若滅時，語定無故。受想於心，亦偏行攝，許如思等大地法故。受想滅時，心定隨滅，如何可說，彼滅心在。

又若滅盡定位，倘有第六意識的存在，試問：這第六識的心所法，有沒有呢？這有、無心所二義，都是小乘的轉計。向下依次別破。今先破有心所：

若有心所，經中就不應當說，住滅盡定的人，受、想兩個心所，都滅盡了；也不應當把滅盡定的名，叫做「滅受想定」。

彼復自救的說：這滅盡定，在定前加行修靜慮時，只是厭患受、想二法，所以定中唯滅受想，並不是連其餘的思等心所，都一齊滅却。不過在五十一個心所法中，以受想二法，資助心王勞慮的勢用較強，獨名之爲「心行」罷了。這與經中所說的「心行滅」，有什麼相違？

論主破：照你們這樣說：「滅盡定前，但厭受想，唯受想滅」的話；那麼，無想定中，就應當唯有「想」滅，因彼定前但厭「想」故。然而你們不許！既不許無想定中，唯有想滅，爲什麼偏許滅盡定中，唯受想滅呢？既然說，唯受想二法，資助心王的勢用較強，這受想二法滅時，那六識心王，就應當也隨之而滅啊。

彼又自救：滅盡定人，身行的出入息雖滅，而身猶不滅。爲什麼要責第六識心王，同心行的受想一齊滅呢？

論主破：假定以「身行滅，而身不滅」爲例，可使心行滅，而意識不滅的話；那麼，當語行的尋伺滅時，語也應當不滅啊。然而這又是非汝所許！既不許語行滅，而語不滅，爲什麼偏許心行滅，而心不滅呢？

行之於法，有偏行、非偏行之別：隨法有無的，名叫「偏行」，偏行滅時，這個法，也決定隨之而滅；不是隨法有無的，名叫「非偏行」，非偏行滅時，這個法，或依舊還在。例如：住滅盡定人，身行的出入息滅時，而身猶在；這就是所謂的「非偏行」。語行的尋伺滅時，語也決定隨之而滅；這就是所謂的「徧行」。心行的受想，也是屬於徧行所攝；因為你們許他如「思」等一樣是「大地法」故。（受、想、思、觸、欲、慧、念、作意、勝解、三摩地等，是小乘所立與一切心相應而起的十大地法）。所以心行的受想滅時，心法的第六識，也決定隨之而滅。怎麼可說，受想雖滅，而意識猶在呢？

又許思等，是大地法；滅受想時，彼亦應滅。既爾，信等此位亦無。非徧行滅，餘可在故。如何可言有餘心所？既許思等，此位非無；受想應然，大地法故。又此定中，若有思等，亦應有觸。餘心所法，無不皆依觸力生故。若許有觸，亦應有受，觸緣受故。既許有受，想亦應生，不相離故。如受緣愛，非一切受皆能起愛。故觸緣受，非一切觸皆能生受。由是所難，其理不成。彼救不然，有差別故。謂佛自簡唯無明觸，所生諸受為緣生愛。曾無有處簡觸生受。故若有觸，必有受生；受與想俱，其理決定。或應如餘位，受想亦不滅。執此位中有思等故。許便違害心行滅言。亦不得成滅受想定。

論主反難：若許受想思等，是十大地法；那受想二法滅時，思等八法，就應當與之俱滅。如此，則信等善法，在滅盡定位也就沒有了。因為並非徧行的受想法滅，其餘的非徧行，還可以照樣存在啊。這如何可說，滅盡定位，除受想外，還有其餘的心所法呢？

反過來說，既許滅盡定位有思等八法，那受想二法，就應當也有；因爲大家一致同屬大地法故。又此滅盡定中，若有思等心所，也應當有觸；因爲其餘的心所法，無非都是依觸力而生。若許有觸，就應當有受；因爲緣起法說是「觸緣受」故。既許有受，就應當生想；因爲受想二法，是誰也離不開誰的啊。

彼復救言：如十二緣起所說的「受緣愛」，並非一切受，都能起愛。所以「觸緣受」，也並非一切觸，都能生受。因此，你們所難的理由，是不能成立的。

論主破：彼救不然！怎能以「觸緣受」，與「受緣愛」相提並論？這兩句話的意義，是有差別的啊。佛自己就曾經作過簡別的說：「唯有無明觸所生的有漏諸受，纔能爲緣生愛」。從來沒有說過，觸有：「生受」、「不生受」的分別。所以受雖不一定能够生愛；然而，無觸則已，若有觸，則必有受生；受生則想亦與俱。這道理，是決定而不可移易的。

或說滅盡定位，也應如其餘的有心位一樣受想不滅；因彼執此滅盡定中有思等的大地法故。那便違背了「心行滅」的聖教，也不得成爲「滅受想定」了。

若無心所，識亦應無，不見餘心，離心所故。餘徧行滅，法隨滅故。受等應非大地法故。此識應非相應法故。許則應無所依緣等。如色等法，亦非心故。

上來破有心所竟。此下破無心所。如果滅盡定位，沒有心所，那第六識心也應當沒有。

因爲從來沒有見過其餘有心位的心法，能够離開了他的心所而存在；滅盡定位的心，當然也不例外。心行的受想，與語行的尋伺，同屬偏行。因爲受想以外，其餘的尋伺偏行滅了，語法也跟着就滅；所以受想的偏行若滅，心法也一樣的隨之而滅。否則，受想既不能偏一切心，就應當不是你們所謂的大地法；第六識心，也應當不是心所的相應法了。若許第六識心非相應法；那就應當沒有根境爲所依緣，豈非同非心的色法一樣？

又契經說：意法爲緣，生於意識；三和合觸；與觸俱起，有受想思。若此定中有意識者，三和合故，必應有觸。觸既定與受想思俱，如何有識，而無心所？若謂餘時三和有力，成觸生觸，能起受等。由此定前厭患心所，故在定位，三事無能，不成生觸，亦無受等。若爾，應名滅心所定，如何但說滅受想等？若謂厭時，唯厭受想，此二滅故，心所皆滅。依前所厭，以立定名。既爾，此中心亦應滅，所厭俱故，如餘心所。不爾，如何名無心定？

契經上說：意根緣法塵，能生意識；根、塵、識三法和合成觸；與觸俱起的有：受、想、思。如果這滅盡定中，有意識存在，那就由於根塵識三和之故，必定應當有觸。觸既然決定與受想思等的心所俱起，如何可說：但有意識，而沒有心所呢？

若彼救言：在滅盡定外的餘時，根、塵、識三法和合，有力成觸或生觸，能起受等心所。由此定前加行，厭患心所之故，所以在定中的根、塵、識三事，便沒有和合成觸或生觸的能力了。當然也沒有與觸俱起的受想思。

論主反難：若如此說，定中既無一切心所，就應當名叫滅心所定，何以但說：滅受想定呢？

若復救言：在定前加行厭心所時，但厭受、想二法。這受、想二法滅了，一切心所也就隨之而滅。今依定前所厭的受想二法，來建立「滅受想」的定名，有何不可？

論主破：既然如此，這定中的第六識心，也應當滅。因其與所厭的受想，是起則俱起，滅則俱滅故。也像其餘的心所一樣隨之而滅。不然，爲什麼名叫無心定？

又此定位，意識是何？不應是染，或無記性。諸善定中，無此事故。餘染無記心，必有心所故。不應厭善，起染等故。非求寂靜，翻起散故。若謂是善：相應善故，應無貪等，善根相應。此心不應是自性善，或勝義善。違自宗故；非善根等，及涅槃故。若謂此心，是等起善，加行善根所引發故。理亦不然。違自宗故。如餘善心，非等起故。善心無間，起三性心，如何善心由前等起？故心是善，由相應力。既爾，必與善根相應，寧說此心獨無心所？故無心所，心亦應無。如是推徵，眼等轉識，於滅定位，非不離身。故契經言：不離身者，彼識卽是此第八識。入滅定時，

不為止息，此極寂靜執持識故。無想等位，類此應知。

問：假定滅盡定位，猶有意識；這意識是屬於善、染、無記三性的那一性呢？不應當是染污，或無記性哪。其理由如下有四：①諸善定中，都沒有染污、無記這末回事，何況滅盡定位而有此事嗎？②其餘有心位的染、無記心，必有心所；滅盡定位既無心所，當然不是染、無記性。③在定前加行時，不應厭善，而生起了染污或無記性。④並非本求禪定寂靜，翻倒生起了散心意識。

小乘計執，善性是由四因所成：一、相應。二、自性。三、勝義。四、等起。如下依次而破：

若說滅盡定位的第六識心是善，就應當與無貪、無瞋、無痴，這三善根相應。因為你們自許，滅盡定心是「相應善」故。

這滅盡定的第六識心，不應說他是自性善，或勝義善。因為善根本來是善，名「自性善」；涅槃寂滅，名「勝義善」；這和你們自宗由相應因所成的「相應善」，豈非矛盾？像這樣的意識，既非善根，又非涅槃，怎能說他是自性善，或勝義善呢？

若說這滅盡定心，是由加行「等持」所引發的「等起善」。理亦不然！因為等起善，和你們自宗的相應善，也是相違背的啊。所以滅盡定心，應當如其餘的善心一樣，不是「等起」。等起善，是由平等持心的「等持」定力，所起的心一境性；意識，是攀緣無間，互易而起於善、染、無記的三性心。如何可說滅盡定心，是由定前加行「等持」所引起的「等起善」呢？

以是義故，滅盡定心之所以名爲善者；那是由於相應力之所致。既然如此，他一定與無貪、無瞋、無痴的三善根相應。怎能說這滅盡定位，唯有意識而沒有心所呢？

心、心所法，從不相離，既無心所，意識亦無。這樣推究起來，那眼等六識，在滅盡定位裏，並不是不離身識。所以經上所說那不離身識，就是這第八識。因爲入滅盡定時，止息的是那粗動的六轉識，並不是止息這極寂靜的第八「執持識」啊。滅盡定如此；應知，無想定、無想天，也是這樣的。

乙十　有染淨心

又契經說：心雜染故，有情雜染；心淸淨故，有情淸淨。若無此識，彼染淨心，不應有故。謂染淨法，以心爲本，因心而生，依心住故。心受彼熏，持彼種故。然雜染法，略有三種：煩惱、業、果，種類別故。若無此識，持煩惱種，界地往還，無染心後，諸煩惱起，皆應無因。餘法不能持彼種故；過去未來，非實有故。若諸煩惱，無因而生，則無三乘學無學果；諸已斷者，皆應起故。若無此識，持業果種，界地往還，異類法後，諸業果起，亦應無因；餘種餘因，前已遮故。若諸業果，無因而生，入無餘依涅槃界已，三界業果，還復應生；煩惱亦應無因生故。又行緣識，應不得成；轉識受熏，前已遮故。結生染識，非行感故。應說名色，行爲緣故。時分懸隔，無緣義故。此不成故，後亦不成。

這向下是所引的第十理證。有情是雜染，或是清淨，完全以心爲轉移。所以契經上說：「心雜染故，有情雜染；心清淨故，有情清淨」。倘若沒有這第八識，那雜染或清淨的心，就不應當有。就是說：一切有漏、無漏的染淨諸法，都是以心爲根本。染淨法的現行，無非因心而生；種子，也無非依心而住。這是因爲本識受彼染淨現行的熏習，還持彼所熏的種子而起現行之故。這樣種生現，就是「因心而生」；現熏種，就是「依心而住」。向下別釋雜染、清淨二法。茲先釋雜染：

然雜染法，略有三種：（一）煩惱，卽三界見、思二惑。（二）業，卽因惑所起的一切有漏善、不善業。（三）果，卽因業所感的異熟報果。這是三種染法不同的類別。倘若沒有這第八識，來執持煩惱種子；那生死往還於三界九地的有情，從自地生到非想處地，已無染心；後來再由非想處地，還生自地時所起的煩惱，豈非無因？因爲除了第八識外，其餘的色心等法，不能持種；過去未來，又非實有；他們都不够做界地往還的資格。如果煩惱可以無因而生，那就沒有聲聞、緣覺、佛三乘的學、無學果了。因爲他們已竟斷了的煩惱，還可以再起啊。

倘若沒有第八識，來執持業、果的種子；那生死往還於三界九地的有情，從甲地轉生爲乙地的異類；或從乙地轉生爲丙地的異類後所起的業果，豈不也是無因？若說除第八識外，其餘的色心可以持種，過去未來可以爲因；這在前面已給遮遣過了。假使業果可以無因而生，那證入無餘依涅槃界後，三界業果，就應當還復現起；因爲能起業果的煩惱，也是無因而生啊。

又、十二因緣所說：「行緣識」的意義，就是由前的「行」因，熏成了後的「識」果。如果沒有這第八識，那「行緣識」的因緣，就應當不能成立。「行緣識」的識，不是六轉識，因爲轉識不能受熏，在前面已經說過了。投胎結生時的「中有」染識，也不是行所招感。那麼，是不是就應當說：「行緣名色」呢？不！行時，名色未來；名色來時，行已過去；這樣業果相望，時分懸隔，怎能成爲緣義？此既不成，那向後的「名色緣六入」，乃至「生緣老死」等，也都不能成立了。

諸清淨法，亦有三種：世、出世道、斷果別故。若無此識，持世、出世清淨道種，異類心後，起彼淨法，皆應無因；所執餘因，前已破故。若二淨道，無因而生；入無餘依涅槃界已，彼二淨道，還復應生，所依亦應無因生故。又出世道，初不應生；無法持彼，法爾種故。有漏類別，非彼因故。無因而生，非釋種故。初不生故，後亦不生，是則應無三乘道果。若無此識持煩惱種，轉依斷果，亦不得成。謂道起時，現行煩惱，及彼種子，俱非有故。染淨二心，不俱起故。道相應心，不持彼種，自性相違，如涅槃故。去來得等，非實有故。餘法持種，理不成故。既無所斷，能斷亦無，依誰由誰而立斷果？若由道力，後惑不生，立斷果者；則初道起，應成無學。後諸煩惱，皆已無因，永不生故。許有此識，一切皆成。唯此能持染淨種故。

上來釋雜染法竟。此釋清淨法。諸清淨法，也有三種：（一）世道，即厭下欣上的有漏六行。（二）出世道，即無間、解脫對治煩惱的無漏道。（三）斷果，由斷障所得的勝果。倘若沒有這第八識，來執持世、出世間的清淨二道種子；那由世道加行進入了出世道；或由出世道退墮世道，在這樣轉變爲異類心後，所起的淨法，都應當無因。至於你們所執着的餘法可以爲因，在前面已經破過了。假如世、出世間二種淨道，可以無因而生的話；那麼，證入無餘依涅槃界已，那二種淨道，就應當還復生起，因彼二道所依的身智，也是無因而生啊。

又、無漏的出世淨道，最初就不應當生起；因爲沒有第八識，來執持那法爾本有的無漏種子之故。有漏法的聞熏等類，也不能做無漏法的因緣（參閱本章第三節的「辯解本熏」）。這無因而能生果的說法，簡直成了外道，而不是釋迦牟尼的佛子。初時的無漏不生；後時的無漏，當然也不生；初後二時的無漏，既都不生，這就應當沒有聲聞、緣覺、佛的三乘道果啊。

依第八識，轉煩惱障，爲涅槃斷果；轉所知障，爲菩提智果，名爲「轉依」。倘若沒有這第八識，執持煩惱種子；那轉依斷果，也不能成立。這意思是說：出世淨道起時，那現行煩惱，及其種子，通統都沒有了。因爲染、淨二心，他們勢如水火，不能俱起之故。與出世淨道相應的心，也不能持煩惱種子；因爲他們的性質相反，好像涅槃斷果，不能持煩惱種子一樣。過去未來，及「得」等的不相應行，非實有體，不能持種。其餘色心等法，持種的道理，又都不能成立。如此，則既無所斷的惑，能斷的道亦無；那麼，依什麼煩惱，由什麼斷道，來建立涅槃斷果呢？

若說：由最初的斷道力故，使後惑不生，卽依此建立斷果。如此說來，則斷道初起，就應成無學。因爲後來的煩惱，都已無因，永不再生故。

如果許有此識，則一切染淨諸法，都可以成立。因爲唯有此第八識，纔能執持染淨二法的種子之故。

證有此識，理趣無邊，恐厭繁文，略述綱要，別有此識，教理顯然，諸有智人，應深信受。

這是五教十理的總結。證明有此第八識的道理與義趣，在經論裏，可以說是廣大無邊。恐怕好略的學者，厭惡繁文之故，所以纔提綱挈領的說了個概要。諸轉識外，別有本識受熏持種；在這五教十理裏，顯而易見。凡是有智慧的人，都應當深解信受。第一章解初能變竟。

第二章　解第二能變

第一節　結前生後

如是已說，初能變相。第二能變，其相云何？

「如是」二字，是指前面第一章所說而言。第一章已說初能變識的第八阿賴耶竟。次下該說第二能變的第七識了。那第七識能變的相狀是怎麼樣呢？這是發起向下論端的一個問題。

第二節　舉頌以答

頌曰：『次第二能變，是識名末那。依彼轉緣彼，思量爲性相。四煩惱常俱，謂我癡我見；並我慢我愛；及餘觸等俱。有覆無記攝，隨所生所繫，阿羅漢滅定，出世道無有』。

這是舉三十頌中的三頌十二句，來答覆上節的問題。今依十門分別如下：(一)「次第二能變，是識名末那」，是釋名門。(二)「依彼轉」，是所依門。(三)「緣彼」，是所緣門。(四)「思量爲性」，是體性門。(五)「相」；是行相門。(六)「四煩惱常俱，謂我癡我見，並我慢我愛」，是染俱門。(七)「及餘觸等俱」，是相應門。(八)「有覆無記攝」，是三性門。(九)「隨所生所繫」，是界繫門。(十)「阿羅漢滅定，出世道無有」，是伏斷位次門。這十門分別，向下論文自有解釋。

第三節　解頌文

甲一　釋名門

論曰；次初異熟能變識後，應辨思量能變識相。是識聖教，別名末那；恒審思量，

勝餘識故。此名何異第六意識？此持業釋，如藏識名，識卽意故。彼依主釋，如眼識等，識異意故。然諸聖教，恐此濫彼，故於第七，但立意名。又標意名，爲簡心識。積集、了別，劣餘識故。或欲顯此，與彼意識，爲近所依，故但名意。

現在開始來解釋頌中十門的第一釋名門。初能變的第八異熟識，前已說竟。次於初能變的異熟識後，應該辨解第二能變的第七思量識了。這第七識，在聖教的經典中，通名謂「識」，別名「末那」。末那，翻成我們中國的話，就叫做「意」。意字的解釋，是恒審思量。因爲第八識的思量，恒而非審；第六識的思量，審而非恒；前五識的思量，恒審都非；唯有第七識的思量，是旣恒又審，勝過了餘識之故，所以名之謂「意」。

問：旣然第七識的通名謂識，別名謂意，綜合通別，卽名「意識」，這和第六意識，有什麼不同？答：第七識，是以意爲識體，識爲意用；在六離合的釋義中，屬於以體持用的「持業釋」；也像阿賴耶，名謂「藏識」，藏卽識體一樣。第六意識，依意根爲主；在六離合中，屬於「依主釋」；好像依眼根所發的識，名叫眼識一樣。所依的「意」是第七；能依的「識」是第六。這識和意，是有差別的啊。

儘管第七的意識，是「持業釋」；第六的意識，是「依主釋」。然而，在聖教中，唯恐他們的名義，混濫不清；所以但名第七爲「意」，以示區別。積集爲心，了別爲識，而獨標第七名爲意者，爲簡別：在積集的意義方面，他不及第八識的「心」；在了別的意義方面，他不及前六識的「識」。或欲顯示這第七識，一則與彼第六意識鄰近；二則爲彼意識所依。所以但名爲「意」。

甲二　釋所依門

乙一　釋依彼轉

依彼轉者，顯此所依。彼，謂卽前初能變識。聖說此識依藏識故。有義：此意以彼識種，而爲所依，非彼現識。此無間斷，不假現識，爲俱有依，方得生故。有義：此意以彼識種，及彼現識，俱爲所依。雖無間斷，而有轉易，名轉識故。必假現識，爲俱所依，方得生故。轉，謂流轉，顯示此識，恒依彼轉，取所緣故。

上來已釋第一的釋名門竟。現在該講第二的所依門了。頌中所說的「依彼轉」，這三個字，是怎樣的解釋？今按彼、依、轉的次第，釋之如下。

彼，就是指前面初能變的第八阿賴耶——藏識而言。因爲聖教中說，這第七識，是依彼藏識之故。

依，是依託。依託什麼？這有兩家不同的解釋。第一家說：這第七識，唯以第八識的種子，爲所依，並不是依第八識的現行果識。因爲第七識的行相，恒無間斷，他不須要假藉第八識的現行，做他的俱有依，纔得生起。第二家說：這第七識，是以第八識的種子，及現行果識，俱爲所依。因爲第七識，在因果位中，雖無間斷；然而入見道時，却不能沒有轉易，所以他也名叫轉識。既有轉易，或染、或淨，他必須假藉第八識的種子與現行，做他的俱有依，纔得生起。

轉，是流轉。相續爲流，生起爲轉。這是顯示第七識，恒依第八識而轉起；復取彼所依的第八識，爲所緣的境界。

乙二　略釋三依

諸心心所，皆有所依。然彼所依，總有三種：一、因緣依：謂自種子。諸有爲法，皆託此依；離自因緣，必不生故。二、增上緣依：謂內六處。諸心心所，皆託此依。離俱有根，心不轉故。三、等無間緣依：謂前滅意。諸心心所，皆託此依；離開導根，必不起故。唯心心所，具三所依，名有所依。非所餘法。

不但第七識；就是八識心、心所法，他們也都各有其所依託。然而，他們的依託雖多，總略不過三種。玆列擧如左：

一、因緣依：什麼叫做因緣依？就是「自種子」。一切法，都是依託着他們自己的種子而起現行。若離此種子因緣，那現行果法，必定不生。

二、增上緣依：什麼叫做增上緣依？就是「內六處」，即眼、耳、鼻、舌、身、意六根。八識心王和心所，都是依託這內六處而轉的。所以內六處，也名叫「俱有根」。若離此俱有根，那心王和心所，必不能轉。

三、等無間緣依：什麼叫做等無間緣依？就是「前滅意」。前念心滅，避開了他現在的處所，引導着後念的心、心所，令生彼處；所以前滅意的異名，又叫做「開導根」。八識心王和心所，都是依託這開導根而起的。若離此開導根，那心王和心所，必不能起。

唯有心、心所法，具足以上這三種所依，纔名叫「有所依」。餘如：色法，只有因緣依；無心定，只有因緣依及等無間緣依；無爲法，則三依俱無。所以他們都不得名爲「有所依」。

乙三　別釋三依

丙一　釋因緣依

初種子依。有作是說：要種滅已，現果方生。無種已生，集論說故。種與芽等，不俱有故。有義：彼說爲證不成。彼依引生，後種說故。種生芽等，非勝義故。種滅芽生，非極成故。燄炷同時，互爲因故。然種自類，因果不俱。種現相生，決定俱有。故瑜伽說：無常法與他性爲因，亦與後念自性爲因，是因緣義。自性言：顯種子自類，前為後因。他性言：顯種與現行，互爲因義。攝大乘論亦作是說：藏識染法，互爲因緣。猶如束蘆，俱時而有。又說種子與果必俱。故種子依，定非前後。設有處說：種果前後，應知皆是隨轉理門，如是八識，及諸心所，定各別有種子所依。

上來略釋三依竟。此下是再把三依分別詳釋。今先釋因緣依。「初種子依」，就是第一的因緣依。這有兩家不同的主張：第一家小乘經部師的主張，是因果異時。他說：要種子滅了之後，那現行果法纔能生起。這無種已生的道理，是雜集論上說的。譬如穀種與芽，這因果二法，並非同時俱有，不過是前後俱有罷了。

第二家護法論師的主張，是因果同時。他說：雜集論的證明，是不能成立的。因爲彼論是依前念種子，引生後念種子而說的。並不是說已竟滅了的種子，還能生現行果法。至於說穀種生芽，種滅芽生的話；那只是世俗之見，而不是唯識勝義的因緣；更不是大乘共許的極成之法。唯有種子生現行，現行熏種子，種現同時；好像燈炷生燈燄，燈燄燒燈炷，燄炷同時，互爲因果一樣。這纔能叫做因緣。

然而，種子生種子的自類因果，是前後刹那，而不是同時俱有。種子與現行，異類相生的因果，決定是同時俱有。因此，瑜伽論上說：凡是無常的有爲法，可與他性爲因，也可與自性爲因，這都是因緣的意義。所謂「自性」的話：就是顯示種子爲自類。自類引生，是前念種子引生後念種子，前爲後因，後爲前果。所謂「他性」的話：就是顯示種子與現行爲異類。異類相生，是種子生現行，現行熏種子，種現同時，互爲因果。

攝大乘論上，也這樣說：第八藏識與有漏染法，是互爲因緣的。藏識藏染法；染法染藏識；好像一綑蘆葦相倚而立似的，俱時而有。又說：種子與果法，必定俱時。所以「種子依」，決定不是前後刹那。設或有經論上說：種子與果法，是前後異時。應知那是隨順小乘的方便說法，權且轉變了大乘的教理，而不是正義。因此，八識心王及一切心所，必定各有各的種子因緣，做他的所依。

丙二　釋增上緣依

次俱有依。有作是說：眼等五識，意識爲依。此現起時，必有彼故。無別眼等，爲俱有依。眼等五根，卽種子故。二十唯識伽他中言：『識從自種生，似境相而轉，爲成內外處，佛說彼爲十』。彼頌意說：世尊爲成十二處故，說五識種，爲眼等根；五識相分，爲色等境。故眼等根，卽五識種。觀所緣論亦作是說：『識上色功能，名五根應理；功能與境色，無始互爲因』。彼頌意言：異熟識上，能生眼等色識種子，名色功能，說爲五根，無別眼等。種與色識，常互爲因；能熏與種，遞爲因

故。第七八識，無別此依。恒相續轉，自力勝故。第六意識，別有此依。要託末那，而後起故。

上來釋「因緣依」竟。此下釋「增上緣依」。「次俱有依」，就是第二的增上緣依。這有四家不同的說法。第一家難陀等說：眼等五識，以第六意識爲俱有依。五識起時，必定有第六意識和他們同緣現境。除意識外，別無眼等五根，爲俱有依。因爲眼等五根，就是五識的種子啊。

二十唯識頌中說：『識從自種生，似境相而轉；爲成內外處，佛說彼爲十』。這頌中的意思是說：世尊爲破外道實有我執，成立六根六塵的十二處教。其中有十處是說：五識的種子，就是眼等五根；五識的相分，就是色等五境。因此，眼等五根，就是五識的種子。

觀所緣論中也有一首頌說：『識上色功能，名五根應理；功能與境色，無始互爲因』。這頌中的意思是說：第八異熟識上，有能生眼等色識的種子。見分的識，變似相分的色，名爲色識；卽名此識變似色的功能，叫做五根。離此，別無大種所造的實色，名爲五根。種子的功能，與境相的色識，他們自無始以來，常常的互相爲因。因爲色識能熏種子；種子能生色識；能熏與種子，遞爲因故。

第七、八二識，則無此依。因爲他們恒相續起的自力殊勝，不須要依賴其他的俱有根啊。至於第六意識，那就不能沒有俱有依了。因爲他的自體間斷，要依託着第七末那，纔能生起。

有義：彼說，理敎相違。若五色根，卽五識種，十八界種，應成雜亂。然十八界各別有種。諸聖敎中處處說故。又五識種，各有能生，相見分異，爲執何等，名眼等根？若見分種，應識蘊攝；若相分種，應外處攝。便違聖敎，眼等五根，皆是色蘊內處所攝。又若五根，卽五識種；五根應是五識因緣，不應說爲增上緣攝。又鼻舌根，卽二識種；則應鼻舌，唯欲界繫；或應二識，通色界繫，許便俱與聖敎相違。眼耳身根，卽三識種；二地五地，爲難亦然。又五識種，既通善惡；應五色根，非唯無記。又五識種，無執受攝；五根亦應非有執受。又五色根，若五識種；應意識種，卽是末那；彼以五根爲同法故。又瑜伽論，說眼等識皆具三依，若五色根卽五識種；依但應二。又諸聖敎，說眼等根，皆通現種，執唯是種，便與一切聖敎相違。

此下是第二家的說法，他對前面第一家所說，大不爲然，乃斥之爲「理敎相違」。怎樣與理敎相違？因爲他有如下的九種過失。

一、諸界雜亂失：倘若眼等五根，就是五識種子的話；那六根、六塵、六識，這十八界的種子，就應當雜亂不分。然而十八界，却很清楚的各有各的種子，並非根種就是識種。這在一切經論裏，處處都有說明。

二、二種俱非失：五識，各有其能生的相分種子與見分種子，這二分種子迥然不同。試問：你們執着這二分種子的那一分名叫五根呢？若說是見分種子；那見分是心法，就應該屬於識蘊所攝了；然而五根非心，不屬識蘊。若說是相分種子；那相分是外處的色法，就應該屬於外處的色蘊所攝了；然而五根雖是色法，而不屬外處。這便與聖教完全相違。因為聖教上說：五根都是屬於色蘊的內處所攝。

三、二緣相違失：倘若五根就是五識種子的話；那五根就應當是五識現行的因緣，不應當說五根是五識的增上緣啊。

四、根識繫異失：又若鼻舌二根，就是二識種子的話；那就應當唯繫縛於欲界的有情，纔有鼻舌二根，色界繫無；或應繫縛於色界的有情，也有鼻舌二識，不但欲界繫有。若許這樣，便都與聖教相違。因為聖教說是：色界也有鼻舌二根，而無鼻舌二識之故。又若眼耳身三根，就是眼耳身三識種子的話；那三根就應當唯二地有，三地至五地都無；或應三識五地都有，不但二地。若許這樣，也都與聖教相違。因為聖教說是：眼耳身三根，五地都有，三識則唯通二地之故。（欲界一地，色、無色界各四地，謂之三界九地。這裏所說的二地、五

地，就是由欲界地到色界地的名數）

五、根通三性失：五識通善、惡、無記三性，五根唯屬無記。如果五根就是五識的種子；那五根就應當不是唯屬無記，而是兼通善惡二性了。

六、根無執受失：執爲自體，能生覺受，名爲「執受」。五根有執受，種子無執受。如果五根就是五識的種子；那五根豈非也和種子一樣的沒有執受了嗎？

七、五七不齊失：第七意根末那，與五根同法。倘若五根就是五識的種子；那第七意根末那，就應當是第六意識的種子哪。今末那既非意識種子，怎能說五根是五識的種子呢？

八、三依闕一失：瑜伽論上說：眼等五識都有三依：1因緣依——種。2增上緣依——根。3等無間緣依——前滅意。若執五根爲五識種子；那五識便闕五根的增上緣依，只有因緣及等無間緣二依了。

九、諸根唯種失：一切經論都說：眼等五根，通現行，亦通種子。若執五根唯是種子，而不通現行，豈非與聖教相違？

有避如前所說過難，朋附彼執，復轉救言：異熟識中，皆感五識，增上業種，名五色根，非作因緣，生五識種。妙符二頌，善順瑜伽。

有人爲避免前面所說的九種過失，朋比附和第一家的執着，而作救言，他說：所謂「五根卽五識種」者，是以異熟識中招感五識的增上業種，名五色根；並不是把五根當作親生五識的種子因緣。這很妙的符合了二十唯識論和觀所緣論的二頌；也善巧的隨順了瑜伽論的說法。

彼有虛言，都無實義。應五色根非無記故。又彼應非唯有執受。唯色蘊攝。唯內處故。鼻舌唯應欲界繫故。三根不應五地繫故。感意識業應末那故。眼等不應通現種故。又應眼等非色根故。又若五識皆業所感，則應一向無記性攝。善等五識既非業感，應無眼等，爲俱有依。故彼所言，非爲善救。

彼爲救難所說的話，徒涉虛誑，都無實義，過失更多至十種：

一、業通三性，根唯無記。若執五識的增上業種，名五根的話；那五根就應當非唯無記，而兼通善惡二性了。

二、五根唯有執受；業則不定有無。例如：身業有執受；語、意二業則無。如何業種就是五根？若執業種爲根；那五根就不一定唯有執受了。

三、在五蘊裏，五根爲色蘊所攝；業爲身語意造作的行蘊所攝。如何五根能做業種？若執五根而爲業種；那五根就不是色蘊所攝，而是行蘊所攝了。

四、五根在內外根塵十處裏，唯屬內根五處；業通外塵色、聲、法處。因此業種不可能就是五根。若執業種就是五根；那五根就不是唯屬內五處了。

五、五根在欲界一地、色界四地，這五地都有。鼻舌二識業，唯欲界有；眼耳身三識業，唯在二地。如此，則業種怎能就是五根？若執業種就是五根；那鼻舌二識業，就應同二根一樣是五地都有，而不是唯在欲界了；眼耳身三根，也應同三識業一樣唯在二地，而不是五地都有。

六、如果感五識業種是五根的話，那感意識業種的，就應該是第七意根末那啊。豈有此理？

七、眼等五根通識業種子，亦通現行。若執根唯業種，而無現行；如何五根能通現種？

八、眼等五根，是有礙色法；身、語、意三業，是意識相應的思心所法。若執業種就是五根；那眼等五根，就不是有礙的色法了。

九、五識通善、惡、無記三性；業種的五根，唯是無記。若執五識都是業種的五根所感；那五識就應當唯屬無記，而不通善惡二性了。

十、若說無記性的五識，是業種的五根所感；善惡等的五識，則非彼所感。如此說來，那五識既非業感，就應當沒有眼等五根做他的俱有依啊。

彼言本爲救難而發，反不免有以上十種過失，所以不是善救。

又諸聖教，處處皆說，阿賴耶識，變似色根，及根依處，器世間等。如何汝等撥無色根，許眼等識，變似色等，不許眼等，藏識所變？如斯迷謬，深違教理。然伽他說：種子功能，名五根者，爲破離識實有色根，於識所變，似眼根等以有發生五識用故，假名種子，及色功能。非謂色根卽識業種。

上來是破斥第一家所說，此下才是第二家的正義。很多經論上處處都說：第八阿賴耶識，變現了似是而非的色根，及根所依的身處，與國土世界。爲什麼你們撥無色根，只許由眼等五識，變似色等五境，而不許眼等五根，爲阿賴耶藏識所變呢？像這樣迷失了根本的藏識，謬執五識的種子，就是五根，豈非深違教理？

然而二十唯識及觀所緣論的頌中，雖說有「種子功能，名爲五根」的話；但那是爲破小乘經部所執「離本識外，有實色根」而說的。因爲阿賴耶識所變的眼等五根，有發生五識的功用，所以二十唯識頌，假名之爲「種子」；觀所緣論，假名之爲「功能」。並不是說：色根就是能生五識的業種。

又緣五境明了意識，應以五識爲俱所依。以彼必與五識俱故。若彼不依眼等識者；彼應不與五識爲依。彼此相依，勢力等故。又第七識，雖無間斷，而見道等，既有轉易，應如六識，有俱有依。不爾，彼應非轉識攝。便違聖教轉識有七。故應許彼有俱有依。此卽現行第八識攝。如瑜伽說：有藏識故，得有末那。末那爲依，意識得轉。彼論意言：現行藏識爲依止故，得有末那，非由彼種。不爾，應說，有藏識故，意識得轉。由此彼說，理敎相違。是故應言：前五轉識，一一定有二俱有依：謂五色根，同時意識。第六轉識，決定恒有一俱有依，謂第七識。若與五識俱時起者，亦以五識爲俱有依。第七轉識，決定唯有一俱有依，謂第八識。唯第八識恒無轉變，自能立故，無俱有依。

又緣五境而能明了的第六意識，應以五識爲俱有依。因爲他必定與五識俱起，同緣現境之故。倘若意識不依五識，也應不與五識爲依，這樣怎能緣境？應知五識必依意識而生；意識必依五識明了；他們彼此相依的勢力，是均等的啊。

又第七識雖無間斷；然而行人在由見道到修道的進程中，不能不由有漏轉易爲無漏。旣有轉易，就應當同六識一樣的有俱有依。否則，那第七識，就不是轉識所攝了。這便與經論上「轉識有七」的聖敎相違，因此我們應當許可第七識也有俱有依。這俱有依，就是現行的第八識。

怎知第七識的俱有依，是現行的第八識，而不是他的種子呢？瑜伽論上說：「有藏識故，得有末那；末那爲依，意識得轉」。這論中的意思，很明顯的是說：由於有了現行的第八藏識作依止故，所以纔有第七識的末那，並不是由他的種子。否則，那論中就應當乾脆的說，有藏識故，意識得轉。何必要展轉的說：「有藏識故，得有末那；末那爲依，意識得轉」呢？因此，他們所說，不但與道理相違，而且也違背了教法。

因此，應當這樣說：前五轉識，決定各有兩個俱有依：一個是五色根；一個是同時而起的意識。第六轉識，決定常有一個第七識，做他的俱有依；倘若和五識俱起的時候，那就也要以五識爲俱有依了。第七識，決定唯有一個第八識做他的俱有依，更無第二。七轉識都須要有俱有依，唯獨恒無轉變，而能自立的第八識，他不須要。

有義：此說猶未盡理。第八類餘，既同識性，如何不許有俱有依？第七八識，既恒俱轉，更立爲依，斯有何失？許現起識，以種爲依，識種亦應許依現識。能熏異熟，爲生長住依。識種離彼，不生長住故。又異熟識，有色界中，能執持身，依色根轉。如契經說：阿賴耶識，業風所飄，徧依諸根，恒相續轉。瑜伽亦說：眼等六識，各別依故，不能執受有色根身。若異熟識，不徧依止有色諸根，應如六識非能執受，或所立因，有不定失。是故藏識，若現起者，定有一依，謂第七識。在有色界亦依色根。若識種子，定有一依，謂異熟識。初熏習位，亦依能熏，餘如前說。

這是第三家的說法：他指前面第二家所說，雖較第一家爲勝，但也未必盡都合理。第八識，既和其餘的七轉識，都是同類的識性，爲什麼許七轉識，都有俱有依，不許第八識也有俱有依呢？第七、八二識，既然都是恒時俱轉，就許第七依第八，第八依第七，這樣更互爲依，又有什麼過失？

既許現行識以種子爲依，那種子識亦應許依現行。問：種現相望，在前面的解釋，說是因緣，何以這裏又說亦應爲依？答：現行有二：一是能熏識。二是異熟識。能熏的現行識，是新熏種子的「生」依、本有種子的「長」依。這可以說是因緣。異熟的現行識，不能熏成種子，只是種子的「住」依，而不是因緣。假定識的種子，離開了這能熏識和異熟識的二種現行，便不能使種子生起、增長、相續而住。

又，異熟識，在欲色界裏，也能執持身命，依色根轉。這有經論爲證。例如楞伽經說：阿賴耶識，爲宿世業風所飄，普偏的依止有色諸根，恒相續轉。瑜伽論上也說：眼等六識，因爲是各自依各自的根，而不是偏依諸根之故，所以他們不能執受有色根身。如果異熟識，不是偏依有色諸根，就應當同六識一樣的不能執受。若說不偏依也能執受的話，那論中所說的「各別依」，就不一定是不能執受根身的原因了。這便犯了因明論理的不定過失。

因此第八藏識，若在三界現起，決定有一依此，這依止就是第七識。但在欲色界裏，除依第七識外，還得依止色根。這是說第八識的現行。若是識的種子，在住位，也決定有一依止；這依止就是現行的異熟識。但在最初的熏習位時，除依異熟識外，也還得依能熏的現行識。這與前面第二家所說有別，餘義皆同。

有義：前說皆不應理。未了所依，與依別故。依，謂一切有生滅法，仗因託緣，而得生住。諸所仗託，皆說爲依。如王與臣，互相依等。若法決定、有境、爲主、令心心所，取自所緣，乃是所依。卽內六處。餘非有境，定爲主故。此但如王，非如臣等。故諸聖教，唯心心所，各有所依。非色等法，無所緣故。但說心所心爲所依，不說心所，爲心所依，彼非主故。

此下是第四家護法的正義。他指斥前面三家的說法都不合理。因爲他們還沒有了解「所依」與「依」二義的差別。

什麼叫做「依」？就是一切有爲法，仗因託緣，使本無得生，本有得住，不問親疏，只要是所仗託的因緣，都叫做「依」。好像一個國王，和他的臣僚，王依臣，臣依王，互相爲依一樣。

什麼叫做「所依」？有如下四義：一、決定。二、有境。三、爲主。四、令心心所取自所緣。四義具足，無一缺失，纔能叫做「所依」。那麼具此四義的是誰呢？就是內六處——六根。除六根外，餘如：第六意識以五識爲依；第七、八二識以六識爲依；第八識以五根爲依；一切種子以能熏的現行爲依；他們雖各有依，却沒有非依不可的「決定」義。現行法以四大種、命根、種子爲依；雖有決定，却沒有能起緣境作用的「有境」義。諸識以徧行心所爲依，雖有決定、有境二義，然而心所是心王的臣屬，他沒有自在的「爲主」義。種子以現識爲依，雖有決定、有境、爲主三義，然而現識却不能令種子緣自己的境界。這六根以外的餘法，既然都不具足四義，那就只有內六處爲八識的「所依」了。

若以譬喻來說，這「所依」義，只可喻之如王，爲臣所依，非喻如臣。所以經論上說：唯是心、心所法，才可以名「有所依」，而非色等。因爲色法，既無緣境之用，當然也無境所緣。他們沒有第二的「有境」義。雖心、心所都有「所依」，然而所依的是心，而不是心所。所以但說，心所以心爲所依；不說心所爲心所依。因爲心所似臣，他沒有第三的「爲主」義。

然有處說：依爲所依；或所依爲依，皆隨宜說。由此五識俱有所依，定有四種：謂五色根，六七八識。隨缺一種，必不轉故。同境、分別、染淨、根本，所依別故。聖教唯說，依五根者，以不共故。又必同境，近相順故。第六意識，俱有所依，唯有二種：謂七八識。隨缺一種，必不轉故。雖五識俱，取境明了，而不定有，故非所依。聖教唯說，依第七者，染淨依故。同轉識攝，近相順故。第七意識，俱有所依，但有一種，謂第八識。藏識若無，定不轉故。如伽他說：『阿賴耶爲依，故有末那轉；依止心及意，餘轉識得生』。阿賴耶識俱有所依，亦但一種，謂第七識。彼識若無，定不轉故。論說藏識，恒與末那，俱時轉故。又說藏識，恒依染汚，此卽末那。而說三位無末那者，依有覆說。如言四位，無阿賴耶，非無第八。此亦應爾。雖有色界，亦依五根，而不定有，非所依攝。識種不能，現取自境，可有依義，而無所依。心所所依，隨識應說。復各加自相應之心。若作是說，妙符理敎。

然而有許多經論上說：依卽所依，所依卽依。例如：本論在前面「略釋三依」中，就是把：因緣依、增上緣依、等無間緣依，這三「依」，說成諸心心所的三種「所依」了。何以這裏定以內六處爲「所依」呢？當知、那是隨情隨文的權宜說法。因此，諸心心所，或多或少，俱有所依，如下應知。

前五識的所依有四：1、五根的同境依。2、第六識的分別依。3、第七識的染淨依。4、第八識的根本依。這四依，隨缺一種，那五識必不能轉。何以故？五識必須依託五根，去同緣現境，所以五根是五識的同境依。五識沒有分別，他必須藉著第六意識的分別力，以爲分別，所以第六意識是五識的分別依。五識非染非淨，他必須隨著第七識的染淨以爲染淨，所以第七識是五識的染淨依。第八阿賴耶識，是一切識的根本，當然也是五識的根本依了。因爲這四依的義各有別，所以隨缺一依，五識不轉。既然五識有四種所依，何以聖敎唯說依五根，不說依六、七、八識呢？那是因爲唯有五識以五根爲依，不共餘識；他們又是同緣現境，比起疎遠的餘依來，不但相近，而且隨順之故；所以唯說以五根爲依，其餘的三依，則略而不說。

第六意識的所依有二：1、第七識。2、第八識。這二依若缺其一，那第六意識，也決定不轉。問：五識既以意識爲分別依，意識亦應以五識爲依才對；何以但說依七、八二識，不說亦依五識呢？答：雖然五識與意識同緣現境，分別明了，但那是不一定啊。無五識時，意識亦有，所以五識但有依義，而非所依。那麼，何以聖教唯說依第七識，而不說依第八識呢？那是因爲第六意識，必須以第七識爲染淨依，他們又是同屬轉識所攝，近相順隨之故，所以唯說依第七識，而不說亦依第八。

第七識的所依，唯有第八識一種。如果沒有第八藏識，那第七識也決定不能轉起。這好像楞伽經的頌中所說：以第八阿賴耶識爲依止故，所以才有第七末那的轉起；依止第八的心，及第七的意，其餘的六轉識，才能够生起。

第八阿賴耶識的所依，也只有第七識的一種。如果沒有第七識，那第八識也決定不能轉起。雖然三十本頌中說：阿羅漢、滅盡定、出世道，這三位沒有末那；但那是依無覆無記來說的。因爲這三位已竟沒有隱覆聖道的自性妄惑了，所以說沒有末那，並不是沒有第七識體。如說：聲聞、獨覺、不退菩薩、如來，這四位沒有我愛執藏的阿賴耶一樣，並非連第八識體都沒有了。

有色界的第八識，雖也以五根爲依，却不定有。所以他不屬於「所依」的範圍。識的種子，不是心、心所法，他不能現緣自境，但有「依」義而沒有「所依」。

八識心王的「所依」，已如上說，其心所的所依，又將如何？那只有隨著他們心王的所依爲所依了。不過此外還得再加上和他們相應的心王才行。例如：與五識心王相應的心所，除以五識的所依爲所依外，還得再加上五識心王爲他的所依。如果照這樣說，那就很妙的符合了理教。

丙三　釋等無間緣依

後開導依。有義：五識自他前後，不相續故，必第六識，所引生故，唯第六識，爲開導依。第六意識，自相續故，亦由五識所引生故，以前六識，爲開導依。第七八識，自相續故，不假他識所引生故，但以自類爲開導依。

上來已釋三依的前二依竟。此下該釋最後的等無間緣依了。等無間緣依，亦名開導依。這也有三家不同的解釋。第一家說：五識的生起，唯一刹那。不能使前一刹那的自類，及後一刹那的他類，相續無間。因此他必須由第六意識所引生，也唯有以第六意識，做他的開導依。

第六意識，一則有前後相續的自力；二則他不但引生五識，也爲五識所引生。因此他以自識，及五識這，前六識來做開導依。

第七、八二識，他們自能前後相續，不須要假藉他識來協助引生。所以他們的開導依，不是別個，而是他們的自類。

有義：前說未有究理。且前五識，未自在位，遇非勝境，可如所說。若自在位，如諸佛等，於境自在，諸根互用，任運決定，不假尋求，彼五識身，寧不相續。等流五識，既爲決定、染淨、作意，勢力引生，專注所緣，未能捨頃，如何不許多念相續？故瑜伽說：決定心後，方有染淨。此後乃有，等流眼識，善不善轉，而彼不由自分別力，乃至此意不趣餘境。經爾所時，眼意二識，或善或染，相續而轉。如眼識生，乃至身識，應知亦爾。彼意定顯經爾所時，眼意二識，俱相續轉。既眼識時，非無意識，故非二識，互相續生。

第二家說：前面第一家所說的道理，並不究竟。且以前五識來說吧：若在沒有得到自在無礙的凡位，所遇的境界，必非殊勝，這可以如汝所說：五識唯一剎那，不能相續。倘若到了自在無礙的聖位，那就不對了。例如：諸佛菩薩，都能對境自在，五根互用，眼可聞聲，耳可見色，並不須要假藉著意識的推求，便能任運決定了恒緣之境；像這佛菩薩的五識身，怎能說他不是相續無間？

等流心後的五識，既爲決定、染淨、作意，這一連串勢力所引生，專精貫注於所緣一境。如觀佛像，意識和眼識，都不曾頃刻捨離，如何不許是多念相續？

所以瑜伽論上說：決定心後，才有染、淨；此後才有等流眼識或善或不善的轉起。然眼識流轉，並非由眼識自己的分別能力，而是由第六意識所引生。在這意識專注所緣，不趣向於另一餘境的經過時間，眼識和意識，他們或善或惡，都是相續而轉。以此類推，乃至身識，應知也是這樣的。

瑜伽論裏所說的意思，一定是顯示，在緣境經過的那段時間，眼識和意識是同時相續而轉的。既然有眼識時，也有意識，可見這眼意二識，並不是你開導我，我開導你，這樣更翻遞進的相續而生。

若增盛境，相續現前，逼奪身心，不能暫捨，時五識身，理必相續。如熱地獄，戲忘天等。故瑜伽言：若此六識，爲彼六識等無間緣，卽施設此，名爲意根。若五識前後，定有意識，彼論應言：若此一識，爲彼六識等無間緣；或彼應言：若此六識，爲彼一識等無間緣。既不如是，故知五識有相續義。

在淡然無奇的平庸境界，可以說五識是有間斷的；若遇強烈的盛境，那就不然了。他逼奪著身心，使你不暇頃刻暫捨，這時候的五識身，必然是相續無間。例如：熱地獄裏的苦盛；戲忘天的樂盛；這苦樂的盛境，逼奪著罪福人的身心，他如何能夠暫捨，使五識不續呢？

所以瑜伽論上說：若此前念的六識，做彼後念六識的等無間緣，就以這前念引生後念的名，叫做意根。據此可知，六識是各自爲各自引生，並不是互相引生。倘若五識前後，一定有意識夾雜，五相引生的話；那論上就應當說：以前念一識，爲後念六識的等無間緣；或說：以前念六識，爲後念一識的等無間緣。論上既然不是這樣說，所以我們知道，五識身，並不須要意識引生，他自有前後相續的意義。

五識起時，必有意識，能引後念，意識令起，何假五識爲開導依？無心睡眠，悶絕等位，意識斷已，後復起時，藏識末那，恒既相續，亦應與彼爲開導依。若彼用前自類開導，五識自類，何不許然？此既不然，彼何云爾？平等性智，相應末那，初起必由第六意識，亦應用彼，爲開導依。圓鏡智俱第八淨識，初必六七方便引生。又異熟心，依染汚意，或依悲願，相應善心。既爾，必應許第八識，亦以六七爲開導依。由此，彼言都非究理。應說五識，前六識內，隨用何識爲開導依。第六意識，用前自類，或第七八爲開導依。第七末那，用前自類，或第六識爲開導依。阿陀那識，用前自類，及第六七爲開導依。皆不違理，由前說故。

若五識獨起，後生意識，可說意識以五識爲開導依。然而五識起時，必有意識和他同時俱起；即此意識，便能引生後念意識，使之相續，何必要假藉五識來做開導依呢？在滅盡定、無想定、無想天、熟睡、悶絕，這五無心位時，意識就間斷了。到後來出無心時，意識再起，這時的第八藏識，及第七末那，既是相續無間，就應當給間斷的意識做開導依哪。若謂無心位的意識，可用他前念的自類爲開導依，不假七、八二識的話；那爲什麼不許五識也以自類爲開導依，不假第六意識呢？既不許五識自類開導，何以許無心位的意識，是自類開導？

自他無二的平等性智，雖爲第七末那所轉而成，唯最初於世第一法，必須假藉著二空觀行的有漏意識，才能生起。所以第七識，也應以第六意識爲開導依。

無所不照的大圓鏡智，雖爲第八淨識所轉而成，唯最初必定先由第六意識轉爲妙觀察智，第七識轉爲平等性智，藉著這二智的方便，才能引生。就是尚未轉成大圓鏡智的異熟心：或異生之類，依染汚意；或菩薩十地，依悲願相應的善心；這異熟心才得生起。所以第八識，也應以六、七二識爲開導依。因此，彼第一家所說，都不是究竟的道理。

既然彼說非理，那就應當照我們這樣說：五識，在前六識的範圍裏，隨便用那個識，都可以做他的開導依。第六意識，可以用他前念的自類，或第七、八二識爲開導依。第七末那，可以用他前念的自類，或第六意識爲開導依。第八阿陀那識，可以用他前念的自類，或第

六、七二識爲開導依。唯有這樣說，才不違背前面所說的道理。

有義：此說亦不應理。開導依者：謂有緣法、爲主，能作等無間緣。此於後生心心所法，開闢引導，名開導依。此但屬心，非心所等。若此與彼無俱起義，說此與彼有開導力。一身八識，既容俱起，如何異類，爲開導依？若許爲依，應不俱起，便同異部，心不並生。又一身中，諸識俱起，多少不定。若容互作等無間緣，色等應爾。便違聖說：等無間緣，唯心心所。然攝大乘說：色亦容有等無間緣者，是縱奪言。謂假縱小乘，色心前後，有等無間緣，奪因緣故。不爾，等言應成無用。若謂等言，非遮多少，但表同類，便違汝執異類識作等無間緣。是故八識，各唯自類，爲開導依，深契教理。自類必無俱起義故。心所此依，應隨識說。

這是第三家護法菩薩的正義。他說：第一家對開導依的解釋，固未究理；就是第二家的解釋，也不見得都對。所謂開導依者，必須具有如下二義：一是「有緣法」，就是對境有緣慮作用的心法，而不是不能慮知的色法。二是「爲主」，就是有自在力用的心王，而不是不能自主的心所。這兩個意義都具備了，才能做等無間緣。這無間緣的前念心王，對後念的心心所法，有開闢前路，引導令生的功能，所以名叫開導依。因此，開導依，但屬心王，而不是心所和色法。因爲他們都不具備這緣法、爲主的兩個意義。

如果此識與彼識，是前後剎那，而不是同時俱起，倒還可說此識與彼識有開導力。旣許一身八識，是同時俱起，如何自識能以異類的他識作開導依？若許以異類爲依，那就應當不是同時俱起了。如此，便與小乘異部所說：「心不並生」，是一樣的不對。

還有一個理由。一身中諸識俱起，多少不定，或三或五，乃至或七，旣非前後一法，豈得謂等？若許他們這些多少不等的識，能夠互爲等無間緣；那根境十處的色法，不是也可以互爲等無間緣嗎？如此，便與經論所說：「等無間緣，唯是心法，而非色法」的話，相違背了。

然而，攝大乘論上雖說：色等也有等無間緣；但那是縱奪的話。縱，是寬假一時；奪，是撥無之義。因爲小乘執著沒有第八阿賴耶的種子識，但以前念色法，爲生後念心法的因緣；或前念心法，爲生後念色法的因緣。大乘爲撥斥他這色心前後互爲因緣的迷執；所以才這樣說：縱令色心前後有緣，也不過是等無間緣而已，那哩有因緣的意義。實際上，並不是說色法有等無間緣啊。

如果不是這樣解釋，那等無間緣的「等」字，豈不成爲無用的廢詞了嗎？因爲前後各有一法，自類相似，才可以叫做「等」。今色心前後，多少不定，又不是相似的自類，這「等」字，要他何用？若說：等字的解釋，並非遮簡多少，但爲表示同類。那便違背你們自己所說的「以異類識」作無間緣了。

是故，八識唯各以其自類的前念，爲引生後念的開導依。這才深深的契合了教理。因爲自類的前後念，必定沒有同時俱起的意義。至於心所的開導依，應各隨其本識心王而說，心王怎樣，他也怎樣。

雖心心所，異類並生，而互相應，和合似一，定俱生滅，事業亦同。一開導時，餘亦開導，故展轉作等無間緣。諸識不然，不應爲例。然諸心所，非開導依，於所引生，無主義故。若心心所等無間緣，各唯自類；第七八識，初轉依時，相應信等，此緣便闕。則違聖說：諸心心所，皆四緣生。無心睡眠，悶絕等位，意識雖斷；而後起時，彼開導依，即前自類。間斷五識，應知亦然。無自類心，於中爲隔，名無間故。彼先滅時，已於今識爲開導故。何煩異類爲開導依？然聖教中說前六識，互相引起，或第七八依六七生，皆依殊勝增上緣說，非等無間，故不相違。瑜伽論說：若此識無間，諸識決定生，說此爲彼，等無間緣；又此六識，爲彼六識等無間緣，即施設此名意根者，言總意別，亦不相違。故自類依，深契教理。

這是對幾個難題的解答。問：假使八識同時俱起的異類，不能作等無間緣的話；那心王和心所，不也是同時俱起的異類嗎，何以心王能開導心所，來做等無間緣呢？答：雖說心王和心所，也是異類並生；然而當他們相應和合起來的時候，好像王、所不分，決定俱生俱滅，所作取境的事業，也是相同。當一個心王做開導時，其餘和他相應的心所，也一齊來作開導。所以心與心所，心所與心，都可以展轉的做等無間緣。試一檢討，便知心王和心所，具有這五種意義：1互相應。2和合似一。3俱生滅。4事業同。5開導同。異類的識，則不然！他們既不具此五義，怎能以之爲例。

然而，諸心所法，做等無間緣則可，做開導依則不可。因爲「緣」的意義爲「由」；「依」的意義爲「主」。心所在引生後念上，他只有緣由的一分功用，而沒有依主的意義。

問：心王既能自類引生，心所也應當能自類引生，爲什麼要心王做心所的開導，才叫做等無間緣？答：如果心王引心王，心所引心所，這樣各引各的自類；那第七、八二識，最初轉依二障，得二勝果時，不是就沒有和他相應的信等十一個善心所，來做等無間緣了嗎？如此，則四緣闕一，便違背聖教所說：諸心心所，都是因緣、等無間緣、緣緣、增上緣，這四緣所生了。

問：出無心時，再起的第六意識，不是以恒轉的七、八二識，爲開導依嗎？怎能說是自類？答：在睡眠、悶絕、滅盡定、無想定、無想天，這五無心位的意識雖已間斷；然而到後來出無心時的意識再起，他的開導依，並不是七、八二識，還是他先前入無心時的自類。因爲自類心，從前念到後念，無論歷時多久，並沒有他識從中間隔，所以才名叫無間。他在前念滅時，已經讓出位置，給今識做了開導，何必麻煩異類的七、八二識，來做開導依呢？

問：聖教中說：前六識互相引生，或第七依第六，第八依第七；這異類爲依，豈不與自類相違？答：不違！那聖教所說，都是依殊勝的增上緣說的，並不是等無間緣，所以不違。

瑜伽論上說「若此識無間，諸識決定生，說此爲彼等無間緣。又此六識，爲彼六識等無間緣，卽施設此名意根」者。這裏的「此」字，是指自類的前念而言；「彼」字，是指自類的後念而言；並不是異類相望，而言彼此，是說：若一識以自類前後爲等無間緣，六識生時，也各以其自類前後爲等無間緣。這等無間緣，是意識分別的根本，所以也叫他名謂「意根」。言雖總括六識，而意則別指自類。言總意別，並不相違。所以自類依，深契教理。

傍論已了，應辯正論。此能變識，雖具三所依；而依彼轉言，但顯前二。爲顯此識依緣同故。又前二依有勝用故。或開導依，易了知故。

本章的正論，原是辯解第二能變的第七識。爲廣釋所依，隨把問題牽涉到諸識的傍論上去了。現在傍論已了，應辯正論。這第二能變的第七識，雖具有：因緣依、增上緣依、等無間緣依，這三種所依；然而頌中所說那「依彼轉」的話，但顯前二，而不顯後一。這有三種原故：（一）爲顯第七識，依第八種子識，爲生法因緣；復緣此種子及現行，爲俱有依，所依卽所緣故。（二）前二依的因緣依，有親生的勝用；俱有依，有親近的勝用。後一的開導依，則無此勝用（三）或因後一的開導依，容易了知，所以略而不說。前二的因緣依、增上緣依，隱微深密，故但說之。

甲三　釋所緣門

如是已說此識所依，所緣云何？謂卽緣彼，彼謂卽前此所依識，聖說此識，緣藏識故。有義：此意緣彼識體，及相應法，論說末那我我所執，恒相應故。謂緣彼體及相應法，如次執爲我及我所。然諸心所不離識故。如唯識言，無違敎失。有義：彼說理不應然。會無處言，緣觸等故。應言此意，但緣彼識，見及相分，如次執爲我及我所。相見俱以識爲體故，不違聖說。有義：此說亦不應理。五色根境，非識蘊故。應同五識亦緣外故。應如意識緣共境故。應生無色者，不執我所故。厭色生彼，不變色故。應說此意，但緣藏識，及彼種子，如欲執爲我及我所。以種卽是彼識功能，非實有物，不違聖敎。

上來已釋第二「所依」門竟。此下該講第三的「所緣」門了。第七識的所緣是什麼呢？那就是頌中所說的「緣彼」。彼，就是前面所依的第八識。因爲經論上說：第七識的所緣境，就是第八藏識之故。所以知道第七識的所緣，不是外境，還是他自己的所依。推論起來，有如下四家不同的主張：

第一家說：這第七識的意，他所緣的境是第八識體，及與第八識相應的觸等五個偏行心所。因爲瑜伽等論上說：第七末那識，與我執和我所執，恒相應故。就是說：第七識緣第八識體，執以爲我；緣第八識的心所，執爲我所。論上雖說緣識，不說緣所；然而心所是離不開識體的。例如：一說到「唯識」，便連心所也包括在內了。所以說緣心所，與論上所說的緣識，並沒有相違的過失。

第二家說：前面第一家所說，按道理是不應當的。因爲經論上曾無一處說過，第七識緣觸等心所的話。因此，他應當照我們這樣說：第七識但緣第八識的見分和相分。執見分爲我，相分爲我所。因爲相、見二分，都是以識爲體的，所以與聖說「緣識」，並不相違。

第三家說：不但第一家緣心所的說法不對；就是第二家緣相分的說法也不對。因爲相分是屬於色蘊的五根五境，而不是識蘊所攝；怎能把他混入第七識的所緣識呢？若以相分爲所緣，便有如下三種過失：（一）第七識既緣相分，就應同前五識一樣的緣五塵外境。（二）意識偏緣五塵，名叫「緣共境」，第七識既緣五塵，豈非同意識緣共境一樣嗎？（三）無色界無色，當然也沒有相分所緣；那生到無色界的有情，如何執有我所？他本爲厭離色界，而生無色；怎肯再變成色，而爲所緣？

彼說既有如上三失，那就應當照我們這樣說：這第七識的「意」，但緣第八現行藏識，執以爲我；緣第八種子識，執爲我所。因爲種子是現行藏識的功能，並不是另外有個實在的東西，叫做種子。頌上所說的「緣彼」，卽攝此藏識、種子在內，所以不違聖教。

有義：前說皆不應理。色等種子，非識蘊故。論說種子是實有故。假應如無，非因緣故。又此識俱薩迦耶見，任運一類恒相續生，何容別執有我我所？無一心中，有斷常等，二境別執，俱轉義故。亦不應說，二執前後，此無始來，一味轉故。應知此意，但緣藏識見分，非餘。彼無始來，一類相續，似常一故。恒與諸法，爲所依故。此唯執彼，爲自內我。乘語勢故，說我所言，或此執彼是我之我，故於一見，義說二言。若作是說，善順敎理。多處唯言有我見故。我我所執，不俱起故。

這是第四家護法論師的正義。他說：前面那三家所說，都不合理。因爲無論是色的種子也罷，識的種子也罷，總歸都是種子，而不是所緣的識蘊。而且論上說，種子是實有法。若是假法，豈不等於無法一樣？試問他怎能爲現行果法的因緣？

還有、這第七識的我見，並非由分別間斷而起，而是任運一類相續而生；如何容許他有「我」和「我所」的二境別執呢？這好像一念心中不能有斷、常二境的別執俱起，是一樣的意義。也不可說：這二執，是前念執我，後念執我所。因爲第八識，自無始以來，只是一味轉起。並沒有前後二別。

因此，我們應當知道：第七識但緣第八識的見分，不緣餘法——相分、種子、心所。因爲餘法，不是多類而非一，便是間斷而非常。唯有藏識的見分，無始時來，一類相續，雖非常一，而似常似一，他恒與一切法爲所依止。所以這第七識，唯有執彼藏識的見分，爲自內之我。

至於論上說有「我」和「我所」的話；那不過是乘著語勢之便所說而已。譬如：說軍爲軍隊，國爲國家；都是乘著語勢而說的，並不是軍外有隊，國外有家。說我我所，亦復如是，並不是我外有所。或者，這第七識，執彼第八識是我的我。以前我爲五蘊假合，後我爲第七識所執。因此，在一念的我見上，就隨義說出我及我所的兩種話來，其實還不是一個我見嗎？如果照這樣說，就順乎教理，再好不過了。因爲有很多經論上，唯說有我見，不說有我所。有了我執，就不能有我所執，他們是不能一念俱起的啊。

未轉依位，唯緣藏識。既轉依已，亦緣眞如及餘諸法。平等性智，證得十種平等性故。知諸有情，勝解差別，示現種種佛影像故。此中且說未轉依時，故但說此緣彼藏識。悟迷通局，理應爾故。無我我境，徧不徧故。如何此識緣自所依？如有後識，卽緣前意。彼旣極成，此亦何咎？

轉第八識的有漏種子，得無漏智，名爲「轉依」。凡夫在未轉依前，唯緣第八藏識。初地以去，旣轉依已，那就也緣眞如及其餘的一切法了。因爲已轉第七識的我見爲平等性智，證得了十種平等性故。（十種平等性是：1諸相增上喜愛。2一切領受緣起。3遠離異相非相。4弘濟大慈。5無待大悲。6隨諸有情所樂示現。7一切有情敬愛所說。8世間寂靜皆同一味。9世間諸法苦樂一味。10修植無量功德究竟。）所以他能够知道，九界有情勝解意樂的差別，隨其所應，示現佛的受用身土，種種影像。

這論中是約未轉依時來說的，所以但說緣第八藏識，不說徧緣一切法。因爲轉依爲悟、爲通，未轉依爲迷、爲局，理應然故。悟時通達無我，故能徧緣諸境。迷時局於有我，則緣境不徧，那就只有緣第八藏識的見分了。

問：前言「緣彼」的「彼」，就是所依。爲什麼第七識的所依與所緣，都是第八識呢？答：例如第六識緣前等無間緣意，卽是緣其所依。彼旣爲大小乘敎所共許，此第七識緣其所依的第八識，又有什麼過失呢？

甲四　合解性相二門

頌言：思量爲性相者：雙顯此識，自性行相。意以思量爲自性故。卽復用彼爲行相故。由斯兼釋所立別名。恒審思量名末那故。未轉依位，恒審思量，所執我相；已轉依位亦審思量，無我相故。

上來釋第三「所緣」門竟。現在是合釋第四的「自性」，及第五的「行相」二門。頌中所說：「思量爲性相」，這句話的意思，是雙顯第七識的自性與行相二法，都是思量。由此思量的性相二義，把所立「末那」這個別名，附帶作一解釋：八識通名心意識，都有思量，爲什麼第七識別名末那——意？那是因爲他的思量獨具有「恒審」的特性之故。在未轉依位的初地以前、二乘有學，恒審思量著所執的我相；已轉依位的初地以去，也恒審思量著無我相。可見末那這個名，是兼通無漏。

甲五　合解染俱相應二門

乙一　染俱相應

此意相應有幾心所？且與四種煩惱常俱。此中俱言，顯相應義。謂從無始，至未轉依，此意任運恒緣藏識。與四根本煩惱相應。其四者何？謂我癡、我見，並我慢、我愛，是名四種。我癡者：謂無明。愚於我相，迷無我理，故名我癡。我見者：謂我執。於非我法，妄計爲我，故名我見。我慢者：謂倨傲。恃所執我，令心高擧，故名我慢。我愛者：謂我貪。於所執我，深生躭著，故名我愛。並，表慢愛有見慢俱。遮餘部執無相應義。此四常起，擾濁內心，令外轉識，恒成雜染。有情由此生

死轉迴，不能出離，故名煩惱。

上來合解第四及第五門竟。此下是合解第六的「染俱」，和第七的「相應」二門。問：和這第七識相應的心所有幾？答：先不說別的，且說和他常俱的煩惱就有四種。這裏的「俱」字，就是顯示相應的意義。就是說：從無始以來，直到未轉識成智以前，這第七識，自然而然的恒緣第八藏識，和四種根本煩惱相應。這是解釋第五句頌——四煩惱常俱。

四種煩惱，都是些什麼？1我癡。2我見。3我慢。4我愛。我癡，就是無明愚昧。對虛幻不實的我相，執爲實我，迷失了無我的眞理；所以名叫我痴。我見，就是我執。對非我的五蘊之法，妄計爲我；所以名叫我見。我慢，就是倨傲。仗恃着我執的我，令心高擧，睥睨一切；所以名叫我慢。我愛，就是我貪。對所執的我，深深的生起了躭悅的計著；所以名叫我愛。「並」字是表示：慢愛與見，見慢與愛，三法俱起。遮簡小乘薩婆多等，三法互不相應，各自爲政的主張。這是解釋頌文的六、七兩句——謂我痴我見，並我慢我愛。

因爲這四種煩惱，常常起來，把個第七識的內心，擾亂得溷濁不清。所以外面的六轉識，也成了三性的有漏雜染。有情就是因此造業受報，輪廻於生死苦海，不得出離。所以名爲煩惱。這是解釋頌中的煩惱二字。

彼有十種，此何唯四？有我見故，餘見不生。無一心中，有二慧故。如何此識，要

有我見？二取邪見，但分別生，唯見所斷。此俱煩惱，唯是俱生，修所斷故。我所邊見，依我見生。此相應見，不依彼起。恒內執有我，故要有我見。由見審決，疑無容起。愛著我故，瞋不得生。故此識俱，煩惱唯四。見愛慢三，如何俱起？行相無違，俱起何失？瑜伽論說：貪令心下，慢令心擧，寧不相違？分別俱生，外境內境，所陵所恃，粗細有殊，故彼此文，義無乖反。

根本煩惱總有十種：1貪、2瞋、3痴、4慢、5疑、6身見、7邊見、8邪見、9見取見、10戒禁取見。爲什麼與第七識相應的只有四種？因爲有了我見，就不能再有其餘的四見。見有審決之慧，沒有一念心中，而起二慧之故。

爲什麼第七識，不起餘見，要有我見呢？因爲見取、戒取、邪見，這三見都是起於後來的意識分別，見道卽斷。常俱煩惱，則是由無始時來與身俱生，一直到修道位才能斷除。至於我所見的邊見，又是由我見而生。因此，第七識，並非依見取、戒取、邪見、邊見這四見相應而起；而是任運緣內，執藏識以爲有我。所以第七識要有我見。

由於我見的審察決定之故，猶豫不決的「疑」，就無容生起。貪愛順着我故，憎恨的瞋，也不得而生。所以與第七識相應的根本煩惱，唯有痴、見、慢、愛四種。

外人問：那見、慢、愛三法，如何能夠俱起？論主答：這三法的行相，既不相違，俱起有何過失？外人再問：瑜伽論上說：貪能令心卑下，慢能令心高擧。這一個是卑下，一個是高擧，怎能說不是相違？論主再答：瑜伽論上這兩句話，有三種解釋：㈠分別俱生——由意識分別而起的貪慢，勢卒粗猛，可以說是相違。與生俱起的貪慢，微細相續，所以不違。㈡外境內境——若緣外境，貪則心下，慢則心擧，可以說是相違。若緣內境，對自身的貪愛，心不卑下而我慢自高，所以不違。㈢所陵所恃——若欺陵他人，但起高慢而無貪下，可以說是相違。若因自恃而起貪愛，心必高慢，所以不違。第七識的貪慢，在這三種釋義裏，是屬於俱生、緣內、自恃，故不相違。因此，瑜伽論上那兩句話，與唯識論的道理，並沒有什麼乖反。

乙二　餘俱相應

此意心所，唯有四耶？不爾，及餘觸等俱故。有義：此意心所唯九，前四，及餘觸等五法，卽觸、作意、受、想與思，意與徧行，定相應故。前說觸等，異熟識俱，恐謂同前，亦是無覆，顯此異彼，故置餘言。及是集義。前四後五，合與末那，恒相應故。此意何故無餘心所？謂欲，希望未遂合事。此識任運緣遂合境，無所希望，故無有欲。勝解，印持會未定境。此識無始，恒緣定事，經所印持，故無勝解。念，唯記憶會所習事。此識恒緣現所受境，無所記憶，故無有念。定，唯繫心專注一境。此識任運剎那別緣，既不專一，故無有定。慧，即我見，故不別說。善，是淨故，非此識俱，隨煩惱生，心依煩惱前後分位差別建立。此識恒與四煩惱俱，前後一類，分位無別，故此識俱，無隨煩惱。惡作，追悔先所造業。此識任運恒緣現境，非悔先業，故無惡作。睡眠，必依身心重昧，外衆緣力，有時暫起。此識無始一類內執，不假外緣，故彼非有。尋伺，俱依外門而轉，淺深推度，粗細發言。此識唯依內門而轉，一類執我，故非彼俱。

外人問：第七識的相應心所，只有四個根本煩惱嗎？答：不但有四，因爲頌文在四煩惱下，還有「及餘觸等俱」之句。但對這一餘字，有兩家不同的解釋。第一家說是煩惱之餘的觸等五法。第二家說是觸等之餘的隨煩惱。茲列舉如下。

第一家說：這第七識的心所，只有九個。那就是，根本煩惱四，及其餘的偏行五法。五法就是：觸、作意、受、想、思。因爲第七論和這偏行五法，決定相應之故。前說與第八異熟論俱的偏行，是無覆無記，這裏與第七論相應的偏行，是有覆無記。深恐有人誤會，這第七論的偏行，同前異熟的偏行，是一樣的無覆；所以在文中安置一個「餘」字，來顯示他們彼此的屬性不同。「及」的意義是「集」。集前面的四煩惱，後面的五偏行，合爲九個心所，與第七末那，恒時相應。

問：第七識，爲什麼只有那九個心所，而沒有其餘的心所呢？今按別境、善、隨惑、不定的次第，答之如下：

別境五法——（一）欲心所，是對於未遂合的樂事，希望遂合。第七識是任運恒緣遂合境界，他沒有對未遂合事的希望，所以無欲。（二）勝解心所，是對猶豫不定之境，決定印持。第七識是無始時來，恒緣已經印持了的旣定之事，非先猶豫，後方決定，所以他沒有勝解。（三）念心所，是記憶曾經習染過的往事。第七識是恒緣所受的現前境界，不須要記憶，所以無念。（四）定心所，是繫心於專注的一境。第七識是任運別緣，前後刹那，而非專注，所以無定。（五）慧心所，就是我見。慧見不二，所以第七識旣有我見，就不必再說有慧了。

善十一法——全都是純淨無染的體性，不是和第七識俱生的有覆無記。所以他沒有善心所。

隨煩惱——是隨在根本煩惱之後，依前後分位的差別而建立的。第七識是恒與四根本煩惱俱起，他們是前後一類，沒有分位上的差別。所以與第七識俱生的，只有根本煩惱，而沒有隨惑。

不定四法——（一）惡作，是追悔先前所造的惡業。第七識是任運恒緣現境，他不是先已造業，今始追悔。所以他沒有惡作。（二）睡眠，必定依於身心的沉重與惛昧，這是受了衆多的外緣，如勞瘁疾病等的壓力所致，不過有時暫起。第七識是無始時來，一類向內執藏識爲我，他不假藉任何外緣，所以睡眠不是第七識的心所法。(三)尋、伺二法，都是依緣外境而生，所不同者：尋爲淺推，發言粗俗；伺爲深度，發言細密。第七識唯是緣內的一類我執，用不着推度發言。所以尋、伺二法，並非與第七識同俱。

有義：彼釋餘義非理。頌別說此有覆攝故。又闕意俱隨煩惱故。煩惱必與隨煩惱俱，故此餘言，顯隨煩惱。

第二家說：前師對「餘」字的解釋，頗不合理。因爲頌中特別的說，這觸等五法是有覆無記性攝，已經簡別不是異熟識俱的無覆無記了。何必要一「餘」字，再來簡別呢？若說餘字是四煩惱之餘的觸等五法，豈不又缺少了與第七識俱的隨煩惱嗎？因爲根本煩惱，必定與隨煩惱俱，所以這個餘字，指的是觸等之餘的隨煩惱，而不是四煩惱之餘的觸等五法。但對此隨煩惱的解釋，又有如下四家不同的主張。

此中有義：五隨煩惱，徧與一切染心相應。如集論說：惛沉、掉舉、不信、懈怠、放逸，於一切染污品中，恒共相應。若離無堪任性等，染污性成，無是處故。煩惱起時，心既染污，故染心位，必有彼五。煩惱若起，必由無堪任、囂動、不信、懈

怠、放逸故。掉舉雖徧一切染心，而貪位增，但說貪分。如眠與悔，雖徧三性心，而癡位增，但說為癡分。

第一家說：五個隨煩惱，普徧與一切染心相應。這有雜集論可以證明。論上說：惛沉、掉舉、不信、懈怠、放逸，這五個隨煩惱，在一切染污的品類中，他們是恒共相應。倘若離我這無堪任性的惛沉等煩惱，那染污性，就沒有理由能够成立。煩惱起時的心，既是染污，所以染污心位，也必定有這五個隨煩惱。因為煩惱的生起，必由無堪任性的惛沉、囂動的掉舉、不信、懈怠、放逸等所使然。

問：掉舉但屬貪分，何以說與一切染心相應？答：掉舉雖徧通一切染心，而於貪分較他增盛，所以但說掉舉為貪分。這好像睡眠和追悔二法，他們雖徧通善、惡、無記三性，而於痴位較他增盛，所以但說為痴分一樣。

雖餘處說，有隨煩惱，或六或十，徧諸染心，而彼俱依，別意說徧，非彼實徧一切染心。謂依二十隨煩惱中，解通粗細無記不善，通障定慧，相顯說六。依二十二隨煩惱中，解通粗細二性，說十。故此彼說，非互相違。然此意俱，心所十五，謂九法，五隨煩惱，並別境慧。我見雖是別境慧攝，而五十一心所法中，義有差別，故開為二。何緣此意，無餘心所？謂忿等十行相粗動；此謂審細，故非彼俱。無慚無

愧，唯是不善；此無記故，非彼相應。散亂，令心馳流外境；此恒內執一類境生，不外馳流，故彼非有。不正知者，謂起外門，身語意行，違越軌則；此唯內執，故非彼俱。無餘心所，義如前說。

雖瑜伽等論上說：隨煩惱，或有六個，或有十個，都是徧通一切染心的。但他們都是依據別種意思來說的，實際上並不是徧通一切染心。怎樣叫依別意說？一、依二十隨煩惱說：忿、恨、惱、覆、誑、諂、憍、害、嫉、慳，這十個小隨煩惱，以粗細而論，但通粗相。無慚、無愧，這兩個中隨煩惱，以無記、不善的二性而論，但通不善。惛沉、掉擧，這兩個大隨煩惱，以障定、慧而論，掉擧障定，惛沉障慧。唯有不信、懈怠、放逸、忘念、不正知、散亂，這六個大隨煩惱，能够徧通粗細、二性，及障定慧。所以說之謂六。二、依二十二隨煩惱說：二十隨煩惱，再加邪欲和勝解，合爲二十二。除但通粗相，及不善性的十二個中小隨煩惱外，其餘的十個大隨煩惱，徧通粗細，及不善、無記二性。所以說之謂十。可見說六說十，無非都是依據別意，並不是說，這六、十隨惑，都能遍及一切染心。所以彼論說六說十，與唯識說五，並不相違。

然而與第七識相應的心所，只有十五個。那就是：前面所說的四個根本煩惱，及五個徧行等的九法；再加上五個隨煩惱，及一個別境的「慧」。問：既有我見，何必再說有慧？答

：我見雖即是慧，然而在五十一個心所法中，慧通三性，見唯染污，他們的意義，既有差別，所以開爲二種。

問：爲什麽第七識，只有這十五個心所，而沒有其餘的心所呢？答：忿等十法，行相粗動；第七識審察細密，所以不和他們俱起。無慚無愧二法，唯屬不善性攝；第七識是有覆無記，所以不和他們相應。散亂，令心馳流外境，間斷非恒，異類非一；第七識是恒向內緣一類所執的我境，他不向外境馳流，所以沒有散亂。不正知，是起於外門的身語意業，違越了正知的軌則；第七識是唯向內執，所以不與彼俱。至於沒有其餘心所的意義，准如前說，這裏勿庸費辭了。

有義：應說六隨煩惱，徧與一切染心相應。瑜珈論說：不信、懈怠、放逸、忘念、散亂、惡慧。一切染心，皆相應故。忘念、散亂、惡慧若無，心必不能起諸煩惱。要緣曾受境界種類，發趣忘念，及邪簡擇，方起貪等，諸煩惱故。煩惱起時，心必流蕩，皆由於境，起散亂故。惛沉掉舉，行相互違，非諸染心，皆能徧起。論說五法，徧染心者，解通粗細，違唯善法，純隨煩惱，通二性故。說十徧言，義如前說。然此意俱，心所十九。謂前九法，六隨煩惱，並念定慧，及加惛沉。此別說念，准前慧釋。並有定者，專注一類，所執我境，曾不捨故。加惛沉者，謂此識俱，無明尤重，心惛沉故。無掉舉者，此相違故，無餘心所，如上應知。

第二家說：應說六個隨煩惱，普徧與一切染心相應。因爲瑜伽論上說：不信、懈怠、放逸、忘念、散亂、惡慧，𢝹六個隨煩惱，與一切染心，都是相應之故。問：這六個隨惑的前三惑，徧與一切染心相應，已如前釋；不知後三惑，何以也與一切染心相應？答：倘若沒有這忘念、散亂、惡慧三法，那染心位的一切煩惱，必不能起。要緣曾經受過的種種境界，發起了忘念，及邪簡擇的惡慧，才能生起貪等的一切煩惱。煩惱起時，心必流蕩，這都是由於緣境所起的散亂之故。

問：徧染法中，何以沒有惛沉、掉舉？那是因爲惛沉相下，掉舉相高，他們的行相，是此起彼落，互相違反，並非於一切染心，都能徧起。那麼，何以論上說，惛沉掉舉等五隨煩惱，徧一切染心呢？那是因爲他們的行相是徧通粗細；簡非唯通粗相的忿等十法。是唯違善法；簡非不唯違善的散亂等法。是純煩惱；簡非亦名隨惑的尋、伺、睡眠、惡作四法。是並通不善、無記二法；簡非唯通不善的無慚無愧。所以論說五法徧染，並不是一切染心都有五法。至於說十個隨煩惱，徧一切染心的話，和前第一家所說的意義相同。

然而與第七識相應的心所，有十九個。那就是：前面所說的四根本煩惱，及五徧行等的九法；再加六個隨煩惱；三個別境的念、定、慧；一個惛沉。爲什麼在忘念的念外，又別說一個念呢？這與前師在我見的慧外，又別說一個慧的解釋一樣。見、慧有差別二義，念與忘念，也有明記、不明記的差別二義啊。爲什麼又說有定？那是因爲第七識專注於一類所執的我境，無始以來，不曾暫捨之故，所以有定。爲什麼又要加上惛沉？那是因爲第七識的無明迷執過重之故，所以要有惛沉。那麼，爲什麼沒有掉擧？有惛沉，就不能有掉擧，他們的行相，是相違背的啊。還有其餘不相應的心所，同以上第一家所說一樣。

有義：復說十隨煩惱，徧與一切染心相應。瑜珈論說：放逸、掉擧、惛沉、不信、懈怠、邪欲、邪勝解、邪念、散亂、不正知。此十，一切染汚心起，通一切處三界繫故。若無邪欲，邪勝解時，心必不能起諸煩惱。於所受境，要樂合離，印持事相，方起貪等，諸煩惱故。諸疑理者，於色等事，必無猶豫；故疑相應，亦有勝解。於所緣事，亦猶豫者，非煩惱疑，如疑人杌。餘處不說，此二徧者，緣非愛事，疑相應心，邪欲、勝解，非粗顯故。餘互有無，義如前說。此意心所有二十四。謂前九法，十隨煩惱，加別境五，准前理釋。無餘心所，如上應知。

第三家說：有十個隨煩惱，徧與一切染心相應。因爲瑜伽論上說：放逸、掉擧、惛沉、不信、懈怠、邪欲、邪勝解、邪念、散亂、不正知，這十個隨煩惱，他們在一切染汚心生起的時候，徧通於一切處，及三界的繫縛之故。倘若沒有邪欲，及邪勝解，那凡夫的心，必不能起一切煩惱。因他對於所受的順境，要樂與之合；逆境要樂與之離。必須以勝解來印持這些事相，才能生起對順境的貪；逆境的瞋等一切煩惱。

問：勝解，是決定印持。疑，是猶豫不定。這二法旣然相違，如何都與一切染心相應？答：於理可疑，於事必印，凡是疑理的人，對於事實的印證，必定沒有猶豫。所以與疑相應的染心，也有勝解。問：若在所緣的事上，也有猶豫，則無所印持，這個疑不是就沒有勝解了嗎？答：那不是煩惱的疑。好像恍惚中看見一株木樁，疑爲是人一樣。問：這邪欲和邪勝解二法，如果是徧一切染心的話，何以餘論不說？答：那是因爲緣非所愛事，及與疑心相應的時候，這二法的行相微細，所以不說。此處粗顯，所以才說。其餘八個隨惑的意義，在前面，或第一家有，第二家無；或第一家無，第二家有。都同他們所說一樣。然而第七識的相應心所，有二十四個。那就是：前面所說的四根本煩惱、五徧行，再加上十個隨煩惱，及五個別境。其意義，准如前釋。其餘的不相應心所，如：善十一、不定四、六根本煩惱、十小隨煩惱，也都和上面的說法一樣。

有義：前說皆未盡理。且疑他世爲有爲無？於彼有何欲勝解相？煩惱起位，若無惛沉，應不定有無堪任性。掉舉若無，應無囂動。便如善等，非染汚位。若染心中，無散亂者，應非流蕩，非染汚心。若無失念，不正知者，如何能起，煩惱現前？故染污心。決定皆與八隨煩惱，相應而生。謂惛沉、掉舉、不信、懈怠、放逸、忘念、散亂、不正知。忘念、不正知，念、慧爲自性者，不徧染心，非諸染心，皆緣曾受，有簡擇故；若以無明爲自性者，徧染心起。由前說故，然此意俱，心所十八。謂前九法，八隨煩惱，並別境慧。無餘心所，及論三文，准前應釋。若作是說，不違教理。

這是第四家護法的正義。他說：前三家所說，都未盡理。疑有他世，或無他世，論說是五種疑相（他世、作用、因果、實中、諸諦）之一，怎能說疑事不是煩惱？既是煩惱，試問：在這個他世有無的疑惑上，有什麼希望決定的欲、勝解相？這是破第三家有欲、勝解的十徧染義。

惛沉，以無堪任爲性；掉舉，以囂動爲性。如果煩惱起時，沒有惛沉，那就不一定有無堪任性了。若有堪任，便是善性，怎能名謂煩惱？如果沒有掉舉，就應當沒有囂動。若無囂動，便同善、無記一樣，那就不是染污心了。這是破第二家無惛沉、掉舉的六徧染義。

散亂、失念、不正知，皆以無明爲體，癡分所攝。假定染污心中，沒有散亂，那就應當不是流蕩，也不是染污心了。假定沒有失念，及不正知二法，那如何能使煩惱現前？這是破第一家無散亂、忘念、不正知的五徧染義。

因此，一切染心，決定都和八個大隨煩惱，相應而生。那就是：1惛沉、2掉舉、3不信、4懈怠、5放逸、6忘念、7散亂、8不正知。忘念和不正知二法，不可以別境的念、慧，為他們的體性；若以念、慧為性，那就不能徧一切染心了。因為並非一切染心，都緣曾經受過的境界；都有慧的簡擇啊。若以無明為性，那就徧與一切染心，相應而生了。

由於前來所說的原故，這第七識的相應心所，有十八個。那就是：四根本煩惱、五徧行、八隨煩惱，再加上一個別境的「慧」。至於相應法中，沒有的其餘心所，如：別境四、善十一、根本煩惱六、小、中隨煩惱十二、不定四、邪欲解二；以及所引的三段論文，都和前三家的解釋一樣。如果照這樣說，就不會違背教理了。

乙三　受俱相應

此染污意，何受相應？有義：此俱唯有喜受；恒內執我生喜愛故。有義：不然！應許喜受，乃至有頂。違聖言故。應說：此意四受相應。謂生惡趣，憂受相應，緣不善業所引果故。生人欲天初二靜慮，喜受相應，緣有喜地善業果故。第三靜慮，樂受相應，緣有樂地善業果故。第四靜慮，乃至有頂，捨受相應，緣唯捨地善業果故。有義：彼說亦不應理。此無始來，任運一類，緣內執我，恒無轉易，與變異受，不相應故。又此末那，與前藏識，義有異者，皆別說之。若四受俱，亦應別說。既不別說，定與彼同。故此相應，唯有捨受。未轉依位，與前所說，心所相應。已轉依位，唯二十一心所俱起。謂徧等、別境各五，善十一。如第八識，已轉依位，唯捨受俱。任運轉故，恒於所緣，平等轉故。

這染污的第七識——意，他和憂、喜、苦、樂、捨五受的那一受相應呢？有如下三家不同的解釋。

第一家說：和第七識相應的，只有一個喜受。因爲他恒向內執第八識爲我，而起了對我的喜愛之故。

第二家說：不然！因爲經論上說：第七識是隨着第八識，流轉到三界九地，高達於有頂的非非想天；而喜受，則僅止於色界二禪的「定生喜樂地」。若說喜受與第七識俱，那就應許喜受亦通有頂。如此，豈非與聖言相違？那麼，應當怎樣說呢？應當說：第七識與憂、喜、樂、捨四受相應：（一）生到獄、鬼、畜三惡趣裏，便與憂受相應。這是緣不善業所引的報果。（二）生到欲界人天，及色界的初、二禪天，便與喜受相應，這是緣有喜地的善業報果。（三）生到第三禪天，便與樂受相應。這是緣有樂地的善業報果。（四）生到第四禪天，乃至無色界的有頂——非非想天，便與捨受相應。這是緣唯有捨受的善業報果。

第三家說：第二家所說的也不合理。因爲第七識，自無始來，任運一類緣內執我，從沒有轉變和改易，他與變異的憂、喜、苦、樂等受，是不相應的啊。又、凡第七末那與第八藏識的義有異者，論中都予以別說。如果第七識與憂、喜、樂、捨四受相應，則是與藏識「唯有捨受」的意義有異，亦應別說。既不別說，那第七識的相應受，決定同第八藏識一樣，是唯有捨受了。

第七識在尚未轉識成智以前，他的相應心所，與前師所說的多少一樣；既已轉爲平等性智，那就唯與二十一個心所俱起了。這二十一個心所是：徧行五、別境五、善十一。也如第八識，已轉依位唯與捨受相應一樣。因爲是任運而轉，所以與二十一個心所相應；恒與所緣的平等大悲而轉，所以唯與捨受相應。

甲六　釋三性門

末那心所，何性所攝？有覆無記所攝，非餘。此意相應四煩惱等，是染法故。障礙聖道，隱蔽自心，說名有覆，非善、不善，故名無記。如上二界，諸煩惱等，定力攝藏，是無記攝。此俱染法，所依細故，任運轉故，亦無記攝。若已轉依，唯是善性。

上來合釋六、七二門竟，現在該講第八的「三性」門了。問：第七末那的相應心所，在三性中是屬於那一性呢？答：屬於有覆無記，而不是其餘的善、不善，或無覆無記。因爲第七識相應的貪、痴、見、慢四根本煩惱，是染污法，他能障礙聖道，隱蔽了本非染污的清淨自心，所以名謂有覆；他不是善，也不是不善，所以名謂無記。

例如：色、無色界有情的一切煩惱，因爲由定力所攝藏的原故，不起現行，所以是無記性攝。這第七識在未轉依前的相應煩惱，雖無定力攝藏，而所依的心王，行相微細，任運而轉，所以也是無記性攝。若已轉依，那就不是無記，也不是不善，而是唯一的善性了。

甲七　釋界繫門

末那心所，何地繫耶？隨彼所生，彼地所繫。謂生欲界，現等末那，相應心所，卽欲界繫。乃至有頂，應知亦然。任運恒緣，自地藏識，執爲內我，非他地故。若起彼地，異熟藏識，現在前者，名生彼地，染汚末那，緣彼執我，卽繫屬彼，名彼所繫。或爲彼地，諸煩惱等，之所繫縛，名彼所繫。若已轉依，卽非所繫。

上來釋第八門竟。現在該講第九的「界繫」門了。問：第七末那，和他的心所，在三界九地裏，是繫屬於那一地呢？答：他隨第八識，生到那一地，就爲那一地所繫屬。就是說：隨着第八識，生到欲界的現行末那，和他相應心所，也就是欲界所繫屬了。以此例知，乃至生到有頂的非非想處地，也一樣的爲非非想地所繫屬。因爲這第七識，是任運恒緣自地的第八藏識，執以爲我；而不是緣其他的界地，爲執我故。

倘若那一地，當前現起了第八異熟藏識，就叫做「生彼地」。染污的第七識——末那，緣彼藏識執以爲我，也就繫屬於彼，而名爲「彼所繫」了。或爲彼地的一切煩惱所繫縛，而名「彼所繫」。這是約第七識尚未轉依而言；若已轉依爲平等性智，那就不被界地所繫縛了。

甲八　釋伏斷位次門

乙一　正解伏斷

此染污意，無始相續，何位永斷，或暫斷耶？阿羅漢，滅定，出世道無有。阿羅漢者，總顯三乘無學果位。此位染意種及現等，倶永斷滅，故說無有。學位滅定，出世道中，倶暫伏滅，故說無有。謂染污意，無始時來，微細一類任運而轉。諸有漏道，不能伏滅。二乘聖道，有伏滅義。眞無我解，違我執故。後得無漏，現在前時，是彼等流，亦違此意。眞無我解，及後所得，倶無漏故，名出世道。滅定既是聖道等流，極寂靜故，此亦非有。由未永斷此種子故，從滅盡定，聖道起已，此復現行，乃至未滅。然此染意，相應煩惱，是倶生故，非見所斷。是染污故，非非所斷。極微細故，所有種子，與有頂地，下下煩惱，一時頓斷。勢力等故，金剛喩定，現在前時，頓斷此種，成阿羅漢，故無學位，永不復起。二乘無學，迴趣大乘，從

初發心，至未成佛，雖實是菩薩，亦名阿羅漢。應義等故，不別說之。

上來釋第九門竟。現在該講第十的「伏斷位次」門了。問：這染污的第七識，無始以來，相續不斷，要到什麼果位，才能永久斷滅，或暫時伏斷呢？答：頌中說是：『阿羅漢、滅定，出世道無有』。這個阿羅漢，並不是單指聲聞四果而言；而是總顯聲聞、獨覺、菩薩三乘的無學果位。因爲這三乘無學位的阿羅漢，他們那染污的第七識，無論種子或現行，都永遠斷滅了，所以說：「無有」。三乘有學的滅盡定，及出世的無漏聖道，也都能暫時伏斷，所以說：「無有」。

這意思是說：染污的第七識，自無始時來，就是微細的一類我執，在那兒任運而轉。因此，世間的有漏道，不能伏滅，唯有二乘聖道的無漏心起，才有伏滅的可能。因爲聖道的眞無我解，違背我執；後得無漏，是無分別智的等同流類，也違背了這染污的第七識——意。眞無我解，及後所得智，都是無漏，所以名叫「出世道」。滅盡定，旣是聖道的等流；又如涅槃似的「極寂靜」，所以也沒有我執。然而這不過是暫時伏滅。因爲他還沒有把煩惱種子完全斷盡，一旦出定，那煩惱就又復現行！直到未滅。

然而這染污意的相應煩惱，在三斷裏，因爲是與生俱生之故，所以不是見道所斷；是染污故，所以也不是非所斷；極微細故，所以所有種子，都和有頂——非非想地的下下品煩惱一時頓斷；因爲他的勢力與智相等，唯障無學，所以一到金剛喻定，就把他們的種子一齊頓斷，而成爲阿羅漢了。因此，無學位就永遠不會再起煩惱。

以上是約定性的三乘無學而言；至於不定性的二乘無學，他們迴轉了小乘的根性，而趣向大乘，從初發心，直到尚未成佛的過度時期，雖實是菩薩，仍名阿羅漢，所以不另外別說。

此中有義：末那唯有煩惱障俱。聖教皆言：三位無故。又說：四惑恒相應故。又說：爲識雜染依故。有義：彼說教理相違。出世末那，經說有故。無染意識，如有染時，定有俱生，不共依故。論說藏識，決定恒與一識俱轉，所謂末那。意識起時，則二俱轉，所謂意識，及與末那。若五識中隨起一識，則三俱轉。乃至或時頓起五識，則七俱轉。若住滅定，無第七識，爾時藏識，應無識俱。便非恒定一識俱轉。住聖道時，若無第七，爾時藏識，應一識俱，如何可言，若起意識，爾時藏識，定二俱轉？顯揚論說：末那恒與四煩惱相應，或翻彼相應恃舉爲行，成平等行，故知此意，通染不染。若由論說：阿羅漢位，無染意故，便無第七；應由論說：阿羅漢位，捨賴耶故，便無第八。彼既不爾，此云何然？

對以上所說，有兩家諍論。第一家說：第七末那，唯有煩惱障和他相應。因爲經論上都說：阿羅漢、滅盡定、出世道，這三位沒有末那。又說：我痴、我見、我慢、我愛，這四個根本煩惱，恒與第七識相應。又說：第七識爲善、不善等的雜染法所依。所以說：「末那唯有煩惱障俱」。

第二家說：彼說與教理相違。因爲出世末那，經上說有，怎能說三位無末那呢？沒有染汚時的第六意識，也如染汚時一樣，他們決定各有其俱生的不共所依。就是：染汚時的意識，依染汚末那；無染汚時的意識，依出世末那。怎能說：「末那唯有煩惱障俱」？

經論上說，第八藏識，決定恒有一識，和他俱轉。這個識，就是所謂的第七末那。意識起時，那就有兩個識，和他俱轉。這兩個識，就是所謂的第六意識，及第七末那。若前五識中，再隨便生起一個識來，那就有三個識，和他俱轉。這三個識，就是：五識之一，加意識、末那。若前五識，一時頓起，那當然再加意識和末那，就有七個識和他俱時而轉了。

因此，住滅盡定時，不可能沒有第七淨識。若無第七淨識，這時的第八藏識，就應當沒有識和他俱轉。那便不是經論所說：「藏識決定恒與一識俱轉」了。住聖道時，也不可能沒有第七淨識。若無第七淨識，這時的第八藏識，意識若起，就應當只有一識和他俱轉。那如何經論上說：若起意識，這時的藏識，決定有二識——意識、末那，和他俱轉呢？

顯揚論上說：第七末那，他恒常和四個煩惱相應。或翻轉以自恃高擧爲行的相應煩惱爲平等性行。所以知道這第七識，並通染、淨的我、法二執與平等性智。

若依論說：阿羅漢位，沒有染汚的意，便說無第七識的話；那就應當也依論說：阿羅漢位，捨棄了我愛執藏的阿賴耶，就連淸淨的第八識體，也沒有了。旣許彼第八識並通染淨，如何說這第七識唯染位有呢？

又諸論言：轉第七識，得平等智。彼如餘智，定有所依，相應淨識。此識無者彼智應無。非離所依，有能依故。不可說彼，依六轉識，許佛恒行，如鏡智故。又無學位，若無第七識，彼第八識，應無俱有依。然必有此依，如餘識性故。又如未證補特伽羅無我者，彼我執恒行，亦應未證法無我者，法我執恒行。此識若無，彼依何識？非依第八，彼無慧故。由此應信，二乘聖道，滅定、無學，此識恒行。彼未證得法無我故。又諸論中，以五同法，證有第七，爲第六依。聖道起時，及無學位，若無第七，爲第六依，所立宗因，便俱有失。或應五識，亦有無依。五恒有依，六亦應爾。是故定有無染汚意，於上三位，恒起現前。言彼無有者，依染意說。如說四位，無阿賴耶，非無第八。此亦應爾

很多的論上都說：轉第七識，得平等智。這平等智，也如其餘的大圓鏡智、妙觀察智、

成所作智一樣，決定有他所依的第七淨識。如果沒有第七淨識，那平等性智，又怎能會有？並非離了所依的識，而有能依的智啊。你不可說，平等智的所依是六轉識。因爲六轉識是有間斷的，平等智是佛地恒無間斷的妙行，和大圓鏡智一樣。

三乘無學，如果沒有第七識，他那第八識不是就沒有俱有依了嗎？然而，無學位的第八識，必有現行的俱有依，也如其餘的七個識一樣。

又如，還沒有證到人無我的補特伽羅——凡夫，他們的我執，恒起現行。當然，還沒有證到法無我的二乘，他們的法我執，也一樣的恒起現行。如果二乘沒有第七識，試問：他那恒行的法執，依什麼識？你不能說依第八識吧？因爲第八識沒有推度決擇的慧心所故。因此，應當相信二乘聖道、滅盡定、無學位，他們的第七識，還照常現行。因爲他們還沒有證到法無我故。

又、諸論都說：前五識，在七識中，同爲轉識；同有所依，所以名爲「五同法」。以五同法有五根爲依，證明確有第七意根來做第六意識的所依。量謂：宗——有第七識。因——爲第六識之所依故。喩——如五同法。聖道起時的有學及無學位，倘若沒有這第七識，爲第六識所依；那量中所立的宗、因，便都有了自違和不定的過失；或前五識，也應當有無依的時候。如果五識恒有所依；那第六識，亦何獨而非然？因爲大家既是同法，要有所依，都有所依啊。

因爲以上所說的原故，決定有一個無染汚的清淨末那，在二乘、滅盡定、無學，這三位裏，恒起現行。說三位無末那，那是約染汚的末那而言。譬如說：聲聞、獨覺、菩薩、佛，這四位沒有我愛執藏的阿賴耶，並不是連異熟識，及無垢的第八識體也沒有了。說四位無阿賴耶如此，說三位無末那亦然！並不是連清淨的第七識體也沒有了。

乙二　傍解行相

此意差別，略有三種：一補特伽羅我見相應。二法我見相應。三平等性智相應。初通一切異生相續。二乘有學，七地以前一類菩薩，有漏心位，彼緣阿賴耶識，起補特伽羅我見。次通一切異生、聲聞、獨覺相續；一切菩薩法空智果不現前位，彼緣異熟識，起法我見。後通一切如來相續，菩薩見道，及修道中，法空智果，現在前位，彼緣無垢異熟識等，起平等性智。

這第七識的行相，分別起來，略有三種：第一種是補特伽羅——人我見相應。第二種是法我見相應。第三種是平等性智相應。這三種相應末那，都是誰有？玆分別明之如下：

第一種人我見相應：一切五趣異生，及二乘有學，與七地以前的一類菩薩，都有人我見。因爲他們還在有漏心位，不能不以第七末那緣第八阿賴耶識的見分，而生起了他們的人我見。

第二種法我見相應：不但異生、二乘有學、七地以前菩薩，既有人我見，必有法我見；就是二乘無學、一切地菩薩，在他們法空觀的平等智果，還沒有現前的時候，照樣的也有法我見。因爲他們雖了人空，猶以第七末那緣第八異熟識的相分，生起了他們的法我見。

第三種平等性智相應：一切如來，以及在見、修道中，法空智果現前的菩薩，都有平等性智。因爲他們的第七識緣第八無垢的異熟識，及眞如等，生起了後得的平等性智。

補特伽羅我見起位，彼法我見，亦必現前。我執必依，法執而起。如夜迷杌等，方謂人等故。我、法二見，用雖有別，而不相違，同依一慧。如眼識等，體雖是一，而有了別靑等多用，不相違故，此亦應然。二乘有學聖道，滅定現在前時；頓悟菩薩，於修道位；有學漸悟，生空智果，現在前時，皆唯起法執。我執已伏故。二乘無學，及此漸悟，法空智果，不現前時，亦唯起法執，我執已斷故。八地以上，一切菩薩，所有我執，皆永不行；或已永斷；或永伏故。法空智果，不現前時，猶起法執。不相違故。

當人我見生起的時候，那法我見，也必定現前。因爲先不了法空，然後才有我執依法執而起。好像夜間看見一根木樁，先不知是樁，然後才誤樁爲人一樣。我、法二見的作用雖有差別；然而，他們的法體，都是同依一「慧」而不相違。譬如：眼識的識雖一，却有了別青、黃、赤、白的許多功用；功用雖有差別，而於識體並不相違。我、法二見，也應當是這樣的。

二乘有學，在聖道及滅盡定現前的時候；直聞大乘的頓悟菩薩，在修道位時；迴向大乘的有學漸悟菩薩，在生空智果現前的時候；這三種人，都唯有法執。因爲他們的我執已伏。

二乘無學的阿羅漢，及由此無學迴向大乘的漸悟菩薩，在法空智果還沒有現前的時候，也唯起法執。因爲他們的我執已斷。

八地以上的一切菩薩，他們所有的我執，都永遠的不起現行了。因爲這一切菩薩：或無學漸悟，我執永斷；或有學漸悟，及頓悟菩薩，我執永伏；所以不行。然而，當他們的法空智果，還沒有現前的時候，猶起法執。因爲人空不違法執故。

如契經說：八地以上，一切煩惱，不復現行；惟有所知障在。此所知障，是現非種。不爾，煩惱亦應在故。法執俱意，於二乘等，雖名不染；於諸菩薩，亦名爲染，障彼智故。由此亦名有覆無記。於二乘等說名無覆，不障彼智故。是異熟生攝。從異熟識，恒時生故，名異熟生，非異熟果。此名通故，如增上緣，餘不攝者，皆入此攝。

此引經爲證，如契經上說：八地以上的一切煩惱，都不再起現行了；惟有所知障，還依然存在。這所知障，指的是現行而不是種子。若是種子，那八地以上，就不惟所知障在，即煩惱障亦在。

與法執俱起的第七末那，在二乘異生，雖不名爲染污，然而在一切菩薩，猶名爲染。因爲他能障蔽菩薩的法空智果。所以在菩薩地，也叫他名爲有覆無記；在二乘異生，就叫他名爲無覆。因爲法執不能障蔽二乘的生空智果。

這有法執的第七識，是屬於異熟無記的「異熟生」攝。異熟生，是從第八異熟識裏，恒時所生而得名；不是由善惡業因所生的異熟報果。爲什麼屬於異熟生，而不屬於異熟果呢？那是因爲異熟生的名，旁通甚廣；異熟果的名，僅局於第八識故。譬如四緣的增上緣，其餘的因緣、等無間緣、所緣緣，這三緣所不攝的，都歸於增上緣所攝了？第三節依十門分別，解頌文竟。向下是第四節證有此識。

第四節　證有此識

甲一　總擧教理

云何應知此第七識，離眼等識，有別自體？聖教正理，爲定量故。

上來依十門分別解頌文竟。這以下是舉聖教、正理，來證明確有此識。問：怎樣知道這第七識，離開了眼、耳、鼻、舌、身、意六識，而別有自體呢？答：有聖教和正理，來作決定性的權衡，所以知道。

甲二　別引教證

謂薄伽梵，處處經中，說心意識，三種別義。集起名心；思量名意；了別名識，是三別義。如是三義，雖通八識，而隨勝顯。第八名心，集諸法種，起諸法故。第七名意，緣藏識等，恒審思量，爲我等故。餘六名識，於六別境，粗動間斷，了別轉故。如入楞伽，伽他中說：『藏識說名心；思量性名意；能了諸境相，是說名爲識』。

薄伽梵——世尊，處處在經中說：心、意、識三種差別的意義：（一）集起的意義叫做「心」；（二）思量的意義叫做「意」；（三）了別的意義叫做「識」。這就是三義的差別。這三種別義，雖可用作八個識的通名；然而，各隨其偏勝來說，則各得別名：（一）第八名「心」。因爲他能集現行諸法熏習的種子，而起諸法現行，「心」義偏勝。（二）第七名「意」。因爲他緣第八藏識，恒審思量，執有我、法，「意」義偏勝。（三）其餘的眼等前六名「識」。因爲他們對於色等的六種別境，有粗動轉變，間斷非恒的了別能力，「識」義偏勝。例如：佛在入楞伽中說：『藏識說名心，思量性名意，能了諸境相，是說名爲識』。也就是顯示各依別義，各得別名的意思。

又大乘經，處處別說，有第七識，故此別有。諸大乘經，是至教量，前已廣說，故不重成。解脫經中，亦別說有此第七識。如彼頌言：『染汚意恒時，諸惑俱生滅，若解脫諸惑，非曾非當有』。彼經自釋此頌義言：有染汚意，從無始來，與四煩惱恒俱生滅：謂我見、我愛，及我慢、我痴。對治道生，斷煩惱已，此意從彼，便得解脫。爾時此意，相應煩惱，非惟現無，亦無過未，過去未來，無自性故。如是等教，諸部皆有。恐厭廣文，故不繁述。

還有大乘經，處處都別說有第七識。所以這第七識，是離前六識外而別有自體的。諸大乘經，是因明三量之一的「至教量」。在前面初能變裏，已經說得很多，所以這裏不必再說。

不但大乘經，就是大小乘共許的解脫經裏，也別說有此第七識。例如：彼經的頌上說：『染汚意恒時，諸惑俱生滅，若解脫諸惑，非曾非當有』。據彼經自己解釋這頌中的意義是說：有一個染汚的第七識，從無始以來，就常常與四個煩惱，生則俱生，滅則俱滅。這四個煩惱是：我見、我愛、我慢、我痴。要到對治的無間道生起，斷了煩惱的時候，這第七識，才從無間道裏，得到了解脫。這時第七識的相應煩惱，不但現在沒有，就是連過去未來的惑體亦無。像這等聖教，不止解脫一經，諸經都有。恐怕好略的人，對長文發生厭惡，故不繁述。

甲三　別顯理證

已引聖教，當顯正理。謂契經說：不共無明，微細恒行，覆蔽眞實；若無此識，彼應非有。謂諸異生，於一切分，恒起迷理，不共無明，覆眞實義，障聖慧眼。如伽他說：『眞義心當生，常能為障礙；俱行一切分，謂不共無明』。是故契經說異生類，恒處長夜，無明所盲，惛醉纏心，曾無醒覺。若異生位，有暫不起此無明時，便違經義。俱異生位，迷理無明，有行不行，不應理故。此依六識，皆不得成。應此間斷，彼恒染故。許有末那，便無此失。

上來已引聖教，此下當顯正理。正理有六，現在先講第一的「不共無明」。契經上說：意識不與六塵相應時所起的煩惱，叫做不共無明。因為這不共無明太微細了，所以他單與第七末那相應，恒起現行，覆蔽了眞實義理。倘若沒有這第七末那，那不共無明，就不應當有。就是說：凡夫在一切趣生的位分，不斷生起迷理的不共無明，隱覆了無我的眞實義；也障蔽了無漏智的聖慧眼。

例如頌上說：無漏眞智，本來是應當生起的，因爲有一種不了諸法事理的闇鈍障礙，常常使他於一切位分，不能俱起現行。這障礙，就是不共無明。

所以佛經中說：流轉五趣的異生之類，他們常常處在漫長的生死闇夜，爲不共無明，盲了慧眼，惛醉沉迷，纏住了本淨眞心，從無醒覺。假使異生之類，有暫時不起不共無明的，便與經義相違。因爲同屬異生之類的有情，他們那迷理的不共無明，都是一樣的闇鈍，那有行與不行之理。

若說不共無明，是依六識而起，根本就沒有第七末那。這理由也不能成立。因爲六識間斷，通於三性；不共無明，恒與染俱故。假使是依於六識的話；那不共無明，就應當隨六識而間斷；六識也應當不斷的恒起染法；這豈不是有相反的過失了嗎？若許有第七末那，就不會有這樣相反的過失了。

染意恒與四惑相應，此俱無明，何名不共？有義：此俱我見慢愛，非根本煩惱，名不共何失？有義：彼說理教相違。純隨煩惱中，不說此三故。此三，六十煩惱攝故。處處皆說染汚末那，與四煩惱恒相應故。應說四中無明是主。雖三俱起，亦名不共。從無始際，恒內惛迷，曾不省察，痴增上故。此俱見等，應名相應。若爲主時，應名不共。如無明故，許亦無失。有義；此痴名不共者，如不共佛法，唯此識有

故。若爾，餘識相應煩惱，此識中無，應名不共。依殊勝義，立不共名，非互所無，皆名不共。謂第七識，相應無明，無始恒行，障眞義智，如是勝用，餘識所無，唯此識有，故名不共。既爾。此俱三亦應名不共。無明是主，獨得此名。或許餘三，亦名不共。對餘痴故，且說無明。

染污的第七識，恒與我見、我愛、我慢、我痴四煩惱相應。這相應無明，何以名叫不共？向下有三家不同的解答：

第一家說：與第七識相應的四個煩惱，除了無明的我痴，是根本煩惱外，其餘的我見、我慢、我愛，都是隨煩惱所攝，而不是同根本煩惱俱有的共法，所以名爲不共。這有什麼過失呢？

第二家說：你那種說法，於理於教，都是相違背的啊！純粹的隨煩惱中，並沒有說這我見、慢、愛三惑。因爲這三惑是屬於六根本煩惱，或十根本煩惱所攝故。經論中又處處都說：染污的第七末那，恒與這痴、見、慢、愛四根本煩惱相應。怎能說不是同根本煩惱俱有的共法呢？

應當這樣說：痴、見、慢、愛四煩惱中，是以痴闇的無明爲主的。因此，雖與見、慢、愛三法同時俱起，也叫他名爲不共。那麼，既名不共，何以又叫做無明？因爲從無始來，他一切時，都在執着自內之我的惛迷狀態中，於無我理，曾不省察，這種愚痴的勢力，特別增上之故。

這俱起的見、慢、愛，因爲不是爲主的原故，所以應當名叫相應，而不名不共。問：如此說來，那見等在前六識裏，爲了別塵境而作主的時候，也應當名謂不共了？答：他旣然同無明一樣的爲主，就援例許他名謂不共，也沒有什麼過失。

第三家說：這愚痴的無明，所以名爲不共者，因爲他好像身無失、口無失……等的十八不共佛法一樣。不共佛法，唯佛獨具，不與二乘、菩薩所共有。這無明，也唯獨第七識有，餘識都無，所以名叫不共。

外人問：照你這樣說，那但與餘識相應，這第七識裏沒有的煩惱，不是也應當名爲不共嗎？

論主答：這無明有偏通善、惡、無記三性的殊勝意義，餘識無明無此殊勝，卽依此殊勝的意義，來建立不共的名稱。並不是這識裏有，那識裏沒有的，都叫做不共。就是說：與第七識相應的無明，他無始時來，恒起現行，障蔽了無我的眞義，與無漏聖智。像這樣殊勝的作用，是前六識所沒有的，這第七識獨有。因此，才叫他名爲不共。

外人又問：旣然如此，那與第七識相應的見、慢、愛三惑，也不是餘識所有；也偏通三性，就應當也叫做不共，何以不呢？

論主答：無明是主，所以他獨得了這個不共的名稱。或許其餘的見等三惑，也叫做不共。不過這是對餘識的無明來說的。因爲前六識的無明不偏三性，不得名爲不共，唯有這第七識的無明徧通三性，方得名爲不共之故。所以但說無明，不說餘三——見、慢、愛。

不共無明，總有二種：一恒行不共，餘識所無。二獨行不共，此識非有。故瑜伽說：無明有二：若貪等俱者，名相應無明；非貪等俱者，名獨行無明。是主獨行，唯見所斷。如契經說：諸聖有學，不共無明，已永斷故，不造新業。非主獨行，亦修所斷。忿等皆通見所斷故。恒行不共，餘部所無。獨行不共，此彼俱有。

不共無明，總有兩種：一種是恒行不共，除第七識外爲餘識所無。二種是獨行不共，他不與餘識俱起，獨迷諦理，非第七識所有。

所以瑜伽論上說：無明有二：（一）若與貪等俱起的，叫做相應無明。（二）若不與貪等俱起的，叫做獨行無明。獨行無明，亦分兩種：第一種是「主獨行」。他不與忿等十種隨惑相應，便能獨自分別而起，這是見道所斷的粗惑。例如：契經上說：未證無學的聖者，他們的不共無明，已經永斷，不會再造新業了。第二種是「非主獨行」。這種無明，他無力獨起，必須與忿等十惑相應，不但是見道所斷，而且也是修道所斷。因爲忿等都是通於見道所斷的隨惑啊。

然而，第七識的恒行不共無明，爲餘部小乘所無，唯大乘獨有。至於獨行不共無明，那是大小乘教，彼此俱有。

又契經說：眼等爲緣，生於眼識。廣說乃至意法爲緣，生於意識。若無此識，彼意非有。謂如五識，必有眼等，增上不共俱有所依。意識既是六識中攝，理應許有如是所依。此識若無，彼依寧有？不可說色，爲彼所依，意非色故。意識應無，隨念計度，二分別故。亦不可說，五識無有俱有所依。彼與五根俱時而轉，如芽影故。又識與根，既必同境，如心心所，決定俱時。由此理趣，極成意識，如眼等識，必有不共顯自名處。等無間不攝，增上生所依，極成六識，隨一攝故。

上來講第一正理竟。現在是講第二正理的「意法爲緣」。又、契經上說：以眼根和色塵爲緣，才能生起眼識；乃至以意和法塵爲緣，才能生起意識。倘若沒有這第七識來做意根，那第六意識，他如何能够生起？就是說：例如五識，必有眼等五根的增上緣，來做他們各別不共的俱有依。意識既是前六識所攝，按道理就應當許他也有這樣的俱有依。假使沒有這第七識，那意識的俱有依，怎麼會有？

你不可說，胸中那塊肉團的色法，可以做意識的所依根。因爲意根不是色法啊。如果意根是色法的話；那第六意識，就應當同五識一樣，只有自性分別，而沒有隨念和計度的二種分別了。

也不可說，五識沒有俱有依，不過是前念五根，生後念五識罷了。爲什麼不可這樣說呢？因爲五識與五根，是俱時而轉，並不是前後異時。好像芽之與種，影之與形，是同時一樣。

又、識與根，既然是同緣一境，就應當如心王和心所一樣，決定同時。

由於以上所說的道理之故，大小乘所共許的意識，也像前五識一樣，必有其不與他識所共的俱有根，來顯示他在十二處裏，各自所得意、法的處名。這不屬於次第滅意的等無間緣，也不屬於親生種子的因緣；而是增上緣生的俱有所依。這俱有所依，在共許的六識裏，隨便那一個識，都有。

又契經說：思量名意。若無此識，彼應非有。謂若意識現在前時，等無間意，已滅非有。過去未來，理非有故。彼思量用，定不得成。既爾，如何說名爲意？若謂假說，理亦不然。無正思量，假依何立？若謂現在，曾有思量，爾時名識，寧說爲意？故知別有第七末那，恒審思量，正名爲意，已滅依此，假立意名。

上來講第二正理竟。現在是講第三正理的「思量名意」。又契經說，思量名意。假使沒有這第七識，那「思量名意」的話，經上就不應該說。

小乘人說：思量名意，是識的過去心，那叫做等無間意，並不是第七識。論主破他說：不然！若第六意識，現前的時候，那等無間意，就已經滅而非有了。卽使說未來有體，那也還沒有到來。依理而論，過去未來，都是沒有的，那思量的作用，決定不能成立。旣然如此，怎麼說他名叫做「意」？

如果說思量名意，是假說的話，這理由也不盡然！因爲假必依眞，假使沒有相似的眞思量，那假思量，他依什麼法來建立呢？

若謂過去的意，也曾有過現在的思量，所以名之爲意。那也不對！因爲彼時是了別名識，怎能說他是思量名意。

因此，所以知道，在前六識外，別有一個恒審思量的第七末那，正名爲意。已經滅了的前念，都依末那而起，卽依此方便建立了等無間意的假名，而實非正意。

又契經說：無想、滅定。染意若無，彼應無別。謂彼二定，俱滅六識，及彼心所。體數無異。若無染意，於二定中，一有一無，彼二何別？若謂加行，界地依等有差別者，理亦不然。彼差別因，由此有故。若此無者，彼因亦無。是故定應別有此意。

上來講第三正理竟。現在是講第四正理的「二定差別」。又契經說：「無想定、滅盡定」。如果沒有染污的第七末那，那無想和滅盡二定，就應當沒有差別。就是說：那無想、滅盡二定，都一樣的滅了他們的前六識心王，及其心所。心王爲體，心所爲數，體數無異，滅則俱滅。然而，無想有染污，滅盡無染污，儼然有別。倘若沒有第七識，那二定既已俱滅六識王所，何以一個有染污，一個無染污呢？可見無想定，僅止滅了六識王所，還有第七識的王所未滅；滅盡定，則是兼第七識王所而並滅之了。

若謂二定是因爲有加行、界地、所依等的不同之故。（無想定，是加行的出離想；滅盡定，是加行的靜住想。無想定，在色界的捨念清淨地；滅盡定，在無色界的非想非非想處地。無想定，依外道邪教；滅盡定，依正道正教。）所以才有染、淨的差別。這理由也不對！因爲二定之所以有加行等差別的原因者，完全是由於有第七識的染污之故。倘若沒有這第七識，那二定也沒有加行等，來做染、淨差別的原因了。因此，除前六識外，決定別有第七末那。

又契經說：無想有情，一期生中，心心所滅。若無此識，彼應無染。謂彼長時，無六轉識；若無此意，我執便無。非於餘處，有俱縛者，一期生中，都無我執，彼無我執，應如涅槃。便非聖賢，同所訶厭。初後有故，無如是失。中間長時無故，有過。去來有故，無如是失。彼非現常，無故，有過。所得無故，能得亦無。不相應

法，前已遮故。藏識無故，熏習亦無。餘法受熏，已辯非理。故應別有染汚末那，於無想天，恒起我執。由斯賢聖同訶厭彼。

上來講第四正理竟。現在是講第五正理的「無想有染」。又契經說：無想天的有情，在從生到死的一期生中，前六識的心、心所都已伏滅；倘若沒有這第七識，那無想有情，就應當沒有染汚。就是說：彼無想有情，在很長的一期生中，都沒有六轉識，假使再沒有第七識染汚的話；他們的我執也就沒有了。然而，無想有情，也是屬於餘處有束縛的異生之類，並非於一期生中，都無我執；若無我執，就應當如涅槃一樣，那無想天，就不是三乘聖賢同所訶厭的有爲法了。

小乘救言：在一期生中，除中間很長的一段時期外；初、後二時，都有第六識的我執，這有什麼過失呢？

論主破他說：若中間長期沒有第七識，試問：是誰在執我，這豈不是大大的過失嗎？

小乘又救：過去未來都有第六識的我執，雖長時沒有，也不得謂爲有過。

論主又破他說：你那過去未來世，既非現在，又非常有，那哩有什麼我執？所以仍然有過。

若說：去來二世雖非現在，而不相應行法的「得」，可是吧，這個「得」，豈非就是我執？那也不對！因爲所得之世既無，能得的得，當然也沒有。不相應行法，都無實體，這在前面早已遮遣過了。

若說：「得」雖沒有，而種子非無，這種子豈非我執？是亦不然！如果沒有受熏的第八藏識，那哩會有熏習的種子；只要有所執的藏識種子，便有能執的第七末那。至於除第八識外，其餘的色心等法，也可以受熏的話，在前面已經辯明其非理了。

因此，除前六識外，應當別有個染汚的第七末那，在無想天裏，恒起我執。所以三乘聖賢，都討厭他這個出定後仍有煩惱的定果。

又契經說：異生善染，無記心時，恒帶我執。若無此識，彼不應有。謂異生類，三性心時，雖外起諸業，而內恒執我；由執我故，令六識中，所起施等，不能亡相。故瑜伽說：染汚末那，爲識依止，彼未滅時，相了別縛，不得解脫。末那滅已，相縛解脫。言相縛者：謂於境相，不能了達，如幻事等。由斯見分相分所拘，不得自在，故名相縛。依如是義，有伽他言：『如是染汚意，是識之所依；此意未滅時，識縛終不脫』。又善無覆無記心時，若無我執，應非有漏。自相續中，六識煩惱，與彼善等，不俱起故。去來緣縛，理非有故。非有他惑，成有漏故；勿由他解，成無漏故。

上來講第五正理竟。此下是講第六正理的「三性執我」。又契經說：當凡夫位的善、染、無記三性心起時，恒帶我執。倘若沒有這第七識，那我執就不應當有。就是說：凡夫的三性心，雖外起善、惡、無記諸業；而第七識猶向內緣第八識的見分，執以為我。由於內執我故，使前六識裏所起的布施、持戒等有漏善業，不能亡相；至於惡、無記業，那更不消說了。

所以瑜伽論上說：染污的第七末那，為六識所依。在末那還沒有滅的時候，那六識分別境相的束縛，就不得解脫。必須末那滅了，相縛才能解脫。

什麼叫做相縛？就是對所緣的境相，不能以智慧眼了知是依他緣生，如夢幻泡影似的虛妄不實。因此，能緣的見分心，為所緣的相分境所拘礙，不得自在。所以名叫相縛。

依於此義，所以有頌中說：像這樣染污的第七末那，為前六識所依；只要這染污的末那，尚未滅除，所有六識的煩惱，終於不能解脫。

又若在善和無覆無記心時，如果沒有第七識的我執，就應當不是有漏。因為善等的相續法中，不與六識煩惱俱起；既不與六識煩惱俱起，若再沒有第七識的我執，他如何成為有漏？若說，善等雖不與煩惱俱起，然而過去未來都有煩惱，所以成為有漏。這也不對！因為過去未來的世體，按道理說，猶如兎角一樣，那哩有什麼煩惱？也並不是由他人的煩惱，成為自己的有漏；由他人的解脫，成為自己的無漏；有漏、無漏，全在染污的第七識，滅與未滅。所以三性的成爲有漏，是由於第七識的我執之故。

又不可說：別有隨眠，是不相應，現相續起，由斯善等，成有漏法。彼非實有，已極成故。亦不可說：從有漏種，生彼善等，故成有漏。彼種先無因，可成有漏故。非由漏種，彼成有漏。無學無漏心，亦成有漏故。雖由煩惱，引施等業，而不俱起，故非有漏正因；以有漏言，表漏俱故。又無記業，非煩惱引，彼復如何得成有漏？然諸有漏，由與自身現行煩惱俱生俱滅，互相增益，方成有漏。由此熏成有漏法種。後時現起，有漏義成。異生既然，有學亦爾。無學有漏，雖非漏俱，而從先時有漏種起，故成有漏，於理無違。由有末那恒起我執，令善等法有漏義成。此義若無，彼定非有。故知別有此第七識，證有此識理趣甚多，隨攝大乘，略述六種。諸有智者，應隨信學。然有經中說六識者，應知彼是隨轉理門，或隨所依六根說六，而識類別，實有八種。

又不可說：別有一種伏眠在藏識裏的煩惱，叫做「隨眠」，是不與心、心所法相應的微細無明。這隨眠現行，相續而起的時候，善法也成了有漏。爲什麼不可以這樣說呢？因爲那不相應行，是離了色心等法而沒有實體的啊。這是大小乘教，統統都讚成的。

也不可說：從有漏種子所生的善法，就成爲有漏。爲什麼不可以這樣說呢？因爲那善法種子，先前爲能熏所熏時，根本就不與煩惱相應，既沒有可成有漏之因，他如何能成爲有漏？可見並不是由有漏種子，使善法成爲有漏。如果有有漏種子，能使善法成爲有漏；那無學位的無漏心，豈不也可以成爲有漏了嗎？

雖由煩惱引發布施善業，而布施善業，却不與煩惱俱起，所以煩惱不是有漏善業的正因，不過是旁因而已。因爲一說有漏，便表示此法與煩惱俱起，布施既不與煩惱俱起，他當然不是有漏的正因。若謂煩惱所引發的，就叫做有漏；那非善非惡的無記業，並非煩惱所引發，他怎麼也成爲有漏呢？

然而，諸有漏法，是因與自身的現行煩惱，俱生俱滅，更遞爲緣，互相增益，這才成爲有漏。由此有漏現行，熏成了有漏種子，到後來這種子復起現行。有漏的意義，就是這樣成立的。凡夫既然如此，初、二、三果的有學，亦何獨不然？無學的有漏根身，雖非與現行有漏俱時；然而，他先前也是從有漏種子而起，所以也成爲有漏。這在道理上，是沒有違背的啊。

由有第七末那，恒起我執之故，使一切善法，雖非與煩惱俱起，却不能不帶我執，而成爲有漏。假使沒有這第七末那，那一切善法的有漏，也決不會有。

所以知道除六識外，別有一個第七識。證明有這第七識的理趣，還有很多很多，現在不過僅就攝大乘論，略說以上六種而已。凡是有智慧的人，都應當隨信修學。

然而，爲什麼也有經中，但說六識呢？應知那是隨順小機轉變了大乘教理的方便說法；或隨所依的六根但說六識，都非盡理。而識的類別，實有八種。上來第二章解第二能變竟。下接第三章解第三能變。

第三章　解第三能變

第一節　四門分別

甲一　舉頌答問

如是已說第二能變。第三能變。其相云何？頌曰：『次第三能變，差別有六種，了境爲性相，善不善俱非』。

「如是」二字，是指前面第二章所說而言。第二章已經把第二能變的第七識說完了。至於第三能變的前六識，他的義相，是怎麼樣呢？

答覆這個問題，向下共舉九頌分九門釋義：初舉一頌分爲四門、次舉六頌分爲二門、後舉二頌分爲三門。這初舉一頌的四門是：1前兩句，是能變差別門。2第三句，是性、相二門。3第四句，是三性門。向下論文依次解釋。

甲二　釋頌義

乙一　釋能變差別門

論曰：次中思量，能變證後，應辯了境，能變識相。此識差別，總有六種。隨六根境，種類異故。謂名眼識，乃至意識。隨根立名，具五義故。五，謂：依、發、屬、助、如根。雖六識身，皆依意轉，然隨不共，立意識名。如五識身，無相濫過。或唯依意，故名意識。辯識得名，心意非例。

這向下的論文，是解釋前兩句頌的第一「能變差別門」。論曰：其次在說罷第二思量的能變識後，應當辯解第三了境的能變識相了。這了境能變識的差別，總有六種。然，識本非別，亦非多寡，不過隨着六境，而有別異罷了。這六種不同的識名，叫做：眼識、耳識、鼻識、舌識、身識、意識。

問：識的立名，實通根境，何以偏隨根立？答：因爲隨根立名，有五種意義，這五種意義是：1依——例如依於眼根的識，名叫眼識。2發——例如眼根所發的識，名叫眼識。3屬——例如屬於眼根的識，名叫眼識。4助——例如幫助眼根了境的識，名叫眼識。5如根——根、識二法，都屬有情數，所以如眼根之識，名爲眼識。

問：前在俱有依裏說：六識皆依意根而轉。今既依根立名，就應當都叫做意識才對；何以獨名第六爲意識呢？答：這有兩種解釋：1雖前六識以俱有染淨依而論，皆依意根而轉；然而，若以相近順生而論，則唯有第六意識，獨依意根而得名，非餘識所共。也像五識各依其不共的五根而得名一樣。這樣就不會有混濫不清的過失了。2五識不但依意，亦依色根；第六識，則唯依於意，不兼依他，所以名叫意識。

問：若唯依意，就名叫意識的話；那第八識，也是唯依於意；第七識，也是唯依於心；就應當名第八爲意識；第七爲心識啊，何以不呢？答：這是辯論六識之所以得名，與心意無關。若與心、意相提並論，則：識以了境義勝而名識；心以集起義勝而名心；意以思量義勝而名意。這三法的得名，各據一勝，如何可以心、意例識？

或名色識，乃至法識。隨境立名，順識義故，謂於六境，了別名識。色等五識，唯了色等。法識通能了一切法。或能了別法，獨得法識名。故六識名，無相濫失。此後隨境立六識名，依五色根，未自在說，若得自在，諸根互用，一根發識，緣一切境。但可隨根，無相濫失。莊嚴論說：如來五根，一一皆於五境轉者，且依粗顯同類境說。佛地經說：成所作智，決擇有情，心行差別，起三業化，作四記等。若不偏緣，無此能故。然六轉識所依所緣，粗顯極成，故此不說。前隨義便，已說所依。此所緣境，義便當說。

或名六識，謂：色識、聲識、香識、味識、觸識、法識。因爲這是隨境立名，與隨根所立的眼識，乃至意識的名義不同。何謂隨境立名？就是順着識能了別六境的意義而名六識。

問：色等五識所了的色等五境，都叫做法；第六法識所了的法裏，也有色等五境；何以不名色等五識爲法識，第六法識爲色等五識呢？答：色等五識，只能各自了別各自的境界，所以不名法識；第六法識，能通了一切法，所以不名色等五識；或法識的法，是十二處裏第六外處特立的別名，不是一般的通稱，這法處，只有第六識能了，所以他獨得這個不共的名，叫做法識。因此，六識各得其名，就不會有互相混濫的過失了。

這後面隨境所立的六種識名，是依五色根還沒有得到自在的凡夫而說的。若是得到自在的三乘聖人，便能五根互用，無論用那一根發識，都能徧緣六境。那這六識的名稱，就只好隨根而立了。免得有互相混濫的過失。

雖然莊嚴論上說：如來的五根，一一根緣一一境。但那是依粗顯和同類的境界來說的，實則如來諸根互用，一緣一切。所以佛地經說：佛轉五識爲「成所作智」，能够決擇各個有情的心行差別，而起身、語、意三業的對治教化。又能作：一向記、分別記、反詰記、捨置記，這四種記別，以決了當來的果相。如果如來不是一根徧緣諸境，怎麽會有這種功能。

問：識必依根，境唯識變，何以本頌但明唯識，而不說根境？答：那是因爲所依的根，與所緣的境，色相粗顯，又爲諸論所極成，大家都沒有異議，所以本頌略而不說。然而本論在前面，已經乘着根境建立識名的意義之便，把所依的根說了個大概；至於所緣的境，向下亦當乘義便而說。

乙二　釋性、相二門

次言了境爲性相者，雙顯六識，自性行相。識以了境爲自性故；即復用彼爲行相故。由是兼釋所立別名，能了別境，名爲識故。如契經說：眼識云何？謂依眼根，了別諸色，廣說乃至意識云何？謂依意根，了別諸法。彼經且說，不共所依，未轉依位，見分所了，餘所依了，如前已說。

前兩句頌的第一門義，已如上說，現在是解釋第三句頌的性、相二門。「了境爲性相」，這一句頌，是雙顯前六識的自性與行相。何謂雙顯性相？就是識以了境爲他的性體；也以了境爲他的行相。因此，也附帶着解釋所立「識」的別名。因爲他能了別塵境，所以名之爲「識」。

簡別不同於集起的「心」、思量的意，例如經上說：相識是怎樣的解釋？就是依於眼根，了別一切色塵。廣汎的說：耳識、鼻識、舌識、身識，也無非各依其根，各了其境；乃至意識，也是依於意根，了別一切法塵。這經上只說，六識各依其所依的根，不與餘識所共，在沒有轉識成智的凡位，是識的見分所了，而不是自證分。至於與餘識所共的：染淨依、分別依、根本依，及自證分所了，在前面第二章第三節，及第一章第三節裏，已經說過了。

乙三　釋三性門

此六轉識，何性攝耶？謂善、不善、俱非性攝。俱非者，謂無記。非善不善，故名俱非。能爲此世、他世順益，故名爲善。人天樂果，雖於此世，能爲順益，非於他世，故不名善。能爲此世、他世違損，故名不善。惡趣苦果，雖於此世，能爲違損，非於他世，故非不善。於善不善，益損義中，不可記別，故名無記。此六轉識，若與信等，十一相應，是善性攝。與無慚等，十法相應，不善性攝。俱不相應，無記性攝。

第三句頌的性相二門，已如上釋。自下該解釋第四句頌的三性門了。問：這六轉識，是屬於三性的那一性攝呢？答：「善、不善、俱非」，這三性都攝。俱非，就是無記，因他不是善，也不是不善，所以名爲「俱非」。

能於此世、他世，得到二世樂果的利益，所以名之爲善。人天樂果，雖於此世能爲利益，而不能於他世亦爲利益，這僅是無記樂果，所以不名爲善。

能於此世、他世，遭受到二世苦果的損害，所以名爲不善。獄、鬼、畜的惡趣苦果，雖於此世受到了苦報的損害，並非於他世亦墮惡趣，這僅是無記苦果，所以不名不善。在善的利益，或不善的損害，這兩種意義當中，都無可記別，因爲他不是善，也不是不善，那只好叫他名爲無記了。

這六轉識，如果和信……不害等十一種善法相應，那便是善性所攝。如果和無慚……不正知等十種不善法相應，那便是不善性所攝。如果善、不善都不相應，那便是無記性所攝。

有義：六識三性不俱。同外門轉，互相違故。五識必由意識導引，俱生同境，成善染故。若許五識，三性俱行，意識爾時應通三性。便違正理，故定不俱。瑜伽等說：藏識一時，與轉識相應，三性俱起者，彼依多念。如說一心，非一生滅，無相違過。

此下是兩家對六識是否與三性俱起的諍論。第一家說：六識，是不能與三性同時俱起的。有如下兩種理由：一、因六識同緣外境，而三性互違；善卽不能惡，惡卽不能善，善、惡都非無記，他怎能同時俱起？二、前五識，並非有二刹那，展轉無間的更互而生；而是必須由第六意識，來引導他們，才能同時俱生，同緣一境，而成爲善染。如果允許所引的五識，能夠三性俱起，爾時能引的意識一念，就應當同五識一樣的通於三性。這豈非與正理相違背了嗎？所以三性在六識裏，決定不能俱起。

雖然瑜伽、顯揚等論上說有：「第八識藏，一時與轉識相應，三性俱起」的話；但那是依多念而說的，並非一念俱起三性。例如說一心，並非一念生滅。所以沒有三性相違的過失。

有義：六識三性容俱。率爾等流，眼等五識，或多或少，容俱起故。五識與意，雖定俱生，而善性等，不必同故。前所設難，於此唐捐。故瑜伽說：若遇聲緣從定起者，與定相應，意識俱轉，餘耳識生，非謂彼定，相應意識，能取此聲。若不爾者，於此音聲，不領受故，不應出定。非取聲時，卽便出定。領受聲已，若有希望，後時方出。在定耳識，率爾聞聲，理應非善。未轉依者，率爾墮心，定無記故。由此誠證五俱意識，非定與五善等性同。諸處但言五俱意識，亦緣五境，不說同性。雜集論說：等引位中，五識無者，依多分說。若五識中，三性俱轉，意隨偏注，與彼性同。無偏注者，便無記性。故六轉識，三性容俱。得自在位，唯善性攝。佛色心等，道諦攝故。已永滅除，戲論種故。

這是第二家的正義，他說：六識中的三性，容或可能俱起。因爲無記的率爾心，善、不善的等流心，在眼等五識緣境的時候，他們不定有或多或少而俱起之故。例如：有善的色境、聲境；不善的香境、味境；無記的觸境，這五境同時現前的時候，第六意識，勢必同五識並緣五境。這便是率爾少，等流多的三性俱起。因此，五識雖與意識俱起；然而，他們的性質，却不一定是善則俱善，惡則俱惡。所以你前面的設難，在這裏已成唐捐——廢話。

所以瑜伽論上說：在定中的行人，若遇聲緣從定時起，他那與定相應的意識，是和耳識同時俱轉；並非不要耳識，但憑意識獨起，就能聞聲。倘若不是意識和耳識俱起，便於音聲不能領受，他如何可以出定？也不是在將要聞聲而尚未聞聲的時候，就出定了；而是在定中的耳識，先已聞聲，到意識有了尋求希望之後，才出定的。

在定中的耳識，率爾聞聲，依理而論，他應當不是善法。因爲在沒有轉識成智的凡位，率爾的墮心，決定是無記之故。由此定中的意識是善，耳識是無記，可以證明在散位的意識，雖與五識俱起，却不一定和五識同屬一性。所以有很多的經論，但說五俱意識，亦緣五境，而不說與五識同性。

雖然雜集論上說：在等引——三摩地多的定中，五識都無。但那是約多分而說的。「多分」有二義：一、以時間而論，在定中的耳識，不過有多分時間不起罷了，還是有少分時間照起不誤。二、以五識而論，定中但有耳識，餘四都無。

如果五識中的三性，同時俱轉，五俱意識，則隨着偏重的强境而專注一處。這强境：若是善色，則眼俱意識，便同爲善性；若是惡聲，則耳俱意識，便同爲惡性；若無偏注的善惡，而兼緣五境，便是無記。所以六轉識的三性，容時俱起。但這是約未得自在凡位而說的；若得自在，那就唯是善性所攝了。因爲佛的色心，是屬於無漏善的道諦，已經把戲論種子，永遠的滅除了。

第二節　二門分別

甲一　舉頌答問

六識與幾心所相應？頌曰：『此心所徧行，別境善煩惱，隨煩惱不定，皆三受相應』

上來釋初舉一頌的四門義竟。此下是釋次舉六頌的第五「相應」、第六「受俱」二門。這是所舉六頌的第一頌。問：六識與幾心所相應？頌中答覆的前三句，是相應門；後一句，是受俱門。向下論文依次解釋。

甲二　釋頌義

乙一　釋相應門

論曰：此六轉識，總與六位心所相應，謂徧行等，恒依心起，與心相應，繫屬於心

，故取心所。如屬我物，立我所名。心於所緣，唯取總相，心所於彼，亦取別相，助成心事，得心所名。如畫師資，作模填彩。故瑜伽說：識能了別事之總相。作意了此，所未了相，卽諸心所，所取別相。觸能了此，可意等相。受能了此，攝受等相。想能了此，言說因相。思能了此，正因等相。故作意等，名心所法。此表心所，亦緣總相。餘處復說：欲亦能了可樂事相。勝解亦了決定事相。念亦能了串習事相。定慧亦了得失等相。由此於境，起善染等。諸心所法，皆於所緣，兼取別相。

此下是解釋頌文前三句的相應門。論上說：這六轉識，總與六位心所相應。那六位？1偏行、2別境、3善、4根本煩惱、5隨煩惱、6不定。爲什麼這六位名叫心所？約有三義：一、心所恒依心王而起，若離心王，那心所決定不生。二、心所和心王，起同時、依同根、緣同境，所以他們才彼此相應。三、心所以心王爲主，而繫屬於心。因爲有以上這三種意義，所以才名叫心所。譬如：屬於我的東西，就說這東西，是歸我所有。

問：心所和心王的行相，有什麼不同？答：心王在所緣的境上，但取總相，不取別相；而心所則總別兼取，來助成心王了別事的成功，所以才得了個「心所」的名稱。譬如畫師，但作畫模；弟子則不但依模塡彩，還要講究着色淺深，描繪精緻。心王和心所的取境總別，亦復如是。

所以瑜伽論上說：「識」是心王，所以能了別事的總相。「作意」是心所，所以能兼了心王所未了的別相。就是說：一切心所所取的別相，作意心所都能了別。觸心所，也能了別可意或不可意等相。受心所，也能了別所攝受的順違等相。想心所，也能了別生起言說的因相。思心所，也能了別業因的邪正等相。所以作意、觸、受、想、思，這五法都叫做心所。這是表示心所不但能緣別相，而且也兼緣總相。

其餘的論上也說：欲心所，也能了別可樂事相。勝解心所，也能了別決定事相。念心所，也能了別慣習事相。定、慧兩個心所，也能了別得失等相。

由於上面這徧行和別境十法，兼取總別相的原故，在所緣的境上，生起了善十一法、煩惱二十六法、不定四法。這一切心所有法，都在所緣的境上，兼取別相。

雖諸心所，名義無異，而有六位種類差別：謂徧行有五，別境亦五，善有十一，煩惱有六，隨煩惱有二十，不定有四，如是六位，合五十一。一切心中定可得故。緣別別境，而得生故。唯善心中可得生故。性是根本煩惱攝故。唯是煩惱等流性故。於善染等，皆不定故。然瑜伽論，合六爲五，煩惱隨煩惱，皆是染故。復以四一切，辯五差別：謂一切性，及地、時、俱。五中徧行具四一切。別境唯有初二一切。善唯有一，謂一切地。染四皆無。不定唯一，謂一切性。由此五位，種類差別。

一切心所的名義，雖然都是一樣叫做心所，而其種類的差別，却有六位。那就是：1徧行有五，2別境也有五，3善有十一，4煩惱有六，5隨煩惱有二十，6不定有四。這六位心所，合起來的總數，是五十一個。

現在把六位心所的名義解釋如下：1徧行五——在一切心中，但有心起，決定都有他們。2別境五——是各別緣境所起。例如緣所樂境，起欲心所，緣決定境，起勝解心所。3善十一——唯善心裏，才有他們。4煩惱六——因爲他們的體性，能生諸惑，爲根本煩惱所攝。5隨煩惱二十——這不過是煩惱所引的等同流類而已。6不定四——他們在善、惡、無記的三性裏，不一定那一性有。

然而瑜伽論上，合六位心所，而爲五位者；那是因爲根本煩惱和隨煩惱，同屬染汚，就把他合而爲一了，又以四種一切，來辯明五位差別。這四種一切是：1善、惡、無記三性，謂一切性。2三界九地，謂一切地。3無始相續，謂一切時。4八識俱生，謂一切俱。

在五位的徧行心所，具足四種一切。別境心所，唯有一切性，及一切地。善心所，唯有一切地。煩惱心所，四種都無。不定心所，唯有一切性。因此，心所才有五位種類的差別。

乙二　釋受俱門

此六轉識，易脫不定。故皆容與三受相應。皆領順違，非二相故。領順境相，適悅

身心，說名樂受。領違境相，逼迫身心，說名苦受。領中庸境相，於身於心，非逼非悅，名不苦樂受。如是三受，或各分二：五識相應，說名身受，別依身故；意識相應，說名心受。唯依心故。又三皆通有漏無漏，苦受亦由無漏起故。或各分三：謂見所斷、修所斷、非所斷；又學、無學、非二，爲三。或總分四：謂善、不善、有覆、無覆，二無記受。有義：三受容各分四。五識俱起，任運貪痴，純苦趣中，任運煩惱，不發業者，是無記故。彼皆容與苦根相應。

上來釋頌前三句相應門竟。此下該釋第四句頌的受俱門了。這六轉識，因爲容易間斷，轉變不定；所以都與三受相應，都能領納到順、違，或順違俱非的三種境相：1領納順境，使身心感覺到適悅的，就叫做樂受。2領納違境，使身心感覺到逼迫的，就叫做苦受。3領納到順違俱非的中庸境，對於身心既非逼迫，又非適悅的，就叫做不苦不樂的捨受。

這苦、樂、捨三受，或各分爲二：1與五識相應的，叫做身受。因爲五識除共依心外，還別依五色根身。2與第六意識相應的，叫做心受。因爲意識，唯依心起。又、這三受並通有漏和無漏而分爲二種。因爲苦受不但起於有漏；而且也由修無漏聖道的加行所起。

或各分爲三：1由分別見惑所起的，是見道所斷；2由俱生思惑所起的，是修道所斷；3非見思二惑所起，而通於無漏的，那當然是非所斷了。又、三受通於有學、無學、非有學無學，而分爲三種。

或總分爲四：1樂受是善，2苦受是不善，3苦樂俱非是有覆無記，4苦樂俱非是無覆無記。有說：三受各分爲四：善、不善、有覆無記、無覆無記；這四法，都各與三受相應。

問：無記法，何以也與苦受相應？答：五識俱起的任運貪痴；意識在純苦趣中的任運煩惱，這二種只是任運而不發惡業的惑體，全是無記。他們都與苦根相應。

瑜伽論說：若任運生一切煩惱，皆於三受現行可得。若通一切識身者，徧與一切根相應。不通一切識身者，意地一切根相應。雜集論說；若欲界繫，任運煩惱，發惡行者，亦是不善。所餘皆是有覆無記。故知三受各容有四。

無記通於苦受，有何爲證？瑜伽論上說：若是任運而生的一切煩惱——無記，他們都於三受可能現行。若是通於六識身的，那徧六識身，都與苦、樂、捨三根相應。若是不通五識身的，那就只有意識與苦、樂、捨三根相應了。

雜集論上也說：倘若欲界繫的任運煩惱，能發惡行的，也是屬於不善所攝。其餘不發惡行，及色無色界的任運煩惱，那都是有覆無記。因此，便知苦、樂、捨三受，容各分四——善、不善、有覆無記、無覆無記。

或總分五：謂苦、樂、憂、喜、捨。三中苦樂各分二者，逼悅身心，相各異故。由

無分別，有分別故。尤重輕微有差別故。不苦不樂不分二者。非逼非悅相無異故；無分別故；平等轉故。

或總分三受爲五：1苦受、2樂受、3憂受、4喜受、5捨受。爲什麼把三受中的苦、樂二受，各分爲二呢？因爲身心對違境的逼迫，和順境的適悅，感受稍有不同。怎樣不同？對違順境的逼悅：五識無分別，意識有分別；五識感覺粗重，意識感覺輕微。所以逼悅與五識相應的，名謂苦受、樂受；與意識相應的，名謂憂受、喜受。

爲什麼不把不苦不樂的捨受，也分爲二呢？那是因爲他既非逼迫，又非適悅，無論在五識，或意識裏，都無所分別，平等而轉，所以不分。

諸適悅受，五識相應，恒名爲樂。意識相應，若在欲界，初二靜慮近分，名喜，但悅心故。若在初二靜慮根本，名樂名喜，悅身心故。若在第三靜慮近分根本，名樂，安靜尤重無分別故。

此下是以處位，來分別受的種類。先悅受，後逼受。諸適悅受，與五識相應的，通常都叫做樂受。若是與意識相應的，那就有如下的三種差別了。第一種：若在欲界，及初、二靜慮的近分——未到定中，就名叫喜受。因爲他只是悅心，而不徧悅五根。第二種：若在初、二靜慮的根本定中，那就不但名叫樂受，而且也名叫喜受了。因爲他是徧悅身心。第三種：若在第三靜慮的近分及根本定中，就名叫樂受。因爲第三禪定的安靜，更加深重，他沒有「近分」和「根本」的分別。

諸逼迫受，五識相應，恆名爲苦。意識俱者，有義：唯憂，逼迫心故。諸聖教說：意地慼受，名憂根故。瑜伽論說：生地獄中，諸有情類，異熟無間，有異熟生，苦憂相續。又說：地獄尋伺憂俱，一分鬼趣，傍生亦爾。故知意地，尤重慼受，尚名爲憂，況餘輕者？有義：通二。人天中者，恆名爲憂，非尤重故。傍生鬼界，名憂名苦。雜受純受，有輕重故。捺落迦中，唯名爲苦，純受尤重，無分別故。瑜伽論說：若任運生一切煩惱，皆於三受現行可得，廣說如前。又說：俱生薩迦耶見，唯無記性。彼邊執見，應知亦爾。此俱苦受，非憂根攝。論說憂根非無記故。又瑜伽說：地獄諸根，餘三現行，定不成就。純苦鬼界，傍生亦爾。餘三定是樂喜憂根，以彼必成，現行捨故。

諸逼迫受，與五識相應的，通常都叫做苦受。若是與意識俱起的，那就有兩家不同的說法了。

第一家說：唯名憂受。因爲他只是逼迫第六識心。很多的經論上都說：與意識相應的所有感受，都叫做「憂」。瑜伽論上也說：生在地獄裏的有情，他們的異熟報果，不間斷的有異熟所生的前六識。這前六識：五識所受的逼迫是苦；意識所受的逼迫是憂，如是苦憂相續。又說：地獄裏屬於意識所有的尋、伺二法，都與憂根俱起。不但地獄，就是一分鬼趣和畜生，也是這樣的。所以知道，意識所感於地獄的最重逼迫，尚名憂受，何況餘處輕微的逼迫而不名憂受嗎？

第二家說：通憂、苦二名。在人道和天道中的逼迫，通常都叫做憂受。因爲他們的逼迫，比起惡道來，不太嚴重。在畜生和鬼界的逼迫中，夾雜有喜樂的，叫做憂受；如果是純粹逼迫，而沒有喜樂夾雜在內的，那就叫做苦受了。因爲雜受輕，純受重，所以才有憂、苦的分別。在捺落迦——受罪處，那些地獄裏的逼迫，唯名爲苦，不名爲憂。因爲他在受刀山劍樹極嚴重的逼迫裏，連分別也不暇分別了，還會有什麼憂受不成？

本來「無分別」，是不暇分別；並不是無分別煩惱。卽以無分別煩惱而論，也沒有什麼妨難。何則？瑜伽論上說：若是任運而生的一切煩惱，都可以和三受相應。這證明與意識俱起的逼迫，亦通苦受。詳細的解釋，同前面一樣。

瑜伽論上又說：與生俱生的薩迦耶見——我見，唯無記性，那斷、常二邊的「邊見」，應知也是無記性。這二見都屬苦受，而不是憂根所攝。因爲論上說，憂根不是無記啊。

瑜伽論上又說：地獄有情，在二十二根中，所有根的種子，及十九根的現行，或決定成就，或不一定成就不成就；只有所餘的三根現行，那是決定不能成就的。不但地獄，即純粹是苦受的鬼界和畜生亦然。這決定不成就的三根，就是：樂根、喜根、憂根。何以故？彼既非無苦，又有七、八二識相續不斷，必定成就現行捨受。那決不成就的三根，當然是樂、喜、憂根了。

豈不容捨，彼定不成。寧知彼文，唯說容受，應不說彼定成意根。彼六容識有時無故。不應彼論，唯說容受，通說意根，無異因故。又若彼論依容受說，如何說彼定成八根？若謂五識，不相續故，定說憂根爲第八者，死生悶絕，寧有憂根？有執苦根爲第八者，亦同此破。設執一形，爲第八者，理亦不然，形不定故。彼惡業招，容無形故。彼因惡業，令五根門恆受苦故，定成眼等。必有一形，於彼何用？非於無間大地獄中，可有希求淫欲事故。由斯第八定是捨根。第七八識，捨相應故。如極樂地，意悅名樂，無有喜根。故極苦處，意迫名苦，無有憂根。故餘三言，定憂喜樂。餘處說彼有等流樂，應知彼依隨轉理說。或彼通說：餘雜受處，無異熟樂，名純苦故。

因爲瑜伽論上說有：「地獄定成八根。餘三定不成就」的話。第一家主張：以憂根爲第八定成，捨根入三定不成中。第二家主張：以捨根爲第八定成，憂根入三定不成中。隨成爲兩家諍論的焦點。但兩家共許：意根入八定成中，苦根入不定成中。

第一家問：餘三定不成裏，豈不容有捨受，唯有樂喜憂受嗎？

第二家說：你怎樣知道，彼文所說的現行不成，是捨受呢？如果是捨受的話；就應當不說定成意根啊。因爲意根的建立，一則與捨受相應；二則能生意識。今捨受既不成就；六轉識又有時間斷。試問：他如何成就意根？不應當彼文，於不成就，則唯說捨受，不涉及意根；於成就，則說意根通第八識，與捨受無關。那有這樣別異的因由？又、倘若彼論的現定不成，是依捨受而說；如何說地獄定成八根呢？這八根的第八，難道說不是捨根嗎？

若謂五識間斷，苦根已無，一定以憂根爲第八定成的話；那麼，當生死悶絕的時候，連意識都沒有了，怎麼會有憂根？所以決定成就的第七是意根，第八還是捨根。

如果有人執着身識相續，成就苦根爲第八的，亦同此憂根例破。倘若執着男女二形——淫根，成就一形爲第八的，理亦不然！因爲形是不一定成的，由惡業招感的地獄罪報，也許無形。他既由惡業之故，使五根不斷受苦，才成就了眼等五根，試問：他一定要男根女根幹麼？難道說，在無間大地獄，還有希求做那淫欲的勾當嗎？

基於以上這些理由，那第八決定是捨根了。因爲恒轉的第七、八二識，與捨受是相應的啊。例如第三禪定的極樂地，只有意識所感的適悅，名叫樂受，而沒有喜根。所以地獄的極苦處，也只有意識所感的逼迫，名叫苦受，而沒有憂根。因此，那所謂餘三的現不成就，決定是憂、喜、樂，而不是捨受。

那麼，何以攝論上說：苦處也有等流樂呢？應知，彼論是隨順小乘，轉變了大乘的道理來說的。或者是通說其餘的鬼、畜二趣，他們雖在受苦，間或也有少分等流樂受。所以叫做「雜受處」。無間地獄裏，毫無異熟樂之可言，所以名叫「純苦」！

然諸聖教，意地慼受，名憂根者，依多分說或隨轉門，無相違過。瑜伽論說：生地獄中諸有情類，異熟無間有異熟生，苦憂相續。又說地獄尋伺憂俱。一分鬼趣，傍生亦爾者，亦依隨轉門。又彼苦根，意識俱者，是餘憂類，假說爲憂。或彼苦根，損身心故，雖苦根攝，而亦名憂。如近分喜，益身心故，雖是喜根，而亦名樂。顯揚論等，具顯此義。然未至地，定無樂根。彼說唯有十一根故。由此應知。意地慼受，純受苦處，亦苦根攝。此等聖教，差別多門。恐文增廣，故不繁述。

然而有很多經論上都說：與意識相應的慼受，叫做憂根。但那不是單約地獄而論，而是依多分的人、天、鬼、畜而說的。或爲隨轉小乘教理的方便法門。這和本論並沒有相違的過失。

瑜伽論上說：生在地獄裏的有情，他們的異熟報果，不間斷的有異熟所生的前六識。五識所受的是苦；意識所受的是憂，就這樣苦憂相續。又說：地獄有情，他們屬於意識所有的尋、伺二法，也與憂根俱起。不但地獄，就是一部分鬼趣和畜生，也是一樣。這也是隨轉小機教理的方便法門。

又彼地獄苦根，與意識相應的，也同其餘人天等雜受處的憂根類似，雖亦假說爲憂，實際上他並不是憂受。或彼苦根，是損害身心的，雖屬苦根所攝，也可以叫做憂受。例如：初、二禪天，未到根本定的近分定時，他們的身心都感到喜悅的順益，雖是喜根，也不妨名叫樂受。這種意義，在顯揚論裏，都有所顯示。然而未到定，雖名樂受，却只有喜根，而沒有樂根。因爲他說：未到定，只有信等五根、三無漏根、意根、喜根、捨根，這十一根裏，並不包括有樂根在內。

因此，我們應當知道，與意識相應的感受，在純受苦處，亦爲苦根所攝，而不名爲憂。有關這種聖教，如：三受、五受、有報、無報……等，太多了。恐怕涉及廣汎，所以就此作罷。

有義：六識三受不俱。皆外門轉，互相違故。五俱意識，同五所緣。五三受俱，意亦應爾。便違正理，故必不俱。瑜伽等說：藏識一時，與轉識相應，三受俱起者，

彼依多念。如說一心，非一生滅，無相違過。有義：六識三受容俱。順違中境，容俱受故。意不定與五受同故。於偏注境，起一受故。無偏注者，便起捨故。由斯六識，三受容俱。得自在位，唯樂喜捨，諸佛已斷，憂苦事故。

這是兩家對六識與三受俱不俱的問題，所起的諍論。第一家說：六識與三受，是不能俱起的。因爲六識都是向外緣境，而三受則是互相違背的。何則？當五俱意識，同五識俱緣現境時，五識與三受相應，當然與意識亦相應。這樣一念有苦、樂、捨三受便與六識同緣的正理相違背了。所以六識與三受，必定不俱。

雖然瑜伽顯揚等論上說：第八藏識，一時與轉識相應，三受俱起。但那是依多念而言，並不是一念俱起三受。例如：說一心，並不是一念生滅。所以他沒有三受相違的過失。

第二家說：六識與三受，是可以俱起的。無論順境、違境、順違俱非的中庸境，都可以容受。但意識，不一定與五識的三受相同。何則？當意識與五識同緣五境的時候，那意識若專注於偏重的順境，便起樂受；專注違境，便起苦受；若無偏重的順違境，可資專注時，那當然便起捨受了。因此，六識與三受，是可以俱起的。

以上不過是約未得自在的有漏而言。若得自在無漏果位，那就唯有與樂、喜、捨三受俱起了。因爲諸佛已經斷了憂苦。

上來是略釋第五相應、第六受俱二門，向下再爲詳釋。

甲三　再辨六位

乙一　辨初二位

丙一　舉頌答問

前所略標六位心所，今應廣顯彼差別相。且初二位，其相云何？頌曰：『初偏行觸等，次別境謂欲，勝解念定慧，所緣事不同』

這是次舉六頌的第二頌。前來所說，不過是略把六位心所標明一下而已。現在應當再把六位的差別義相，來詳細解釋一下。問：這六位心所的前二位，他們的義相，是怎麼樣呢？本頌的答覆：是以前一句，釋第一位。後三句，釋第二位。向下論文依次解釋。

丙二　釋頌義

丁一　釋偏行心所

論曰：六位中初偏行心所，卽觸等五，如前廣說。此偏行相，云何應知？由敎及理，爲定量故。此中敎者，如契經言：眼色爲緣，生於眼識，三和合觸。與觸俱生，有受想思，乃至廣說。由是觸等，四是偏行。又契經說：若根不壞，境界現前，作

意正起，方能生識。餘經復言：若復於此作意，卽於此了別。若於此了別，卽於此作意。是故此二，恆共和合，乃至廣說。由此作意，亦是偏行。此等聖教，誠證不一。

此下論文，是詳釋頌中的意義。現在先講前一句頌：「初偏行觸等」。六位中的偏行心所有五個，就是：觸、作意、受、想、思。這五個偏行心所，在前面解初能變裏，已經說過了。然而，這五個偏行的義相，應當怎樣知道呢？那就要由聖教和正理，來做決定性的量度了。

這裏所謂的教，就是：例如經上所說：以眼根爲增上緣，色塵爲所緣緣，便能生起眼識。這根塵識三法和合，便能生觸。與觸同時俱生的，又有受、想、思。乃至廣說：意法爲緣，生於意識，亦復如是。所以知道這觸、受、想、思四法，是偏行心所。

又有經上說：倘若根沒有壞，又有境界現前，而且作意正起，這些條件都具備了，然後才能生識。還有經上說：倘若在這個境上作意，就得在這個境上了別；在這個境上了別，也就得在這個境上作意。因此，這作意與了別二法，時常和合在一起。所以我們知道作意心所，也是偏行之一。像這樣證明有偏行心所的聖教很多，不止一經。

理謂識起，必有三和。彼定生觸，必由觸有。若無觸者，心心所法，應不和合觸一

境故。作意引心，令趣自境。此若無者，心應無故。受能領納順違中境，令心等起歡慼捨相。無心起時，無隨一故。想能安立，自境分齊。若心起時無此想者，應不能取境分齊相。思令心取正因等相，造作善等。無心起位，無此隨一，故必有思。由此證知，觸等五法，心起必有，故是徧行。餘非徧行，義至當說。

前面是引教爲證，現在是引理爲證。所謂的理，就是：諸識起時，必定依根緣境，這根、境、識三法和合，必定生「觸」。翻過來說，這三法和合，也必定因觸而有。倘若沒有觸，那心、心所，就應當各自爲政，不能和合起來，去同觸一境了。

「作意」的功能，是引着心王，使他趣向於自心所緣的境界。作意若無，那心王，也就無法起現行了。

「受」能領納適意的順境、不適意的違境、順違都非的中庸境，使心、心所，隨着順境，生起了喜樂的歡相；隨着違境，生起了憂苦的慼相；隨着順違都非的中庸境，生起了非苦非樂的捨相。這三相，就叫做「三受」。除下無心起時，無此隨一；但有心起，這三受，便有一受隨之而起。

「想」的功能，是在自心所取的境上，安立了或青、或黃、或多、或少、或大、小、方圓……等的差別分齊。假使心起的時候，沒有這個「想」的作用，那就不能執取境界的分齊相了。

「思」心所，他能令心取正邪等的業因，來造作善、惡等業。沒有那個心起的時候，沒有這個心所，隨之而起的。所以但有心起，必有此「思」。

由於以上這些道理的證明，我們知道這觸、作意、受、想、思五法，心起必有。所以他們是偏行心所。其餘不屬於偏行心所的義相，至下當說。

丁二　釋別境心所

戊一　分別五法

次別境者：謂欲至慧。所緣境事，多分不同。於六位中，次初說故。云何為欲？於所樂境，希望為性；勤依為業。

上來已釋前一句頌的偏行心所竟。此下該釋後三句的別境心所了。什麼叫做「次別境」？就是說：欲、勝解、念、定、慧，這五個心所，所緣的境界，有很多部分不同。在六位心所裏，他的地位，居於初位「偏行」之次，所以說：「次別境」。現在先講「欲」心所。

怎樣叫做「欲」？就是：對於所樂的境界，無論有漏、無漏，只要是自己所希望的，便是欲的體性；勤勞所依託的，便是欲的業用。這是總義。下面還有三家各別不同的解釋。

有義：所樂，謂可欣境。於可欣事，欲見聞等，有希望故。於所厭事，希彼不合，

望彼別離，豈非有欲？此但求彼不合離時，可欣自體，非可厭事。故於可厭，及中容境，一向無欲。緣可欣事，若不希望，亦無欲起。

第一家的解釋是：所樂，就是可欣的境界。對於可欣的事，有欲見、欲聞、欲覺、欲知的希望，這就是欲。問：對於所厭惡的事，未遇合的，希望不要和他遇合；既遇合的，希望趕快和他別離。這豈不也是「欲」嗎？怎麼說，唯於可欣之事，才會有「欲」呢？答：這不過是求其所厭的事，未合的不合，已合的別離；而其可欣的自體，並不是可厭的事。因此，莫說對於可厭的苦境，及無所謂厭欣苦樂的中庸境，一向無欲；即令所緣是可欣境界，若不存希望，也沒有欲起。

有義：所樂，謂所求境。於可欣厭，求合離等，有希望故。於中庸境，一向無欲。緣欣厭事，若不希求，亦無欲起。

第二家的解釋是：所樂，就是所求的境界。對於可欣的事，未合求合，既合求不離；對可厭的事，未合求不合，既合求離。因爲有這樣的希望，所以才叫做欲。因此，不但對無所謂欣厭的中庸境，一向無欲；即令所緣是可欣可厭的境界，若無合離的希求，也沒有欲起。

有義：所樂，謂欲觀境，於一切事，欲觀察者，有希望故。若不欲觀，隨因境勢，

任運緣者，即全無欲。由斯理趣，欲非徧行。有說：要由希望境力，諸心心所，方取所緣。故經說欲爲諸法本。彼說不然，心等取境，由作意故。諸聖教說：作意現前能生識故。曾無處說，由欲能生心心所故。如說諸法，愛爲根本，豈心心所，皆由愛生？故說欲爲諸法本者，說欲所起一切事業。或說善欲，能發正勤。由彼助成一切善事，故論說此勤依爲業。

第三家的解釋是：所樂，就是欲觀境。不但於一切境求合求離，才有欲起；只要你想觀察一下，這個觀察的希望，就叫做欲。如果你根本就不想觀察，只是隨著因中的境勢，毫無作意的任運而緣，那就不管他是好是壞，都不會有欲起。由於這種道理之故，所以欲心所，但屬別境，而不屬徧行。

有人說：必須對境有了希望的力量，那一切心、心所，才能取境，所以經上說：欲是一切法的根本。他這種說法不對！諸心、心所之所以能夠取境，那是作意的功力，並不是欲。很多的經論上都說：作意現前，才能生識，曾無一處說過欲能生心的話。例如：說諸法以愛爲根本；難道說，心、心所，都是由愛生不成？以此例知，所謂「欲爲諸法根本」的話，那是說：由欲所起的一切事，都是以欲爲根本的。一切事，通於三性，爲勤所依。因此，或說：善法的欲，能發正勤；復由正勤來助成欲的一切善事。所以論上說：這勤所依託的，就是欲的業用。

云何勝解？於決定境，印持爲性。不可引轉爲業。謂邪正等敎理證力，於所取境，審決印持。由此異緣不能引轉。故猶豫境，勝解全無。非審決心，亦無勝解。由斯勝解，非偏行攝。有說：心等取自境時，無拘礙故，皆有勝解。彼說非理。所以者何？能不礙者，卽諸法故。所不礙者，卽心等故。勝發起者，根作意故。若由此故，彼勝發起。此應復待餘，便有無窮失。

什麼叫做勝解？就是對於已經決定了的境界，以印持爲性；不可引轉爲業。這意思是說：由於邪敎、邪理，或正敎、正理作證的力量，對所取境界，經過審慮、決定的印可之後，縱然再遇異緣，也不能使他轉變了既定的決心。據此可知凡是猶豫不決的境界，全都沒有勝解。並不是審決心，也沒有勝解啊。因此，勝解心所；但屬別境，而不是偏行。

有人說：只要心、心所，取他自心所緣的境時，沒有東西從中阻礙，都有勝解，何待審決印持？他這種說法，是不合理的。什麼原故呢？能不礙的，是根、境諸法，而不是勝解；所不礙的，是心、心所法，也不是勝解。怎麼以不礙爲勝解呢？若說不礙的心、心所，是由勝解的增上勝緣所發起的，那也不對！因爲發起不礙心的勝緣，是根和作意二法，與勝解無關。若說由勝解的增上緣力之故，根和作意，才能發起，令心不礙；那這勝解也應當更待餘法，來做他的增上緣啊。如此，緣復待緣，豈非有無窮的過失了嗎？

云何爲念？於曾習境，令心明記，不忘爲性；定依爲業。謂數憶持，曾所受境，令不忘失，能引定故。於曾未受體類境中，全不起念。設曾所受，不能明記，念亦不生。故念必非偏行所攝。有說：心起必與念俱，能爲後時憶念因故。彼說非理。勿於後時，有痴信等。前亦有故。前心心所，或想勢力，足爲後時，憶念因故。

什麼叫做念？對於曾經熏習過的境界，令心明白記憶而不忘失的，就是念的體性；定所依託的，就是念的業用。這意思是說：數數憶持，不斷專注於曾經領受過的境界，令心不忘，能引生定。例如：專念曾經聞受的阿彌陀佛，能令一心不亂，便是引定。近念報化莊嚴爲體；遠念法身不著爲類。在這曾未聞受的體類境裏，全都不會起念。雖曾聞受，而不能明記不忘的，那「念」也不會生起。所以念心所，但屬別境，必非偏行。

有人說：「但有心起，必與念俱，所以他能爲後來生起憶念的因緣」。他這樣說法，是不合理的！你不可說那後來所有的痴、信等，從前也有，就是偏行。如果這樣說，那痴但屬染；信但屬善，他如何能是偏行？還有一個理由：前心、心所，取境熏習的功能，或憑想像明記的勢力，已經足夠爲後時憶念之因了。何待前念？

云何爲定？於所觀境，令心專注，不散爲性；智依爲業。謂觀得失俱非境中，由定

令心專注不散，依斯便有決擇智生。心專注言，顯所欲住，卽便能住，非唯一境。不爾，見道歷觀諸諦，前後境別，應無等持。若不繫心，專注境位，便無定起，故非偏行。有說：爾時亦有定起，但相微隱。應說誠言。若定能令心等和合，同趣一境，故是偏行。理亦不然，是觸用故。若謂此定，令剎那頃，心不易緣，故偏行攝。亦不應理，一剎那心，自於所緣，無易義故。若言由定，心取所緣，故偏行攝。彼亦非理，作意令心取所緣故。有說此定，體卽是心。經說爲心學，心一境性故。彼非誠證。依定攝心，令心一境，說彼言故。根、力、覺支、道支等攝。如念慧等，非卽心故。

什麼叫做定？在所觀的境上，令心專注爲性；智依爲業。就是說：在觀察何者是得；何者是失；何者是得失俱非的境中，由定令心專注而不散亂。依此便有決擇的無漏智生。所謂「心專注」的話，是顯示隨心所欲，要想安住於什麼境，便能安住，深取所緣，方能生定；並不是前後唯緣一境，像枯木死灰那樣。否則，於見道位，歷觀四諦、八忍、八智，前後境別，念念轉深，就不會有平等持心的三昧定了。若以散心別緣，而不繫心專注於轉深境位，便無定起。所以定心所，但屬別境，而非偏行。

有人說：就在那散亂心時，也有定起，不過他的行相微隱難知罷了。

論主破他說：你應當說實話，到底散心如何有定？若說，定能使心、心所，和合起來，去同緣一境，所以他是徧行。這理由也不對！因爲那是觸的作用，與定無關。若說，這定能令一刹那的心，住於一境，不變所緣，所以他是徧行。也不合理！因爲一刹那的心，他自然對於所緣的境，沒有變更的意義，要定做甚？若說，由定才能令心取境，所以他是徧行所攝。那也不是理由！因爲令取境的，是作意的功能啊。

又有人說：這個定的自體，就是心。因爲經上說：定是心學，也是心一境性。所以離心無定。

論主破他說：那不能證明定就是心。因爲必須依定攝心，才能使心專注一境，所以經上才說出那樣的話來。又把定分攝在五根、五力、七覺支、八聖道裏，也和念、慧等心所一樣，各有各體，並非定就是心。

云何爲慧？於所觀境，簡擇爲性；斷疑爲業。謂觀得失俱非境中，由慧推求，得決定故。於非觀境，愚昧心中，無簡擇故，非偏行攝。有說：爾時，亦有慧起，但相微隱，天愛寧知？對法說爲大地法故。諸部對法，展轉相違，汝等如何執爲定量？唯觸等五，經說徧行。說十非經，不應固執。然欲等五，非觸等故，定非徧行，如信貪等。

什麼叫做慧？在所觀察的境上，以簡擇爲性；斷疑爲業。就是說：在觀察得、失，及得失俱非的境中，由於慧力的推求，才能得到決定。在非所觀察的境界，或愚昧心中，那就沒有簡擇的智慧了。所以慧心所，但屬別境，而不是徧行所攝。

有人說：在非所觀境，及愚昧心中，也有慧起，不過他的行相微隱，天可憐愍的愚人，怎麼能够知道？對法論上說：慧心所，爲十大地法之一；大地法，就是與一切心相應的心所法啊。怎能說他不是徧行？

論主破：小乘諸部對法，如：發智、六足等，展轉相違，都非佛說，你們如何拿他來作爲定量？唯有觸、作意、受、想、思五法，經上說是徧行；至於有十個徧行的話，那不是經上所說。這欲、勝解、念、定、慧五法，與觸等不同，也如善法的信等，煩惱的貪等一樣，決定各有所屬，都不是徧行所攝。

戊二　分別起數

有義：此五，定互相資。隨一起時，必有餘四。有義：不定。瑜伽說此，四一切中，無後二故。又說此五，緣四境生，所緣能緣，非定俱故。應說此五，或時起一：謂於所樂，唯起希望；或於決定，唯起印解；或於曾習，唯起憶念；或於所觀，唯起專注。謂愚昧類，爲止散心，雖專注所緣，而不能簡擇。世共知彼，有定無慧。

彼加行位，少有聞思，故說等持，緣所觀境。或依多分，故說是言。如戲忘天，專注一境，起貪瞋等，有定無慧。諸如是等，其類實繁。或於所觀，唯起簡擇。謂不專注，馳散推求。

此下是對欲等五法，是否俱起，有兩家相反的說法。第一家說：這欲、勝解、念、定、慧五法，決定互相資助，隨便有一法起時，其餘的四法，也必定與之同起。

第二家說：不一定！因爲瑜伽論上說：這五個心所，在一切性、一切地、一切時、一切俱，這四一切裏，沒有後面時、俱那兩個一切。論上又說：這五個心所，是緣四種境界而生的：1欲緣所樂；2勝解緣決定；3念緣曾習；4定、慧緣所觀。這所緣的四種境界，及能緣的五個心所，他們不可能同時俱起。

應當說：這五個心所，有時候對境一次，只起一個。就是：在所樂的境上，但起希望的「欲」；或在決定的境上，但起印持的「勝解」；或在曾習境上，但起不忘的「念」；或在所觀的境上，但起專注的「定」。

問：所觀的境界，是定、慧同緣，何以說唯起專注？答：有一類愚昧的人們，爲了止息散心，雖專注繫念於所緣一境，而不能簡擇。世人都知道他們有定無慧。那麼，這個定境，又何以名爲所觀？因爲他們在加行位時，也有一點聞教於師，思維於己的聞、思二慧；所以說定所緣境，也叫做所觀。或者因為這所觀境，除有少分是有定無慧外，多分是定、慧俱起；所以就依多分來說，這定境名為所觀。例如：欲界的戲忘天人，他們專注於遊樂一境，忘失正念，起了貪瞋痴等的煩惱惑障；所以說他們於所觀境，有定無慧。諸如此類，實在多得舉不勝舉。或在所觀的境上，唯起簡擇，而不專注，馳騁著散心去推求法相；所以說他們於所觀境，有慧無定。

或時起二：謂於所樂、決定境中，起欲勝解；或於所樂、會習境中，起欲及念。如是乃至於所觀境，起定及慧，合有十二。或時起三：謂於所樂、決定、會習，起欲、勝解、念。如是乃至於會習、所觀，起念、定、慧，合有十三。或時起四：謂於所樂、決定、會習、所觀境中，起前四種。如是乃至於決定、會習、所觀境中，起後四種，合有五四。或時起五：謂於所樂、決定、會習、所觀境中，俱起五種。如是於四，起欲等五，總別合有三十一句。或有心位，五皆不起，如非四境，率爾墮心，及藏識俱，此類非一。

有時對境一次，起兩個心數，合十次所起的心數。有十個二。但文中只舉前兩個二及後一個二，中間超略了七個。現在我們把他補足起來，依次列出：1. 對所樂及決定境，起欲、勝解二。2.對所樂及曾習境，起欲、念二。3.對所樂及所觀境，起欲、定二。4.對所樂及所觀境，起欲、慧二。5.對決定及曾習境，起勝解、念二。6.對決定及所觀境，起勝解、定二。7.對決定及所觀境，起勝解、慧二。8.對曾習及所觀境，起念、定二。9.對曾習及所觀境，起念、慧二。10.對所觀境，起定、慧二。這豈不是十個二嗎？

有時對境一次，起三個心數，合十次所起的心數，有十個三，但文中只擧前一個三，及後一個三，中間超略了八個。我們也把他補足，列擧如下：1.對所樂、決定、曾習，起欲、勝解、念三。2.對所樂、決定、所觀，起欲、勝解、定三。3.對所樂、決定、所觀，起欲、勝解、慧三。4.對所樂、曾習、所觀，起欲、念、定三。5.對所樂、曾習、所觀，起欲、念、慧三。6.對所樂、所觀，起欲、定、慧三。7.對決定、曾習、所觀，起勝解、念、定三。8.對決定、曾習、所觀，起勝解、念、慧三。9.對決定、所觀，起勝解、定、慧三。10.對曾習、所觀，起念、定、慧三。這豈不是十個三嗎？

有時對境一次，起四個心數，合五次所起的心數，有五個四。但文中只擧前一個四，及後一個四，中間超略了三個。現在也把他補足，列擧如下：1.對所樂、決定、曾習、所觀，起欲、勝解、念、定四。2.對所樂、決定、曾習、所觀，起欲、勝解、念、慧四。3.對所樂、決定、所觀、起欲、勝解、定、慧四。4.對所樂、曾習、所觀，起欲、念、定、慧四。5.對決定、曾習、所觀，起勝解、念、定、慧四。這豈不是五個四個嗎？

有時對境一次，起五個心數，這當然是對所樂、決定、曾習、所觀、起欲、勝解、念、定、慧五個心所了。

綜合上面：一次起一個心所的，有五次；起兩個心所的有十次；起三個心所的，也有十次；起四個心所的，有五次；起五個心所的，有一次。連一次的總，及多次的別，共有三十一次。

但這欲、勝解、念、定、慧五個心所，莫說在無心位，就是在有心位，也有統統不起的時候。如果不是所樂、決定、曾習、所觀的四境現前，而是率爾心所起的六識，及與藏識相應的心所，都沒有他們。像這樣的道理很多，非止一類。

戊三　辨識有無

第七八識，此別境五，隨位有無，如前已說。第六意識，諸位容俱。依轉未轉，皆不遮故。有義：五識，此五皆無。緣已得境，無希望故。不能審決，無印持故。恒取新境，無追憶故。自性散動，無專注故。不能推度，無簡擇故。有義：五識，容有此五。雖無於境增上希望，而有微劣樂境義故。於境雖無增上審決，而有微劣印境類故。雖無明記曾習境體，而有微劣念境類故。雖不作意繫念一境，而有微劣專注義故。遮等引故，說性散動，非遮等持，故容有定。雖於所緣不能推度，而有微

劣簡擇義故。由此聖教說眼耳通，是眼耳識相應智性。餘三准此，有慧無失。未自在位，此五或無；得自在時，此五定有。樂觀諸境，欲無減故。印境勝解，常無減故。憶習增受，念無減故。又佛五識緣三世故。如來無有不定心故。五識皆有作事智故。

在第七、八二識裏，這別境五法，隨因果位，或有或無，前面已經說過了。在第六意識裏，若是因位，或五法俱起，或一一別起；若是果位，那是統統都有的。因爲無論是轉依的無漏，或未轉依的有漏，都沒有遮簡。若在前五識裏，那就有兩家不同的說法了。

第一家說；前五識裏，這別境五法，全都沒有。因爲五識的緣境；只緣已得，不緣未得；所以他們沒有希望的「欲」。是任運緣境，不能審決；所以沒有印持的「勝解」。恒取新境，不緣過去；所以沒有追憶的「念」。他們的自性散動；所以沒有專注的「定」。不能推求和量度；所以也沒有簡擇的「慧」。

第二家說；前五識裏，這別境五法，容或俱有。因爲五識的緣境；雖然沒有增上希望的未得境界，但也有微劣樂境的意義，所以有「欲」；雖然沒有增上的審決境界，但也有微劣印境的意義，所以有「勝解」；雖然沒有明記曾習的境體，但也有對現境的微劣念類，所以有「念」；雖然沒有作意加行繫念一境，但也有微劣專注的意義，雜集論中，但遮五識沒有作意專注的「等引定」，並不是連通於散位的「等持定」都沒有了。所以也許五識有「定」；雖然沒有推求和量度的能力，但也有微劣簡擇的意義，所以有「慧」。因此，經論上說：眼、耳通，就是眼、耳二識相應的智慧。既然眼、耳二識有慧，那其餘的鼻、舌、身三識，當然也有。所以說五識有慧，是沒有過失的。

在沒有得到自在的凡位，這五識裏的別境，或有或無；若得自在，則決定都有。因爲自在聖位的五識；於樂觀諸境的「欲」；印持境的「勝解」；憶習曾受境的「念」，都沒有減損。又、佛地的五識，能緣過去、現在、未來三世，佛心沒有不「定」的時候。佛地的五識，都已轉成所作事智，又豈能無「慧」？

戊四　辨受相應

此別境五，何受相應？有義：欲三，除憂苦受，以彼二境，非所樂故。餘四通四，惟除苦受，以審決定，五識無故。有義：一切，五受相應。論說憂根，於無上法，思慕愁慼，求欲證故。純受苦處，希求解脫，意有苦根，前已說故。論說貪愛，憂苦相應。此貪愛俱，必有欲故。苦根既有，意識相應，審決等四，苦俱何咎？又五識俱，亦有微細印境等四，義如前說。由是欲等，五受相應，此五復依性界學等，諸門分別，如理應思。

這五個別境，與喜、樂、憂、苦、捨的五受，那個受相應呢？下面有兩家不同的說法。

第一家說：欲心所，和喜、樂、捨三受相應，除了憂、苦二受。因爲憂、苦二受，不是「欲」的所樂境。其餘的勝解、念、定、慧四個心所，則通於五受之四，唯除一苦。因爲與苦受相應的五識裏，沒有這勝解、念、定、慧的四個心所。

第二家說：五個別境，都與五受相應。那麼，怎麼與憂、苦相應呢？論上說：憂根，對於無上妙法，思慕愁慼，欲求得證，所以欲心所，與憂受相應。純受苦處的地獄、鬼、畜，他們那希求解脫的意識裏，也有苦根，這在前面已經說過了。所以欲心所，也與苦受相應。論上還說：貪愛是和憂、苦相應的。既說貪愛，必定有欲，所以欲心所，與憂、苦並俱。苦根既與意識相應，那其餘與意識相應的勝解、念、定、慧四法，也許與苦受相應，有何過咎？

還有：與苦受相應的五識裏，也有微細印持境的勝解；曾習境的念；所觀境的定、慧四法，這義理在前面都已說過了。因此，別境五法，都與五受相應。

這五個別境，和有心必起，徧通一切的五徧行不同。所以在別境五法後，復依三性、三界、三學等諸門，加以分別。例如：四一切的一切性，就是三性的分別；一切地，就是三界的分別；轉依、未轉依，就是依斷見思二惑的無學、未斷思惑的有學、二惑未斷的非學無學，這三學的分別。像這些道理，試想想看，也就知道了。

乙二　辨第三位

丙一　舉頌答問

已說徧行、別境二位。善位心所，其相云何？頌曰：『善謂信慚愧，無貪等三根，勤安不放逸，行捨及不害』。

這是次舉六頌的第三頌。上來已說徧行和別境二位，至於第三位的善心所，他的義相，是怎麼樣的呢？頌文的答覆是：1.信、2.慚、3.愧、4.無貪、5.無瞋、6.無痴、7.勤、8.輕安、9.不放逸、10.行捨、11不害。向下論文逐一解釋之。

丙二　釋頌義

丁一　分別善法

論曰：唯善心俱，名善心所。謂信慚等，定有十一。云何爲信？於實德能，深忍樂欲，心淨爲性；對治不信，樂善爲業。然信差別，略有三種：一信實有，謂於諸法實事理中，深信忍故。二信有德，謂於三寶眞淨德中，深信樂故。三信有能，謂於一切世出世善，深信有力，能得能成，起希望故。由斯對治不信彼心。愛樂證修世出世善。

以下是以論文來解釋本頌。論說：唯獨與善心俱起的心所，才能叫做善心所。這善心所他決定只有十一個，更無增減。現在依本頌所標的名目，逐一解釋如下：

什麼叫做信？對於實有事理、功德、能力，深切忍可，好樂欲求，能夠令心清淨的，就是信的體性；對治不信，好樂善法，就是信的業用。

然而信的差別，略有三種：第一種是信有實——就是對於一切法，有實事、實理的，生起了忍可的深信。第二種是信有德——就是對於佛、法、僧三寶的眞淨功德，生起了好樂的深信。第三種是信有能——就是對於一切世、出世間的有漏、無漏善法，深信自他都有獲得成就的能力，生起了希望。因此三信，能夠對治不信的疑心，才能好樂修證世、出世間的一切善法。

忍謂勝解，此卽信因；樂欲謂欲，卽是信果。確陳此信，自相是何？豈不適言，心淨爲性？此猶未了，彼心淨言。若淨卽心，應非心所；若令心淨，慚等何別？心俱淨法，爲難亦然。此性澄清，能淨心等。以心淨故，立心淨名。如水精珠，能清濁水。慚等雖善，非淨爲相。此淨爲相，無濫彼失。又諸染法，各別有相。唯有不信，自相渾濁，復能渾濁餘心心所。如極穢物，自穢穢他。信正翻彼，故淨爲相。有說信者，愛樂爲相。應通三性，體應卽欲。又應苦集，非信所緣。有執信者，隨順

爲相。應通三性，即勝解欲。若印順者，即勝解故。若樂順者，即是欲故。離彼二體，無順相故。由此應知心淨是信。

外人問：根據上面所說，我們已經知道忍可的意義，就是勝解；也就是能生信的因。樂欲，就是欲心所；也就是信所生的果。那麼，更應當確實指陳，這信的自相，是什麼？

論主答：適纔不是說過，心淨，就是信的體性嗎？

外人難：你那「心淨爲性」的話，說得還不够明了。何則？若以「淨就是心」來解釋吧；那信就應當是心，而不是心所。若說信不是心，不過能令心淨罷了；那信和慚等，又有什麼分別呢？慚等不是也能令心淸淨嗎？若說信與心同時俱淨；那和慚沒有分別，是一樣的爲難。

論主釋：這信的體性，湛然澄淸，能令其餘的心、心所法，不淨而淨。因爲心王是主，所以但說心淨，實賅心所。譬如：水精珠的自體淸淨，投在濁水裏，能令濁水亦淨。那慚等十法，體雖是善，然而他們的自相，並非能淨，不過是所淨而已。唯有這信心所，是以能淨爲自相的。所以信和慚等，並沒有混濫不分的過失。

又，一切染法，都各有各的自相，唯有那大隨煩惱裏的「不信」，他不但自相渾濁，而且還能令其餘的心、心所法，也和他一樣的渾濁。譬如：極汚穢的東西，不但自己汚穢，而且也染污了其他的東西。「信」，正和這自相渾濁的「不信」相反，所以「信」是以淨為自相的。

有人說：信，是以愛樂為相的。照這樣說，那信就應當不但是善，而是徧通善、惡、無記三性了。因為愛樂，是「欲」所緣境，而「欲」是通於三性的啊。又，苦、集、滅、道四諦，都是信所緣境，如果以愛樂為信，那苦、集二諦，就不是信的所緣境了。那有聖者愛樂苦集之理？

又有人執著，信是以隨順為相的。不然！境有三性，當然隨順亦通三性。如此，則隨順便是勝解、欲，而不是信心所了。因為印可的隨順，便是勝解；所樂的隨順，便是欲；離開了勝解、欲這兩個心所，就沒有隨順的自相可得了。

因此應知，那愛樂、隨順，都不是信的自相。唯有心淨，才是信的自相哩。

云何為慚？依自法力，崇重賢善為性；對治無慚，止息惡行為業。謂依自法尊貴增上，崇重賢善，羞恥過惡，對治無慚，息諸惡行。云何為愧？依世間力，輕拒暴惡為性；對治無愧，止息惡行為業。謂依世間訶厭增上，輕拒暴惡，羞恥過惡，對治無愧，息諸惡業。

上來釋信心所竟。此下是合釋慚、愧二法。什麼叫做慚？慚的體性是：依自力和法力，去崇敬有賢德的凡、聖；尊重有漏、無漏的一切善法。慚的業用是：對治無慚，止息惡行。就是說：依自尊心，和寶貴的法儀，這二種增上緣力，去崇賢重善，以過惡爲羞耻，對治無慚，止息了一切非法的惡行。

什麼叫做愧？愧的體性是：依於世間的緣力，去輕拒暴惡。愧的業用是：對治無愧，止息惡行。就是說：依於世人的訶責，所謂「人言可畏」；和自己的討厭，所謂「忌惡如仇」，這二種增上緣力，去輕視暴惡的人，而羞與爲伍；拒絕暴惡之事，而不屑一顧；覺得這些過惡，都是最可羞耻的事。所以才能對治無愧，止息了一切非法的惡業。

羞耻過惡，是二通相；故諸聖教，假說爲體。若執羞耻，爲二別相；應慚與愧，體無差別。則此二法，定不相應。非受想等，有此義故。若待自他，立二別者，應非實有。便違聖教。若許慚愧實而別起，復違論說十徧善心。崇重輕拒，若二別者，所緣有異，應不俱生。二失既同，何乃偏責？誰言二法，所緣有異？不爾，如何？善心起時，隨緣何境，皆崇重善，及輕拒惡義。故慚與愧，俱徧善心，所緣無別。豈不我說，亦有此義？汝執慚愧自相既同，何理能遮前所設難？然聖教說：顧自他者，自法名自，世間名他。或卽此中崇拒善惡，於己損益，名自他故。

「羞耻過惡」，是慚、愧二法的通相。所以諸聖教，都依此通相，假說爲慚、愧二種別體。倘若執著羞耻是慚、愧二法的別相；那慚也是羞耻，愧也是羞耻，就應當沒有慚、愧二法的差別了。如此，則二法決定不能相應。例如：受、想等徧行五法，他們都是各有各體，才能相應哩，並不是一體相應的意義。若說二法是由待自、他緣的不同，如：慚待自法以成慚；愧待世間以成愧，這樣建立了二種別體。那也不對！二法既是待緣而成，那就應當不是實有了。然而聖教上說是實有，豈不是違背了聖教？若許慚、愧雖是實有，但不俱起；那就又和大論所說：「十一種善法，除「輕安」外，其餘的十種，都是徧一切善」的理論相違背了。

外人問：若以崇重善法爲慚，輕拒惡法爲愧，來建立二種別相；則二法所緣的境既不同，就應當不能俱起；這和我們待自、他所立二別的過失，不是一樣嗎？爲什麼偏要責難我們？

論主答：誰說慚、愧二法，所緣的境有不同？外人難：不是不同，是什麼？論主釋：當善心生起的時候，隨便緣什麼境，都有崇重善法，及輕拒惡法的意義。這是慚和愧的二種別相，並不是所緣的二種別境。別相，就是不同的功用：慚的功用是崇善；愧的功用是拒惡。然而，崇善、拒惡，無非是善；所以他們都是俱徧善心，並無二別。

外人又問：我們前面所說，豈不也有不緣自、他別境，但待自、他不同功能的意義嗎？

論主答：你們既然執著慚、愧的自相，同是羞耻，憑什麼理由，能遮除我們前面所設的四難——1.體無差別難。2.定不相應難。3.應非實有難。4.不徧善心難。

然而聖教對於自、他二別的解釋是：自立的法，叫做「自」；世間的王法，叫做「他」。或者就以這裏所說：崇重有益於己的善法，叫做「自」；輕拒有損於己的惡法，叫做「他」。

無貪等者：等無瞋痴。此三名根，生善勝故。三不善根，近對治故。云何無貪？於有有具，無著爲性；對治貪著，作善爲業。云何無瞋？於苦苦具，無恚爲性；對治瞋恚，作善爲業。善心起時，隨緣何境，皆於有等，無著無恚。觀有等立，非要緣彼；如前慚愧，觀善惡立，故此二種，俱徧善心。

上來合釋慚、愧二法竟。此下是總別解釋無貪、無瞋、無痴三法。先總後別。頌中所說「無貪等三根」的「等」字，就是連無瞋、無痴都攝在內了。這無貪、無瞋、無痴，爲什麼名叫三善根？因爲他們有能生善法的殊勝功用；又能各別對治三不善根——貪、瞋、痴。

什麼叫做無貪？「有」——是三界的報果。「有具」——是三界報果的生因。對三界有漏的樂因樂果，不生貪著，就是無貪的體性。對治貪著，止惡作善，就是無貪的業用。

什麼叫做無瞋？「苦」——是苦苦、壞苦、行苦，這三苦的苦果。「苦具」——是苦果的生因。對苦因苦果，不起瞋恚，就是無瞋的體性。對治瞋恚，止惡作善，就是無瞋的業用。

問：無貪緣樂境，無瞋緣苦境；他們既然緣境不同，何以能俱徧善心？答：當善心起時，隨便緣什麼境，都有對「有、有具」無著，「苦、苦具」無恚的功能。這是由觀待苦、樂所立的二種別相，並不須要緣二種別境，才建立無貪、無瞋。也同前面所說的慚、愧二法，是由觀待崇善、拒惡所建立的別相一樣。所以這無貪、無瞋二法，是俱時而起的，徧一切善心。

云何無痴？於諸理事明解爲性；對治愚痴，作善爲業。有義：無痴，卽慧爲性。集論說此，報教證智，決擇爲體。生得聞思修所生慧。如次皆是決擇性故。此雖卽慧，爲顯善品，有勝功能，如煩惱見，故復別說。有義：無痴，非卽是慧，別有自性，正對無明。如無貪瞋善根攝故。論說大悲，無瞋痴攝，非根攝故。若彼無痴，以慧爲性，大悲如力等，應慧等根攝。又若無痴無別自性，如不害等，應非實物。便違論說：十一善中，三世俗有，餘皆是實。然集論說：慧爲體者：擧彼因果，顯此自性。如以忍樂，表信自體，理必應爾。以貪瞋痴，六識相應，正煩惱攝。起惡勝故，立不善根。斷彼必由通別對治。通唯善慧，別卽三根。由此無痴必應別有。

什麼叫做無痴？簡單的說：於一切事理，分明了解爲性；對治愚痴，止惡作善爲業。如果要詳細解釋，那就有兩家不同的說法了。

第一家說：無痴，就是以前境的「慧」，來做體性的。何以知之？雜集論上說：「報、教、證、智，決擇爲體」。就是說：從酬報前因，一生便得的智，叫做生得慧。從聞教思惟所生的智，叫做聞、思慧。從修定所證到的智，叫做修慧。這生得慧、聞慧、思慧、修慧，都是以決擇爲體性的。

問：假使無痴的體，就是五別境的慧；爲什麼這善心所裏，只說一個慧，而不說其餘的四個別境呢？

答：這無痴的體，雖卽是慧；然而，爲表顯他在善品裏，有殊勝的功能，也和煩惱中的「見」，有勝用一樣，所以特別提出來說說。

第二家說：無痴，並不就是慧，他別有自體，正對治不善中的無明——痴。也和無貪對治貪、無瞋對治瞋一樣，都是三善根所攝。何以知之？瑜伽論上說：大悲，是無瞋、無痴二法所攝，並不是二十二根裏的慧根所攝啊。如果無痴的體性是慧；那大悲，就應當如十力、四無畏一樣，屬於慧根所攝了。

又、倘若無痴，是離慧無別自性的話；就應當同「不害」等一樣，不是實有的東西了。如此，便違背了大論所說：十一種善法中，除不放逸、捨、不害，這三法是世俗假有外，其餘八法都是實有。所以無痴，是別有自體的。

然而，集論上何以說：無痴是以慧爲體呢？那是因爲無痴的因果通於生得、聞、思、修四慧，所以舉彼因果，顯此自性。好像「忍」是信因，「樂」是信果；卽以忍、樂來表顯信的自體一樣。這是理所必然的。

因爲貪、瞋、痴三法，與六識相應，爲正煩惱所攝；他們造起惡來，較其餘煩惱的力量，特別强勝；所以就立他們爲三不善根。要斷除這三不善根，必須由通、別二種對治：通，就是以唯一善慧，來對治他們；別，就是以無貪對治貪、無瞋對治瞋、無痴對治痴。因此，無痴也如同無貪、無瞋一樣，必定別有自體。否則，他如何能單獨對治無明——痴？

勤謂精進，於善惡品，修斷事中，勇悍爲性；對治懈怠，滿善爲業。勇表勝進，簡諸染法。悍表精純，簡淨無記。卽顯精進，唯善性攝。此相差別，略有五種。所謂：被甲、加行、無下、無退、無足，卽經所說：有勢、有勤、有勇、堅猛、不捨善軛，如次應知。此五別者：謂初發心，自分勝進。自分行中，三品別故。或初發心，長時無間，殷重無餘，修差別故。或資糧等，五道別故。二乘究竟道，欣大菩提故。諸佛究竟道，利樂他故。或二加行，無間解脫，勝進別故。

上來釋三善根竟。現在是解釋頌中的「勤」字，也就是善位中的第七心數。什麼叫做勤？勤，就是精進。在修善斷惡的事上，以勇悍爲性；對治懈怠，圓滿善法爲業。

勇，是表示向善的精進，簡別不是勇於染污的惡法。悍，是表示精純無雜，更連無記也簡別淨盡。這就是表顯「精進」在三性中，唯屬善性。

這精進義相的差別，略有五種1.被甲——如戰士被甲上陣，有大威勢。2.加行——加力修行，自策勤勉。3.無下——不自卑下，亦不怯弱。4.無退——堅忍諸苦，銳進不退。5.無足——不以小果爲滿足，直往大湼槃道。這五種，也就是經上所說的：有勢、有勤、有勇、堅猛、不捨善軛（軛，是轅前加在牛馬頜上的橫木）。如其次第，應知前五種的名雖有異，而義實無別。

這精進的五種差別，還有四種解釋：第一種的解釋是：1.初發心。2.下品自分行。3.中品自分行。4.上品自分行。5.勝進行。第二種的解釋是：1.初發心。2.長時修。3.無間修4.殷重修。5.無餘修。第三種的解釋是：1.資糧位。2.加行位。3.通達位。4.修習位。5.究竟位。問：三乘究竟無學，既已滿足，何以仍須精進？答：二乘的究竟道，是欣向大菩提果；諸佛的究竟道，是利樂有情；所以三乘雖究竟無學，仍須精進。第四種的解釋是：1.遠加行道。2.近加行道。3.無間道。4.解脫道。5.勝進道。

定謂輕安，遠離粗重，調暢身心，堪任爲性；對治惛沉，轉依爲業。謂此伏除能障定法。令所依此轉安適故。

這是解釋頌中的「安」字，也就是善位的第八心數。什麼叫做安？安，就是輕安。以遠離粗重煩惱，使身心調暢，堪任善法爲性；對治惛沉，轉變了所依的身心爲業。就是說：這輕安伏除了能障禪定的惛沉，令所依止的身心，轉粗重而爲安適。

不放逸者：精進三根，依所斷修，防修爲性；對治放逸，成滿一切世出世間善事爲業。謂卽四法，於斷修事，皆能防修，名不放逸。非別有體，無異相故。於防惡事，修善事中，離四功能，無別用故，雖信慚等，亦有此能，而方彼四，勢用微劣。非根徧策，故非此依。豈不防修，是此相用。防修何異精進三根？彼要待此，方有作用。此應復待餘，便有無窮失。勤唯徧策，根但爲依，如何說彼有防修用？汝防修用，其相云何？若普依持，卽無貪等。若徧策錄，不異精進。止惡進善，卽總四法。令不散亂，應是等持。令同取境，與觸何別？令不忘失，卽應是念。如是推尋不放逸用，離無貪等，竟不可得。故不放逸，定無別體。

這是解釋頌中的「不放逸」三字，也就是善位的第九心數。

不放逸——是依精進、無貪、無瞋、無痴四法，對所斷的惡，防令不起，所修的善，修令增進，爲他的體性；以對治放逸，圓滿成就一切世、出世間的善事，爲他的業用。就是說

：卽此精進、無貪、無瞋、無痴四法，對於斷惡修善的事，能盡到防修的責任，就叫做「不放逸」。並不是別有一個不放逸的體相，與這四法不同。在防惡修善的事中，離了這四法的功能，也就別無不放逸的作用了。

問：其餘的信、慚等法，不是也有斷惡修善的功能嗎？何以獨依那四法爲體呢？答：雖信慚等法，也有這斷惡修善的功能；然而，比起四法來，他們的勢用到底微劣。以能生一切善法而論，他們不如三善根；以普徧策勵一切善心而論，他們又不如精進。所以不放逸，但依精進、三善根爲體，不依信慚等法。

外人問：防惡修善，豈非就是不放逸的體性嗎？爲什麼要依那四法爲體？論主反詰：你說那防惡修善，與精進、三根這四法，有何不同？外人答：精進和三根，本來就不能防惡修善，要等待這別有體用的不放逸，他們才有防修的作用。論主駁他說：照你這樣說：四法待不放逸，方能防修的話；那不放逸，也應當更待餘法，方能防修；如此，展轉相待，豈不是犯了無窮的過失了嗎？

外人又問：四法裏的勤——精進，只能偏策善心；三善根，但爲善法所依；如何說他們有防惡修善的作用呢？

論主反詰：你所說那防惡修善的作用，是什麼？若說能普徧爲善法所依，那就是三善根；若說能普徧策勵善心，那就與精進無異；若說能止惡進善，那就更是四法的總體了；若說能令心不散，那就應當是定；若能令心同取一境，那與徧行的觸，又有什麼不同？若能令記憶不忘，那就應當是念。這樣推究起來，不放逸的作用，離了無貪、無瞋、無痴、精進四法，竟不可得。因此，不放逸這個心數，他決定沒有別體。

云何行捨？精進三根，令心平等正直，無功用住爲性；對治掉擧，靜住爲業。謂卽四法，令心遠離，掉擧等障，靜住名捨。平等正直，無功用住。初中後位，辯捨差別。由不放逸，先除雜染，捨復令心，寂靜而住。此無別體，如不放逸。離彼四法，無相用故。能令寂靜，卽四法故。所令寂靜，卽心等故。

這是解釋頌中的「行捨」二字；也就是善位的第十心數。什麼叫做行捨？這行蘊中的捨，他的體性，也是依精進、無貪、無瞋、無痴，令心平等正直，不藉加行功用，而得安住的。他的業用，是對治不平等的掉擧，而住於寂靜的。

所謂的體、業，就是：精進和三根這四法，令心遠離掉擧、沉沒等障，而住於寂靜安隱的定境。這個名就叫做「捨」。平等、正直、無功用住，就是：分初、中、後三位，來辯論捨的差別：1.最初先離掉擧、惛沉，使心平等。2.其次再離諂曲，令心正直3.最後不藉加行功用，自然能安住不動。先由不放逸，把雜染障除掉了之後，捨才能令心住於寂靜。

這個捨，他也同不放逸一樣，離了精進、無貪、無瞋、無痴四法，是沒有自體的。因爲能令寂靜的，是四法；所令寂靜的，是心，心所啊。

云何不害？於諸有情不爲損惱，無瞋爲性；能對治害，悲愍爲業。謂卽無瞋，於有情所，不爲損惱，假名不害。無瞋翻對斷物命瞋。不害，正違損惱物害。無瞋與樂，不害拔苦。是謂此二粗相差別。理實無瞋實有自體。不害依彼一分假立。爲顯慈愍，二相別故。利樂有情，彼二勝故。有說：不害，非卽無瞋，別有自體，謂賢善性。此相云何？謂不損惱。無瞋亦爾，寧別有性，謂於有情，不爲損惱？慈愍賢善，是無瞋故。

這是解釋頌中的「不害」二字；也就是善位最後的第十一心數。什麼叫做不害？就是對於一切有情，不作損害惱亂他們的事，以無瞋爲體；能對治損害，慈悲憐愍爲業。

不害，也就是無瞋，對有情不爲損惱所建立的假名。無瞋，是翻對斷絕物命的「瞋」；不害，正是違反損惱物類的「害」。無瞋，與有情以樂；不害，拔衆生之苦。這不過是就無瞋和不害的粗相，論其差別而已。按實在的道理來說，無瞋，實有自體；不害，則是依無瞋的一分拔苦，所建立的假名。問：爲什麼不害但依無瞋來假立，不依無貪無痴呢？答：爲表顯慈悲二相的不同：一個是予有情以樂；一個是拔衆生之苦，利樂有情的功德，以慈悲爲最勝，所以但依無瞋，不依無貪和無痴。

有人說：不害，並非依無瞋爲體，他別有自體，叫做賢善。這不害的相是什麼呢？就是不損惱。

論主駁他說：你說那不害的體相，不是同無瞋一樣嗎？怎能離無瞋外，別有不害的自性，是對於有情，不爲損惱呢？要知道，慈悲賢善，就是無瞋啊。

丁二　分別餘法

及顯十一義別心所，謂欣厭等善心所法，雖義有別，說種種名，而體無異，故不別立。欣謂欲俱，無瞋一分。於所欣境不憎恚故。不忿恨惱，嫉等亦無。隨應正翻瞋一分故。厭謂慧俱，無貪一分。於所厭境不染著故。不慳憍等，當知亦然。隨應正翻貪一分故。不覆誑諂，無貪癡一分。隨應正翻貪癡一分故。

上來釋十一善法竟。現在是解釋頌中「行捨及不害」的「及」字。這個「及」字，就是表顯善十一法外，還有欣厭等的義別心所。他們雖與十一善法的意義不同，名亦多種；然而，他們的體性，却是離了十一法外，更無別體。所以不別安立。

欣，是與欲俱起的心所，屬於無瞋的一分所攝。因其對於所欣的境界，不憎恚故。不但是欣，就是不忿、不恨、不惱、不嫉，也是屬於無瞋的。因爲他們各別正翻的忿、恨、惱、嫉四個隨惑，都是屬於瞋的一分；瞋的正翻，當然就是無瞋了。

厭，是與慧俱起的心所，屬於無貪的一分所攝。因其對於所厭的境界，不染著故。不但是厭，就是不慳、不憍，也是屬於無貪的。因爲他們正翻的慳、憍兩個隨惑，是屬於貪的一分；貪的正翻，當然就是無貪了。

不覆、不誑、不諂三法，是無貪、無痴二善根的各一分所攝。因爲他們各別正翻的覆、誑、諂三個隨惑，是屬於貪、痴的各一分所攝；貪、痴的正翻，當然就是無貪、無痴了。

有義：不覆，唯無痴一分。無處說覆，亦貪一分故。有義：不慢，信一分攝。謂若信彼，不慢彼故。有義：不慢。捨一分攝。心平等者，不高慢故。有義：不慢。慚一分攝。若崇重彼，不慢彼故。有義：不疑，卽信所攝。謂若信彼，無猶豫故。有義：不疑，卽正勝解。以決定者，無猶豫故。有義：不疑，卽正慧攝。以正見者，無猶豫故。不散亂體，卽正定攝。正見正知，俱善慧攝。不忘念者，卽是正念。悔眠尋伺，通染不染，如觸欲等，無別翻對。

有人說：不覆，唯屬無痴一分，不屬無貪。沒有那個經論說，覆，也是貪的一分；當然不覆，也不是無貪了。

有人說：慢所正翻的不慢，屬於信的一分。因爲既然信仰了他，就不會輕慢了他。有人說：不慢，屬於捨的一分。因爲捨心是平等的，他不會對人高慢。有人說：不慢，屬於慚的一分。因為慚能崇重賢善，所以不慢。

有人說：疑所正翻的不疑，就是信心所攝。因其對於既已相信的事，那復猶豫？有人說：不疑，就是正勝解。因其對於已經決定了的正當事理，不會再有猶豫。有人說：不疑，是正慧所攝。因為有了正見的人，那裏還會有猶豫呢？

散亂正翻的不散亂，即是正定所攝。染見所翻的正見，及不正知所翻的正知，都是善慧所攝。忘念所翻的不忘念，就是正念。這不散亂、正見、正知、不忘念四法，都是屬於別境心所的。至於悔、眠、尋、伺這四個不定法，他們是騎墻派：既通於染；又通不染。就像觸等的偏行，欲等的別境，都是通於三性一樣。所以沒有相對的翻面。

何緣諸染，所翻善中，有別建立，有不爾者？相用別者，便別立之。餘善不然，故不應責。又諸染法，偏六識者，勝故翻之，別立善法。慢等忿等，唯意識俱。害雖亦然，而數現起損惱他故；障無上乘勝因悲故；為了知彼增上過失，翻立不害。失念、散亂、及不正知，翻入別境，善中不說。染淨相翻，淨寧少染？淨勝染劣，少敵多故。又解理通，說多同體。迷情事局，隨相分多。故於染淨，不應齊責。

外人問：善法是煩惱的翻面，為什麼二十六種煩惱，在所翻的善法中，除有十一種各別建立外，其餘的都不建立呢？

論主答：十一善法，都各有各的相用，所以各別建立為善。其餘所翻的善法，無別相用，故不別立。所以你不應當有所責難。還有一個理由：六根本煩惱中的貪、瞋、痴三法，及二十隨煩惱中的無慚等八法，他們的過失殊勝，偏染六識，所以要把他們各別翻為善法。根本煩惱中的慢、見、疑三法；及隨煩惱中的忿等九法，他們唯與意識俱起，所以不翻。害，雖然也是唯與意俱，但他數數現起，損惱自他，障礙着無上乘的大悲因心，不使現起。為的要了知他這種嚴重的過失，所以才把他翻為不害。至於那隨煩惱中的失念、散亂、不正知三法，已經翻入別境中的念、定、慧了。所以善中不說。

問：染淨相翻，應該是一染翻一淨；一淨對治一染。何以染多淨少，對治不同呢？答：因為淨法殊勝，染法劣弱，所以少淨能敵多染。還有一種理由：不慢等的淨法雖多，然而，順淨法正理的通融來說，都被十一善攝為同體了。迷情的染法，局隔不通，隨相立名，故有多分。所以對於染、淨，不應當責令等齊。

丁三　分別假實

此十一法，三是假有，謂不放逸、捨、及不害，義如前說。餘八實有，相用別故。

這十一善法裏，有三法是假有，就是：1. 不放逸。2. 捨。3. 不害。因為捨和不放逸，是以精進及三善根為體；不害，是以無瞋一分為體的。這意義在前面都已說過了。除此三法是假有外，其餘的八法，都是實有。因為他們的相用各各有別。

丁四　分別起數

有義：十一，四徧善心，精進三根徧善品故。餘七不定。推尋事理未決定時，不生信故。慚愧同類，依處各別。隨起一時，第二無故。要世間道斷煩惱時，有輕安故。不放逸捨，無漏道時，方得起故。悲愍有情時，乃有不害故。論說：十一，六位中起：謂決定位，有信相應。止息染時，有慚愧起，顧自他故。於善品位，有精進三根。世間道時，有輕安起。於出世道，有捨不放逸。攝衆生時，有不害故。

此下有兩家對善法是否俱起的諍論。第一家說：十一善法裏，有四法是俱徧善心：1.精進、2.無貪、3.無瞋、4.無痴。除此四法的功力，是徧於定、不定、漏、無漏的諸善品外，其餘的七法，就不一定了。這有五種理由：1.在推尋事理，沒有決定的時候，不會生信。2.慚和愧雖是同類，然而慚依自法力；愧依世間力，他們的依處各別。所以慚起無愧；愧起無慚，並不是二法俱起。3.要到世間道斷了粗重煩惱時，才有輕安。4.不放逸和行捨二法，要到無漏道時，才能生起。5.要到悲愍拔濟有情的時候，才有不害。

不但有理由，還有論證。瑜伽論上說：十一善法，分別在六位中生起：1.非決定位，不能與信相應。2.止息染時，才有自力和他力的慚、愧生起。3.在善品位，唯有精進和三善根

——無貪、無瞋、無痴。4.世間道時，有輕安起。5.出世道時，才有行捨和不放逸二法。6.攝護衆生時，才有不害。

有義：彼說未爲應理。推尋事理未決定心，信若不生，應非是善。如染心等，無淨信故。慚愧類異，依別境同。俱徧善心，前已說故。若出世道輕安不生，應此覺支非無漏故。若世間道無捨不放逸，應非寂靜防惡修善故。又應不伏掉放逸故。有漏善心既具四法，如出世道應有二故。善心起時，皆不損物。違能損法，有害不故。論說六位，起十一者，依彼彼增，作此此說。故彼所說，定非應理。應說信等十一法中，十徧善心，輕安不徧。要在定位，方有輕安，調暢身心，餘位無故。決擇分說：十善心所，定不定地，皆徧善心。定地心中，增輕安故。

這是第二家的說法。他說：前面第一家所說，未必合理。玆逐項駁斥如下：1.推尋事理未決定心，應有信生。否則！那就不是善法；而是同惡、無記心，沒有淨信是一樣了。2.慚、愧二法的體雖有異；那不過是所依的增上緣力，有自他的差別而已。然而他們的境界，都是徧一切善心，並無不同。這在前面已經說過了。3.輕安，是出世道的七覺支之一。假使出世道時輕安不生；這一覺支，就應當不是無漏阿。4.假使行捨和不放逸，唯出世道有；那世間道，就應當不是寂靜；也不能防惡修善了。又憑什麼來降伏掉舉和放逸的過失呢？既許世間道的有漏善心，具有精進和三善根四法，同出世道一樣，就應當也有捨和不放逸二法啊。

5.善心起時，都不損物，違反了能損物的害法，所以都有不害。豈但攝衆生時？

論上所說的「六位起十一」者，那是依增上而說的。例如：依彼決定位時信數增上；而作此「決定位，有信相應」的說法。依說有六，所以說：「依彼彼增，作此此說」。因此，第一家所說那「四徧善心，餘七不定」，是不合理的。

應當這樣說：信等的十一善法裏，有十法是徧一切善的，只有輕安一法不徧。因爲要到定位，才有輕安調暢身心，其餘的散位沒有。瑜伽論裏的決擇分說：十善心所，無論在色、無色界的定地，或欲界的不定地，他們都是徧一切善心；但在定地心中，又增加輕安一法。

有義：定加行亦得定地名。彼亦微有調暢義故。由斯欲界亦有輕安。不爾，便違本地分說，信等十一，通一切地。有義：輕安唯在定有。由定滋養，有調暢故。論說欲界諸心心所，由闕輕安，名不定地。說一切地有十一者，通有尋伺等三地皆有故。

什麼叫做「定地」？又有兩家不同的解釋。第一家說：在未到定的加行位，也叫做定地。因爲他也有一點調暢身心的微義。所以欲界地也有輕安。不然的話，便違背瑜伽本地分說：「信等十一，通一切地」的道理了。

第二家說：輕安，唯在色、無色界的定地，欲界沒有。因為由定水滋養，身心才能調暢。論上說：欲界的諸心、心所，由於闕乏輕安之故，所以叫做不定地。至於說：一切地都有十一法者；那是說：初禪根本定至未到定的有尋有伺地、初禪到二禪的無尋有伺地、二禪以上的無尋無伺地，這三地都有輕安。非欲界有。

此十一種，前已具說。第七八識，隨位有無。第六識中，定位皆具。若非定位，唯闕輕安。有義：五識唯有十種，自性散動，無輕安故。有義：五識亦有輕安。定所引善者，亦有調暢故。成所作智俱，必有輕安故。

這十一種善法，前面都已說過了。他們在第七和第八識裏，都是隨着無漏位有；有漏位無。在第六識裏，定位都有；若不定位，那就只有十種，唯闕輕安。

有人說：前五識裏，只有十種。因為他們的自性散動，沒有輕安。還有人說：五識也有輕安。因為由定所引的善法，在五識身裏，也有調暢；轉五識所成的「成所作智」，必有輕安。

此善十一，何受相應？十、五相應。一除憂苦，有逼迫受，無調暢故。此與別境皆得相應。信等欲等，不相違故。十一唯善。輕安非欲，餘通三界。皆學等三。非見所斷。瑜珈論說：信等六根，唯修所斷，非所斷故。餘門分別，如理應思。

問：這善十一法，與憂、喜、苦、樂、捨五受，那一受相應呢？答：有十法都與五受相應；唯輕安一法，在逼迫性的憂、苦二受裏，沒有調暢，他只能與喜、樂、捨三受相應。

這十一種善法，與別境五法，都能够相應俱起。因爲信等的善法，與欲等的別境，他們的性質，並不相違。

這十一法：在善、惡、無記的三性裏，唯屬善性；在欲、色、無色的三界裏，除輕安一法不通欲界外，其餘的十法，則徧通三界；在有學、無學、非有學無學的三位裏，那是統統都有。

這十一法，在見斷、修斷、非斷的三斷裏，都不是見道所斷。因爲他們不是分別所起的煩惱、所知二障啊。所以瑜伽論上說：二十二根裏的信、精進、念、定、慧、未知當知，這六根，在有漏位，是唯修所斷；在無漏位，那就是非所斷了。

上來已作諸門分別，至於尚未分別的餘門，也應當如理而思。

乙三　辨第四位

丙一　擧頌答問

如是已說善位心所。煩惱心所，其相云何？頌曰：『煩惱謂貪瞋，癡慢疑惡見』。

這是次擧第四頌前兩句。上來已經把善位心所說完了。至於煩惱心所，他的義相，是怎麼樣呢？頌中的答覆是：煩惱有六：1.貪、2.瞋、3.痴、4.慢、5.疑、6.惡見。向下論文逐一解釋。

丙二　釋頌義

丁一　分別六法

論曰：此貪等六，性是根本煩惱攝故，得煩惱名。云何為貪？於有有具，染著為性；能障無貪，生苦為業。謂由愛力，取蘊生故。云何為瞋？於苦苦具，憎恚為性；能障無瞋，不安隱性，惡行所依為業。謂瞋必令身心熱惱，起諸惡業，不善性故。云何為癡？於諸理事，迷闇為性；能障無癡，一切雜染，所依為業。謂由無明，起疑邪見，貪等煩惱，隨煩惱業，能招後生，雜染法故。

這向下論文，是解釋頌中的意義。論上說：這貪等六個心所的體性，是「隨煩惱」的根本所攝。所以得名煩惱，而不名隨煩惱。現在把他們分別解釋如下。

什麼叫做貪？對於異熟三有報果的「有」；能生有的「有具」，愛染耽着，就是貪的體性；能障無貪，生起諸苦，就是貪的業用。就是說：由貪愛的業力，能令五蘊生起。五蘊，因取着貪愛而有；又能取着貪愛，所以叫做「五取蘊」。

什麼叫做瞋？對於苦苦、壞苦，行苦的「苦」；能生苦的「苦具」，起了憎恚，就是瞋的體性；能障無瞋，不能安心隱忍，一切惡行都依之而起，就是瞋的業用。就是說：這個憎恚的瞋，必定能令身心煩熱惱擾，生起了一切惡業。因爲他不是善性之故。

什麼叫做痴？對於眞諦的道理、俗諦的事相，迷闇不了，就是痴的體性；能障無痴，一切有漏雜染，都依之而起，就是痴的業用。就是說：由於無明的原故，次第生起了疑、邪見、貪等煩惱、隨煩惱，造諸惡業，招感後生的雜染諸法。

云何爲慢？恃己於他，高舉爲性；能障不慢，生苦爲業。謂若有慢，於德有德，心不謙下。由此生死輪轉無窮。受諸苦故。此慢差別有七九種。謂於三品我德處生。一切皆通見修所斷。聖位我慢既得現行，慢類由斯起亦無失。

什麼叫做慢？仗恃自己，對於他人，令心高舉，就是慢的體性；能障不慢，生起諸苦，就是慢的業用。就是說：若果有慢，對於淨功德法，及有德的人，自心便不肯謙虛卑下。因此招感了生死輪轉，受苦無窮。這不過是總略言之，如果詳細分析起來，這慢的差別，尚有七種，或九種之多。現在把他依次列後：

七種慢是：1. 慢——對於不勝我的人，固然說我比他强；就是對與我相等的人，也說他不過同我一樣而已，有啥了不起。2. 過慢——不但對於和我相等的人，說他還不及我；就是對於勝我的人，也說他不過和我相等。3. 慢過慢——對於勝我的人，反說他遠不及我。4. 我慢——執有實我，及我所有，使心高擧。5.增上慢——自己才證得少分聖道，便僞謂全證。6.卑慢——對於多分勝我的人，說我不過比他少差一點。7.邪慢——分明自己無德，妄謂有德。

九種慢是：1.我勝慢。2.我等慢。3.我劣慢。4.有勝我慢。5.有等我慢。6.有劣我慢。7.無勝我慢。8.無等我慢。9.無劣我慢。這九種的前三種，就是：過慢、慢、卑慢。中三種，就是：卑慢、慢、過慢。後三種，就是：慢、過慢、卑慢。

這慢的分類，雖有七種和九種的差別；然而，他們的生起，不出上品、中品、下品、我、德，這五法的範圍。於下品及中品起慢；中品及上品起過慢；上品起慢、過慢、卑慢；於我起我慢；於德起邪慢，及增上慢。

這一切慢類，在小乘中，通於見、修二斷。就是：由分別而起的，是見道所斷；俱生而起的，是修道所斷。然而，斷了修惑的無學聖者，他們的我慢，既然仍起現行；那麼，就說這慢類，是由修道而起，也沒有什麼過失。

云何爲疑？於諸諦理，猶豫爲性；能障不疑，善品爲業。謂猶豫者善不生故。有義：此疑以慧爲體。猶豫簡擇，說爲疑故。毗助末底，是疑義故。末底般若，義無異故。有義：此疑別有自體，令慧不決，非卽慧故。瑜珈論說：六煩惱中，見世俗有

，即慧分故。餘是實有，別有性故。毗助末底，執慧爲疑。毗助若南，智應如識。界由助力，義便轉變。是故此疑，非慧爲體。

什麼叫做疑？對於一切眞實不虛的道理，猶豫不決，就是疑的體性；能障不疑的善品，就是疑的業用。就是說：猶豫不決的人，善法是不會生起的。不過關於疑的體性，向下還有兩家不同的主張。

第一家說：這疑，是以慧爲體的。因爲大論上說：猶豫簡擇，就叫做疑；毗助末底，就是疑的意義。「毗」，是種種；「末底」，是慧。在「末底」上加一「毗」字，來幫助解釋，就是種種慧。末底和般若，都是慧的異名，並無別體。所以知道，疑是以慧爲體的。

第二家說：這個疑，別有自體，能令慧不決定。所以疑，並非就是慧。瑜伽論上說：貪、瞋、痴、慢、疑、惡見的六個根本煩惱中，除「見」是世俗假有，屬於邪慧的一分所攝外；其餘的五個煩惱，都實有自體。所以疑，並不就是慧。

若在「末底」上加一「毗」字來幫助解釋，就說慧爲疑體。那麼，「若南」是智，在若南上加一「毗」字來幫助解釋，就應當變智爲識了。然而，識體並非是智，如何說毗助末底，疑體就是慧呢？「界」是性義。況，末底，由於毗字的助緣之力，他那慧性的意義，便已轉變，不成其爲慧了。因此，這個疑，並非以慧爲體。

云何惡見？於諸諦理，顚倒推求，染慧爲性；能障善見，招苦爲業。謂惡見者，多受苦故。此見行相，差別有五：一薩迦耶見。謂於五取蘊，執我我所，一切見趣，所依爲業。此見差別，有二十句，六十五等，分別起攝。

什麼叫做惡見？對於一切諦理，顚倒推度，以染慧爲性；能障善見，招感苦報爲業。就是說：有惡見的人，多遭苦報。這不過是總略的解釋；若仔細分析，這惡見的差別，尙有五種。

第一種是「薩迦耶見」：梵語薩迦耶達利瑟致。華譯：薩爲有；迦耶爲身；達致瑟爲見。合起來叫做「有身見」。就是對於五取蘊的這個假名，不了如幻，執有實我，及我所有。所以身見，又名我見。一切邪見，都依這我見而起惑造業。因此，我見的差別，又有二十句、或六十五句。都屬於後天分別所起的煩惱。妓列擧如下：

二十句是：計五蘊各有四句。例如：1.色是我。2.我有色。3.色屬我。4.我在色中。如是乃至識是我、我有識、識屬我、我在識中。合五四爲二十。

六十五句是：計一蘊爲我，餘四蘊各有三所：1.我瓔珞。2.我僮僕。3.我器物。合四三爲十二所，再加上一個我，總爲十三。這樣推算起來，五蘊豈不是有五個我，六十個我所，總和爲六十五見嗎？

二邊執見。謂卽於彼，隨執斷常，障處中行，出離爲業。此見差別，諸見趣中，有執前際，四徧常論，一分常論。及計後際，有想十六，無想俱非，各有八論，七斷滅論等。分別起攝。

第二種是「邊執見」：就是在隨着我見的執我之後，又執斷、常。能障非斷非常處的中行道諦，及出離生死的滅諦。

這邊見的差別，在諸見的意趣裏：有的執着由前際所起的四種徧常論、四種一分常論；有的執着由後際所起的有想十六論、無想八論、非有想非無想八論、七種斷滅論。這四十七見，也都是後天分別所起的煩惱。玆依次列擧如下：

A四徧常論：1.由下品宿住通，能憶前際二十成壞劫，自他生死相續，便執我與世間，一切俱常。2.由中品宿住通，能憶前際四十成壞劫，生死相續，便執我與世間俱常。3.由上品宿住通，能憶八十成壞劫，生死相續。便執我與世間俱常。4.由天眼通，見一切有情，死此生彼，諸蘊相續，便執我與世間俱常。這四種，執三界俱常，所以叫做徧常。

B四一分常論：1.從梵天死後，生此世間，得宿住通，執梵天是常，我是無常。2.執梵王所說：大種是常，心是無常。3.從戲忘天死，生此世間，得宿住通，執彼天是常，我是無常。4.從意憤天死，生此世間，得宿住通，執彼天是常，我是無常。這四種，但執梵天、大等是常，所以叫做一分常。

以上八見，都是依過去所起的分別，所以說為前際。

C有想十六論：1.我有色，死後有想。2.我無色，死後有想。3.我亦有色、亦無色，死後有想。4.我非有色、非無色，死後有想。5.我有邊，死後有想。6.我無邊，死後有想。7.我亦有邊、亦無邊，死後有想。8.我非有邊、非無邊，死後有想。9.我有一想。10.我有種種想。11.我有小想。12.我有無量想。13.我純有樂，死後有想。14.我純有苦，死後有想。15.我純有苦有樂，死後有想。16.我純無苦無樂，死後有想。

D無想八論：就是得無想定的人，執前有想十六論的前八論，謂為死後無想。

E俱非八論：就是得非想非非想定的人，執無想八論，謂為非有想非無想。但此第一論，是由尋伺而起，非由定起。否則，彼定無色，如何會執我有色？

F七斷滅論：1.執我有色，四大所造，死後斷滅。2.我欲界天，死後斷滅。3.我色界天，死後斷滅。4.我空無邊處，死後斷滅。5.我識無邊處，死後斷滅。6.我無所有處，死後斷滅。7.我非想非非想處，死後斷滅。

以上三十九見，都是依未來所起的分別。所以說為後際。

三邪見。謂謗因果，作用實事，及非四見，諸餘邪執，如增上緣，名義徧故。此見

差別，諸見趣中，有執前際二無因論。四有邊等，不死矯亂，及計後際五現涅槃。或計自在世主釋梵，及餘物類，常恒不易。或計自在等，是一切物因。或有橫計，諸邪解脫。或有妄執，非道爲道。諸如是等，皆邪見攝。

第三種是「邪見」：就是謗無善惡因果，及由業因所感的異熟報果。無此世、彼世，死此生彼的作用；無世間阿羅漢的實事。以及除身、邊、見取、戒取，這四見以外，其餘的一切邪執，都屬於邪見所收。好像四緣的因緣、所緣緣、等無間緣，這三緣所不攝的，都歸於增上緣攝一樣。因爲邪見的名義較爲普偏，所以攝法亦廣。

這邪見的差別，在諸見的意趣裏，有的執着前際所起的二無因論；四有邊論；四不死矯亂。有的執着後際所起的五現涅槃。玆依次列後：

A二無因論：1.從無想天下生的人，他雖得宿住通，而不能憶及出無想心以前的生死成壞，便執一切世間，都是無因而起。2.由於尋伺虛妄推求，但能記憶今身之所更事，而不能憶及前身更事。便執爲無因而起。

B四有邊論：1.由天眼通，能憶下自無間地獄，上至第四禪天，便執世界上下有邊。2.由憶世界傍佈，不得邊際，起無邊想。3.由憶世界上下有邊，傍佈無邊，便起亦有邊，亦無邊想。4.由憂世界壞劫分位，便起非有邊，非無邊想。這四有邊論，因爲不計我見斷常，所以邊見不攝，而屬於邪見所攝了。

C四不死矯亂：1.無知矯亂——有一種無知外道，你無論問他什麼，他總是閃爍其詞，不作肯定的答覆。他說：唯有這樣不完全說盡天的密義，死後才能生天不死。2.諂曲矯亂——有一種行爲諂曲的人，他故作神秘的說：並不是我們所修證的淨天，一切隱密，都可以記別。所以你無論問他什麼，他總是避不作答。3.恐怖矯亂——有一種心懷恐怖的人，他恐怕別人知道他的昧劣，就不得解脫。所以他不作任何記別。4.愚戇矯亂——有一種愚戇的人，遇有人問，他便反詰，隨人家答什麼，就是什麼。

這四種人，因爲迷信生天不死，才亂說一通。所以聖教毀之謂「不死矯亂」。因爲他是由於先聞邪教而起，所以和以上所說的二無因論、四有邊論，都屬前際。

D五現涅槃：1.以現在欲界所受的欲樂爲涅槃。2.因厭離欲界，以現住的初定爲涅槃。3.因厭離初定的覺觀，以現住的第二定爲涅槃。4.因厭離第二定的喜受，以現住第三定爲涅槃。5.因厭離第三定的樂受，以現住第四定爲涅槃。

因爲他執着這五現涅槃，不但現樂，後亦有樂。所以屬於後際。

除以上所說的二無因、四有邊、四矯亂、五涅槃以外，還有執着大自在天、梵帝釋、王等，爲常恒不變的；還有執着自在天等，爲萬法生因的；還有執着諸邪解脫的非道爲道的。諸如此類，不一而足，這都是屬於邪見所收。

四見取。謂於諸見，及所依蘊，執為最勝，能得清淨；一切鬪諍，所依為業。

第四種是「見取」：對於一切惡見，及所依的五蘊，執為最勝，能得清淨的涅槃果法；這就叫做見取。由於各執己見，一切外道的鬪諍，都依此而起；這就是見取的業用。

五戒禁取。謂於隨順，諸見戒禁，及所依蘊，執為最勝，能得清淨。無利勤苦，所依為業。然有處說：執為最勝，名為見取；執能得淨。名戒取者；是影略說，或隨轉門。不爾，如何非滅計滅，非道計道，說為邪見，非二取攝？

第五種是「戒禁取」：對於隨順一切惡見所受的戒禁，及所依的五蘊，執為最勝，能得清淨的涅槃果法；這就叫做戒禁取。因此，一切外道，或受持牛戒齕草、狗戒噉糞，以及拔髮、裸體等：沒有利益的勤勞苦行；這就是戒禁取的業用。

然而，有處說：執為最勝的，名叫見取；執能得淨的，名叫戒取，何以與本論的說法不同？那是以見取中的執為最勝，影顯戒取的執亦最勝；以戒取中的執能得淨，影顯見取的執亦能得淨，這樣互為影略而說的。或是隨轉小乘的方便說法。實則，見、戒二取，都是執為最勝；執能得淨的。如果不是這樣的話；那迷了滅諦的人，於非滅計滅上，亦計為最勝，應是見取；於非道計道上，亦計為能淨，應是戒取；何以經論上但說這是邪見，而不是見取，和戒取所攝呢？可見這也是隨順、影略的說法了。

如是總別十煩惱中：六通俱生，及分別起。任道思察，俱得生故。疑，後三見，唯分別起。要由惡友及邪教力，自審思察，方得生故。邊執見中，通俱生者。有義：唯斷。常見相粗，惡友等力，方引生故。瑜珈等說：何邊執見，是俱生耶？謂斷見攝。學現觀者，起如是怖！今者我我何所在耶？故禽獸等，若遇違緣，皆恐我斷，而起驚怖。有義：彼論依粗相說：理實俱生，亦通常見。謂禽獸等，執我常存，熾然造集，長時資具。故顯揚等諸論皆說：於五取蘊，執斷計常，或是俱生，或分別起。

上來釋貪、瞋、痴、慢、疑、惡見是總；再把惡見分爲身見、邊見、邪見、見取、戒取是別。這總別十種煩惱裏：貪、瞋、痴、慢、身見、邊見六種，是通於俱生、分別而起的。因爲任運而起的，叫做俱生；思察而起的，叫做分別；他們無論是任運、思察，都能生起之故。疑、邪見、見取、戒取四種，不通俱生，唯屬分別。因爲他們必須要由惡友，及邪教的影響力，和自己的分別，才能生起。

邊執見裏，通於俱生而起的，是斷見呢，還是常見？這有兩家不同的答案。第一家說：俱生而起的，是斷見。因爲常見的行相太粗，他必須由惡友、邪教，及自力的分別，才能引生。瑜伽論上說：邊執見裏的斷、常二見，那一見是俱生呢？答：唯有斷見，是俱生所攝。例如：學現觀諦理的人，雖已斷了分別我執；然而在心理上，還起一種這樣的恐怖——如果我空，那我和我所，豈不就沒有了嗎？因此斷見是俱生之故，所以禽獸一遇到獵殺牠們的違緣，都爲死後我斷滅而起了驚怖！

第二家說：俱生唯斷的話；那是瑜伽論依粗顯的行相而說的。若依隱微的理實而論，俱生的斷見裏，也有常見。怎見得呢？禽獸就是因爲執我常存之故，所以才熾然製造巢穴，集積食糧，作爲他長期續命的資具，而唯恐我斷。因此，顯揚大論等都說：在五取蘊上的斷、常二見，或是俱生而起；或是分別而起。並沒有不許俱生有常見啊。

此十煩惱，誰幾相應？貪與瞋疑，定不俱起。愛憎二境，必不同故。於境不決，無染著故。貪與慢見，或得相應。所愛所陵，境非一故，說不俱起。所染所恃，境可同故，說得相應。於五見境，皆可愛故，貪於五見，相應無失。瞋與慢疑，或俱得起。所瞋所恃，俱非一故，說不相應。所蔑所憎，境可同故，說得俱起。初猶豫時，未憎彼故，說不俱起。久思不決，便憤發故，說得相應。疑順違事，隨應亦爾。瞋與二取，必不相應。執爲勝道，不憎彼故。此與三見，或得相應。於有樂蘊，起身常見，不生憎故，說不相應。於有苦蘊，起身常見，生憎恚故，說得俱起。斷見翻此，說瞋有無。邪見誹撥，惡事好事，如次說瞋，或無或有。慢與境定，疑則不然，故慢與疑，無相應義。慢與五見，皆容俱起。行相展轉，不相違故。然於斷見，必不俱生。執我斷時，無陵恃故。與身邪見一分亦爾。疑不審決，與見相違。故疑與見，定不俱起。五見展轉，必不相應。非一心中，有多慧故。癡與九種，皆定相應。諸煩惱生，必由癡故。

這十種煩惱，都是誰和誰相應，誰和誰不相應？貪和瞋、疑，決定不能俱起。因爲貪的境界是愛；瞋的境界是憎；愛、憎二境，必定不同，所以貪和瞋，決定不能俱起。對於疑而不決的境界，是不會貪着的，所以貪和疑，也決定不能俱起。

貪和慢、見，或相應，或不相應，那是沒有一定的。因爲所愛的必貪；所陵的必慢；愛好和陵辱的境界不同，所以貪和慢，不能俱起。然而，由愛惜自己所起的貪；仗恃自己所起的慢；正復同境，所以貪和慢，又是相應的。由於五種邪見，都是可愛的境界，所以說貪和五見相應，並沒有什麼過失。

瞋和慢、疑，或俱起；或不俱起，也是不一定的。因爲瞋所憎的是他；慢所恃的是我；瞋和慢，並非一境，故不相應。然而，慢所輕蔑的人，正和瞋所憎惡的人，是同一境界，所以又是俱起的。最初對他猶豫的疑心輕微，尚未起瞋，所以說瞋和疑，是不俱起的。然而，久思不決，疑心漸深，就要發他的脾氣，所以瞋和疑，也得說他是相應。疑對順、違二事，也各有俱起、不俱起二義。例如：疑順情的苦、集二諦，爲非苦非集，或不起瞋；若疑順情的現行善法，未來無果，便會起瞋。疑違情的滅、道二諦，爲非滅非道，便會起瞋；若疑違情的現行惡法，未來無果，或不起瞋。

瞋和見、戒二取，必定不能相應。因爲見、戒二取：一個是執見爲勝；一個是執戒爲道，都是自鳴得意的順境，所以他不會起瞋。可是、這瞋與身、邊、邪三見，那就不一定相應不相應了。因爲若在有樂的五蘊上，起了身見和常見，那當然不會生瞋，可以說是不相應；若在有苦的五蘊上，起了身見和常見，那就不能不生瞋恚了，這又可以說是俱起。斷見有瞋無瞋，恰好與身見、常見相反。於樂蘊所起的斷見有瞋；於苦蘊所起的斷見無瞋。至於邪見有瞋無瞋，那是依撥無惡事好事的次第而說的。撥無惡事的邪見，不與瞋俱；撥無好事的邪見，便與瞋俱。

慢與疑，是不能俱起的。因爲慢境已定，疑則未決。勝負既未決定，如何便起我慢？所以慢與疑，並沒有相應的意義。

慢和五見，都可以俱起的。因爲他們的行相，都是順緣自己的執見而起，並不相違。然而，慢和斷見，那是必定不能俱起的。因爲既執我斷，恐懼之不暇，那裏還會有自恃陵他的高慢？慢和身見、邪見，也有一分不俱，那就是：苦蘊的一分身見；撥無惡事的一分邪見啊。

疑與五見，定不俱起。因爲疑是不審決；見是審決，他們的行相相違，所以不俱。就是五見的本身，也不能展轉相應。因爲見與慧俱，並不能於一念心中，有多慧俱起。

痴在十煩惱中，與其餘的九種煩惱，都決定相應。因爲一切煩惱，都是由痴上生起的。

此十煩惱，何識相應？藏識全無。末那有四。意識具十。五識唯三。謂貪瞋痴，無分別故。由稱量等，起慢等故。

這十個煩惱，都是和什麼識相應呢？第八藏識裏，全都沒有。第七識末那裏，只有我痴、我見、我慢、我貪四個。第六意識裏，十煩惱都有。前五識裏，只有貪、瞋、痴三個俱生煩惱。因爲五識沒有分別；而慢等七法，是由稱量推求等的分別而起。

此十煩惱，何受相應？貪瞋痴三，俱生分別，一切容與五受相應，貪會違緣，憂苦俱故。瞋遇順境，喜樂俱故。有義：俱生分別起慢，容與非苦四受相應。恃苦劣蘊，憂相應故。有義：俱生亦苦俱起。意有苦受，前已說故。分別慢等，純苦趣無，彼無邪師邪敎等故。然彼不造引惡趣業。要分別起，能發彼故。

這十種煩惱，和苦、樂、憂、喜、捨五受，那一受相應呢？貪、瞋、痴三根，無論是俱生而起的；分別而起的，都和那五受相應。爲什麼貪有憂苦，瞋有喜樂呢？因爲貪會違緣，便有憂苦。如火中取栗。瞋遇順境，便有喜樂。如戰鬪獲勝。

至於慢與何受相應？那就有兩家不同的解釋了。第一家說：不管是俱生所起的慢；或分別所起的慢，除不與苦受相應外，與其餘的四受，都是相應的。爲什麼慢會與憂受相應？因爲苦趣中的有情，他們由自恃苦劣蘊身所起的慢，是與憂受相應的。

第二家說：俱生所起的慢，也與苦受相應。因爲意識有苦受，由意地所生的慢，當然也有苦受。這在前面已經說過了。分別所起的慢，純苦趣中沒有。因爲他們沒有邪師、邪教，及邪思惟，那裏會起分別慢呢？要分別煩惱，原爲能引發惡趣之故。純苦趣中，既不造引發惡趣的業，他要分別慢做甚？

疑後三見，容四受俱。欲疑無苦等，亦喜受俱故。二取若緣憂俱見等，爾時得與憂相應故。有義：俱生身邊二見，但與喜樂捨受相應。非五識俱，唯無記故。分別二見，容四受俱。執苦俱蘊，爲我我所，常斷見翻此，與憂相應故。有義：二見若俱生者，亦苦受俱。純受苦處，緣極苦蘊，苦相應故。論說俱生一切煩惱，皆於三受現行可得。廣說如前，餘如前說。此依實義。隨粗相者，貪慢四見，樂喜捨俱。瞋唯苦憂捨受俱起。癡與五受，皆得相應。邪見及疑，四俱除苦。貪痴俱樂，通下四地。餘七俱樂，除欲通三。疑獨行痴，欲唯憂捨。餘受俱起，如理應知。

疑、邪見、見取見、戒禁取見，這四種煩惱，除不與苦受俱起外，與其餘的四受，都是俱起的。問：如何疑會與喜受俱起；見、戒二取會與憂受相應呢？答：因爲欲界有情，疑無苦集，所以他們的疑，也與喜受俱起。外道若緣見、戒二取，以見爲勝；以戒爲道；以不速涅槃爲憂，此時二見便與憂受相應。

至於身見和邊見，與何受相應？那就有兩家不同的說法了。第一家說：俱生的身、邊二見，除苦、憂二受外，但與喜、樂、捨三受相應。因爲和這二見俱起的，是意識，而不是五識，所以無苦；這二見唯無記性，所以不與憂受相應。分別的身、邊二見，除苦受外，與喜、樂、憂、捨四受俱起。這二見何以會有憂受？因爲常見的人，執苦俱蘊爲我、我所，唯恐常而不斷；斷見的人，執樂俱蘊爲我、我所，唯恐斷而不常。所以二見都與憂受相應。

第二家說：身、邊二見，若是分別的，我沒有異議；若是俱生的，我主張也與苦受俱起。因爲純受苦處的惡趣，他們緣極苦蘊，是與苦受相應的。論上說：俱生的一切煩惱，都在苦、樂、捨三受裏，起了現行。其餘詳細的解釋，在前面受俱門裏，都已說過了。

這不過是依實義而說，若隨粗相：貪、慢、身見、邊見、見取、戒取，這六種與樂、喜、捨三受俱起。瞋，與苦、憂、捨三受俱起。痴，與五受都能相應。邪見及疑，除苦受外，與四受相應。

與貪、痴俱起的樂受，在三界九地裏，他和欲界及色界的初、二、三禪，這下四地相應。與其餘七種煩惱俱起的樂受，只通初、二、三禪。因為這是與意識相應的樂，不通欲界。欲界的樂受，唯與五識俱起。

疑和不共無明——痴，在欲界裏，唯有憂、捨。因為欲界沒有與意識俱起的苦，及定生的喜、樂之故。喜、樂二受，唯色界俱。因為色界的疑、痴，是由喜、樂的定力之所引持。至於貪等與其餘的喜、捨，在何地相應，也應當如理而知。

此與別境，幾互相應？貪瞋痴慢，容五俱起。專注一境，得有定故。疑及五見，各容四俱。疑除勝解，不決定故。見非慧俱，不異慧故。

這十種煩惱，和五個別境，有幾個是互為相應呢？答：貪、瞋、痴、慢，這四種煩惱，與五個別境，都是俱起的。問：這四種煩惱裏，如何有定？答：他們專精貫注一境時，也許有定；如戲忘天是。疑及五見，這六種煩惱，是各與四個別境相應的。因為勝解是決定；疑是不決定，所以疑除勝解，只有與其餘的欲、念、定、慧四個別境相應了。五見的本身就是慧，自體不並，所以五見除慧，只有與其餘的欲、勝解、念、定四個別境相應了。

此十煩惱，何性所攝？瞋唯不善，損自他故。餘九通二。上二界者，唯無記攝，定所伏故。若欲界繫，分別起者，唯不善攝，發惡行故。若是俱生，發惡行者，亦不善攝，損自他故。餘無記攝，細不障善，非極損惱自他處故。當知俱生身邊二見，

唯無記攝，不發惡業，雖數現起，不障善故。

這十種煩惱，在善、惡、無記的三性裏，是屬於那一性呢？答：瞋，唯不善。因爲他是損害自己和他人的惡法。除瞋，其餘的九種煩惱，那是通於不善及無記二性的。此是總論，下當別說。

一、在色、無色界裏，不管是俱生所起的惑，或分別所起的惑，都屬於無記性攝。因不善的惡性，已被上二界的定心所伏了。

二、若在欲界，那就有俱生、分別的不同了：分別而起的惑，唯屬不善。因爲他能夠發起惡業現行。俱生而起的惑，發惡行的也一樣屬於不善，因爲他能損害自他；不發惡行的，屬於無記性，因爲他的行相微細，不障善法，並沒有損害自他的極端行爲。

由於以上所說，當知俱生的身、邊二見，唯無記攝。因爲他不發惡業，雖數起現行，而不障善法。

此十煩惱，何界繫耶？瞋唯在欲，餘通三界。生在下地，未離下染。上地煩惱，不現在前。要得彼地根本定者，彼地煩惱，容現前故，諸有漏道，雖不能伏分別起惑，及細俱生；而能伏除俱生粗惑，漸次證得上根本定。彼但迷事，依外門轉。散亂粗動，正障定故。得彼定已，彼地分別俱生諸惑，皆容現前。生在上地，下地諸惑

，分別俱生，皆容現起。生第四定中有中者，由謗解脫生地獄故。身在上地將生下時，起下潤生俱生愛故。而言生上不起下者，依多分說，或隨轉門。下地煩惱，亦緣上地。瑜伽等說：欲界繫貪，求上地生，味上地故。既說瞋恚憎嫉滅道，亦應憎嫉離欲地故。總緣諸行，執我我所，斷常慢者，得緣上故。餘五緣上，其理極成。

這十種煩惱，在三界裏，是繫屬於那一界呢？答：除瞋唯在欲界外，其餘九種，則遍通三界。問：下地有情，有上地煩惱沒？答：生在下地的人，在沒有離開下地煩惱之前，即令他已經得到了「未到定」，那上地煩惱也不會現前；要等到得了上地的「根本定」時，上地煩惱才能現前。問：怎樣才能得根本定？答：修道！修有漏道，雖不能伏除分別煩惱，及微細的俱生煩惱；然而已能伏除了俱生的粗惑，這樣就漸次證得了上地的根本定。爲什麼有漏道，只伏修惑，而不伏見惑呢？那是因爲修道所伏的惑，但由迷事而起，緣外塵轉，散亂粗動，能障定境的原故。得根本定已，上地的分別俱生諸惑，便都現前，同時也脫離了前所未伏的下地煩惱。

問：生在上地，下地的煩惱，還現起不？答：生在上地，下地的煩惱，不問是分別、俱生，都可以現起。因爲生到色界第四定中，「有」中的人，（生死相續，名之謂有）。本非解脫，他認爲已經解脫，不會再受後有了；一旦報盡，便謗佛所說的解脫謂爲虛妄；以此謗佛法因緣，生地獄苦報。可知身在上地，將生下地的時候，便起了下地潤業受生的俱生煩惱——無明我愛。

然而，有說生到上地，不起下地煩惱的；那是依多分而說，並不是依唯謗解脫的少分。或者是隨順小乘，轉變了大乘教理的方便說法。

下地煩惱，不但緣下地境界，而且亦緣上地。瑜伽論上說：欲界衆生，貪緣上地，求上地生，味上地定。又說：世間凡夫，既緣出世滅、道，起瞋恚憎嫉，當然亦應緣離欲的上地起瞋恚憎嫉。緣理尙且起瞋，何況緣事？除了貪、瞋，還有不觀差別，總緣三界諸行：或起身見，執我、我所；或起邊見，執斷、執常；或起憍慢，自恃陵他。這身、邊、慢三種煩惱，都是緣上而起。其餘的痴、疑、邪見、見取、戒取，這五種緣上的理由，也都是極其成就的。

而有處言：貪瞋慢等，不緣上者，依粗相說，或依別緣。不見世間，執他地法爲我等故。邊見必依身見起故。上地煩惱，亦緣下地。說生上者，於下有情，恃己勝德，而陵彼故。總緣諸行，執我我所，斷常愛者，得緣下故。疑後三見，如理應思。而說上惑，不緣下者，彼亦多分，或別緣說。

然而，也有處說：下地煩惱的貪、瞋、慢、身見，不緣上地。那是依粗相而說；或是依別緣自身而說的。有誰見過世間的人，執他地現行，爲別緣自地的身見呢？所以身見不緣上地。身見既不緣上，那必依身見而起的邊見，他如何會緣上地？

上地煩惱，亦緣下地，這是什麼理由？生到上地的人，對於下地有情，仗恃自己的勝德，去欺陵他們，這便是以慢緣下。總緣三界諸行：或起身見，執我、我所；或起邊見，執斷、執常；或起貪愛。這我見、邊見、貪三種煩惱，豈非亦緣下地嗎？疑、邪見、見取、戒取，這四種煩惱，想來也是緣下地的了。上地無瞋、痴，是大家都贊成的，所以這裏略而不說。

然而，有經論上說：上地煩惱，不緣下地的。那也是依多分而說；或依別緣自地而說。否則，就不能說不緣下地了。

此十煩惱，學等何攝？非學無學，彼唯善故。此十煩惱，何所斷耶？非非所斷，彼非染故。分別起者，唯見所斷，粗易斷故。若俱生者，唯修所斷，細難斷故。見所斷十，實俱頓斷。以眞見道，總緣諦故。然迷諦相，有總有別。總謂十種，皆迷四諦。苦集是彼，因依處故。滅道是彼怖畏處故。別謂別迷四諦相起。二唯迷苦，八通迷四。身邊二見，唯果處起。別空非我，屬苦諦故。

這十種煩惱，在有學的三果；無學的四果；非學無學的凡夫位裏，是屬於那一位所攝呢？答：屬非學無學位攝。因爲有學和無學，唯屬善性，他們不攝煩惱。

第十種煩惱，在見所斷、修所斷、非所斷，這三斷裏，是屬於那一個的斷呢？答：非「非所斷」。因爲煩惱是見、修所斷的染汚；而「非所斷」法，並非染汚，所以他不是非所斷法。分別所起的煩惱，唯見道所斷。因爲他們是比較容易斷除的粗惑之故。若是俱生所起煩惱，那就是修道所斷了。因爲他們是比較難斷的細惑之故。

見道所斷的十種煩惱，都是一念頓斷的。因爲「眞見道」位，是總緣四諦，頓悟眞如，而不是「相見道」的漸次斷證。然而由見道迷於諦理所起的煩惱，却有總、別二種。什麼叫做總？就是：十種煩惱，都是迷於四諦而起。「集」是煩惱所造的業因；「苦」是煩惱所依的業果。衆生迷此二諦，造業受報，所以說：「苦、集，是彼因依處」。「滅」是斷了煩惱所證的湼槃；「道」是爲斷煩惱所修的道法。衆生迷此二諦，撥無、猶豫，隨起煩惱，所以說：「滅、道，是彼怖畏處」。什麼叫做別？就是：十煩惱，是別迷四諦的行相而起：身、邊二見，是唯迷苦諦而起；其餘的八種煩惱，是通迷苦、集、滅、道四諦而起。問：怎見得身、邊二見，是唯迷苦諦呢？答：身、邊二見，是執着有漏果處的五蘊爲我而起；別觀十六行相中的空、無我理，是屬於苦諦之故。

謂疑三見，親迷苦理。二取執彼，三見戒禁，及所依蘊，爲勝能淨。於自他見，及

彼眷屬，如次隨應起貪恚慢。相應無明，與九同迷，不共無明，親迷諦理。疑及邪見，親迷集等，二取貪等，准苦應知。然瞋亦能，親迷滅道，由怖畏彼，生憎嫉故。迷諦親疏，粗相如是。委細說者，貪瞋慢三，見疑俱生，隨應如彼。俱生二見，及彼相應，愛慢無明，雖迷苦諦，細難斷故，修道方斷。瞋餘愛等，迷別事生，不違諦觀，故修所斷。

這十種煩惱，迷於四諦之理，有直接的親迷；有間接的疏迷；也有親疏並迷。玆依次列後。

一、親迷諦理：疑、身見、邊見、邪見，這四種，是親迷苦諦所起的煩惱。

二、疏迷諦理：見取見、戒禁取見、貪、瞋、慢，這五種，是疏迷苦諦所起的煩惱。1見取見，是執取前三見，及所依蘊爲勝，能得離垢的清淨解脫。2戒禁取見，是執取由諸見所持的邪戒爲勝，能得離垢的清淨解脫。3貪，是隨着自己的執見而起。4瞋，是隨着他人不同於自己的執見而起。5慢，是自、他二見隨帶的眷屬。就是以自己的見爲勝；他人的見爲劣，而起了貢高我慢。這五種煩惱，都不是直接親迷於無我之理，所以是疏迷苦諦。

三、親疏並迷：無明——痴，有相應、不共二種：1相應無明，與前九惑，相應同迷：與親迷的惑相應，則同親迷；與疏迷的惑相應，則同疏迷。2不共無明，獨迷空無我理，是親迷苦諦。

迷於苦諦的十種煩惱，已如上說。至於迷於集、滅、道三諦的煩惱，則是除身、邊二見外，只有八種。疑、邪見、不共無明，這三種，是親迷三諦。見取、戒取、貪、瞋、慢，這五種，是疏迷三諦，同迷苦諦的說法一樣。然而，瞋恚，也能親迷滅、道。因爲他是由怖畏滅、道而起的憎嫉之故。

迷諦親疏的粗相，大概如是。若委實細說：除疑、三見、無明五法是親迷諦理；見、戒二取是疏迷諦理，已成定論外；餘如疏迷諦理的貪、瞋、慢三，如果不是獨起緣見而生，而是與疑和三見，分別俱起的話；那就應當也如彼四法一樣的名謂親迷諦理了。

俱生的身、邊二見，及與其相應的愛、慢、無明，雖迷苦諦，而其行相微細難斷，所以要到修道位，才能斷除。瞋，除不與二見起外，與其餘的愛、慢、相應無明，都是迷事而起，不違理觀，所以也是修道所斷。

雖諸煩惱，皆有相分，而所仗質，或有或無，名緣有事無事煩惱。彼親所緣，雖皆有漏，而所仗質，亦通無漏。名緣有漏無漏煩惱。緣自地者，相分似質，名緣分別所起事境。緣滅道諦，及他地者，相分與質，不相似故。名緣分別所起名境。餘門分別，如理應思。

雖然一切煩惱，都有相分為親所緣境。但相分所伏托的種子本質，則或有、或無。有本質的，名叫緣有事煩惱；無本質的，名叫緣無事煩惱。煩惱的親所緣境，雖其影像的相分都屬有漏，而其所伏托的本質亦通無漏，名叫緣有漏無漏煩惱。

緣自地的煩惱，相分與本質相似。但此似本質，也是由現在分別而起，所以名叫緣分別所起事境。緣滅、道二諦，及他地煩惱，相分與本質並不相似。但有分別所起的名字，所以名叫緣分別所起名境。

以上根本煩惱，已經自「俱生分別」，至「有事無事」，作過了十門分別。至於這十門以外的其餘分別，也應如理去思惟研修。

乙四　辨第五位

丙一　舉頌答問

已說根本六煩惱相。諸隨煩惱，其相云何？頌曰：『隨煩惱謂忿，恨覆惱嫉慳，誑諂與害憍，無慚及無愧，掉舉與惛沉，不信並懈怠，放逸及失念，散亂不正知』。

這是從次舉第四頌的後半頌，到第六頌的前半頌。上來已經把六個根本煩惱說完了。至於隨煩惱心所，他的義相怎麼樣呢？頌中的答覆是：1忿、2恨、3覆、4惱、5嫉、6慳、7誑、8諂、9害、10憍、11無慚、12無愧、13掉舉、14惛沉、15不信、16懈怠、17放逸、18失念、19散亂、20不正知。向下論文，依次解釋。

丙二　釋頌義

丁一　分別三類

論曰：唯是煩惱分位差別，等流性故，名隨煩惱。此二十種，類別有三。謂忿等十，各別起故，名小隨煩惱。無慚等二，徧不善故，名中隨煩惱。掉舉等八，徧染心故，名大隨煩惱。

這向下，是以論文來解釋頌中的意義。論上說：頌中所標的二十個隨煩惱：因爲忿等十法，及失念、不正知、放逸，這十三個是前根本煩惱分位上的差別；無慚、無愧、掉舉、惛沉、散亂、不信、懈怠，這七個是前根本煩惱的等流性——同類，所以名叫隨煩惱。就是隨着煩惱而生起的意義。

這二十個隨煩惱的類別，約有三種：㈠小隨煩惱：因爲忿、恨、覆、惱、嫉、慳、誑、諂、害、憍，這十種的行位，局於各別而起，不與餘俱，所以名叫小隨煩惱。㈡中隨煩惱：因爲無慚、無愧，這二種的行位，俱徧不善，其幅度大於小隨；小於大隨，所以名叫中隨煩惱。㈢大隨煩惱：因爲掉舉、惛沉、不信、懈怠、放逸、失念、散亂、不正知，這八種的行位，但有染法，無不俱徧。俱起，則不得名小；染徧，則不得名中。二義既殊，所以名叫大隨煩惱。

云何為忿？依對現前不饒益境，憤發為性；能障不忿，執仗為業。謂懷忿者，多發暴惡身表業故。此卽瞋恚一分為體；離瞋，無別忿相用故。

什麼叫做忿？依託着對現前沒有饒益的違境，而發起忿怒，就是忿的體性；能障礙不忿，動不動就拿槍弄棍，準備械鬪，就是忿的業用。就是說：凡是心懷忿怒的人，大多數都要發起暴惡，在身業上表顯他的行為。這個忿，就是以瞋恚一分為體的，離開了瞋，就別無忿的相用了。

云何為恨？由忿為先，懷惡不捨，結怨為性；能障不恨，熱惱為業。謂結恨者，不能含忍，恒熱惱故。此亦瞋恚一分為體；離瞋，無別恨相用故。

什麼叫做恨？由於心中有忿在先，雖已事過境遷，而懷念舊惡，不肯捨棄，深結怨仇，就是恨的體性；能障礙不恨，心生熱惱，就是恨的業用。就是說：結下怨恨的人，因為不能含容忍耐，所以心中恒起熱惱。這也是以瞋恚一分為體的；離開了瞋恚，也就別無所謂恨的相用了。

云何爲覆？於自作罪，恐失利譽，隱藏爲性；能障不覆，悔惱爲業。謂覆罪者，後必悔惱，不安隱故。有義：此覆，癡一分攝。論唯說此癡一分故。不懼當苦，覆自罪故。有義：此覆，貪癡一分攝。亦恐失利譽，覆自罪故。論據粗顯，唯說癡分。如說掉舉，是貪分故。然說掉舉，徧諸染心，不可執爲唯是貪分。

什麼叫做覆？對自己所造的罪，恐怕萬一暴露，會失掉了名聞利養，才不惜文過飾非，隱蔽藏匿，就是覆的體性；能障礙不覆，後悔苦惱，就是覆的業用。就是說：覆罪的人，後來必定憂悔懊惱，心裏老是如鼎沸一般的不得安穩。有人說：這個覆，是屬於癡的一分所攝。因爲論上說：這是由於癡的一分之故，所以才不怕當來受苦，而隱覆自罪。

又有人說：這個覆，是貪、癡各一分攝。因爲他不但不怕當來的苦，而且也怕失掉了現前的利養名聞。所以才隱覆自罪。論上是依據顯着的粗相，才唯說癡分的；其實非唯屬癡，亦屬貪分。例如：論說掉舉，是屬於貪分；然而又說掉舉，是徧諸染心。這證明掉舉不但屬貪，亦屬於癡。怎麼可以執着是唯屬貪分呢？

云何爲惱？忿恨爲先，追觸暴熱，狠戾爲性；能障不惱，蛆螫爲業。謂追往惡，觸現違緣，心便狠戾，多發囂暴，凶鄙粗言，蛆螫他故。此亦瞋恚一分爲體；離瞋，無別惱相用故。

什麼叫做惱？先有忿恨，後來一經追觸着他，便起暴惡狠戾，就是惱的體性；能障礙不惱，如毒蛆螫人，就是惱的業用。就是說：追念起已往的舊惡來，又碰到了現在的違緣，心情便會毒狠乖戾，發出許多宣囂暴躁，凶險鄙惡的粗話來，好像蜂蝎惱了要螫人一樣。這個惱，也是以瞋恚一分爲體的。如果離了瞋，就別無惱的相用了。

云何爲嫉？殉自名利，不耐他榮，妬忌爲性；能障不嫉，憂慼爲業。謂嫉妬者，聞見他榮，深懷憂慼，不安隱故。此亦瞋恚一分爲體；離瞋，無別嫉相用故。

什麼叫做嫉？自己爲求名利，竟不惜身殉，所謂貪夫殉財，烈士殉名。然而對他人的榮盛，却不能忍耐，去妬忌人家。這就是嫉的體性；能障礙不嫉，憂鬱愁慼，就是嫉的業用。就是說：有嫉妬的人，一聽見他人的榮盛，便深懷憂慼，不得安穩。這個嫉，也是以瞋恚一分爲體的；離瞋，就別無所謂嫉的相用了。

云何爲慳？躭著財法，不能惠捨，秘吝爲性；能障不慳，鄙畜爲業。謂慳吝者，心多鄙澁。畜積財法，不能捨故。此卽貪愛一分爲體，離貪，無別慳相用故。

什麼叫做慳？躭着財、法，不肯施捨，秘藏吝惜，就是慳的體性；能障礙不慳，鄙吝積蓄，就是慳的業用。就是說：慳吝的人，心裏多鄙吝慳澁，所積蓄的錢財，和懂得一點的教理，都不肯布施予人。這就是以貪愛一分為體的；離了貪愛，就沒有慳的相用了。

云何為誑？為獲利譽，矯現有德，詭詐為性；能障不誑，邪命為業。謂矯誑者，心懷異謀，多現不實，邪命事故。此即貪痴一分為體；離二，無別誑相用故。

什麼叫做誑？為要達到利養名聞的目的，自己本來無德，偽裝有德，以詭譎矯詐，為他的體性；能障礙不誑，以非法活命，為他的業用。就是說：矯詐虛誑的人，心裏懷着一種奇異怪誕的詐謀，做出許多，如：看相、卜卦、術咒等，不實在的邪命事業。這個誑的體，就是貪、痴各一分的和合相。離開了貪、痴，就別無誑的相用了。

云何為諂？為網他故，矯設異儀，險曲為性；能障不諂，教誨為業。謂諂曲者，為網冒他，曲順時宜，矯設方便，為取他意，或藏已失，不任師友，正教誨故。此亦貪痴，一分為體；離二，無別諂相用故。

什麼叫做諂？為要網羅他人，假裝出異常惑人的儀態，所謂『巧言令色』。這樣陰險歪曲，就是諂的體性；能障礙不諂的正教訓誨，就是諂的業用。就是說：諂曲的人，為要像漁獵一樣，去網羅他人，所以才不惜曲順時宜，假設方便：一則，向人家討好；二則，隱藏自己的過失。這種不堪造就的人，他如何能接受良師好友的教訓？這個諂，也是以貪、痴一分爲體的；離了貪、痴，就別無諂的相用了。

云何爲害？於諸有情，心無悲愍，損惱爲性；能障不害，逼惱爲業。謂有害者，逼惱他故。此亦瞋恚，一分爲體；離瞋，無別害相用故。瞋害別相，准善應說。

什麼叫做害？對一切有情，不但沒有救濟他們的慈愍心懷，反而還要去損惱他們，就是害的體性；能障礙不害，逼迫惱擾有情，就是害的業用。就是說：存心害人的人，因爲逼惱他人之故，所以名之爲害。這也是以瞋恚一分爲體的；離開了瞋，就別無害的相用了。瞋和害，也有不同的別相。那就是善位中說：瞋障不瞋，所以無慈；害障不害，所以無悲。瞋能斷命；害但損他。

云何爲憍？於自盛事，深生染著，醉傲爲性；能障不憍，染依爲業。謂憍醉者，生長一切，雜染法故。此亦貪愛，一分爲體；離貪，無別憍相用故。

什麼叫做憍？對於自己一時際會的世間隆盛之事，深生染着，惛迷沉醉，恃以傲物，就是憍的體性；能障礙不憍，爲染法所依託，就是憍的業用。就是說：沉醉於憍傲的人，便會生起一切有漏的雜染法來。這也是以貪愛一分爲體的；離開了貪，就別無憍的相用了。

云何無慚？不顧自法，輕拒賢善爲性；能障礙慚，生長惡行爲業。謂於自法，無所

顧者，輕拒賢善，不恥過惡，障慚生長諸惡行故。

什麼叫做無慚？不顧自法，輕拒賢善，就是無慚的體性；能障礙慚，生長惡行，就是無慚的業用。就是說：對於自己的品格，及聖教的法儀，都無所顧忌的人，他看見有賢德的人，及一切善法，都輕如草芥，甚至拒絕。這種人，當然不以過惡為耻，所以才障礙着慚，而生起了一切惡劣的行為。

云何無愧？不顧世間，崇重暴惡為性；能障礙愧，生長惡行為業。謂於世間無所顧者，崇重暴惡，不耻過罪，障愧生長諸惡行故。

什麼叫做無愧？不顧世間，崇重暴惡，就是無愧的體性；能障礙愧，生長惡行，就是無愧的業用。這意思是說：對於世間輿論的批評與責難，都無所顧忌的人，他偏偏崇敬暴惡，重視暴惡，不以罪過為耻。所以才能為愧的障礙，而生起了一切惡行。

不耻過惡，是二通相，故諸聖教，假說為體。若執不耻，為二別相，則應此二體無差別。由斯二法，應不俱生。非受想等有此義故。若待自他立二別者，應非實有，便違聖教。若許此二，實而別起，復違論說，俱徧惡心。不善心時，隨緣何境，皆有輕拒善及崇重惡義。故此二法俱徧惡心。所緣不異，無別起失。然諸聖教說不顧

自他者，自法名自，世間名他。或卽此中，拒善崇惡，於己益損，名自他故。而論說爲貪等分者，是彼等流，非卽彼性。

「不耻過惡」，這句話是無慚、無愧二法的通相。所以很多經論，雖說「不耻」，是無慚、無愧的體性；但那不過是假說通相爲二種別相罷了。如果一定要執着「不耻」是無慚、無愧的別相，那就應當無慚也是「不耻」；無愧也是「不耻」，這二法豈不成爲一體，而沒有差別了嗎？如此，則自體不並，那二法就不能說是俱時而生了。例如：受、想等的徧行五法，他們都是各有各體，才能俱生，並沒有這一體俱生的意義。

若說無慚，是待自緣而起；無愧，是待他緣而起，這樣建立了二種別相。那也不對！無慚、無愧，旣是待緣而起，就應當不是實有，豈不違背了經論所說這二法都是實有的道理嗎？

若許這無慚、無愧，雖是實法，却是別起；那就又違背了論上所說，二法是俱徧惡心了。怎樣俱徧惡心？當不善心生起的時候，隨便緣什麼境界，都有輕拒善法，及崇重惡法的意義。所以無慚、無愧，是俱徧惡心，而不是前後別起。二法所緣的境界，旣然都是一樣，那裏會有別起的過失呢？

然而有很多經論，對不顧自、他的解釋說：自尊心和所奉的教法，叫做自；世間的輿論和王法典章，叫做他。或者就以這裏所說：輕拒於己有益的善法，叫做自；崇重於己有損的惡法，叫做他。而論上說無慚無愧爲貪、痴一分所攝者，那是說爲貪痴的等流，並不是貪痴的體性。

云何掉擧？令心於境，不寂靜爲性；能障行捨，奢摩他爲業。有義：掉擧貪一分攝。論唯說此是貪分故。此由憶昔樂事生故。有義：掉擧非唯貪攝。論說掉擧徧染心故。又掉擧相，謂不寂靜。說是煩惱，共相攝故。掉擧離此，無別相故。雖依一切煩惱假立，而貪位增，說爲貪分。有義：掉擧別有自性。徧諸染心，如不信等。非說他分，體便非實。勿不信等，亦假有故。而論說爲世俗有者，如睡眠等，隨他相說。掉擧別相，謂卽囂動，令俱生法，不寂靜故。若離煩惱無別此相，不應別說障奢摩他。故不寂靜，非此別相。

什麼叫做掉擧？令心於境，不能寂靜，就是掉擧的體性；能障礙平等正直的行捨，及止的奢摩他，就是掉擧的業用。下面對於掉擧的等流，還有三家不同的說法。

第一家說：掉擧，是貪的一分所攝。因爲論上但說這掉擧是屬於貪的一分之故。這是由追憶往昔的樂事而生起的。

第二家說：掉擧不但是貪分所攝。因爲論上說：掉擧是普徧於一切染心之故。又因爲掉舉的行相，是不寂靜故，所以說他是煩惱的共相所攝。倘若離開了這一切煩惱，就別無所謂掉舉的行相了。雖依一切煩惱而假立掉舉，然而掉舉在貪愛的境上，較其他煩惱增盛，所以就說他爲貪分所攝。

第三家說：掉舉，除貪等外，還別有他自己的體性。雖說掉舉徧一切染心，但那也是像不信、懈怠，是痴分所攝一樣。並不是說屬於痴分，連不信、懈怠的自體也不是實有了。你不可以說這不信、懈怠，也是假有啊。然而。論上何以說掉舉是世俗假有呢？那是隨着貪相而說的，也像睡眠、惡作、隨痴相而說一樣。雖說是世俗假有，而體仍是實。

掉舉的自相，就是囂動。他能令俱生的心、心所法，不得寂靜。如果說離了一切煩惱，就別無掉舉的自相了；那爲什麼不說一切煩惱能障奢摩他，而說掉舉能障奢摩他呢？這可見不寂靜，並不是掉舉的別相，他另外有囂動來做他的別相啊。

云何惛沉？令心於境無堪任爲性；能障輕安，毗鉢舍那爲業。有義：惛沉痴一分攝。論唯說此是痴分故。惛昧沉重是痴相故。有義：惛沉非但痴攝。謂無堪任是惛沉相。一切煩惱皆無堪任。離此無別惛沉相故。雖依一切煩惱假立，而痴相增，但說痴分。有義：惛沉別有自性。雖名痴分，而是等流。如不信等，非卽痴攝。隨他相說，名世俗有，如睡眠等，是實有性。惛沉別相，謂卽懵重。令俱生法無堪任故。

若離煩惱，無別惛沉相。不應別說，障毗鉢舍那。故無堪任，非此別相。此與痴相有差別者：謂痴於境，迷闇爲相，正障無痴，而非懵重。惛沉於境，懵重爲相，正障輕安，而非迷闇。

什麼叫做惛沉？令心於境，沒有堪任善法的功能，就是惛沉的體性；能障礙輕安，及毗鉢舍那——對事理的觀智，就是惛沉的業用。下面對惛沉的等流，還有三家不同的說法。

第一家說：惛沉，是痴一分攝。因爲論上但說是屬於痴分，惛昧和沉重，就是痴的行相之故。

第二家說：惛沉，不但是痴分所攝，那無堪任，也是惛沉的行相。因爲一切煩惱，都是無堪任的，如果離開了這無堪任，就別無所謂惛沉的自相了。雖依一切煩惱的共相，來假立惛沉；然而惛沉在痴相上，較爲增盛，所以但說他是痴分所攝。

第三家說：惛沉，別有他自己的體性。雖名痴分，然而，那不過是痴的等流而已，好像不信、懈怠一樣，並非卽是痴分。隨痴相來說，名世俗假有，好像睡眠、惡作一樣，實際上他自己的體性，却是實有。

惛沉的自相，就是惛懵沉重。他能令俱生的心、心所法，沒有堪任善法的性能。如果說，離了煩惱，就別無惛沉的自相；那爲什麼不說一切煩惱能障毗鉢舍那，而但說惛沉能障毗鉢舍那呢？可知，無堪任，並不是惛沉的別相，他另外有懵重來做他的別相啊。

這惛沉和痴相，到底有什麼差別？就是：痴，對於境界，是以迷闇爲相的，他正障礙着善法中的無痴。所以他的別相，不是懵重。惛沉，對於境界，是以懵重爲相的，他正障礙着善法中的輕安。所以他的別相，不是迷闇。

云何不信？於實德能不忍樂欲，心穢爲性；能障淨信，惰依爲業。謂不信者，多懈怠故。不信三相翻信應知。然諸染法，各有別相。唯此不信，自相渾濁，復能渾濁，餘心心所，如極穢物。自穢穢他。是故說此心穢爲性。由不信故，於實德能，不忍樂欲，非別有性。若於餘事，邪忍樂欲，是此因果，非此自性。

什麼叫做不信？對於三寶的實有事理、功德、能力，不肯忍可，去好樂欲求。這個人的心地汚穢，就是不信的體性；能障礙淨信，爲懶惰所依託，就是不信的業用。就是說：不信三寶的人，大都在修行路上，懈懈怠怠的不肯精進。

不信三相，是什麼呢？只要把信心所裏的信有實、信有德、信有能，這三相的「信」字，翻成「不信」就是了。然而，一切染法，都各有各的別相；唯有這不信，他不但自相渾濁，而且也渾濁了其餘的心、心所法。好像極汚穢的東西，不但自穢，而且穢他一樣。因此，才說這心穢是不信的體性。

由於不信的原故，所以對三寶賢聖的實有事理、道德、能力，才不忍樂欲。這不忍樂欲，就是不信，並不是別有不忍樂欲的體性。倘若在其餘的染法上，起了邪忍、邪樂、邪欲，那是不信的因果，並不是不信的自性。

云何懈怠？於善惡品，修斷事中，懶惰爲性；能障精進，增染爲業。謂懈怠者，滋長染故。於諸染事，而策勤者，亦名懈怠，退善法故。於無記事，而策勤者，於諸善品，無進退故。是欲勝解，非別有性。如於無記，忍可樂欲，非淨非染，無信不信。

什麼叫做懈怠？對於修善斷惡的事，疏懈怠惰，就是懈怠的體性；能障礙精進，增長染法，就是懈怠的業用。就是說：懈怠的人，他能使染法滋長。不但對善法不勤的人，名叫懈怠；就是對一切染法，而能策勵勤勉的人，也名叫懈怠。因爲他的善法，都隨着染法的滋長而退轉了。對於染淨俱非的無記法，而能策勵勤勉的人，他對於一切善法，無進無退；那是別境的欲、勝解，並不是別有他自己的體性。如果對於無記法，而能忍可樂欲的話；那既是非染非淨，當然也無所謂信與不信；精進與懈怠了。

云何放逸？於染淨品，不能防修，縱蕩爲性；障不放逸，增惡損善所依爲業。謂由

懈怠，及貪瞋痴，不能防修染淨品法，總名放逸，非別有體。雖慢疑等亦有此能，而方彼四，勢用微劣，障三善根，徧策法故。推究此相，如不放逸。

什麼叫放逸？對於染法不能防使不起，淨法不能修使增長，縱逸放蕩，就是放逸的體性；能障礙不放逸，使惡法增長；善法損減，就是放逸的業用。就是說：由於懈怠，及貪瞋痴，不能防染修淨，總名叫做放逸；並非此外別有所謂放逸的體性。雖然慢、疑等法，也有放逸的能力；然而，比起懈怠等四法來，他們的勢用，還嫌微劣。因為貪、瞋、痴，能障礙不貪、不瞋、不痴的三善根；懈怠，能障礙精進的徧策法故。要想推究這放逸的行相，那很容易；不過把善法裏的不放逸，翻過來就是了。

云何失念？於諸所緣，不能明記為性；能障正念，散亂所依為業。謂失念者。心散亂故。有義：失念，念一分攝。說是煩惱相應念故。有義：失念，痴一分攝。瑜伽說此是痴分故。痴令念失，故名失念。有義：失念，俱一分攝。由前二文，影略說故。論復說此徧染心故。

什麼叫做失念？對於一切所緣境界，不能明白記憶，致令忘失，就是失念的體性；能障礙正念，為散亂心所依託，就是失念的業用。這意思是說：失念的人，心必散亂。向下對失念的分屬，還有三家不同的解釋。

第一家說：失念，是五別境中念的一分所攝。因爲這個念，是與煩惱相應的原故，所以說他是失念。

第二家說：失念，是三不善根之一的痴分所攝。因爲瑜伽論上是這樣說的啊——痴能令念忘失，所以名叫失念。

第三家說：失念，是念、痴俱攝。由於前兩家是影略而說的原故，所以第一家但說是念；第二家但說是痴；實則，念、痴都攝。所以論上又說：這失念，是俱徧染心。

云何散亂？於諸所緣，令心流蕩爲性。能障正定，惡慧所依爲業。謂散亂者，發惡慧故。有義：散亂，痴一分攝。瑜伽說此痴一分故。有義：散亂，貪瞋痴攝。集論等說是三分故。說痴分者，徧染心故。謂貪瞋痴，令心流蕩，勝餘法故，說爲散亂。有義：散亂，別有自體。說三分者，是彼等流。如無慚等，非卽彼攝。隨他相說，名世俗有。散亂別相，謂卽躁擾。令俱生法，皆流蕩故。若離彼三，無別自體，不應別說，障三摩地。掉舉散亂，二用何別？彼令易解，此令易緣。雖一剎那，解緣無易，而於相續，有易義故。染汚心時，由掉亂力，常令念念，易解易緣。或由念等，力所制伏；如繫猿猴，有暫時住；故掉與亂，俱徧染心。

什麼叫做散亂？對於所緣的一切境界，令心奔流蕩逸，就是散亂的體性；能障礙正定，爲惡慧所依，就是散亂的業用。就是說：心散亂的人，他能發起不正當的惡慧。向下對散亂的攝屬，還有三家不同的解釋。

第一家說：散亂，是屬於痴的一分所攝。因爲瑜伽論上說這是痴一分故。

第二家說：散亂，是屬於貪、瞋、痴三法所攝。因爲雜集、五蘊等論，都是這樣說的啊。瑜伽但說是痴分所攝者；那是因爲痴是普徧於一切染心之故。這裏所謂的貪、瞋、痴，是三不善根。因爲他們能令心流蕩，其行相之猛，勝過餘法之故，所以說他叫做散亂。

第三家說：散亂，別有他自己的體性。論說是貪、瞋、痴三分者；不過是彼等的等同流類而已。也像對法所說：無慚無愧一樣，雖說三分所攝，而不卽是三分；不過隨着三分的相，說是世俗假有罷了。實則，散亂別有自體。

散亂的別相，就是躁擾。躁，就是散；擾，就是亂；他能使俱生的心、心所法，都成流蕩。然而，流蕩，是餘惑的共相，他並不是散亂的自性。假使散亂離三法外，別無自體的話；那就應當通說三法共障正定，不應別說散亂能障正定啊。

問：掉擧和散亂，這二種功用，有什麼差別？答：掉擧，能令知解轉易，一境多心；散亂，能令緣境轉易，一心多境。雖在刹那一念之間，解緣都沒有轉易的意思；然而在刹那刹那念念相續的時候，却有轉易的意義。

到染污心時，由掉舉和散亂的二種力量，常常令能解的心，與所緣的境，念念轉易。或縱由念定等力所制伏，那染污心，也不過像繩繫猿猴似的，暫時專注，並非永斷。所以掉舉和散亂，是俱徧染心。

云何不正知？於所觀境，謬解爲性；能障正知，毀犯爲業。謂不正知者，多所毀犯故。有義：不正知，慧一分攝。說是煩惱相應慧故。有義：不正知，痴一分攝。瑜伽說此是痴分故。令知不正，名不正知。有義：不正知，俱一分攝。由前二文，影略說故。論復說此徧染心故。

什麼叫做不正知？對於所觀察的境界，理解錯謬，就是不正知的體性；能障礙正知毀法犯戒，就是不正知的業用。就是說：不正知的人，多起惡身、語、業，毀壞正法，違犯戒律。向下對不正知的分攝，還有三家不同的解釋。

第一家說：不正知，是慧的一分所攝。因爲這個慧，不是善慧，而是和煩惱相應的慧。所以說是慧一分攝。

第二家說：不正知，是痴的一分所攝。因爲瑜伽論上是這樣說的啊。他說：痴能令知解不正，所以名叫不正知。

第三家說：不正知。是慧、痴都攝。前面：一家說是慧；一家說是痴；那不過是影略而說，並不是有慧無痴；有痴無慧。因爲論上還說：這不正知，是偏染心故。所以是慧、痴都攝。

與並及言，顯隨煩惱，非唯二十，雜事等說：貪等多種隨煩惱故。隨煩惱名，亦攝煩惱。是前煩惱等流性故，煩惱同類，餘染汚法，但名隨煩惱，非煩惱攝故。唯說二十隨煩惱者，謂非煩惱，唯染粗故。此餘染法，或此分位，或此等流，皆此所攝。隨其類別，如理應知。

上來把頌中所標的二十個隨煩惱，都說完了。但頌中還有「與」、「並」、「及」三字，是怎樣的解釋？那是顯示隨煩惱不止二十。因爲雜事經說：貪、瞋、痴等的隨煩惱，有很多種類。既說多種，當然不止二十。

只要是煩惱，都隨逐是心，惱擾有情。所以隨煩惱的名，也攝有貪等的根本煩惱在內。除根本煩惱外，其餘的染汚法，只能名叫隨煩惱，不得名爲煩惱。因爲他們不過是根本煩惱的等流同類，而不是根本煩惱之故。

問：隨煩惱，既有多種，何以這裏唯說二十？答：因爲這二十個隨煩惱，具有三義：1名但隨惑，而非根本。2體唯染汚，不通三性。3相唯粗猛，而非細惑。所以唯說二十，不說其餘。其餘的染法，或是隨煩惱的分位；或是由隨煩惱所起的等流，他們都被這二十所攝。隨其類別，各歸所屬，如理應知。

丁三　分別諸門

如是隨煩惱中，小十大三，定是假有。無慚、無愧、不信、懈怠，定是實有，教理成故。掉舉、惛沉、散亂三種，有義是假；有義是實；所引理教，如前應知。

向下是以十二門來分別二十隨惑。這是第一的假實門：二十個隨煩惱裏的小隨十個，大隨三個——忘念、放逸、不正知，這十三個隨煩惱，定是假有。中隨的無慚、無愧，和大隨裏的不信、懈怠，這四個隨煩惱，定是實有。這十三種假，四種實，都是由教理的證明而成立的。至於大隨裏的掉舉、惛沉、散亂，這三種，有人說是假有；有人說是實有；他們所引證的理教，都同前面釋體業裏所說一樣。

二十皆通俱生分別。隨二煩惱，勢力起故。

這是第二的俱生、分別門：這二十個隨煩惱，都通於「俱生」和「分別」二種煩惱。因為他們都是隨着這二種煩惱的勢力而生起之故。

此二十中，小十，展轉定不俱起。互相違故，行相粗猛，各為主故。中二，一切不善心俱，隨應皆得小大俱起。論說大八徧諸染心。展轉小中，皆容俱起。有處說六

徧染心者，惛掉增時，不俱起故。有處但說五徧染者，以惛掉等違唯善故。

這是第三的自相應門：這二十隨煩惱裏的忿等十個小隨煩惱，展轉相望，定不俱起。因爲他們的體性相違、行相粗猛、各自爲主，有這三個條件，所以不俱。兩個無慚等的中隨煩惱，除善無記外，徧與一切不善心俱。因此，隨其所應都可與小隨、大隨並起。論說：掉擧等的八個大隨煩惱，是徧於一切染心的。所以展轉相望，與小隨、中隨，都可並起。

然而，爲什麼有處說是六徧染心呢？那是因爲在惛沉和掉擧的力量增盛時，一下、一高，不能俱起。所以在八大隨的俱起惑裏，要除去他們。爲什麼有處說是五徧染心呢？那是因爲八大隨中的不信、懈怠、惛沉、掉擧、放逸五法，是唯與善違。其餘的：失念和不正知二法，有痴分攝，有非痴分攝；散亂一法，有時也爲定力所伏，都不是唯與善違。所以但說五法是俱徧染心。

此唯染故，非第八俱。第七識中唯有八大，取捨差別，如上應知。第六識俱，容有一切。小十粗猛，五識中無。中大相通，五識容有。

這是第四的諸識俱門：這二十個隨惑，因爲他們的體唯染污，所以都不是與第八阿賴耶識俱起的煩惱。第七末那識裏，唯有八大隨惑，中、小都無。或在八大隨裏，取六捨二；取五捨三；如是取捨差別，在前面已經說過了。第六意識的俱起煩惱，無論小、中、大隨，那是一切都有的。小隨煩惱十個的行相粗猛，所以前五識裏沒有。中二、大八的行相相通，所以五識容有。

由斯中大五受相應。有義：小十除三，忿等唯喜憂捨，三受相應。諂誑憍三，四俱除苦。有義：忿等四俱除樂。諂誑憍三，五受俱起。意有苦受，前已說故。此受俱相，如煩惱說。實義如是，若隨粗相：忿恨惱嫉害憂捨俱；覆慳喜捨；餘三增樂。中大隨粗，亦如實義。

這是第五的受俱門：由於徧不善染的原故，所以中隨煩惱與大隨煩惱，都與五受相應。這是沒有諍論的。至於小隨煩惱，是否都與五受相應，那就有兩家不同的異議了。

第一家說：小隨煩惱，除了三個諂、誑、憍外，其餘忿等七個，唯與喜、憂、捨，這三受相應。至於那諂、誑、憍三個，則是除苦受外，與喜、憂、樂、捨四受相應。

第二家說：七個忿等的小隨煩惱，除樂受外，是與喜、憂、苦、捨四受相應的。而諂、誑、憍三個，則是與五受俱起。問；何以與苦受俱起？答：因爲意識裏有苦受，所以與意識相應的隨惑，也與苦受俱起，這在前面已經說過了。問：何以與五受相應？答：這受俱的行相，也同根本煩惱中的說法一樣。根本煩惱的貪瞋痴，與五受相應；這裏的隨惑，也各以貪瞋痴一分爲體，豈能不與五受相應嗎？

以上是約審細的實義而說的，若隨粗相而論：忿、恨、惱、嫉、害五法，是與憂受和捨受俱起的。覆、慳二法，是與喜、捨俱起的。其餘的諂、誑、憍三法，那就得再加上一個樂受，與喜、捨、樂三受相應了。中隨和大隨的粗相，也同前面實義的說法一樣——與五受相應。

如是二十，與別境五，皆容俱起，不相違故。染念染慧，雖非念慧俱，而痴分者，亦得相應故。念亦緣現，曾習類境。忿亦得緣剎那過去。故忿與念，亦得相應。染定起時，心亦躁擾，故亂與定，相應無失。

這是第六的別境相應門：這二十個隨煩惱，與別境五法，都可以俱起。因爲他們的行相，彼此並不相違。

問：染念，就是「忘念」；染慧，就是「不正知」。他們如何能與別境的念、慧俱起？

答：以念分爲體的忘念，以慧分爲體的不正知，雖不能和這別境的念、慧俱起；然而，以痴分爲體的忘念和不正知，也得與念、慧相應。

問：別境的念，是緣過去曾經熟習的境界；這裏的忿，是緣現前境界。他們如何能夠俱起？答：念，不但緣過去的曾習境，而且也緣現前的曾習境。例如：見了舊時的怨仇，而起忿念。忿，不但緣現前境界，而且也緣一剎那間的過去境界。例如：怨仇已滅，餘忿未息。

所以忿與念，亦得相應。問：別境的定，是專注一境；這裏的散亂，是緣取多境。他們如何能夠俱起？答：染定起時，心亦躁擾，躁擾的行相，就是散亂。所以說散亂與定相應，並無過失。

中二大八，十煩惱俱。小十，定非見疑俱起。此相粗動，彼審細故。忿等五法，容慢癡俱。非貪恚並，是瞋分故。慳癡慢俱，非貪瞋並，是貪分故。憍唯癡俱，與慢解別，是貪分故。覆誑與諂，貪癡慢俱。行相無違，貪癡分故。

這是第七的根本相應門：中隨煩惱二，大隨煩惱八，這十個徧染不善的隨煩惱，是和十個根本煩惱俱起的。小隨煩惱十個，和根本煩惱中的見、疑二法，決定不能俱起。因爲小隨的行相粗動，見疑審細，所以不俱。

小隨的忿、恨、惱、嫉、害五法，容與根本煩惱的慢、癡俱起；而不與貪、恚並生。因爲忿等的自體，就是瞋分，所以不與瞋並；行相與貪相違，所以也不與貪並。

小隨的慳，與根本煩惱的癡、慢俱起，而不與貪、瞋並生。因爲慳的自體，就是貪分，所以不與貪並；行相與瞋相違，所以不與瞋並。

小隨的憍，唯與根本煩惱的癡俱起，而不與慢、貪並生。因爲憍、慢二法的解釋不同：憍，是由自高而起；慢，是緣他下而生，所以不與慢並。憍的自體，就是貪分，所以也不與貪並。

小隨的覆、誑、諂三法，與根本煩惱的貪、痴、慢，都可以俱起。因爲他們的行相，彼此互不相違。問：覆等的自體，既是貪、痴分攝。何以與貪、痴俱起？答：因爲是貪分故，所以與痴俱起；是痴分故，所以與貪俱起。

小七中二，唯不善攝。小三大八，亦通無記。

這是第八的三性門：小隨煩惱的忿等七法，中隨煩惱的無慚、無愧；這九個小中隨惑，他們在善、惡、無記的三性裏，唯屬不善的惡性所攝，不通餘二。因爲他們是唯在欲界發惡行的原故。小隨煩惱的諂、誑、憍，和大隨煩惱八個；這十一個小大隨惑，他們不但屬於惡性，而且也通無記。因爲他們通色界有，徧染、無記的原故。

小七中二，唯欲界攝。誑諂欲色，餘通三界。生在下地，容起上十一。躭定於他，起憍誑諂故。若生上地，起下後十。邪見愛俱，容起彼故。小十，生上無由起下。非正潤生，及謗滅故。中二大八，下亦緣上。上緣貪等，相應起故。有義：小十，下不緣上。行相粗近不遠取故。有義：嫉等，亦得緣上。於勝地法，生嫉等故。大八諂誑，上亦緣下。下緣慢等，相應起故。梵於釋子，起諂誑故。憍不緣下，非所恃故。

這是第九的界地門：小隨的忿等七法，中隨的無慚、無愧；這九個小中隨惑，唯欲界有。小隨的誑、諂二法，欲、色界並有。其餘小隨的憍，及大隨八法，則徧通三界——欲、色無色都有。

生在下地的有情，容起上地的十一種煩惱——諂、誑、憍，及大隨八法。因爲躭着禪定，起自高憍；對其他的欲界有情，而起誑諂。至於八個大隨，那更是徧一切染法、潤生，都有他們。

倘若生在上地，容起下地的後十煩惱——中二、大八。因爲上地有情，臨命終時，所起謗無涅槃的邪見裏，有中隨二法；潤生愛（俱生煩惱，在臨命終時，所起的自體愛、境界愛、當生愛）裏，有大隨八法之故。至於小隨煩惱的忿等十法，若生上地，那就無從再緣下地而起了。因爲忿等十法，唯是不善，而不是潤生愛的無記，又沒有謗無涅槃的邪見。所以不起。

中二、大八，這十個下地煩惱，亦緣上地。因爲他們同前面根本煩惱中所說那緣上的貪、瞋，是相應而起之故。所以亦緣上地。

十個小隨的下地煩惱，是否緣上？有兩家不同的說法。第一家說：十個小隨，下不緣上。因爲小隨的行相粗近，不能遠取上地境界之故。第二家說：小隨中的忿等七法，決定不能緣上，而嫉、慳、憍三法，是可以緣上的。因爲下地有情，對勝地法，也會生起嫉等之故。

對上地有情，所得靜慮生嫉；對自地有情，恃己所證的上地法，而生慳、憍。

大隨煩惱八個，和小隨煩惱的諂誑，這十法，上亦緣下。因爲同根本煩惱緣下的慢等，是相應而起之故，所以上地有八大隨惑緣下。梵王執馬勝手，對釋迦牟尼的弟子生起諂誑，所以上地有諂誑緣下。唯有上地的憍，不緣下地。因爲下地法劣，不是上地有情所恃以憍人之故。至於中二的無慚、無愧，及小隨的忿等七法，上界中無。所以不說。

二十皆非學無學攝。此但是染，彼唯淨故。

這是第十的學等非攝門：這二十個隨煩惱，都不是有學及無學所攝。因爲這煩惱，但是染法；彼學、無學，唯淨法故。

後十，唯通見修所斷，與二煩惱，相應起故。見所斷者，隨迷諦相，或總或別，煩惱俱生，故隨所應，皆通四部。迷諦親疏等，皆如煩惱說。前十，有義：唯修所斷，緣粗事境，任運生故。有義：亦通見修所斷。依煩惱勢力起故。緣他見等，生忿等故。見所斷者，隨所依緣，總別惑力，皆通四部。此中有義：忿等但緣迷諦惑生，非親迷諦。行相粗淺，不深取故。有義：嫉等亦親迷諦。於滅道等生嫉等故。

這是第十一的見等所斷門：二十煩惱的後十個中二大八，唯通見道及修道所斷，非非所斷。因爲他們是和俱生、分別二種煩惱，相應而起之故。屬於見道所斷的煩惱，隨其所迷於四諦的行相，或十煩惱總迷；或各煩惱別迷；這總別能迷的煩惱，都隨其所迷的諦理而俱生。所以隨其所應，都通四諦。至於直接、間接的迷諦親、疏，都如根本煩惱所說。比類可知。

二十煩惱的前十個小隨煩惱，屬何道所斷？這有兩家不同的說法：第一家說：是唯修所斷。因爲這十個小隨煩惱，緣的是粗事境界，任運而生，而不是分別所起。第二家說：不但是修道所斷，而且亦通見斷。因爲這十個小隨煩惱，是依俱生、分別二種煩惱的勢力而起的。並非但緣粗事，而且亦緣其他身見、邪見，而生起忿等十惑之故。

屬於見道所斷的煩惱，隨其所依與所緣，或總或別的惑力，都通四諦。但，這裏也有兩種不同的解釋：一說：忿等十法，但緣迷於四諦之理的煩惱所生，而不是親迷諦理。因爲他們的行相粗淺，不能深取迷諦之故。一說：除覆、誑、諂外的忿等七法，不但緣迷諦的煩惱，而且也親迷諦理。因爲對滅、道二諦，也會直接生起嫉等的隨惑之故。

然忿等十，但緣有事，要託本質方得生故。緣有漏等，准上應知。

這是第十二的有事等門：忿等十法，但緣有事——有本質的相分。因爲他們不是緣影像而起，要仗託著種子所生的本質，才能生起之故。至於緣有漏、無漏，准如煩惱所說，比類可知。

乙五　辨第六位

丙一　舉頌答問

已說二十隨煩惱相，不定有四，其相云何？頌曰：『不定謂悔眠，尋伺二各二』。

這是次舉第六頌的後半頌。上來已經把二十個隨煩惱相說完了。至於四種不定法的相，是怎麼樣呢？頌中的答覆是：不定四法，就是：悔眠和尋伺，這二種各分爲二，而成爲善染不定的悔、眠、尋、伺四法。向下論文，依次詳解。

丙二　釋頌義

丁一　分別四法

論曰：悔眠尋伺，於善染等，皆不定故。非如觸等，定徧心故。非如欲等，定徧地故。立不定名。

此下是以論文來解釋頌義。論說：悔、眠、尋、伺四法，對於三性的善、染、無記，不定屬誰。他不同觸等的徧行心所，定徧諸心；也不同欲等的別境心所，定徧諸地。所以才建立了「不定」的名義。

悔謂惡作，惡所作業，追悔爲性，障止爲業。此卽於果。假立因名。先惡所作業，後方追悔故。悔先不作，亦惡作攝。如追悔言，我先不作，如是事業，是我惡作。

悔，就是所謂的惡作——厭惡曾經所作過的善惡諸業。以追悔爲性，障礙奢摩他——止爲業。惡作是因，悔體是果。今名悔爲惡作者，不過在悔的果上，假立惡作的因名而已。爲什麼以惡作爲因，悔體爲果呢？因爲先對所作的事業，生了厭惡之後，才追悔的原故。

不但追悔先所作業，叫做惡作；就是追悔先所未作的業，也是惡作所攝。例如：追悔的人說：我先前爲什麼不作這種事業呢？因爲那是我所惡作的事業啊！

眠謂睡眠，令身不自在，昧略爲性，障觀爲業。謂睡眠位，身不自在，心極闇劣。一門轉故。昧簡在定，略別寤時，令顯睡眠非無體用。有無心位，假立此名，如餘蓋纏，心相應故。

眠，就是所謂的睡眠，他能令身不得自在，以闇昧簡略爲性，障礙觀智爲業。就是說：在睡眠中的人，身不自在，心極闇劣。因爲他沒有向外緣境的五識，只有一個意識在裏面闇劣轉起。昧字，簡別並非在定，定境非昧。略字，簡別並非寤時，寤時非略。以此簡別，來顯示睡眠，並不是沒有體用。世間和聖教，也有在無心位裏，假立睡眠的名，實則，睡眠別有法體，並非就是無心。如：五蓋裏有睡眠蓋，八纏裏有睡眠纏一樣。因爲他們是與心相應的心所法，並非無體。

有義：此二唯癡爲體。說隨煩惱，又癡分故。有義：不然！亦通善故。應說此二，染癡爲體，淨卽無癡。論依染分，說隨煩惱，及癡分攝。有義：此說亦不應理。無記非癡，無癡性故。應說惡作，思慧爲體，明了思擇，所作業故。睡眠合用思想爲體，思想種種夢境相故。論俱說爲世俗有故。彼染汚者，是癡等流，如不信等，說爲癡分。有義：彼說理亦不然。非思慧想，纏彼性故。應說此二各別有體，與餘心所，行相別故，隨癡相說，名世俗有。

這是對悔、眠二法的總釋，有四家不同的說法，玆依次列舉如下。

第一家說：這悔眠二法，非別有體，而是以痴爲體的。因爲瑜伽論上說他是隨煩惱，又是癡分所攝故。

第二家說：不然！悔眠不但屬染，而且也通善性。應當說：這悔眠二法，在染分是以癡爲體，善分無癡。論上不過但約染分一邊，說他是隨煩惱，及癡分所攝罷了。

第三家說：這種通染淨的說法，也不合理！因爲論上都說是通於三性，三性中的無記，是非癡、非無癡啊。應當說：惡作，是以思、慧二法爲體的。因爲慧能明了所作事業，思能揀擇所作事業之故。睡眠，是以思、想二法爲體的。因爲思想能幻起種種夢境之故。因爲這悔眠二法，非別有體，所以論上都說他們是世俗假有。屬於染污的，是癡的等同流類，同不信等一樣說爲癡分。

第四家說：上面第三家所說，理亦不然！悔眠的體性是纏，而不是思、慧、想。因爲思、慧、想，不是纏性啊。應當說：這悔眠二法，各別有體，他們和其餘的思等心所，行相不同。論上說名世俗有者，那是隨著癡相而說的啊。

尋謂尋求，令心怱遽，於意言境，粗轉爲性。伺謂伺察，令心怱遽，於意言境，細轉爲性。此二，俱以安不安住，身心分位，所依爲業。並用思慧一分爲體。於意言境，不深推度，及深推度，義類別故。若離思慧，尋伺二種，體類差別，不可得故。

尋，是尋求，他能令心怱迫遽急，在意識所取的名言和境相上，粗轉爲性。伺，是伺察，他也能令心怱迫遽急，在意言境上，以細轉爲性。這尋、伺二法，都是以安住和不安住的身心，來分位的。思的尋伺細緩，身心安住；慧的尋伺粗急，身心不安。身心的安不安住，都是依於尋伺。所以說是「所依爲業」。

尋伺二法，都是用思、慧一分爲體的。在意言境上，有不深推度，及深推度之別。思是不深推度，名之爲尋；慧是深推度，名之爲伺。因爲在義理方面，有這樣的分類差別。如果離了思、慧這兩個心所，那尋、伺二法的體用，就沒有類別可得了。

二各二者：有義：尋伺各有染淨二類差別。有義：此釋不應正理。悔眠亦有染淨二故。應說如前諸染心所，有是煩惱、隨煩惱性。此二各有不善、無記。或復各有纏及隨眠。有義：彼釋亦不應理。不定四後，有此言故。應言二者，顯二種二：一謂悔眠、二謂尋伺。此二二種，種類各別，故一二言，顯二二種。此各有二：謂染不染，非如善染。各唯一故。或唯簡染，故說此言。有亦說為隨煩惱故。為顯不定義，說二各二言。故置此言。深為有用。

「二各二」這一句頌，有如下三家不同的解釋：第一家說：二各二，就是尋、伺二法，各有染污及清淨的二類差別。第二家說：這樣解釋，是不合正理的。因為悔，眠也有染、淨二種，豈但尋、伺。應當說：如前來貪、忿等的諸染心所一樣，有根本煩惱，及隨煩惱。這根、隨二種煩惱，各有不善和無記二性。或復各有現行的纏，及種子的隨眠。

第三家說：他這樣解釋，也不合理。因為在不定四法之後，才有這「二各二」的言說，怎能挪他來解釋前面的染法呢？應當說：第一個二，是顯示二種二：一種是悔、眠二；二種是尋、伺二。因為這兩個二種的種類各別，所以用第一個二來顯示這兩個二種。第二個二，是說這悔、眠、尋、伺四法各有二種：一種是染；二種是不染。他不像前來的善染一樣，善法唯一善性；染法唯一染性。

或者爲簡別這不是唯染。因爲瑜伽論上也說這是隨煩惱；；然而隨惑唯染，不定四法，則通於三性。爲顯示不定的意義，與唯染不同，才說出這二各二的話來。因此，安置這一句話，深爲有用。

丁二　分別諸門

四中尋伺，定是假有。思慧合成，聖所說故。悔眠，有義：亦是假有。瑜珈說爲世俗有故。有義：此二是實物有。唯後二種說假有故。世俗有言，隨他相說。非顯前二定是假有。又如內種，體雖是實，而論亦說世俗有故。

此下是以十二門來分別四法，這是第一的假實門。不定四法中的尋、伺二法，決定是假有。因爲他們沒有實體，而是思、慧二法所合成。怎見得是思慧二合？聖教上是這樣說的啊。

悔、眠二法，有兩家不同的解釋：第一家說：悔、眠也是假有。因爲瑜伽論上，說他是世俗有故。第二家說：這悔、眠二法，是實在有的東西。因爲論上但說尋、伺是假有，並沒有說悔、眠也是假有的。所謂的「世俗有」的話，那是隨著癡相而說的，並不是說悔、眠決定就是假有。譬如：藏識裏的種子，體雖是實；然而論上也說他是世俗有。

四中尋伺，定不相應。體類是同，粗細異故。依於尋伺，有染離染立三地別，不依彼種，現起有無，故無雜亂。俱與前二，容互相應。前二亦有互相應義。

這是第二的自相應門。四法中的尋伺二法，決定不能相應。因爲他們的體同思慧；類同推度，不能以刀割刀的自相爲用。他們的相，又是粗細相違，不能同時並起之故。

問、大乘依尋、伺立有三地：(一)有尋有伺地；(二)無尋有伺地；(三)無尋無伺地。假使尋、伺不能俱起；那有尋有伺地，豈不成爲有尋無伺，或有伺無尋了嗎？如此，則三地將何以立？

答：三地的差別，是依於尋、伺二法，有染、離染界地而立的；並不是依種子和現行的有無。所以三地的差別不會雜亂。尋、伺和悔、眠，是可以相應的。悔和眠，也有相應的意義。因爲他們的行相，不相違背。

四皆不與第七八俱，義如前說。悔眠唯與第六識俱，非五法故。有義：尋伺亦五識俱。論說五識有尋伺故。又說尋伺卽七分別，謂有相等。雜集復言，任運分別，謂五識故。有義：尋伺唯意識俱。論說尋求伺察等法，皆是意識不共法故。又說尋伺憂喜相應。曾不說與苦樂俱故。捨受偏故，可不待說。何緣不說與苦樂俱？雖初靜慮，有意地樂；而不離喜，總說喜名。雖純苦處，有意地苦；而似憂故，總說爲憂。又說尋伺，以名身等義爲所緣。非五識身，以名身等義爲境故。雖說五識有尋伺者，顯多由彼起，非說彼相應。雜集所言，任運分別，謂五識者；彼與瑜珈所說分別，義各有異。彼說任運卽是五識，瑜珈說此，是五識俱，分別意識，相應尋伺。故彼所引，爲證不成。由此五識定無尋伺。

這是第三的識相應門。不定四法，都不與第七、八二識俱起，這在前面初、二能變的相應門裏，早已說過了。悔、眠二法，唯與第六意識俱起，並不是前五識的相應法。因爲前五識是任運緣境；悔、眠是加行方起，所以不俱。至於尋、伺二法，那就有如下兩家不同的說法了。

第一家說：尋、伺二法，不但與意識俱起，而且也與五識俱起。因爲論上說五識有尋、伺。又說尋、伺，就是七種分別：1.有相、2.無相、3.任運、4.尋求、5.伺察、6.染污、7.不染污。雜集論上又說：任運分別，就是前五識。所以前五識也有尋、伺。

第二家說：尋、伺唯意識俱。因爲論上說：尋求和伺察等七種分別，都是意識獨俱的不共法。又說：尋、伺與意識的憂喜相應，不曾說過與五識的苦樂受俱。所以知道五識裏沒有尋、伺。問：若因不說與苦樂俱，便認爲五識沒有尋、伺的話；那麼，不說與捨受俱，難道說尋、伺也不與捨受相應嗎？答：捨受俱徧一切，故不待言；苦樂不徧，何緣不說與苦樂俱呢？既然不說與苦樂俱，當知五識定無尋、伺。問：有尋有伺地的初禪有樂，地獄有苦，豈不是五識有尋伺嗎？答：雖初禪有樂，但那是屬於意地的樂。樂不離喜，總說爲喜。雖地獄有苦，那也是屬於意地的苦。苦憂相似，總說爲憂。所以五識沒有尋伺。

還有一個證明。論上又說：尋、伺，是以名身、句身、文身。這三法所詮的義理，爲所緣的；並不是五識以名身等義爲所緣境。所以五識定無尋伺。

論上雖說五識有尋伺，但那是顯示尋伺多分由五識引起，並不是說與五識相應。雜集論上所說的任運分別，與瑜伽所說的七分別意義不同：雜集所說的任運，就是五識；瑜伽所說的七分別，是五俱意識的相應尋伺。所以他所引用的論證，是不能成立的。因此，五識決定沒有尋伺。

有義：惡作，憂捨相應，唯慼行轉，通無記故。睡眠，憂喜捨受俱起，行通歡慼中容轉故。尋伺，憂喜捨樂相應，初靜慮中，意樂俱故。有義：此四亦苦受俱，純苦趣中意苦俱故。

這是第四的受相應門。有如下兩家不同的說法：第一家說：惡作，是與憂、捨二受相應的。因爲惡作唯慼行轉，慼者憂也，所以與憂相應；亦通無記，所以又與捨受相應。睡眠，是與憂、喜、捨三受俱起的。因爲睡眠的行相通於歡喜，故與喜俱；通於憂慼，故與憂俱；

通於非喜非憂的中容境，故與捨俱。尋伺，是與憂、喜、捨、樂四受相應的。問：五識無尋伺，何以與樂相應？答：初禪中有意地樂，非關五識。第二家說：這悔、眠、尋、伺四法，也與苦受相應。因爲純苦趣中，有意地苦俱之故。

四皆容與五別境俱。行相所緣不相違故。

這是第五的別境相應門。悔、眠、尋、伺四法，都可與欲等的五個別境心所俱起。因其能緣的行相，與所緣的境界不相違故。

悔眠與十善容俱。此唯在欲，無輕安故。尋伺容與十一善俱。初靜慮中，輕安俱故。

這是第六的善俱門。悔、眠二法，都和十個善心所俱。因爲悔、眠屬欲界有情，在十一善法裏，他沒有輕安。尋、伺二法，和十一種善心所全都俱起。因爲有尋有伺的初禪中也有輕安。

悔俱容與無明相應。此行相粗，貪等細故。睡眠尋伺，十煩惱俱，此彼展轉，不相違故。

這是第七的煩惱俱門。悔，在十煩惱中，除貪等九法，唯與無明——癡相應。因爲悔的行相粗，貪等九法的行相微細之故。睡眠、尋、伺三法，和十種煩惱，那是完全俱起的。因爲他們的行相，彼此展轉，都不相違。

悔與中大隨惑容俱。非忿等十，各爲主故。睡眠尋伺，二十容俱，眠等位中，皆起彼故。

這是第八的隨惑俱門。悔，與中二、大八的十種隨惑，都可以俱起。惟不與忿等小隨煩惱相應。因爲悔和中、大隨惑，俱徧染心；小隨煩惱，各自爲主之故。至於睡眠、尋、伺三法，那是和二十個隨惑，全都俱起的。因爲睡眠、尋、伺位中，都能生起二十隨惑之故。

此四皆通善等三性。於無記業，亦追悔故。有義：初二唯生得善，行相粗鄙，及昧略故。後二亦通加行善攝，聞所成等，有尋伺故。有義：初二亦加行善，聞思位中，有悔眠故。後三皆通染淨無記，惡作非染，解粗猛故。四無記中，悔唯中二，行相粗猛，非定果故。眠除第四，非定引生，異熟生心，亦得眠故。尋伺除初，彼解微劣，不能尋察名等義故。

這是第九的三性門。這不定四法，都通善、染、無記三性。問：四法中的惡作，何以能通無記？答：在無記業上，雖不一定生起追悔，也不一定不起追悔，只要無記悔起，那就非依無記業不可了。此下還有兩家不同的解釋。

第一家說：悔、眠，唯通生得善，不通加行善。因爲悔眠的行相粗鄙昧略，加行善細之故。尋、伺二法，不但通生得善，而且也通加行善。因爲由聞、思、修所成的法中，都有尋伺。

第二家說：悔、眠二法，不但通生得善，而且也通加行善。因爲聞思位中，也有悔眠。眠、尋、伺三法，都通有覆無記和無覆無記。惡作一法，唯通無覆無記，不通有覆。因爲惡作粗猛。有覆細故。

在異熟、威儀、工巧、變化，這四種無覆無記中，悔之一法，唯通威儀和工巧二種。因爲悔的行相粗猛，故不通異熟；不是定果，故不通變化。眠之一法，唯通異熟、威儀、工巧三種。因爲睡眠，不是定果所引生，所以不通變化；異熟生的六識裏，也有睡眠，所以亦通異熟。尋、伺二法。唯通威儀、工巧、變化三種。因爲異熟心的解力微劣，他不能尋求伺察名、句、文等的詮義，所以不通異熟。

惡作睡眠，唯欲界有，尋伺在欲及初靜慮。餘界地法，皆妙靜故。悔眠生上，必不現起。尋伺上下，亦起下上。下上尋伺，能緣上下。有義：悔眠不能緣上。行相粗近，極昧略故。有義：此二亦緣上境。有邪見者，悔修定故。夢能普緣所更事故。

這是第十的界繫門。惡作和睡眠，唯欲界有。尋、伺二法，唯欲界及色界的初禪才有。因爲其餘的界地，都是妙靜，而悔眠尋伺，非妙靜故。

悔、眠二法，生到上地的有情，必定不會現起。因爲悔眠不是上地的所有法。尋、伺二法，上亦起下；下亦起上。欲界有情，入色界初定，叫做下起上。第二定至第四定的有情，猶起初定及欲界邪見；無色有情，起色、欲界的潤生心等，都叫做上起下。欲界尋伺，能上緣色界初禪，叫做下能緣上；初禪尋伺，能下緣欲界，叫做上能緣下。

這還有如下兩家不同的解釋：第一家說：悔眠不能緣上。因爲悔的行相粗近，眠的行相昧略之故。第二家說：悔眠也能緣上。例如：因邪見修定而生天的人，死後在「中有」中，悔於修定，是悔能緣上；從上地死，下生欲界的人，在睡夢中能够普緣其所更的上地境界，是眠能緣上。

悔非無學，離欲捨故。睡眠尋伺，皆通三種。求解脫者，有爲善法。皆名學故。學究竟者，有爲善法，皆無學故。

這是第十一的學等俱門。悔，不是無學位有。因爲無學在離開了欲界的時候，已經把「悔」來捨棄了。睡眠和尋、伺，皆通學、無學、非學無學三種。什麼叫做學、無學？求解脫三界苦果的有爲善法，都叫做學。學究竟極果的有爲善法，都叫做無學。

悔眠，唯通見修所斷，亦邪見等勢力起故。非無漏道，親所引生故。亦非如憂，深求解脫故。苦已斷故名非所斷。則無學眠，非所斷攝。尋伺雖非眞無漏道，而能引彼，從彼引生，故通見修、非所斷攝。有義：尋伺非所斷者，於五法中，唯分別攝。瑜珈說彼是分別故。有義：此二亦正智攝。說正思惟，是無漏故。彼能令心尋求等故。又說彼是言說因故。未究竟位，於藥病等，未能徧知，後得智中，爲他說法，必假尋伺。非如佛地，無功用說。故此二種，亦通無漏。雖說尋伺，必是分別，而不定說，唯屬第三。後得正智中，亦有分別故。餘門准上，如理應知。

這是第十二的斷攝門。悔、眠二法，唯通見道及修道所斷；不通非斷。小乘說唯修斷，何以亦通見斷呢？因爲悔眠，也是由邪見等的勝力之所起故，所以亦通見斷。何以不通非所斷呢？因爲睡眠不是無漏道親所引生；惡作也不像憂根一樣的深求解脫，所以不通非所斷。在已斷二惑的無學位，一切有漏，都叫做非所斷；所以無學位的睡眠，也是非所斷攝。

尋、伺二法，雖非無分別智的眞無漏道，而能於尋伺的加行引生無漏；所以通見、修二斷；若是從彼無漏所引生的尋伺，那就通非所斷了。向下還有兩家不同的解釋。

第一家說：非所斷的尋伺，在：相、名、分別、正智、如如，這五法裏，唯屬分別所攝。因爲瑜伽論上說：「尋伺，就是分別」的原故。

第二家說：這非所斷的尋、伺二法，也是有爲無漏的正智所攝。因爲顯揚等論上說：正思惟，就是無漏，他能令心尋求。又說：正思惟，是言說之因。在未到究竟佛地的二乘無學，及十地菩薩，他們對衆生的生死病苦，及能治生死的法藥，未能一一徧知。因此，從後得智中，爲衆生說法的時候，必須假藉尋、伺；這與佛地不假尋伺的無功用說法不同。所以尋、伺二法，亦通無漏。論上雖說尋伺必是分別，然而，不一定就是指五法中的分別而言；後得的正智中，也有分別啊。

上來十二門分別已竟。此外還有餘門分別，准如上說的道理，去比類推知。

甲四　綜合料簡

如是六位諸心所法，爲離心體有別自性，爲卽是心分位差別？設爾何失？二俱有過。若離心體有別自性，如何聖教說唯有識？又如何說心遠獨行，染淨由心，士夫六界？莊嚴論說，復云何通？如彼頌言：『許心似二現，如是似貪等，或似於信等，無別染善法』。若卽是心分位差別，如何聖教說心相應？他性相應，非自性故。又如何說心與心所俱時而起，如日與光？瑜珈論說復云何通？彼說心所，非卽心故。如彼頌言：『五種性不成，分位差過失，因緣無別故，與聖教相違』。

問：以上這六位心所法，是離開八識心王別有自體呢？還是由心王分出的六位差別？論主反詰：假使如此，有什麼過失？外人難：兩種過失都有，只列舉如下。

一、假使離心別有心所自性的話；如何聖教說「唯有識」，而不說唯有心所呢？又如何說：心遠獨行，染淨由心，士夫（有情）爲地、水、火、風、空、識六界所成；而不說，心所遠行，染淨由心所，士夫爲心所所成呢？還有莊嚴論上那一首頌，又怎能講得通？頌上說：『許心有二現，如是似貪等，或似於信等，無別染善法』。這分明是說：由一心變現似見、相二分，復由見、相二分，變似貪等的染法；或似善等的淨法，都不是離心別有自體的心所。

二、假使心所，就是心王分位差別的話；如何聖教上說：心所與心王相應呢？既說相應，當然是和別有法體的他性相應，並不是自體和自體相應啊。又如何說：心王和心所俱時而起，好像離日輪外，別有光明一樣呢？還有瑜伽論上所說那「心所，並非就是心王」的話，又怎能講得通？彼論的頌上說：『五種性不成，分位差過失，因緣無別故，與聖教相違』。這分明是說：如果離心王外，無別心所的話；那五蘊的體性，就不能成立了。因爲受、想、行，就是心所啊。若說五蘊是一心前後的分位差別，那也有兩種過失：一則、沒有使一心分位差別的因緣；二則，與聖教相違。

應說離心，有別自性。以心勝故，說唯識等。心所依心勢力生故，說似彼現，非彼

卽心，又識心言，亦攝心所，恒相應故。唯識等言，及現似彼，皆無有失。此依世俗。若依勝義，心所與心，非離非卽。諸識相望，應知亦然。是爲大乘眞俗妙理。

這是對上文離心有所、無所兩種問題的解答。應當說：離心王外，別有心所的自體。因爲心王爲主、爲依的功用，勝於心所，所以才說唯識；因爲心所是依托著心王的勢力而生，所以說他似心王所現。並不是說心所的體性，就是心王。又、凡說識心，也攝有心所在內。因爲心所與心，他們是恒時相應。因此，無論說唯識、說似彼現，都沒有過失。

以上是依世俗而說的。若依勝義而說，心所和心王，不是離，也不是卽。八識之間，彼此相望，應知也是這樣的，不可定說是一、是異。這就是大乘眞、俗二諦的妙理。

第三節　三門分別

甲一　擧頌答問

已說六識心所相應，云何應知現起分位？頌曰：『依止根本識，五識隨緣現；或俱或不俱，如波濤依水。意識常現起，除生無想天；及無心二定，睡眠與悶絕』。

上來釋次擧六頌中第五及第六的二門義竟。此下是釋後擧二頌的第七、第八、第九三門。問：已經把六識的心所相應說完了；至於六識的現起分位，應當怎樣知道呢？問中雖約現起分位，而頌中的答覆，却是俱顯三門：第一頌的前一句，是第七的「六識共依」門；後三句，是第八的「六識俱轉」門；第二頌，是第九的「起滅分位」門。向下論文依次詳釋。

甲二　釋頌義

乙一　六識共依門

論曰：根本識者：阿陀那識，染淨諸識生根本故。依止者：謂前六轉識，以根本識爲共親依。

此下是以論文來解釋頌中的意義。先釋第一頌前一句的第七「六識共依」門。什麼叫做根本識？第八阿陀那識，爲染淨諸識依之而生的根本，所以名叫根本識。什麼叫做依止？就是前六轉識，以根本現行識爲共同依止；以種子識爲各別親依。

乙二　六識俱轉門

五識者：謂前五轉識，種類相似，故總言之。隨緣現言，顯非常起；緣謂作意、根、境等緣。謂五識身，內依本識，外隨作意，五根境等，衆緣和合，方得現前。由此或俱不俱起，外緣合者，有頓漸故。如水波濤，現緣多少。此等法喻，廣說如經。

這是解釋第一頌後三句的第八「六識俱轉」門。「五識」，就是前五轉識。因爲他們俱依色根、俱緣現境、俱有間斷等的種類相似，所以總說他們叫做五識。「隨緣現」這句話，是顯示五識隨緣，才能現起。什麼叫做緣？就是：作意、根、境、空間、光明、根本依的第八識、染淨依的第七識、分別依的第六識、因緣依的種子。這九種緣，眼識全具。耳識除明有八。鼻、舌、身三識除空、明有七。就是說：前五識，內而依託着根本種子，外而隨着作意、根、境等緣；這內外衆緣和合起來，才得現前。因爲各識的外緣和合有頓、漸之故；所以五識或俱起，或不俱起，都不一定。衆緣同時和合爲頓；有和合、有不和合爲漸。頓則五識俱起；漸則四、三、二、一起數不定。

「五識隨緣現」的原理，好像水的波濤，隨著風緣來決定波濤的多少一樣。風大則波濤多；風小則波濤少。這是以水喻本識，波濤喻衆緣。像這種法喻，經上說得很多。

乙三　起滅分位門

由五轉識，行相粗動，所藉衆緣，時多不具，故起時少，不起時多。第六意識，雖亦粗動，而所藉緣，無時不具。由違緣故，有時不起。第七八識，行相微細，所藉衆緣，一切時有，故無緣礙，令總不行。又五識身，不能思慮，唯外門轉，起藉多緣。故斷時多，現行時少，第六意識，自能思慮，內外門轉，不藉多緣。唯除五位，常能現起。故斷時少，現起時多，由斯不說，此隨緣現。

此下是解釋第二頌的第九「起滅分位」門。因爲五轉識的行相，粗顯浮動，其所藉以現起的衆緣，又多不具足，所以現起時少，不起時多。第六意識，雖亦粗動，而其所藉的緣，却沒有不具足的時候，所以容易現起。不過由於無想天等五無心位的違緣之故，也有不起的時候。第七識和第八識的行相，比較微細，他們所藉的衆緣，一切時都有。所以除第七識在無漏及滅盡定時，染的一分不行外，沒有任何緣能夠遮礙他們，使之總不現起的。

又、前五識，因爲沒有尋伺，不能思慮，唯緣外境，不緣內種，必須藉着很多的緣，才能生起，所以他們間斷時多，現行時少。第六意識，他自己能夠思慮，內外並緣，不須要假藉根境等的衆緣，但除五位無心，便常現行，所以間斷時少，現起時多。因此，頌中不說意識隨緣現，但說常現起。

五位者何？生無想等。無想天者，謂修彼定，厭粗想力，生彼天中，違不恒行心及心所，想滅爲首，名無想天。故六轉識，於彼皆滅。

所謂的五位，都是些什麼？就是：無想天、二無心定、睡眠、悶絕。向下依次解釋。什麼叫做無想天？就是修無想定的外道，他們認爲前六識的粗想是生死之因，所以要厭離。以此厭離粗想的定力，死後生到了第四禪的無想天中，違背了數數間斷而不恒行的前六識心王和心所，以想滅爲首要，這就叫做無想天。所以前六識，到無想天中，全都滅掉了。

至於是否全滅，向下有三家不同的說法。

有義：彼天常無六識，聖教說彼無轉識故，說彼唯有有色支故，又說彼爲無心地故。有義：彼天將命終位，要起轉識，然後命終。彼必起下潤生愛故。瑜珈論說：後想生已，是諸有情，從彼沒故。然說彼無轉識等者，依長時說，非謂全無。有義：生時亦有轉識，彼中有必起潤生煩惱故。如餘本有初，必有轉識故。

第一家說：生到無想天的人，從生到死，在這一期生死中，都沒有前六識。因爲聖教上說彼天沒有六轉識，唯有色支；又說他是無心地故。

第二家說：無想天人，到臨命終時，也要先起六轉識，然後才死。因爲將生下地的天人，一定要起下地的潤生愛——自體愛、境界愛、當生愛，潤其業種，才能下生之故。所以瑜伽論上說：末後的想心生已，這些有情，就要從無想天死了。然而，何以又說他沒有六轉識呢？那是依臨命終前的一段長時來說的，並不是連臨命終時全都沒有。

第三家說：不但臨命終時，就是初生無想天時，也有六轉識。因爲他來投胎的「中有」，必定要起潤生愛的煩惱。也同其餘的天趣一樣，本有（一期生死）的初位，必定要有轉識。

瑜珈論說：若生於彼，唯入不起；其想若生，從彼沒故。彼本有初，若無轉識，如

何名入？先有後無，乃名入故，決擇分言，所有生得心、心所滅，名無想故。此言意顯，彼本有初，有異熟生，轉識暫起。宿因緣力，後不復生。由斯引起異熟無記，分位差別，說名無想。如善引生，二定名善。不爾！轉識一切不行，如何可言唯生得滅？故彼初位，轉識暫起。彼天唯在第四靜慮。下想粗動，難可斷故。上無無想異熟處故。卽能引發，無想定思。能感彼天，異熟果故。

瑜伽論上說：倘若生到無想天去，那想心就唯入而不起；到後來如果想心再起，那就要從無想天中死了。這證明彼天本有的初位，有六轉識；若無轉識，他憑什麼名叫做「入」？因爲先有後無，才叫做「入無心」啊。

瑜伽論的決擇分裏說：所有生得的心與心所都滅了之後，才名叫無想。這句話的意義，就是顯示彼天本有的初位，有異熟生的六轉識報心暫起。因爲宿昔修無想定的因緣力故，初位以後的轉識，就不會再生起了。由此初位生得的轉識滅故，引起了異熟無記的報果，這種分位上的差別，就叫他名爲「無想」。也同由善心引生的無想定、滅盡定，名爲善定一樣。否則，初位的轉識一切不行，那決擇分裏，如何可說「生得的心、心所滅」呢？所以無想天本有的初位，還是有轉識暫起，旋滅。

無想天，唯在第四禪天。以下初、二、三禪的想心粗動，不易滅除，他們不能受無心的殊勝報果，故不在下。以下無色，那是聖者所居，又沒有受無想異熟的處所，故不在上。唯有第四禪天能夠引發無想定思（初位暫起意義），才能感招無想天的異熟報果。

及無心二定者，謂無想、滅盡定，俱無六識，故名無心。無想定者謂有異生，伏徧淨貪，未伏上染。由出離想作意爲先，令不恒行心心所滅。想滅爲首，立無想名；令身安和，故亦名定。修習此定，品別有三：下品修者，現法必退，不能速疾，還引現前。後生彼天，不甚光淨，形色廣大，定當中夭。中品修者，現不必退；設退，速疾還引現前，後生彼天，雖甚光淨，形色廣大，而不最極。雖有中夭，而不決定。上品修者，現必不退。後生彼天，最極光淨，形色廣大，必不中夭，窮滿壽量，後方殞沒。此定唯屬第四靜慮。又唯是善，彼所引故。下上地無，由前說故。四業通三，除順現受。有義：此定唯欲界起，由諸外道，說力起故；人中慧解，極猛利故。有義：欲界先修習已，後生色界，能引現前。除無想天，至究竟故。此由厭離想，欣彼果入，故唯有漏，非聖所起。

這以下是解釋二無心定。什麼叫做二無心定？就是無想定和滅盡定，這兩種定都沒有前六識，所以叫做無心。

什麼叫做無想定？就是：有一類凡夫，雖然把第三禪天的貪愛已伏徧淨，而第四禪以上的煩惱，還沒有伏滅，因此才由出離生死，作涅槃想的作意爲先，漸令不恒行的六識心、心所法，統統滅除。因爲他是以想滅爲首，所以名爲無想；又能令身平安和悅，所以亦名爲定。

修習這無想定的人，有下、中、上三品之別：下品修者，所得的現法禪味，必定還要退失。一退失，就不能很快的再引生現前。死後縱能生到無想天去，也不會怎樣光明清淨，及形色廣大；決定活不到五百劫，就得中途夭亡。

中品修者，現法不必一定退失。設或退失，很快的就會恢復現前。死後生到無想天中，雖很光明清淨，形色廣大；而其光淨廣大的程度，還達不到最極的頂點。不過雖也有中途夭亡的危險，但那不是決定性的非夭亡不可。

上品修者，現法必定不退。死後生到無想天中，最極光明清淨，形色也最極廣大，必不至於短命夭亡，一直活到五百劫的壽數，窮盡滿足之後，才會死哩。

這無想定，唯繫屬於第四禪天；也唯是善法所攝，因爲他是由善定所引生故。除第四禪外，上下地都無此定，因爲下地的想心粗動，上地無色有心。這在前面都已說過了。

四業，就是：1.「順現受業」——現生作業，現生受報。2.「順生受業」——現生作業，來生受報。3.「順後受業」——現生作業，二生以後受報。4.「不定受業」——現生作業，不定幾生受報。修無想定的人，現生修定，或來生生天、或二生以後生天、或不定幾生生天，決無現生生天的可能。所以說：「四業通三，除順現受」。

至於此定起於何界？那就有兩家不同的說法了。第一家說：唯欲界起。因爲這無想定，是起於外道說法之力，人中的智慧了解，又極猛利；上界沒有外道，慧解又劣，那當然唯有欲界起了。第二家說：並非唯欲界起，而是先在欲界修習此定，死後生到色界第四禪的凡夫所生地（無想天以下的廣果、福生、無雲三地），又能引定現前。因爲無想天，是無想定的報果，而不是定的起點；無想天以上至色究竟天，又不是凡夫的所生地，所以除彼不起。

爲什麼無想定，唯屬有漏，不通無漏呢？因爲這是凡夫外道厭離想心，欣無想果所修的定；所以唯屬有漏，而不是三乘聖者所修的無漏定。

滅盡定者，謂有無學，或有學聖，已伏或離，無所有貪。上貪不定，由止息想，作意爲先。令不恒行、恒行染汚心心所滅，立滅盡名；令身安故，故亦名定；由偏厭受想，亦名滅彼定。修習此定，品別有三：下品修者，現法必退，不能速疾還引現前。中品修者，現不必退；設退，速疾還引現前。上品修者，畢竟不退。此定初修，必依有頂，遊觀無漏，爲加行入。次第定中，最居後故。雖屬有頂，而無漏攝。若修此定，已得自在，餘地心後，亦得現前。雖屬道諦，而是非學非無學攝，似涅槃故。此定初起，唯在人中，佛及弟子，說力起故。人中慧解，極猛利故。後上二界，亦得現前。鄔陀夷經，是此誠證。無色亦名意成天故。於藏識教未信受者，若生無色，不起此定，恐無色心，成斷滅故。已信生彼，亦得現前，知有藏識，不斷滅故。

什麼叫做滅盡定？就是：四果無學，或除初、二果外，唯證不還果的有學聖者，他們雖對「無所有處」的貪，或已暫伏，或已永離；而於上地「非非想處」的貪，還不一定能够伏斷。因此，先由止息想心的作意起修，使不恒行的前六識，及恒行的第七識染汚末那等心、心所法，全都滅掉，卽依此建立了滅盡的名稱；又能令身安和，所以亦名爲定；又因偏重於厭離受想，所以也叫做「滅受想定」。

修習這滅盡定，也分下、中、上三品：下品修習的人，現在所修的法，必定還要退失；一退失，就不能很快的再恢復現前。中品修習的人，現法不必一定退失；設使退失，很快的還能重引現前。上品修習的人，那就畢竟不會退失了。

初修滅盡定時，必須依無色界最高有頂的非非想天，遊觀（正思惟）無漏爲加行，而進入此定。何以要依非非想？在九次第定中，這滅盡定是居於厭心微細的最後一定，其餘的下地心粗，不能作此微細的行相之故。雖屬有頂，而此定體，卻不與煩惱相應，而爲出世的無漏所攝。

初修此定，唯依有頂；若已得自在，那就在餘下的七地心後，也可以超入此定，使之現前。滅盡定雖屬道諦，起於有學和無學；却是非有學、非無學所攝。因爲此定與涅槃相似，他沒有未入定前進趣止息的行相，所以不是有學所攝；但也不是眞入涅槃，所以也不是無學所攝。

此定的最初起因，唯在人中，因爲是佛及佛弟子，在人中說教之力所引起；人中的慧解，又極猛利之故。問：初起在人，後起如何？答：到後來生到色、無色界，亦得現前。鄔陀夷經上，有此證明，經上說：「超段食，隨受一處意成天身，便能出入此定」。無色界，也是超越段食，唯有意思存在的「意成天」，所以無色界人，也可以入滅盡定。

不過生到無色界的人，不一定都能入滅盡定，那要看他們對第八藏識，是否信受來決定了。不信有藏識而生無色界的人，不能入滅盡定。因爲他們恐怕一入此定，沒有色、心，就成斷滅了。信有藏識而生無界色的人，滅盡定亦可現前。因爲他們知道有藏識存在，雖然色身和轉識都沒有了，也不會斷滅的。

要斷三界，見所斷惑，方起此定；異生不能伏斷有頂心心所故。此定微妙，要證二空，隨應後得所引發故。有義：下八地修所斷惑中，要全斷欲，餘伏或斷；然後方

能初起此定。欲界惑種，二性繁雜，障定强故。唯說不還，三乘無學，及諸菩薩，得此定故，彼隨所應，生上八地，皆得後起。有義：要斷下之四地修所斷惑，餘伏或斷：然後方能初起此定。變異受俱煩惱種子，障定强故，隨彼所應，生上五地，皆得後起。若伏下惑，能起此定，後不斷退生上地者，豈生上已，却斷下惑？斷亦無失。如生上者，斷下末那俱生惑故。然不還者，對治力强，正潤生位，不起煩惱。但由惑種，潤上地生。雖所伏惑，有退不退，而無伏下生上地義，故無生上却斷下失。

要把三界見道所斷的煩惱，斷了之後，才能起此滅盡定。因爲未斷見惑的凡夫，他不能伏斷有頂——非非想地的心、心所法。這滅盡定，微妙殊勝，要證人空的二乘、人法二空的菩薩，各隨其後得智，才能引發之故。這是講見所斷惑；至於修所斷惑，那就有如下兩家不同的說法了。

第一家說：在三界九地裏，非想以下八地的修所斷惑，要欲界九品全都斷盡，其餘七地，或伏、或斷，然後才能初起此定。爲什麼欲界修惑，非全斷不可？因爲欲界的煩惱種子，有不善和無記二性，繁複雜亂，障定的力量太强；所以不說二果，唯說斷了欲界修惑九品的不還果、三乘無學、及諸菩薩，這五種人，才能得此滅定。他們各隨其斷惑功力的所應，從欲界生到上八地，都可以後起此定。

第二家說：不但欲界，要連色界的初、二、三禪，這四地的修惑種子都斷盡了，其餘五地，或伏、或斷，然後才能初起此定。因爲初二三禪中，有喜、樂等受的變異，同這變異受俱起的煩惱種子，障定的力量太强，所以要四地都斷。隨其所應，生到四禪以上五地，都可以後起此定。

問：若伏下地煩惱，能起此定，到後來，因爲未斷煩惱種子而又退失。這樣生到非想地的人，豈不是生到上地，才斷下地煩惱嗎？

答：縱使生到上地，斷下地惑，也沒有什麼過失。這也像生上地的聖者，以金剛心來斷下地第七末那的俱生煩惱一樣。然而，不還果，對治煩惱的力量很强，他在命終正潤生時，不起現行煩惱，但由煩惱種子，潤上地生。這樣不管所伏的煩惱，退與不退，反正還有煩惱種子，去潤上地生，便沒有伏下地惑，生上地的意義了。既沒有伏下地惑，生上地的意義，當然也沒有生到上地，再斷下地惑的過失了。

若諸菩薩，先二乘位已得滅定，後廻心者，一切位中能起此定。若不爾者：或有乃至七地滿心，方能永伏一切煩惱。雖未永斷欲界修惑，而如已斷，能起此定。論說已入遠地菩薩，方能現起滅盡定故。有從初地，即能永伏，一切煩惱，如阿羅漢，

彼十地中皆起此定。經說菩薩，前六地中，亦能現起，滅盡定故。

二乘修惑，已如上說，菩薩如何？若諸菩薩，先在二乘位時，已經得了滅盡定，到後來才迴心趣向大乘，這類菩薩，在一切地三大劫中，都能起此滅定。

假使不是由二乘迴心漸悟，而是一發心就直入大乘的頓悟菩薩，那就不一定了。或到七地滿心時，才能永伏三界一切煩惱。雖然還沒有把欲界修惑永遠斷盡，但同已斷修惑一樣的能起此定。所以顯揚論上說：已經進入了第七「遠行地」的菩薩，才能現起滅盡定。或從初地，就能永遠伏住了一切煩惱；他同阿羅漢一樣，從初地到十地，地地都能夠起此滅定。所以經上說：菩薩不但七地以上；就是在前六地中，也能現起滅盡定。

無心睡眠與悶絕者：謂有極重睡眠悶絕，令前六識，皆不現行，疲極等緣，所引身位，違前六識，故名極重睡眠。此睡眠時雖無彼體，而由彼似彼，故假說彼名。風熱等緣所引身位，亦違六識，故名極重悶絕。或此，俱是觸處少分。

上來五位無心，已解其三，至於睡眠與悶絕這二位無心，是怎樣的解釋？就是：極重的睡眠和悶絕，令前六識，都不起現行。所以叫做「無心睡眠與悶絕」。

什麼叫做極重睡眠？就是：由極度疲倦，及其他術咒等緣，所引起那沉重無心的身位，違反了前六識，不使現行，所以名叫極重睡眠。這無心睡眠的時候，雖然沒有眠體，而由彼眠所引起的沉重無心等相，却似有彼眠。所以假說這身的分位，叫做睡眠。

什麼叫做極重悶絕？就是：由風熱等緣。所引起的身位，也違前六識，所以叫做極重悶絕。

或者，這睡眠、悶絕，有有心、無心之別。無心位的睡眠悶絕，雖不覺有觸，却是由有心位的疲倦風熱等的觸緣所引生。所以這無心的睡眠悶絕，都是觸處的少分。

除斯五位，意識恒起。正死生時，亦無意識，何故但說五位不行？有義：死生及與言顯。彼說非理，所以者何？但說六時名無心故，謂前五位，及無餘依。應說死生，即悶絕攝，彼是最極悶絕位故。說及與言，顯五無雜。此顯六識斷已，後時依本識中自種還起，由此不說入無餘依。此五位中，異生有四，除在滅定。聖唯後三，於中如來，自在菩薩，唯得存一，無睡悶故。

除了無想天、無想定、滅盡定、睡眠、悶絕，這五位無心以外，第六意識，都恒常現起。問：有情正在死生之時，也沒有意識，何以但說五位無心的意識，不起現行呢？關於這個問題，有如下兩家不同的解答。

第一家說：頌中的「及」、「與」二字，就是顯示除五位外，還有死生二位，共有七位意識不行。並不是但說五位無心。

第二家駁斥他說：你說那不對！什麼理由呢？因爲經論上但說有六個時候，名叫無心。就是：在前面所說的五位上，再加一個二乘的無餘依涅槃。因此，應當說：生死二時，是五位中的悶絕所攝。因爲生死苦逼，是最極悶絕之故。至於「及」、「與」二字，那是顯示五位隔離，不相混雜，並不是說有死生二位。

問：如此說來，爲什麼頌中但說五位無心，不說入無餘依呢？答：因爲這五位無心，是顯示意識雖已不行，後來依託着藏識裏的意識種子，還得現起。入無餘依，是顯示意識永不復生。因此，但說五位，不說入無餘依。

這五位中，凡夫具有四位，除滅盡定裏沒有凡夫。三乘聖人唯有後三位，除了前二位的無想天，及無想定裏沒有聖人。聖人所有的後三位裏，佛及八地以去的自在菩薩，唯有滅盡定一位，而沒有睡眠和悶絕。本章釋第三能變竟。向下綜合分別。

第四章　綜合分別

第一節　八識俱轉

是故八識，一切有情，心與末那，二恒俱轉。若起第六，則三俱轉。餘隨緣合，起

一至五，則四俱轉。乃至八俱。是謂略說，識俱轉義。

上來三章，已把三能變的八個識說完了。此下是綜合分別。由於前來所說種種的原故，八識的轉起，在一切有情是這樣的：第八識——心，和第七識——末那，這兩個識，是恒時俱轉的。若再生第六意識，那就是和第八、第七，三個識同時俱轉。其餘的前五識，若再隨緣生起一識，那就是和第八、第七、第六，四個識同時俱轉。倘若前五識一齊生起，那就得八個識，同時俱轉了。這不過是把八識俱轉的意義，略說一下而已。

第二節　問答分別

若一有情多識俱轉，如何說彼是一有情？若立有情，依識多少，汝無心位，應非有情。又他分心，現在前位，如何可說自分有情？然立有情，依命根數，或異熟識，俱不違理。彼俱恒時，唯有一故。一身唯一等無間緣，如何俱時有多識轉？既許此一，引多心所，寧不許此能引多心？又誰定言此緣唯一？說多識俱者，許亦緣多故。又欲一時取多境者，多境現前，寧不頓取？諸根境等，和合力齊，識前後生，不應理故。又心所性，雖無差別，而類別者，許多俱生，寧不許心，異類俱起？又如浪像，依一起多，故依一心，多識俱轉。又若不許意與五俱，取彼所緣，應不明了

，如散意識，緣久滅故。

本節是以外人五次問難，論主五次答辯，來分別八識俱起的問題。茲依次列舉如下。

一問：識，就是情；一個識，就是一個有情。假使一個有情，同時有多識俱轉，那如何說他是一個有情？

答：假使照你這樣說，有情，是依識的多少來建立的話；那麼，入無心定等的人，就應當不是有情了。又如欲界有情，現起上界的無漏心時，如何可以說他是欲界有情？可見有情，並不是依識的多少來建立的。然而，建立有情，或依第八識種子假立的命根；或依第八識現行實法的異熟，都不違理。因爲命根和異熟，無論在有心或無心位的一切時，都只有一個，不會有多識和無識的過失。

二問：一個有情身，只有一個「等無間緣」，如何同時有多識轉起？

答：你們既然許可這無間緣，是以一識爲緣，能引許多心所的果法生起；怎麼不許一識爲緣，能引許多異類的後心同起呢？這不過是縱抑彼說，並非大乘正義。所以又說：我們並不一定主張這無間緣只有一個識；而是主張多識俱者，既有多識，當然也許有多緣，引生多識。

又、想在同一時間，取色、聲等六境的人，這六境既已現前，豈能不同起六識去頓取六境嗎？這是因爲一切根、境、空、明等緣和合的勢力相齊之故，所以才有多識俱起。至於說諸識是前後次第生起的話，那是不合理的。

又、同是一類徧行、別境等心所的體性，雖然沒有差別，而受、想、思等的功能，還是各別不同。你旣許這些不同的心所，一念俱生，怎麼不許眼、耳等識的異類心王，一念俱起呢？

又、以波浪及影像爲喩：譬如依一大海，遇緣同時能起多浪；依一大鏡，遇緣同時能現多像。以此喩故，所以依一第八根本識心，遇緣也會有多識同時轉起。

又、假使你們不許第六意識和五識同起；那五識取他所緣的境時，就應當不會明了，好像以散位意識，去緣那滅了很久的境界一樣。

如何五俱唯一意識，於色等境，取一或多？如眼等識，各於自境，取一或多，此亦何失？相見俱有種種相故。何故諸識同類不俱？於自所緣，若可了者，一已能了，餘無用故。若爾，五識已了自境，何用俱起意識了爲？五俱意識，助五令起，非專爲了五識所緣。又於彼所緣，能明了取，異於眼等識，故非無用。由此聖教，說彼意識，名有分別，五識不爾。多識俱轉，何不相應？非同境故，設同境者，彼此所依，體數異故。如五根識，互不相應。

三問：爲什麼與五識俱起的，只有一個意識，而能取色等的多境？

答：例如：一個眼識，能取一種青的色境，或同時取青黃赤白等多種色境；乃至一個身識，能取一種堅的觸境，或同時取堅濕暖動等多種觸境。以此爲例，這一個五俱意識，能取色等多種境界，又有什麼過失呢？因爲諸識都有相、見二分，見分有種種能見相；相分有種種所見相，所以一識能取多境。

四問：爲什麼諸識中自類相同的識，不能俱起呢？這意思是說：何以沒有兩個以上的眼識，乃至兩個以上的身識同時俱起？

答：諸識對各自所緣的境，如果可以明了，一個識也就夠了；假使不能明了，就是有同類俱起，又有何用？所以不俱。外人再難：若然！五識已能自了自境，還用着五俱意識了嗎？答：五俱意識的責任，是幫助五識令之生起，並不是專爲明了五識的所緣境。又、意識對於所緣，能明了分別，深取境相，與眼等五識的作用不同，所以五俱意識，並非無用。因此，經論上但說第六意識，名爲分別，不說五識，名分別識。

五問：多識同起，爲什麼不相應呢？

答：因爲六、七、八識，並非同境，縱有少分境同，而其所依的眼等根體，與所依數（五識依四，意識依二。如前已說），又復有異。所以依眼等五根的識，互不相應。

八識自性，不可言定一。行相、所依、緣、相應異故。又一滅時，餘不滅故；能所熏等，相各異故。亦非定異，經說八識，如水波等，無差別故；定異，應非因果性故；如幻事等，無定性故。如前所說，識差別相，依理世俗，非眞勝義，眞勝義中，心言絕故。如伽陀說：『心意識八種，俗故相有別，眞故相無別，相所相無故』。

八個識的自體，不可定說是一。因爲有如下三種理由：(一)八識的行相與所依的根，所緣的境，以及相應的心所，都不一樣。(二)一識滅時，其餘的七識，依然不滅。(三)七轉識，是能熏的現行；第八識，是所熏的種子；還有異熟生、眞異熟，這些因相、果相，都各各不同。所以不可定說是一。

不但不可定說是一，也不可定說是異。這也有如下三種理由：(一)經上說：八識好像水和波浪一樣，水、波並無差別。(二)假定是異的話，那八識就應當不是互爲因果的法體了。因爲種瓜得瓜，種豆得豆，因不異果故。(三)一切法，如夢、幻、泡、影，那有一定的異性。所以也不可定說是異。

問：既非定異，前來所說的三能變相，當作何論？答：如前所說八識差別的三能變相，是依四種世俗諦中，第二的道理世俗來說的，並不是四種勝義諦中，第四的眞勝義。眞勝義中，心行路絕，言語道斷，那有什麼一異可說？所以楞伽經中有一頌的意思是說：積起的第八識（心）、思量的第七識（意）、了別的前六識（識），這八種識，以道理俗諦而論，可以說是有差別相；若以眞勝義諦而論，那就沒有差別相了。因爲用是能相，體是所相；能所二相，在離心言相的眞勝義中，俱不可得。上來第三篇釋三能變竟。

第四篇　廣解所變

第一章　擧頌答問

已廣分別三能變相，爲自所變二分所依。云何應知依識所變假說我法，非別實有，由是一切唯有識耶？頌曰：『是諸識所變，分別所分別，由此彼皆無，故一切唯識』。

上來第三篇，已經把異熟、思量、了別境識，這三能變相的八識自體，以及見、相二分爲自體所變，自體爲見、相二分所依，都說得很詳細了。應當怎樣知道，依識所變的假說我、法，並不是離識而別有的實我、實法，而是一切唯識呢？本頌的答覆說：『是諸識所變，分別所分別，由此彼皆無，故一切唯識』。上半頌，是解釋唯識所變；下半頌，是結歸唯識。向下論文，自有解釋。

第二章　正釋頌文

論曰：是諸識者：謂前所說，三能變識及彼心所。皆能變似見相二分，立轉變名。所變見分，說名分別，能取相故。所變相分，名所分別，見所取故。由此正理，彼實我法，離識所變，皆定非有，離能所取，無別物故。非有實物，離二相故。是故一切，有為無為，若實若假，皆不離識。唯言，為遮離識實物，非不離識心所法等。

此下，是以論文來解釋頌中的意義。論上說：什麼叫做「是諸識」？就是：前來第二篇第二章中本頌所說：「異熟、思量、及了別境識」的三能變識，以及他們的心所有法。變，是轉變，就是：三能變識的自體，都能變現出依他似有而理實非有的見、相二分，所以才安立了轉變的名稱。所變的見分，名叫「分別」。因為他能執取相分；執取，就是分別，所變的相分，名叫「所分別」。因為他是被見分所執取的境相；所執取，就是所分別。

由於這識變的正理，那徧計所執的實我實法，離開了識所變的見、相分，都決定非有。因爲離了能取的見分，和所取的相分，就沒有別的東西存在了。並不是有個實在的東西，能够離了能、所二取。因此，一切法，無論有爲、無爲、若實、若假，都不能離識而別有。「唯」字是遮除離能變識外的實有我、法，所以名叫「唯識」；並不是連不離識的心所，及見、相二分，和無爲眞如等法，都遮除了，才名叫唯識。

或轉變者：謂諸內識，轉似我法，外境相現，此能轉變，卽名分別。虛妄分別爲自性故。謂卽三界心及心所。此所執境，名所分別，卽所妄執實我法性。由此分別，變似外境，假我法相。彼所分別，實我法性，決定皆無。前引教理已廣破故。是故一切皆唯有識。虛妄分別有極成故。唯既不遮不離識法，故眞空等亦是有性，由斯遠離增減二邊，唯識義成，契會中道。

這又是一種解釋。轉變，就是：由三能變的內識，轉變出但有我、法的外境顯現，其實非有。這能轉變的識，就叫做「分別」。因爲他是以虛妄分別爲自性的；也就是三界有情的心與心所。這所執的境，就叫做「所分別」；也就是徧計所執的實我實法。由於這分別心所變的似有外境假我法相之故，彼所分別的實我法體，決定都無。這在前面第二篇裏，引教爲證，已經詳細破過了。因此，一切有爲、無爲、假、實等法，都是唯識虛妄分別的至極成就。

問：若一切唯識，那二空眞如，及心所法等，既不是能分別的識；又不是所分別的境，他們的自體，是有呢，還是沒有？答：唯識的「唯」字，既然不遮不離識的法，那不離識的眞如，及心所等法，當然有體。

由於本章所說，無心外法故，遠離了心外有法的增益一邊；唯有虛妄心故，遠離了撥無空華兎角的損減一邊。這樣遠離二邊，成立了契會中道的唯識正義。

第三章　問答辯難

第一節　唯識所因難

由何教理，唯識義成？豈不已說？雖說未了，非破他義，已義便成。應更確陳，成此教理。如契經說：三界唯心。又說所緣唯識所現。又說諸法皆不離心。又說有情隨心垢淨。又說成就四智菩薩，能隨悟入唯識無境。

外人問：由什麼教理，來成立唯識的意義呢？論主答：我們前面不是已經說過了嗎？

外人再難；前雖略說，而義猶未了，並不是破了別家的宗義，你們自家的宗義，就算成立了。應當再把成立唯識的教理，確實陳說一番。

論主再答：例如：華嚴經上所說的「三界唯心」，就是顯示三界虛妄，唯識所變。解深密經上又說：識所緣的境，還都是唯識所現，非別有體。楞伽經上又說：諸法皆不離心。維摩經上又說：心垢，則衆生垢；心淨，則衆生淨。既說隨心垢淨，而不說隨色，那當然就是唯識了。阿毘達摩經上又說：成就四智的菩薩，便能悟入唯識無境。什麼叫做四智？向下依次別說。

一、相違識相智：謂於一處，鬼人天等，隨業差別，所見各異。境若實有，此云何成？

第一是「相違識相智」：菩薩能了知相違相，叫做相違識相智。如何是相違識相？就是：同在一個地方的鬼、人、天等，隨其業感的差別，而所見各異。例如：鬼看見這個地方是膿血；魚蝦等看見是宅舍；人看見是水；天看見是瑠璃寶嚴。假使外境是實有的話，這所見各異的相違識相，如何能夠成立？

二、無所緣識智：謂緣過未夢境像等，非實有境，識現可得。彼境既無，餘亦應爾。

第二是「無所緣識智」：菩薩的無所緣識，叫做無所緣識智。如何是無所緣識？一切所緣過去未來，以及夢中的境，鏡中的像，都不是實有，不過是唯識所現而已。彼夢中等境，既然不是實有，其餘的現前境界，當知也不是實有。

三、自應無倒智：謂愚夫智若得實境，彼應自然成無顚倒，不由功用，應得解脫。

第三是「自應無倒智」：自應無倒，是菩薩的智慧，所以叫做自應無倒智。如何是自應無倒？就是：爲虛妄而顚倒的愚癡凡夫，若能緣得不是虛妄的實境，他應當自然成就無顚倒智；不用修行，就應當解脫了生死的繫縛。

四、隨三智轉智：一隨自在者智轉智。謂已證得心自在者，隨欲轉變，地等皆成。境若實有，如何可變？二隨觀察者智轉智。謂得勝定修法觀者，隨觀一境，衆相現前。境若是眞，寧隨心轉？三隨無分別智轉智。謂起證實無分別智，一切境相皆不現前。境若是實，何容不現？

第四是「隨三智轉智」：菩薩能令妄境，隨三種智慧轉變，叫做隨三智轉智。玆依次列舉如下：

一、隨自在者智轉智。就是：已經證得了心自在的第八地以去菩薩，他隨心所欲，想把大地河山，轉變爲金銀瑠璃，及各種珍寶，都成。可見境非實有；境若實有，那大地河山，如何可以轉變？

二、隨觀察者智轉智。就是：得了勝妙禪定，修四諦法觀的聲聞、獨覺，他們隨便觀察那個外境，都有無常、苦、空、無我的衆相現前。可見境不是眞；境若是眞，如何能隨觀察者的心去轉變他呢？

三、隨無分別智轉智。就是：菩薩體會眞如，起證無分別智時，一切境相都不現前。可見境不是實；境若是實，怎能使他不現前呢？

菩薩成就四智者，於唯識理決定悟入。又伽他說：『心意識所緣，皆非離自性；故我說一切，唯有識無餘』。此等聖教，誠證非一。

成就以上四智的菩薩，對唯識的道理，決定悟入。所以佛在厚嚴經上有一首頌這樣說：八識的所緣，都不是離開了他們的自體而別有的外境。所以我說一切有爲、無爲、世、出世法，都唯有識，而沒有其餘的外境。在經論上諸如此類的證明很多，非止一頌。

極成眼等識，五隨一故，如餘。不親緣離自色等。餘識識故，如眼識等，亦不親緣離自諸法。此親所緣，定非離此，二隨一故，如彼能緣。所緣法故，如相應法，決定不離心及心所。此等正理，誠證非一。故於唯識，應深信受。

唯識無境的道理，上來已引教證，此下復引理證。這是以因明論理的法則，立四個比量。茲依次列舉如下：

第一比量

一、宗：極成眼等識，不親緣離自色等。
二、因：五隨一故。
三、喻：如餘。

量解：量中等識的「等」字，是總言五識，今但以眼識作解，以例餘四。大小乘共許之法，叫做極成；不共許，叫做不極成。小乘不許大乘主張有他方佛的眼識，及佛的無漏眼識。大乘也不許小乘主張佛有有漏眼識，及最後身菩薩有不善眼識。除此不極成的眼識以外，其餘共許的有情眼識，叫做極成眼識。這極成眼識，他不能親緣離開了自識所變色。因爲眼識是五識的隨一所攝之故。所以同其餘的耳等四識，只能親緣不離自識的聲等一樣。

第二比量

一、宗：餘識亦不親緣離自諸法。
二、因：識故。
三、喻：如眼識等。

量解：不但五識，就是其餘的第六、七、八等識，也不能親緣離了自識的諸法。因爲他們也是識的原故。所以同眼等五識一樣，只能緣不離自識的諸法。

第三比量

一、宗：六識親所緣緣，定非離六識體。

二、因：見、相二分隨一攝故。

三、喻：如能緣見分。

量解：六識的親所緣緣，決定不離六識自體。因爲是見、相二分的隨一攝故。所以同能緣的見分，不離識體一樣。

第四比量

一、宗：一切自識的所緣，決定不離能緣的心及心所。

二、因：所緣法故。

三、喻：如相應法。

量解：無論一切有爲無爲，只要是所緣慮的法，決定不離自己能緣的心及心所。因爲是能緣的所緣法故。所以同心所法與心相應一樣。

像以上這些正理的證明很多，非止一種。所以對於唯識的道理，應當深信受持。

我法非有，空識非無。離有離無，故契中道。慈尊依此說二頌言：『虛妄分別有，

於此二都無；此中唯有空，於彼亦有此。故說一切法，非空非不空；有無及有故，是則契中道』。此頌且依染依他說，理實亦有淨分依他。

心外所計的實我、法相，並非是有；眞如空理及依他的識性，並非是無。這樣離有離無，所以才契會了不落有無二邊的中道。慈尊——彌勒菩薩，即依據這種道理說兩首頌，這頌中的意思是說：有情的虛妄分別心是有的；但在這虛妄分別心裏的能、所二取，或我、法二相，那是沒有的。虛妄分別心裏，唯有眞諦的空性；彼空性中，也唯有俗諦的虛妄分別。虛妄分別，是有爲法；空性，是無爲法。一切有爲、無爲，由於二諦有故，所以非空；二取無故，所以非不空。這二諦的有、二取的無、及虛妄分別與眞空的互有，並不是一味的說空，也不是一味的說有。這就叫做契中道。

這兩首頌，雖依染分的依他而說，實則亦有淨分的依他，意在言外。

第二節　世事乖宗難

若唯內識，似外境起，寧見世間情非情物，處時身用，定不定轉？如夜境等，應釋此疑。

外人問：假使唯有內識，無心外境，如何現見世間：屬於非情的處、時，決定轉起；屬於有情的身、非情的用，不定轉起呢？例如：眼等，一定在各自所緣的境處，及正緣境時，才能生識；這叫做處、時定轉。又如：多身，在同一處時，有的看見空華，有的不見；這叫做身不定轉。又如：尋香城，沒有城的作用，餘城皆有；這叫做用不定轉。可見並非唯有內識，無心外境。若唯有識，如何會有這不定隨識而轉的身、用？若無外境，如何會有這一定生識的處、時？

論主答：處時定轉，好像夢境一樣。因為夢境雖妄，也有所見事物的一定處時。身不定轉，好像餓鬼一樣。因為共報的多身餓鬼，還有別業妄見，他們雖在同一處時，有的見是膿河；有的見是糞便，總不得食。用不定轉，也好像夢境一樣。因為夢中有時也有男女失精的作用；有時沒有。這如夢等的解釋，你應該沒有疑惑了吧？

第三節　聖教相違難

何緣世尊說十二處？依識所變，非別實有。為入我空，說六二法。如遮斷見，說續有情。為入法空，復說唯識，令知外法，亦非有故。

外人問：如果沒有心外的實眼、色等，為什麼世尊在阿含經中說有六根六塵的十二處呢？

論主答：十二處，是依識所變的差別，並不是心外別有的實眼、色等。世尊爲化導執有實我的衆生，悟入我空；才說這十二處的教法。也如爲遮除斷見（外道計衆生死後斷滅），說有「中有」有情，續於死後一樣，都是隨宜而說，非許實有。爲化導執有實法的衆生，悟入法空；才又說這唯識的教法，使知外法也不是實有。

第四節　唯難成空難

此唯識性，豈不亦空？不爾，如何？非所執故。謂依識變，妄執實法，理不可得，說爲法空。非無離言，正智所證，唯識性故，說爲法空。此識若無，便無俗諦；俗諦無故，眞諦亦無；眞俗相依，而建立故。撥無二諦，是惡取空。諸佛說爲不可治者。應知諸法，有空不空，由此慈尊說前二頌。

外人問：若一切法空，這唯識性，豈不是也空了嗎？論主答：不空！怎樣不空？唯識性，不是所執的法啊。就是說：依內識所變的似有外法，衆生妄計爲實；然而以理推徵，實不可得，所以說是法空；並不是沒有離言正智所證的唯識性，叫做法空啊。這唯識若無，就沒有俗諦；俗諦若無，眞諦也就沒有了。因爲眞不自眞，待俗而眞；俗不自俗，待眞而俗；眞俗二諦，是互相對待而建立的啊。如果有人撥無二諦，那就是惡取空！諸佛都說：這種人，沉淪生死的病根太深，沒有法藥可以治療。

應知：諸法有徧計所執無的空；也有依他圓成實的不空。因此，彌勒菩薩，才有前面那二首頌的說法、

第五節　色相非心難

若諸色處，亦識爲體，何緣乃似色相顯現，一類堅住，相續而轉？名言熏習，勢力起故。與染淨法，爲依處故。謂此若無，應無顚倒，便無雜染，亦無淨法，是故諸識，亦似色現。如有頌言：『亂相及亂體，應許爲色識；及與非色識，若無餘亦無』。

外人問：色法是有質礙的，識是無質礙的。如果色法也是以識爲體的話；何以在緣境的時候，似有色相顯現，而且這色相是一類堅住而沒有變異的東西，在相續而轉呢？論主答：那似色相的顯現，並非實有；而是從無始以來假名言相熏習的勢力所生起，給雜染、清淨等法，作爲依託的處所。假使無此色相，就應當沒有執色爲實的妄識顚倒；顚倒既無，當然也就沒有二障的染雜，及斷了雜染的無漏淨法了。因此，諸識緣境，也有似色相的顯現。

這好像攝論上有一首頌說：有所變的亂相，及能變的亂體。應當贊成這亂相是識所變的

色，而不是能變的識；亂體是能變的識，而不是所變的色。假使沒有所變的亂相，也就沒有其餘的亂體；沒有能變的亂體，也就沒有其餘的亂相了。總之，亂相、亂體、能變、所變，都不離識。

第六節　現量為宗難

色等外境，分明現證，現量所得，寧撥爲無？現量證時，不執爲外，後意分別，妄生外想。故現量境，是自相分，識所變故，亦說爲有。意識所執外實色等，妄計有故，說彼爲無。又色等境，非色似色，非外似外，如夢所緣，不可執爲是實外色。

外人問：色等五種外境，分明是五識現證，現量所得，怎能撥之爲無呢？

論主答：當五識和五俱意識現量證得的自相境時，並不執爲心外實法，後來以意識分別，才妄生外想，執以爲實。因爲現量境是五識所變的相分，所以說他爲有。意識所執的心外實色，那是妄計情有，所以說他是無。

又，色等五境，本來不是色，也不是外；不過是似色似外而已。好像夢中所緣的境界一樣，不可執着是實有外色。

第七節　夢覺相違難

若覺時色，皆如夢境不離識者，如從夢覺，知彼唯心，何故覺時於自色境，不知唯識？如夢未覺，不能自知；要至覺時，方能追覺。覺時境色，應知亦爾。未眞覺位，不能自知。至眞覺時，亦能追覺。未得眞覺，恒處夢中。故佛說爲生死長夜。由斯未了色境唯識。

外人問：倘若覺時的色境，都同夢境一樣的不離於識；那從夢中醒覺的人，知道夢中的境界，是唯識所變；何以不知道覺時的自色境，也是唯識所變呢？

論主答：例如正在夢中還沒有醒覺的人，他不能自知夢境非有；要到一覺醒來，才能從追憶中覺了夢境唯識所變。你應當知道覺時的境色也是這樣的。在沒有證到無漏眞覺的果位之前，不能自知是唯識所變；到了眞覺位時，也能從追憶中知道未得眞覺以前，如恒處夢中一樣。所以佛才說之爲生死長夜。因此，不能了知色境是唯識所變。

第八節　外取他心難

外色實無，可非內識境，他心實有，寧非自所緣？誰說他心非自識境？但不說彼是親所緣。謂識生時，無實作用，非如手等，親執外物，日等舒光親照外境。但如鏡等似外境現，名了他心，非親能了。親所了者：簡自所變。故契經言：無有少法，

能取餘法。但識生時，似彼相現，名取彼物。如緣他心，色等亦爾。

外人問：妄情所計的外色實無，可以說不是內識所取的相分境；然而，他心實有，難道說也不是自識所緣的外境嗎？難在：若緣他心，便是心外有境；若不緣，何以實無不緣，實有也不緣呢？

論主答：誰說他心不是自識的所緣境呢？不過不說是親所緣緣罷了。就是說：自識生起的時候，沒有實在的作用，他不同用手親自去執持身外之物；也不同日月放光去親照外境；只能像以鏡照物一樣，似有外境的他人心境，顯現在自心的鏡頭，這叫做了他心；並不是自心親能了他。親所了的是自識所變的相分本質，爲自識所起的見分所了；而不是能取外境。

所以經上說：沒有少法的能取，去取所取的餘法。但識生時，似有彼心相現，就叫做取彼物；實則，還不是自心取自心嗎？那裏有什麼心外實法？緣他心是這樣的，緣一切色境也是這樣的。

第九節　異境非唯難

既有異境，何名唯識？奇哉固執，觸處生疑！豈唯識教，但說一識？不爾，如何？汝應諦聽！若唯一識，寧有十方凡聖尊卑，因果等別？誰爲誰說？何法何求？故唯

識言，有深意趣。識言：總顯一切有情各有八識，六位心所，所變相見，分位差別，及彼空理，所顯眞如。識自相故，識相應故，二所變故，三分位故，四實性故。如是諸法，皆不離識，總立識名。唯言：但遮愚夫所執，定離諸識實有色等。

外人問：既有他心與自心不同的異境，何以名叫唯識呢？論主答：奇怪！那有像你這樣固執的人觸處生疑呢。豈是唯識的教理，但說我一人有識，更無餘法嗎？外人問：不是這樣，是什麼？論主答：你要仔細諦聽！倘若唯我一人有識，怎麼會有十方凡聖的尊卑，及因果色心的種種差別呢？沒有佛，誰爲衆生說法；沒有衆生，佛爲誰說；沒有涅槃、菩提，更有何法；沒有法，修行人將何所求？所以，唯識的言說，有深妙的意趣。

「識」字的意趣，是總顯一切有情各有五法：（一）八識心王。（二）六位心所。（三）自體所變的相、見二分。（四）色、心分位的二十四不相應行。（五）彼二無我空理所顯的眞如。由識的自相，建立了識的自體；由識的相應法，建立了六位心所；由心、心所自體的所變，建立了相、見二分；由自體、相、見三分的色心分位，建立了不相應行；由自體、相、見、不相應行，這四種實性，建立了眞如。因爲這五法都不離識，所以才總立一個識的名稱。

「唯」字的意趣，是唯遮愚法二乘，及一切凡夫，他們所執定那離諸識外的實有色境。

第十節　總結勸信

若如是知唯識教義，便能無倒，善備資糧，速入法空，證無上覺，救拔含識生死輪迴。非全撥無惡取空者，違背教理，能成是事，故定應信一切唯識。

如果能够這樣了知唯識教義，便能無我、法二執的顛倒迷妄，善備福、智二嚴的修行資糧，很快的就會頓入法空，證到了無上菩提的佛果，去救拔有情，使之出離了生死輪迴。這並非撥眞、俗全無的惡取空者，違背了唯識的教理，能够成就此事。所以決定應信一切法，都是唯識所變。第四篇廣解所變竟。

第五篇　釋諸妨難

第一章　釋違理難

第一節　初舉頌釋

甲一　藉問起頌

若唯有識，都無外緣，由何而生種種分別？頌曰：『由一切種識，如是如是變；以展轉力故，彼彼分別生』。

問：若唯有識，無心外緣，那種種的分別識心，從什麼地方生起來呢？頌中的答覆，是以上三句明妄緣；下一句顯分別。向下論文，自有解釋。

甲二 略釋頌義

乙一 別解四句

論曰；一切種識，謂本識中，能生自果功能差別。此生等流、異熟、士用、增上果故，名一切種。除離繫者，非種生故。彼雖可證，而非種果。要現起道，斷結得故。有展轉義，非此所說；此說能生，分別種故。此識爲體，故立識名。種離本識，無別性故。種識二言，簡非種識，有識非種，種非識故。又種識言，顯識中種，非持種識，後當說故。

此下是以論文略釋頌義。論上說：「一切種識」，就是根本識中的一切有爲法種，能夠生起他們各自果法的功能差別。這能生等流、異熟、士用、增上四果的種子，就叫做一切種識。爲什麼但生五果之四，而不生離繫果呢？因爲離繫果，非種所生，他雖說也有無爲可證，而不是種子所生的果，要到現起無漏聖道，斷了結使之後，纔能證得。這無爲法，雖說也有展轉證得的意義，而不是這裏所說；這裏所說的，是能生分別種識。既是種子，何以又名爲識呢？因爲種子是依本識爲體性的，他離了本識之外，就別無體性可言了。所以才立識爲名，名爲種識。

「種識」二字，是簡別與非種識不同。因爲現行諸識，不是本識內種；穀麥等種，不是識的自體；他們這些非種識，都與種識不同。又、「種識」二字，是顯示本識中的種子，而不是持種識。這到後面還有詳細的說明。

此識中種，餘緣助故，即便如是如是轉變。謂從生位，轉至熟時，顯變種多，重言如是。謂一切種，攝三熏習，共不共等，識種盡故。展轉力者：謂八現識，及彼相應，相見分等，彼皆互有相助力故。即現識等，總名分別。虛妄分別，爲自性故。分別類多，故言彼彼。

這本識中的種子，由於其餘三緣的幫助，所以才如是如是的轉變起來。從種子生起的因位，轉變到成熟時期，爲顯示這所變的種子之多，才反復的重言：「如是如是」。所謂的「一切種」，就是把名言、我執、有支三種熏習，及共、不共的識種，都攝盡無餘了。什麼叫做展轉力？就是八個現行識，及其相應心所，和他們自體所變的相、見二分，還有不相應行等，彼此都有互相幫助的力量。卽此現行識、相見二分、相應、不相應，都叫做「分別」。因爲他們都是以虛妄分別爲自性的緣故。這些分別的種類很多，所以說是「彼彼」。

乙二　總結頌意

此頌意說，雖無外緣，由本識中，有一切種，轉變差別，及以現行，八種識等，展轉力故，彼彼分別，而亦得生。何假外緣，方起分別？諸淨法起，應知亦然，淨種現行，爲緣生故。

這頌中的意思是說：雖無心外之緣，然而由於根本識中，有一切種的轉變差別，及以現行的八種識等，展轉相助之故，所以自體、相、見等的彼彼分別，亦得生起；何必假藉外緣，才能生起分別呢？一切染法的生起既然如此，當知一切淨法的生起，也是這樣的。因爲無漏種起無漏現行，也是緣所生故。

甲三　廣釋頌義

乙一　藉問發起

所說種現，緣生分別。云何應知此緣生相？

問：前釋頌中，所謂的種子和現行及緣生分別，應當怎樣知道這緣生分別的義相呢？

緣且有四：一因緣：謂有爲法，親辦自果，此體有二：一種子，二現行。種子者：謂本識中，善染無記，諸界地等，功能差別，能引次後，自類功能，及起同時，自類現果。此唯望彼是因緣性。現行者：謂七轉識，及彼相應，所變相見性界地等。除佛果善，極劣無記，餘熏本識，生自類種。此唯望彼是因緣性。第八心品，無所熏故，非簡所依，獨能熏故。極微圓故，不熏成種。現行同類，展轉相望，皆非因緣，自種生故。一切異類，展望相望，亦非因緣，不親生故。有說異類，同類現行，展轉相望，爲因緣者，應知假說，或隨轉門。有唯說種是因緣生，彼說顯勝，非盡理說。聖說轉識與阿賴耶，展轉相望爲因緣故。

此下先釋四緣，次釋依處，所以說「緣且有四」。今依次釋之如下。

一是因緣。什麼叫做因緣？就是有爲法，能夠直接成辦自果。這因緣的自體有二：一是種子，二是現行。什麼叫種子？就是第八根本識中，所有的善、染、無記三性，及三界、九地、有漏、無漏等的功能差別。這差別功能，又能引生次後的自類功能，及生起同時的自類現果。這種子，唯望彼自類功能，及自類現果爲因緣性。

什麼叫做現行？就是七轉識及其相應心所，各從自體所變的相見二分、三性、三界、九地、有漏、無漏等，除了佛果的善性，及極劣的無記性外，其餘都能熏第八識，生起了自類的種子。這現行，唯望彼所熏的種子爲因緣性。

能熏的現行法裏，何以沒有第八心品？因爲第八心王沒有所熏，所以他不是能熏的現行。心王既不能熏，心所也不能簡去所依的心王而獨自能熏。第八識中的異熟無記，極其微劣；佛果的第八識，極其圓滿，所以二者都不能熏使成種。因此，能熏的現行法裏，沒有第八心品。

現行同類，展轉相望，都非因緣。因爲他們都是本識中的自種所生，並不是同類相望有因緣義。一切異類，展轉相望，亦非因緣。因爲異類不能親生異類之果，既非親生，當然也沒有因緣的意義。何以有說異類和同類現行，展轉相望爲因緣呢？應知那是方便假說，或隨順小乘，轉變了大乘教理的說法。何以有的唯說種子是因緣呢？那是爲顯示種子勝於現行而說的，不是盡理的說法。因爲經論上說，七轉識的現行與第八阿賴耶識的種子，展轉相望爲因緣故。並不是唯說種子是因緣性。

二、等無間緣：謂八現識，及彼心所，前聚於後，自類無間，等而開導，令彼定生。多同類種，俱時轉故。如不相應，非此緣攝。由斯八識，非互爲緣。心所與心，雖恒俱轉，而相應故，和合似一。不可施設，離別殊異，故得互作等無間緣。入無餘心，最極微劣，無開導用。又無當起等無間法，故非此緣。云何知然？論有誠說。若此識等無間，彼識等決定生。卽說此是彼等無間緣故。卽依此義，應作是說：阿陀那識，三界九地，皆容互作等無間緣。下上死生，相開導故。有漏無間。有無漏生。無漏定無，生有漏者。鏡智起已，必無斷故。善與無記，相望亦然。

二是等無間緣。什麼叫做等無間緣？就是八個現識，及其心所，前聚心及心所，對於後聚心所及心，必須是自己的同類，中間沒有任何間隔，這樣前後平等，以前念滅心避開前路，引導着後念，使之決定生起。

八識種子，彼此相望，雖同爲識種，而是多類並生，同時俱轉，並非一識自類，前引後生，那好像不相應法一樣，不是這等無間緣所攝。因此，八識相望，並非互相爲緣。問：心與心所，既非自類，體用各殊，又同八識相望一樣的恒俱時轉，他何以能互相爲緣？答：心所與心，雖恒俱轉，然而，因爲是相應法故，和合起來恰似一識，同所依緣、同時而轉，同屬一性，你不可施設離別，使之殊異。故得互作等無間緣

入無餘涅槃時的最後心，灰身滅智，勢極微劣，他既然沒有開導的作用，又沒有當起的等無間法，所以不是這等無間緣所攝。問：你怎樣知道入無餘心，不是等無間緣；前一聚心

望後一聚心，是等無間緣呢？答：大論上誠有此說：「若此識等無間，彼識等決定生。」這就是說：此前一聚心，是彼後一聚心決定生起的等無間緣。入無餘心，不能決定生彼後識，所以不是等無間緣。

即依此義，應作是說：第八阿陀那識，於三界九地，皆容互作等無間緣；下死生上，上死生下，互相開導。有漏的無間，可生無漏，無漏決定不會再生有漏。因爲到了無漏佛果的大圓鏡智生起之後，必定常無間斷，他如何會再生有漏？無漏和有漏如此，善與無記，相望亦然，唯有無記生善，決無善生無記之理。

此何界後，引生無漏？或從色界，或欲界後。謂諸異生，求佛果者，定色界後，引生無漏。後必生在淨居天上大自在宮，得菩提故。二乘回趣大菩提者，定欲界後，引生無漏。回趣留身，唯欲界故。彼雖必往大自在宮，方得成佛，而本願力，所留生身是欲界故。有義：色界亦有聲聞回趣大乘願留身者，既與理教，俱不相違，是故聲聞第八無漏，色界心後，亦得現前。然五淨居無回趣者，經不說彼發大心故。

問：這第八阿陀那識，要到了三界的那一界後，才生無漏呢？答：或從色界，或欲界後。就是說：一切異生，只要是頓悟直求佛果的人，決定在色界後引生無漏，到後來必定生在淨居天上的大自在宮，得菩提果。二乘漸悟迴趣大菩提的人，決定在欲界後引生無漏。因爲色界沒有迴心二乘；無色界無身可留；迴趣留身唯在欲界。他雖然必往大自在宮才能成佛，而依其本願之力，受變易後所留下的生身是欲界故。

有人說：色界也有聲聞發心迴小向大，願留身的。論上既無明文遮簡餘界，與教與理，都不相違；所以聲聞的第八識無漏，在色界心後，亦得現前。然而，色界的五淨居天，都沒有迴趣的不還果人。因爲大般若經上說，來觀禮般若的欲界四天王天，乃至色界的廣果天，都是發無上菩提心者，唯於觀禮般若的淨居天，不說發無上菩提。

第七轉識，三界九地，亦容互作等無間緣。隨第八識生處繫故。有漏無漏，容互相生。十地位中得相引故。善與無記相望亦然。於無記中，染與不染，亦相開導，生空智果，前後位中，得相引故。此欲色界，有漏得與無漏相生。非無色界，地上菩薩不生彼故。第六轉識，三界九地，有漏無漏，善不善等，各容互作等無間緣。潤生位等，更相引故。初起無漏，唯色界後。決擇分善，唯色界故。眼耳身識，二界二地，鼻舌兩識，一界一地。自類互作等無間緣。善等相望，應知亦爾。有義：五識有漏無漏，自類互作等無間緣。未成佛時容互起故、有義：無漏有漏後起。非無漏後，容起有漏。無漏五識，非佛無故。彼五色根，定有漏故。是異熟識，相分攝故。有漏不共，必俱同境。根發無漏識，理不相應故。此二於境，明昧異故

第七識末那，在三界九地，也容許同第八識一樣互作等無間緣。因爲他是隨着第八識生處的界地繫，互爲緣故。有漏和無漏，也容許互相引生。因爲在十地位中，出、入觀智的有、無漏心，得相引故。不但有漏和無漏是這樣，就是善與記，也是這樣的。在無記法中，人執的染，與法執的不染，也是互相開導的。因爲二執的染、不染心，在生空智果的前後位中，得相引故。這第七識，唯在欲界和色界的有漏，得與無漏互相引生，非無色界。因爲地上菩薩，不生無色界故。

第六轉識，在三界九地，無論有漏與無漏，善與不善等，都可以互作等無間緣。因爲在死此生彼臨終的潤生位時，更相引故。不過初起無漏，唯在色界；因爲能夠引發第六識的決擇分善，唯在色界的第四禪天，非餘界故。

五識的眼、耳、身三識，在欲、色二界的五趣雜居，及離生喜樂二地。鼻、舌二識，唯在欲界一地。他們都是自類開導，互作等無間緣的。應知善、無記等，隨其所應上下界地，也是這樣的。

有論師說：五識的有漏無漏，都可以自類開導，互作等無間緣。因爲地上菩薩，在未成佛時，得成所作智，容互起故。

又有師說：無漏起於有漏之後，並不是無漏後再起有漏。因爲無漏五識，非佛沒有，佛的無漏識，還會再起有漏嗎？何以非佛就沒有無漏五識呢？因爲除佛以外，其他的五根，決定是有漏之故。何以其他的五根，不是無漏？因爲他是第八異熟識的相分所攝故。問：有漏根生無漏識，有何不可？有漏的五根，既然不是有、無漏識所共依，他必定是根識同境，這樣的有漏根，發無漏識，按道理說是不相應的。因爲有漏根，對於所緣的境，昧而非明；無漏識，對於所緣的境，明而非昧；二者的差別，有這末大的距離，他如何能够相應？

三、所緣緣：謂若有法，是帶已相，心或相應，所慮所託。此體有二：一親、二疏。若與能緣體不相離，是見分等內所慮託，應知彼是親所緣緣。若與能緣體雖相離，爲質能起內所慮託，應知彼是疏所緣緣。親所緣緣，能緣皆有，離內所慮託，必不生故。疏所緣緣，能緣或有，離外所慮託，亦得生故。

三是所緣緣。什麼叫做所緣緣？若有一法，帶着他自已的境相，而爲八識心王，或相應心所之所慮知與仗託；這所慮與所託的境相，浮在能緣的心、心所上，就叫做「所緣」。這所緣的境，也就是生起心、心所的「緣」，所以叫做「所緣緣」。倘若能緣的心上，不帶所緣的境，那這個法就不得名爲所緣緣了。

所緣緣的自體有二：一是直接的親所緣緣；二是間接的疏所緣緣。什麼叫做親所緣緣？倘若所緣的境相，與能緣的心體不相隔離，不是他人的識變，也不是自身八識相望的所變，而是自識的見分等內所慮託。（有爲識變，名內所慮，如：見分緣相分；自證分緣見分等。

無爲眞如，體不離識，名所慮託）。應知此法就是親所緣緣。什麼叫做疏所緣緣？倘若所緣的境，與能緣的心體，雖相隔離；而能仗爲本質，生起了內所慮託的相分。例如：他人的識變，及自身八識相望的所變。應知此法就是疏所緣緣。

親所緣緣，只要是能緣的心都有。因爲離了內所慮託的相分，那一切能緣的心，必定不能生起。至於疏所緣緣，可就不同了。他在能緣心裏，或有或無，那是不一定的。因爲離了所慮託的相分之外，那能緣心，照樣可以生起。例如：淨土行者，往生西方，固可花開見佛；卽使尚未往生，也可以觀想彌陀，淨念相續。

第八心品：有義：唯有親所緣緣，隨業因力任運變故。有義：亦定有疏所緣緣，要仗他變質，自方變故。有義：二說俱不應理！自他身土可互受用，他所變者爲自質故；自種與他無受用理，他變爲此不應理故；非諸有情種皆等故。應說此品疏所緣緣，一切位中有無不定。

這以下是約八識來分別疏所緣緣的有無。今約第八識說，有如下三家不同的主張。

第一家說：第八識品，唯有親所緣緣。因爲這第八識的緣境，是隨着業因的力量，任運所變，所以他沒有作意方起的疏所緣緣。

第二家說：第八識，不但有親所緣緣，而且也決定有疏所緣緣。因爲要仗他識所變的影像，為自本質，然後自己才能變起。例如種子，若不仗他識所變，自己又何從變起？

第三家說：前面兩家所說，通統不對！第一家怎樣不對呢？自身、他身、自土、他土，都可以互相受用，所以要仗託他人所變的影像，作為自己所變的相分本質，怎能說沒有疏所緣緣呢？第二家怎樣不對呢？自己的種子，不能給他人受用，試問他變為此種的理由何在？因為一切有情的種子，並非凡聖不分，多少相等，他怎能互變為緣？前面兩家所說既然不對，那究竟該怎樣說的呢？應說：這第八識品的疏所緣緣，在一切因果位中，或有或無，是不一定的。例如：色界仗他是有，無色界無，即因中不定；佛能緣無為及過去未來是無，緣現世等法是有，即果中不定。

第七心品：未轉依位，是俱生故，必仗外質，故亦定有疏所緣緣；已轉依位，此非定有，緣眞如等，無外質故。

第八心品如上已說，現在該說第七心品了。這第七識品有沒有疏所緣緣呢？那要以轉依、未轉依來決定了。在未轉依的有漏因位，因為是與生俱生之故，他無力任運而轉，必須要仗着第八識以為外質，然後自己才能變為所緣的相分。所以第七識，也決定有疏所緣緣。若在已轉依的無漏果位，那可就不一定有了。例如：緣眞如、虛空、過去、未來，不仗外質，便無疏所緣緣；緣現世有為諸法，必仗外質，那就非有疏所緣緣不可了。

第六心品：行相猛利，於一切位，能自在轉，所仗外質或有或無，疏所緣緣，有無不定。

第七心品如上已說，現在該說第六心品了。這第六識品，有沒有疏所緣緣呢？不一定！因爲他的行相猛利，在一切因果位中，能自在轉起，或是俱生，必仗外質；或分別起，不仗外質。所以第六心品的疏所緣緣，有、無不定。

前五心品：未轉依位，粗鈍劣故，必仗外質，故亦定有疏所緣緣。已轉依位，此非定有，緣過未等，無外質故。

第六心品如上已說，現在該說前五心品了。這前五識品有沒有疏所緣緣呢？那也要看轉依與未轉依了。若在未轉依位，他們的行相又粗、又鈍、又劣，必須仗着第八識或第六識的外質，才能變境，所以也決定有疏所緣緣。若在已轉依位，這疏所緣緣可就不一定有了。因爲佛位徧緣一切過去未來，都無外質之故。

四增上緣：謂若有法，有勝勢用，能於餘法，或順或違。雖前三緣亦是增上；而今第四，除彼取餘，爲顯諸緣差別相故。此順違用，於四處轉；生、住、成、得四事別故。

四是增上緣。什麼叫做增上緣？若有一法，無論是有爲、無爲，但有殊勝勢用，能於其餘諸法，有或順或違的緣力者，便是增上緣。雖然前面所說的因緣、等無間緣、所緣緣，也都有增上緣義；但今所謂的第四增上緣，是把那三緣除外，而取其緣所不及的餘法爲體的。這種分類，是爲顯示四緣的差別相來說的；若以總相而論，那就只有一個增上緣了。

這增上緣的順違勢用，可於四處轉起：1.生、2.住、3.成、4.得。因爲在一切有爲、無爲法上，有這四種事相的差別之故。順緣能使生、住、成、得；違緣能使不生、不住、不成、不得。

然增上用，隨事雖多，而勝顯者，唯二十二，應知卽是二十二根。前五色根，以本識等所變眼等淨色爲性；男女二根，身根所攝，故卽以彼少分爲性；命根，但依本識親種分位假立，非別有性；意根，總以八識爲性；五受根，如應各自受爲性；信等五根，卽以信等及善念等而爲自性。

然增上緣的勢用，隨事所起的差別雖多，而其較爲勝顯的不過二十二種。應知這二十二種，就是所謂的二十二根。現在先把前十九根分別如下：眼等的前五色根，是以第八根本識所變的眼等淨色爲體性的。男女二根，爲身根所攝，所以他但以身根的少分爲其體性。命根，是依第八根本識的親因種子分位假立的，所以他沒有獨立的自性。意根，是總以八識爲體性的。五受根，是如其所應，各以其所受的苦、樂、憂、喜、捨爲體性的。信等五根，是以十一善中的信、勤二法，及五別境中的念、定、慧三法爲自性的。

未知當知根體，位有三種：一、根本位：謂在見道，除後剎那，無所未知可當知故。二、加行位：謂煖、頂、忍、世第一法，近能引發根本位故。三、資糧位：謂從爲得諦現觀故，發起決定勝善法欲，乃至未得順決擇分所有善根，名資糧位，能遠資生根本位故。

前十九根的體性已如上說，此下該說第二十的「未知當知根」了。未知當知根的體性，分位有三：第一是根本位：此根在見道十六心裏，要除去最後剎那的第十六心。因爲前十五心的現觀，尚有未知的諦理當知；到第十六心時，見諦已圓，就沒有未知可當知了。第二是加行位：在將入見道之前，積煖、頂、忍、世第一法的決擇分善，加功用行，就近能引發根本位而入於見道。第三是資糧位：就是大乘行者，從爲得聖諦現觀，所發起的決定勝善法欲，乃至未得決擇分善以前的順解脫分，這所有的善根，都叫做資糧位。因爲他能遠遠的資生根本位故。

於此三位，信等五根、意、喜、樂、捨，爲此根性。加行等位，於後勝法，求證愁

慼，亦有憂根，非正善根，故多不說。

在前面所說那未知當知根的根本、加行、資糧三位，是以信等五根及意、喜、樂、捨這九根，爲體性的。然加行及資糧二位，對後來未知當知的涅槃勝法，力求證得的時候，難免有患得的愁慼心情，似亦應有憂根，合十根爲體性。但彼二位並不是眞正的無漏善根，憂根又是慼行，都爲無漏的根本位所不攝，故多略而不說。

前三無色有此根者，有勝見道，傍修得故；或二乘位迴趣大者，爲證法空，地前亦起，九地所攝，生空無漏，彼皆菩薩，此根攝故。菩薩見道，亦有此根，但說地前，以時促故。

前三無色，就是無色界四地的前三地：1. 空無邊處地、2. 識無邊處地、3. 無所有處地、這前三無色，何以有此未知當知根呢？因爲有勝見道，爲菩薩先傍修此上地定後才得入的，所以前三無色也有此根。或二乘三果以去，迴趣大乘者，他們爲的要證初地法空，在尚未登地以前，亦起三無色等九地所攝的生空無漏，彼皆菩薩的未知當知根攝。初地入心的菩薩見道，也有此根，何以但說地前？那是因爲入心的時間短促，所以不說。

始從見道，最後剎那，乃至金剛喻定，所有信等無漏九根，皆是已知根性。未離欲

者，於上解脫，求證愁慼，亦有憂根，非正善根，故多不說。諸無學位，無漏九根，一切皆是具知根性。有頂雖有遊觀無漏，而不明利，非後三根。

第二十根已如上說，現在該說第二十一的「已知根」，及第二十二的具知根了。始從見道第十六心的最後刹那起，乃至金剛喻定止，在這修道位中所有的信等無漏九根，都是已知根的體性。雖然未離貪愛的人，對於上品解脫，爲求證而愁慼，也有憂根；但那不是眞正的善根，故多略而不說。諸無學位的無漏九根，一切都是具知根的體性。

問：三界有頂的非非想處天，入滅盡定的前心，也有無漏，何以非三無漏根所攝？答：因爲有頂天的想心微細，雖也有遊觀無漏，但不十分明利，所以不屬於後三無漏根所攝。

二十二根自性如是。諸餘門義，如論應知。

以上所說，二十二根的自性，不過如是而已。至於業用、界繫等的諸門義相，都如瑜伽本論所說。學者應博覽而知。

乙三　別引傍論

丙一　藉問發起

如是四緣，依十五處義差別故，立爲十因。云何此依十五處立？

像這以上所說的因緣、等無間緣、所緣緣、增上緣，是依於十五處的意義差別，建立爲十種因的。爲什麼這十因依十五處建立？向下依次辨明。

丙二　分別依因

一、語依處：謂法名想所起語性。卽依此處立隨說因。謂依此語，隨見聞等說諸義故。此卽能說爲所說因。有論說此是名想見，由如名字，取相執著，隨起說故。若依彼說，便顯此因，是語依處。

第一是語依處：一切法，先有詮法的名字，次有顧名思義的想相；這法、名、想三者就是所起語言的體性，名語依處。卽依此處建立了第一的「隨說因」。這意思是說：詮一切法，必先起名取相，然後才有言說；卽依此言說，隨着見聞覺知等事，宣說其所了解的一切義理。這就是以能說的語言，爲所說諸法之因。

然而有的論上却這樣說：這隨說因的自體，並不是法、名、想，而是名、想、見。由於詮法的名字，而取相執着；取相就是想，執着就是見；隨着這名、想、見三法而起言說之故。如果照他這樣說，便顯示這名、想、見的因體，是語的依處了。

二、領受依處：謂所觀待能所受性。卽依此處，立觀待因。謂觀待此，令彼諸事，

或生或住，或成或得，此是彼觀待因。

第二是領受依處：相對爲觀，假藉爲待。所觀待的法，就是能受與所受的體性，名領受依處。卽依此處建立了第二的「觀待因」。這意思是說：觀待此法，能令彼所領受的諸事，或是生起、或是安住、或是成就、或是獲得。此觀待法，就是彼生、住、成、得諸事的觀待因。

三、習氣依處：謂內外種，未成熟位。卽依此處，立牽引因。謂能牽引遠自果故。

第三是習氣依處：習氣，就是種子的別名。無論內外種子，在尚未成熟的時候，例如：在未受師友及貪愛等所滋潤的內識種子；及未受糞壤所滋潤的外穀種子等，都叫做習氣依處。卽依此處建立了第三的「牽引因」。因爲未成熟的種子，但有牽引遠自果的功能之故。

四、有潤種子依處：謂內外種，已成熟位。卽依此處立生起因。謂能生起近自果故。

第四是有潤種子依處：無論內外種子，如果被師友、貪愛、水土等的滋潤，已經成熟了的時候，都叫做有潤種子依處。卽依此處建立了第四的「生起因」。因爲已成熟的種子，有生起近自果的功能之故。

五、無間滅依處：謂心、心所等無間緣。六、境界依處：謂心、心所所緣緣。七、根依處：謂心、心所所依六根。八、作用依處：謂於所作業、作具、作用，即除種子，餘助現緣。九、士用依處：謂於所作業，作者、作用，即除種子，餘作現緣。十、眞實見依處：謂無漏見，除引自種，於無漏法，能助引證。總依此六，立攝受因．謂攝受五，辦有漏法；具攝受六，辦無漏故。

第五是無間滅依處：就是心、心所法，自類開導的等無間緣，以心心所法爲自果的。這在前面正解四緣的等無間緣裏，已經詳細說過了。

第六是境界依處：就是心、心所上帶有所緣境相的所緣緣。雖體通一切法，而果唯心與心所，有漏、無漏並通因果。這也在正解四緣的所緣緣裏說過了。

第七是根依處：就是心、心所法，所依的眼等六根。

第八是作用依處：作用，就是對於所作事業，及其所用工具的作用。例如：武器軍備，有維持和平的作用；農機，有耕耘收獲的作用等。惟除內外的種生現、現生種的親因緣外，其餘的一切疏所助緣，都是這作用依處所攝。

第九是士用依處：士是作業的人；士用是作業人所起的作用。如：農人望於收獲的耕耘；行人望於道果的修持等。不過這也要除去親因緣的內外種子，唯有其餘的一切現緣，纔是士用依處。

第十是眞實見依處：眞實見，就是無漏見。不過這也要除去引發的自種子。因爲自種子，是引發的親因，而非此疏緣。唯於俱生的有爲無漏，能助令增長；或於未證的無爲無漏，能引令證得的，纔是眞實見的依處。

總依以上這第五至第十的六種依處，建立了第五的「攝受因」。爲什麼總六依處立一攝受因呢？因爲前五依的疏所攝受，只能成辦三界的有漏諸法；若把六依的疏所攝受，合併起來，便兼成辦出世的無漏法了。

十一、隨順依處：謂無記、染、善現種諸行，能隨順同類勝品諸法。卽依此處，立引發因。謂能引起同類勝行，及能引得無爲法故。

第十一是隨順依處：無記、染、善的三性法，無論是現行或種子，都能隨順同一類性，而且是殊勝的上品諸法，就叫做隨順依處。卽依此處，建立了第六的「引發因」。因爲他能引起同類性的勝行，及引得無爲法故。如：欲界善法，能與三界善法，及無漏爲因；色界善法，能與色、無色界善法，及無漏爲因；無色界善法，能與無色界善法，及無漏爲因。總之、下能引上，非上引下，界繫雖有差別，而果望於因，其性必同。

第十二、差別功能依處：謂有爲法，各於自果，有能起證差別勢力。卽依此處，立定異因。識各能生自界等果，及各能得自乘果故。

第十二是差別功能依處：有爲法因，各於自果，有能生起的勢力；無爲法因，各於自果，有能證得的勢力；有這樣差別的勢力，就叫做差別功能依處。卽依此處，建立了第七的「定異因」。自性相稱叫做「定」；不共他法叫做「異」。若約三界而論：欲界的色心等因，只能生起欲界的色心等果；色、無色界亦然。若約三乘而論：也各有其有爲、無爲之因，各證其有爲無爲之果。這就是自性相稱，不共他法的定異因。

十三、和合依處：謂從領受，乃至差別功能依處，於所生、住、成、得果中，有和合力。卽依此處，立同事因。謂從觀待乃至定異，皆同生等一事業故。

第十三是和合依處：除去勢力疏遠，沒有和合力用的第一語依處外；從第二的領受依處，直至第十二的差別功能依處；在這十一種依處所有的生、住、成、得果中，有和合力用的，就叫做和合依處。卽依此處，建立了第八的「同事因」。怎樣叫做同事？就是從第二的觀待因，到第七的定異因，這六因都同生、住、成、得的果法是一種事業。

十四、障礙依處：謂於生、住、成、得事中，能障礙法。卽依此處，立相違因。謂

彼能違生等事故。十五、不障礙依處：謂於生、住、成、得事中，不障礙法。即依此處，立不相違因。謂彼不違生等事故。

第十四是障礙依處：於生、住、成、得的四果事中，能作障礙，使當生不生，乃至當得不得，就叫做障礙依處。即依此處。建立了第九的「相違因」。因爲他能違反生等的四事之故。

第十五是不障礙依處：不障礙恰與障礙相反，他於生、住、成、得四事不作障礙，使當生者生，乃至當得者得，就叫做不障礙依處。即依此處，建立了第十的「不相違因」。因爲他不違反那生等四事之故。

丙三　二因相攝

如是十因，二因所攝：一、能生；二、方便。菩薩地說：牽引種子、生起種子，名能生因：所餘諸因，方便因攝。此說牽引、生起、引發、定異、同事、不相違中諸因緣種，未成熟位，名牽引種；已成熟位，名生起種。彼六因中，諸因緣種，皆攝在此二位中故。雖有現起，是能生因，如四因中，生自種者，而多間斷，此略不說。或親辦果，亦立種名，如說現行，穀麥等種。所餘因謂初二五九，及六因中非因

緣法，皆是生熟因緣種餘，故總說爲方便因攝。非此二種唯屬彼二因，餘四因中，有因緣種故；非唯彼八，名所餘因，彼二因亦有非因緣種故。

像這上來所說，依十五處建立的十因，歸納起來，不過爲二因所攝罷了。這二因：一是能生因，二是方便因。但對這二因相攝，有二師的解釋不同。第一師是怎樣的解釋呢？他先引菩薩地文說：除牽引的種子和生起的種子，叫做能生因外；其餘諸因，都是方便因攝。但他對這菩薩地文的解釋，卻大異其趣！

他先解釋能生因說：十因中第三的牽引、第四的生起、第六的引發、第七的定異、第八的同事、第十的不相違，這六因中所有的因緣種子，在尙未成熟時期，叫做牽引種子，若已被潤成熟，那就叫做生起種子了。因爲這六因中都有因緣種子能生的意義，所以把他們通統攝在那牽引和生起的二因中了。否則，二因便有攝因緣不盡的過失。問：若爾！現行熏成種子，也是因緣所收，爲什麼不攝在二因中呢？答：雖有現起，是能生因，如引發等四因中的現行生自種子，也是因緣；但那多分是有間斷的，而不是恒相續的二因種子；所以這菩薩地中，略而不說。或此能親辦自果的現行，也名叫種子，爲生起種攝，如說：現行穀麥，名穀種、麥種一樣。

他解釋方便因說：十因中第一的隨說、第二的觀待、第五的攝受、第九的相違，以及前六因中的非因緣法，都是未潤的生因緣種，及已潤的熟因緣種之所餘，所以總說這四因的全部，及六因的一部分，爲方便因攝。

並不是這菩薩地的牽引、生起二種，唯屬彼十因中的牽引、生起二因。因爲其餘的引發等四因中，也有因緣種子；若不攝入牽引、生起，便有攝法不盡之失。翻過來說，也不是除牽引、生起二因外，其餘的八因都叫做所餘因。因爲彼牽引、生起二因中，也有非因緣種子；若不攝入所餘，也有攝法不盡之失。

有尋等地，說生起因，是能生因。餘方便攝。此文意說：六因中現種是因緣者，皆名生起因，能親生起自類果故。此所餘因，皆方便攝。非此生起，唯屬彼因；餘五因中，有因緣故。非唯彼九名所餘因；彼生起因中有非因緣故。

此師先引菩薩地文說竟，又引有尋等地文說：除第四的生起因，是能生因外，其餘都是方便因攝。又對此文意的解釋說：在六因中，無論是現行、種子，潤與未潤，只要是互爲因緣的，都叫做生起因，屬能生攝；因爲他們都能生起自類果故。若在六因中除去部分的因緣種外，以及所餘的四因全部，都是方便因攝。

並不是這有尋等地的生起，唯屬彼十因中的生起因。因爲除生起因外，其餘的牽引等五因中，也有因緣，若不攝入生起，便有攝法不盡之失。翻過來說，也不是除生起因外，唯有其餘的九因，叫做所餘因。因爲彼生起因中，也有非因緣法，若不攝入所餘，也有攝法不盡之失。

或菩薩地所說牽引、生起種子，卽彼二因；所餘諸因，卽彼餘八。雖二因內，有非能生因，而因緣種勝，顯故偏說；雖餘因內，有非方便因，而增上者多，顯故偏說。有尋等地，說生起因是能生因，餘方便者，生起卽是彼生起因，餘因應知卽彼餘九。雖生起中有非因緣種，而去果近，親顯故偏說；雖牽引中亦有因緣種，而去果遠，親隱故不說。餘方便攝，準上應知。

第一師的解釋，已如上說，這是第二師的解釋。他說：菩薩地所說的「牽引、生起二種種子」，就是那十因中的牽引、生起二因；所說的「所餘諸因」，就是在十因中除去牽引、生起外，所餘的八因。雖然牽引和生起二因裏，也有部分非能生因，而其因緣種子，辦體、受果的功能，比較勝顯，所以偏說他是能生因。雖然所餘的八因裏，也有非方便因，但此八因，除四因中有少分因緣外，畢竟還是增上緣多，所以偏說他是方便因。

有尋等地裏所說的「生起因是能生因，餘方便攝」者：生起，就是彼十因中第四的生起因；餘因，就是除生起因外，所餘的九因。雖然生起因中，也有不屬於因緣種子的業種，但已滋潤成熟的種子，離得果很近，較牽引因，親而且顯，所以偏說生起因是能生因。雖然菩薩地的牽引因中，也有屬於能生的因緣種子，但未被滋潤，離得果尙遠，較生起因疏顯而親隱，所以不說他是能生因，理亦無違。至於「所餘因是方便攝」者，那是因爲所餘的九因，雖四因中也有少分因緣，但尙有四因的全部及五因的少分，都是方便因攝。准如上說，應知爲增上多故，所以偏說他非能生因。

丙四　依處攝因

所說四緣，依何處立？復如何攝十因二因？論說因緣，依種子立；依無間滅，立等無間；依境界，立所緣；依所餘，立增上。此中種子，卽是三、四、十一、十二、十三、十五，六依處中，因緣種攝。雖現四處，亦有因緣，而多間斷，此略不說。或彼亦能親辦自果，如外麥等，亦立種名。或種子言，唯屬第四，親疏隱顯，取捨如前。言無間滅、境界處者，應知總顯二緣依處，非唯五六；餘依處中，亦有中間二緣義故。或唯五六，餘處雖有，而少隱故，略不說之。

前來雖先說四緣；又說依十五處建立十因；又說十因與二因相攝。但所說的四緣，是依何處建立，又與十因、二因，是怎樣的相攝呢？今先明四緣依處。據瑜伽論上說：因緣，是依第四的「有潤種子依處」而建立的。依第五的「無間滅依處」，建立等無間緣。依第六的「境界依處」，建立所緣緣。依其餘的十二種依處，建立增上緣。但對這論文中前三緣依處，有二師的解釋不同。

一、對因緣依的解釋如左：

第一師說：這裏所說的種子，就是十五依處中的第三習氣、第四有潤種子、第十一隨順、第十二差別功能、第十三和合、第十五不障礙，這六依處裏的因緣種子所攝。雖除第三、第四兩依處外，其餘的四依處裏，也有現行，應屬因緣，然而因爲他們多間斷故，所以這裏略而不說，但說種子。或彼四依處裏的現行，能親辦自果，如外麥穀等，也可以叫他名爲種子。

第二師說：所謂的種子，唯屬第四的有潤種子依處。對親疏隱顯的取捨，如前二因相攝中說，這裏不必再說了。就是：取有潤種子依處裏親顯的生起因，說爲種子；捨習氣依處裏疏隱的牽引因而不說。

二、對等無間緣、所緣緣依的解釋如左：

第一師說：所謂無間滅依處，及境界依處，應知這是總顯等無間緣、所緣緣的二緣依處，並非但指第五的無間滅依處，及第六的境界依處而言。因爲其餘的領受、和合、不障礙，這三依處裏，也有四緣中間的「等無間緣、所緣緣」二緣的意義。

第二師說：等無間緣，及所緣緣這二緣依處，唯屬第五的無間滅，及第六的境界依處，與其餘的依處無關。雖其餘的領受、和合、不障礙，也有二緣依處的意義；然而因爲其相狀微隱之故，所以論中略而不說。

論說因緣，能生因攝；增上緣性，卽方便因；中間二緣，攝受因攝。雖方便內具後三緣，而增上多，故此偏說；餘因亦有中間二緣，然攝受中，顯故偏說。初能生攝，進退如前。

四緣依處，已如上說，現在是解釋四緣與十因、二因相攝的問題。據瑜伽論上說：因緣，是屬於二因的「能生因」攝；增上緣性，是屬於「方便因」的；中間的等無間緣與所緣緣二緣，是屬於十因中第五的「攝受因」攝；其餘的九因，當然屬於因緣、增上緣了。

雖方便因裏，具有後三緣——等無間、所緣緣、增上緣，然而增上緣攝因較多，他除了觀待、同事、不相違外，餘無不攝，所以偏說方便因是增上緣。雖除攝受因外，餘因中也有中間的等無間與所緣二緣，然而唯獨攝受因中，很顯然的有無間滅與境界的二依處名，餘因不顯，所以偏說攝受，不說餘因。至於初說因緣是能生因攝，這能生的解釋，應如前來菩薩地裏，第一師進取六因爲能生，第二師退取二因爲能生；有尋等地裏，第一師進取六因爲能生，第二師退取一因爲能生。

丙五　因緣得果

所說因緣，必應有果。此果有幾？依何處得？果有五種：一者異熟，謂有漏善及不

善法，所招自相續異熟生無記。二者等流，謂習善等所引同類，或似先業後果隨轉。三者離繫，謂無漏道，斷障所證善無爲法。四者士用，謂諸作者，假諸作具，所辦事業。五者增上，謂除前四，餘所得果

問：上來所說的十因四緣，必定有其應得之果，此果有幾，復依何處而得何果呢？答：果有五種：第一種是異熟果——就是由有漏善法及不善法，所招感本識自體相續的異熟生無記。第二種是等流果——就是以熏習的善、不善、無記爲因，引生善、不善、無記的同類報果，叫做等流；或似先業後果隨轉，例如：先世殺生，令他短命，今世即隨着殺生的先業，感得短命的報果，此實是異熟，而前後短命，因果似同，叫做似等流。第三種是離繫果——就是由無漏道斷煩惱、所知二障所證得的善無爲法，即三無爲中的擇滅，六無爲中的眞如。第四種是士用果——就是一切作業的人，假藉着一切作業的工具，所辦的事業。第五種是增上果——就是除了前四果外，其餘所得的果，都叫做增上。

瑜珈等論說：習氣依處，得異熟果；隨順依處，得等流果；眞見依處，得離繫果；士用依處，得士用果；所餘依處，得增上果。

上來所說的五果，都是依十五處的那一處得的呢？據瑜伽、顯揚等論上說：異熟果，是依第三的習氣依處而得的；等流果，是依第十一的隨順依處而得的；離繫果，是依第十的眞實見依處而得的；士用果，是依第九的士用依處而得的；增上果，是依所餘的十一種依處而得的。但對此依處得果，向下還有二師的解釋不同。

習氣處言，顯諸依處感異熟果一切功能；隨順處言，顯諸依處引等流果一切功能；眞見處言，顯諸依處證離繫果一切功能；士用處言，顯諸依處招士用果一切功能；所餘處言，顯諸依處得增上果一切功能。不爾，便應太寬太狹。

這是第一師的解釋，他說：所謂的習氣依處，是表顯十五依處裏的習氣、有潤、差別功能、和合、不障礙，這五依處所感異熟果的一切功能；所謂的隨順依處，是表顯習氣、有潤、眞實見、隨順、差別功能、和合、不障礙，這七依處所引等流果的一切功能；所謂的眞見依處，是表顯眞見、隨順、差別功能、和合、不障礙，這五依處所證離繫果的一切功能；所謂的士用依處，是表顯領受、士用、作用、和合、不障礙，這五依處所招士用果的一切功能；所謂的所餘依處，是表顯語、境界、根、障礙，這四依處全部及其餘十一依處的少分，所得增上果的一切功能。

爲什麼要這樣解釋？如果不這樣解，那五果的依處，便有增上太寬，餘四太狹的過失。

或習氣者，唯屬第三，雖異熟因，餘處亦有，此處亦有非異熟因；而異熟因，去果相遠，習氣亦爾，故此偏說。隨順唯屬第十一處，雖等流果餘處亦得，此處亦得非等流果；而此因招勝行相顯，隨順亦爾，故偏說之。眞見處言，唯詮第十，雖證離繫餘處亦能，此處亦能得非離繫；而此證離繫，相顯故偏說。士用處言，唯詮第九，雖士用果餘處亦招，此處亦能招增上果等；而名相顯，是故偏說。所餘唯屬餘十一處，雖十一處亦得餘果，招增上果餘處亦能；而此十一多招增上，餘已顯餘，故此偏說。

這是第二師的解釋，他說：習氣依處，唯屬十五依處裏第三的習氣依處。雖說異熟因，其餘的四處亦有；這習氣依處，也有非異熟因；然而異熟因熟時，離果尚遠，習氣依處望果亦遠，餘處就不然了。所以偏說習氣依處得異熟果。

隨順依處，唯屬十五依處裏第十一的隨順依處。雖說等流果，其餘的六依處亦能感得；這隨順依處，也能感得非等流果；然而這等流因，招感的勝有爲法，行相顯著，隨順依處亦然，餘處則否；所以偏說隨順依處招等流果。

所謂的眞見依處，唯是詮釋十五依處裏第十的眞實見依處。雖說證離繫果，其餘的四處亦能；這眞見依處，也能得非離繫果；然而以眞見依處所證得的離繫果相顯現，所以偏說眞見依處得離繫果。

所謂的士用依處，唯是詮釋十五依處裏第九的士用依處。雖士用果，其餘的四處也能招得；這士用依處，也能招得增上等果；然而士用依處的名叫士用，其相甚顯，所以偏說士用依處得士用果。

所餘依處，唯屬十五依處裏，除習氣、隨順、眞見、士用四依處外，所餘的十一種依處。雖十一依處，也能招得其餘四果；招增上果，餘四處亦能；然而唯十一依處所招的增上果多，餘四依處也已各顯其所得之果了，所以偏說這十一依處得增上果。

如是即說此五果中：若異熟果、牽引、生起、定異、同事、不相違因，增上緣得；若等流果，牽引、生起、攝受、引發、定異、同事、不相違因，初後緣得；若離繫果，攝受、引發、定異、同事、不相違因，增上緣得；若士用果，有義觀待、攝受、同事、不相違因，增上緣得；有義觀待、牽引、生起、攝受、引發、定異、同事、不相違因，除所緣緣，餘三緣得；若增上果，十因四緣，一切容得。

上來說依處得果竟，現在是把前面所說的五果，一一舉出其在十因中爲幾因；四緣中爲幾緣所得。玆依次臚列如下：一、若異熟果，便爲十因中的牽引、生起、定異、同事、不相違五因，及四緣中的增上緣得。二、若等流果，便爲十因中的牽引、生起、攝受、引發、定異、同事、不相違七因，及四緣中的因緣、增上緣二緣所得。三、若離繫果，便爲十因中的攝受、引發、定異、同事、不相違五因，及四緣中的增上緣得。四、若士用果，那就有二師的說法不同了：第一師說：爲十因中的觀待、攝受、同事、不相違四因，及四緣中的增上緣得。第二師說：爲十因中的觀待、牽引、生起、攝受、引發、定異、同事、不相違八因，及四緣中除所緣緣外其餘的三緣所得。五、若增上果，那就容爲十因、四緣一切所得了。

這裏所說的十因、四緣多少得果，其取捨標準已如前說，參研可知。

乙四　正論生義

丙一　辨種生現

傍論已了，應辨正論。本識中種，容作三緣，生現分別，除等無間。謂各親種，是彼因緣；爲所緣緣，於能緣者；若種與彼，有能助力，或不障礙，是增上緣。生淨現行，應知亦爾。

上來於正解四緣後，又別引傍論，以明依因乃至因緣得果已竟。現在應當重同復到辨解四緣的正論。第八根本識中的種子，容許作爲三緣——因緣、所緣緣、增上緣，而生起了現行分別。這所謂的分別，是把心、心所分別所起的作用，如見、相二分等都攝在內了，不是但指自體而言。所以在四緣中要除去等無間緣，因爲他是唯以心、心所前後相望而立的，不是種子能生的意義。

所謂的三緣：一、只要是親辦自果的種子，便是因緣。例如：眼識，雖藉眼根而生，但眼根却不是親生眼識的種子因緣。總而言之，一切相、見等法，都是由此因緣而生的。二、只要是能緣種子的心、心所法，這種子便是他的所緣緣。例如：相分沒有緣境的作用；自體分不緣種子；第五和第七識的見分也不緣種子；第六識的見分不定緣境；所以都不是他們的所緣緣。那就唯有爲一切時緣種的第八識見分，作所緣緣了。三凡種子對於現行法的生起，能够與以助力的，如根種、作意有助於識的生起；或雖無助力亦不障礙的，如異類種子望異類現行；都是增上緣。

總略言之，以上所說的種子容作三緣生起現行，不但染法種子生染法現行是如此，應知淨法種子生淨法現行也是如此。

丙二　辨現生現

現起分別，展轉相望，容作三緣，無因緣故。謂有情類，自他展轉，容作二緣，除等無間。自八識聚，展轉相望，定有增上緣，必無等無間。所緣緣義，或無或有：八於七有，七於八無；餘七非八所仗質故。第七於六，五無一有，餘六於彼，一切皆無。第六於五無，餘五於彼有，五識唯託第八相故。

上來說以種望現爲緣，能生分別。現在是說以現望現爲緣，能生分別。無論自他相望，或自識相望，容作三緣生起分別。因爲現望現，不是親辦自體，所以在四中要除去因緣，那就只有等無間緣、所緣緣、增上緣了。不過這三緣也有取捨，並不是一切都有。其取捨如下有五。

一、有情類的自身與他身展轉相望，容作二緣。因爲等無間緣是唯自類一識，這裡是說自他相望兼攝見、相二分，所以在三緣中要除去等無間，但取所緣和增上二緣。

二、在自身的八識與其相應心所，及相、見分等的同聚法中，此聚與彼聚展轉相望，決定有通於一切的增上緣；必無一識相望的等無間；就是所緣緣，也是在或有或無的未定之數。所緣緣是怎樣的或有或無呢？第八識對於其餘的七識有所緣緣；餘七對於第八無所緣緣。因爲第八是餘七的所仗質（前五識仗第八識相分；第七識仗第八識見分；第六識仗第八識的相、見二分）；餘七不是第八的所仗質故。第七識對於其餘六識的前五識無所緣緣；後一意識有所緣緣；餘六於彼第七，則一切都無所緣緣義。因爲五識不緣第七；意識通緣一切法；第七不緣餘六之故。第六意識對於其餘的五識無所緣緣；餘五於彼第六有所緣緣。因爲餘五唯託本識的相分爲所緣境，不仗意識故。

自類前後，第六容三，餘除所緣，取現境故。許五後見緣前相者，五七前後亦有三

緣。前七於八，所緣容有，能熏成彼相見種故。

三、自身八識，各個自類前後相望：若是第六識聚的前念生後念，容有三緣。因爲前後念互相爲緣，有所緣緣義；前爲後導，有等無間緣義：互助無礙，有增上緣義。若是其餘的七識一一識聚，那就除去所緣緣，只有增上和等無間的二緣了。因爲他們唯緣現境，不緣過去未來的前後識聚。

以上不過是通途的說法，若依陳那的觀所緣緣論，亦許五識的後念見分，緣前念相分爲所緣緣，並非但緣現境，所以五識及第七識的前後念，也同第六識一樣的具有三緣。至於爲什麼第八識沒有所緣緣呢？那是因爲他只是所熏，而不是能熏，所以他的前念相分，不是後念見分的所緣緣。

若後念以前念爲所緣緣，在自身的八識相望中，前七望於第八，也容有所緣緣。因爲前七能夠熏成第八的相、見種子。如：前五識能熏成第八的相分種，即是第八見分的所緣緣；第七識能熏成第八的見分種，即是第八自證分的所緣緣；第六識若緣第八相、見爲能熏，便能熏成第八的相、見二分種子，即是第八見分及自證分的所緣緣。

同聚異體，展轉相望，唯有增上。諸相應法，所仗質同，不相緣故。或依見分，說不相緣；依相分說，有相緣義。謂諸相分，互爲質起，如識中種，爲觸等相質。不

爾！無色彼應無境故。設許變色，亦定緣種，勿見分境不同質故。

四、一識的俱時心、心所法，雖爲同聚，而體用各異，在這同聚異體的彼此之間，展轉相望，唯有增上，而無所緣。因爲諸相應法，所仗以現起影像的本質，同爲阿賴耶識之所變，他們都是同一所緣，沒有互相爲緣的意義。

還有一種解釋：或依見分的同聚心、心所說，那是不能互相爲緣的，因爲沒有那個見分，能緣同時的其他見分之故。若依相分來說，那就有相緣的意義了。因爲一切相分都是互爲本質而生起的。例如：本識中的諸法種子，爲同時觸等五徧行心所的相分本質。否則！那無色界人的觸等心所，就應當無境可緣；既然有境，那境必是仗著本識所變的質而生起的。縱許無色界的第八識能夠變色，那觸等的五個心所，也同本識是一樣的決定緣種。你不可說第八識和他的相應心所，這六個見分境，不同本質。當知，第八自變，雖不仗他，而相似名同；並不是同質，然後才名爲同哩。

同體相分，爲見二緣，見分於彼，但有增上，見與自證，相望亦爾。餘二展轉，俱作二緣。此中不依種相分說，但說現起互爲緣故。

五、同一心所的相見等分，叫做同體。同體的相分，能爲見分作所緣、增上二緣；若是見分於彼相分，那就只有增上一緣，而沒有所緣緣了；因爲相分他沒有緣境的作用之故。見分與自證分相望，也是這樣的，見望自證，能爲二緣；自證望見，但有增上；因爲見分有時非量，他不能緣自證的現量境故。其餘的自證分與證自證分，展轉相望，都有所緣、增上二緣；因爲他們都是現量所得，有互相爲緣的功用之故。

種子也屬相分，爲什麼不說見分與種子互緣呢？應知這裏不是依種子爲相分來說的，不過是說現行與現行互相爲緣而已。

淨八識聚，自他展轉，皆有所緣，能偏緣故。唯除見分，非相所緣，相分理無能緣用故。

上來已說現行染八識聚，展轉爲緣。現在是說現行淨八識聚，展轉爲緣。「聚」字的意義，已如前釋。淨八識聚，無論是自身、他身，或自身八識的異體、同體，展轉相望，都有所緣。因爲究竟清淨的佛果八識，能偏緣一切法故。但在同體的四分法中，要除去見分望於相分的非所緣緣。因爲按道理說，相分是本識的親所變相，他沒有能緣的作用。

丙三　現種生種

既現分別緣種現生，種亦理應緣現種起，現種與種能作幾緣？種必不由中二緣起，

待心心所立彼二故。現於親種具作二緣，與非親種但為增上。種望親種亦具二緣，於非親種亦但增上。

既然現行分別，由其種子及現行而生，那種子按道理說也應當由現行及種子而起。然則，能生的現行、種子，給所生的種子，作幾緣呢？種子必定不由四緣中間的等無間、所緣緣二緣而起，因為那中間二緣，是待心心所為果而建立的，種子不是心心所，所以他不由二緣生起。既不由中間二緣生起，當然是由初後的因緣、增上緣二緣而起了。

就是：現行對於他親自所熏的種子，則具有因緣和增上二緣；假使不是他親所熏種，那就只有增上一緣了。種子望於親所生種，也具有因緣及增上二緣；望於異性的非親種，也只有增上一緣。

乙五　總結緣生

依斯內識互為緣起，分別因果，理教皆成。所執外緣，設有無用，況違理教，何固執為？雖分別言，總顯三界心及心所，而隨勝者，諸聖教中多門顯示，或說為二、三、四、五等。如餘論中，具廣分別。

依此內識的種子與現行，互為緣起，那一切分別的能生因及所生果，在理教上都能夠成立。至於所執的心外之緣，莫說沒有，有亦無用，況違理教。何必要那樣固執呢？頌上所說那「彼彼分別」的話，雖是總顯三界的心、心所法；然而隨其偏勝，在一切聖教中有多門顯示：或說為二、或說為三、或說為四、五不等，這到後面的三自性中，當為詳釋。餘如瑜伽、顯揚等論裏，都有很多的說明。

第二節　次舉頌釋

甲一　藉問起頌

雖有內識，而無外緣，由何有情生死相續？頌曰：『由諸業習氣，二取習氣俱；前異熟既盡，復生餘異熟』。

問：雖有內識，而無外緣，為什麼三界有情，生死死生相續不斷，難道說不是由於外緣嗎？頌中的答覆，是以上二句明生死相續之由；下二句明如何相續。向下論文自有解釋。

甲二　初釋頌答

論曰：諸業，謂福、非福、不動，卽有漏善、不善、思業，業之眷屬亦立業名，同招引滿異熟果故。此雖纔起，無間卽滅，無義能招當異熟果，而變本識，起自功能

，卽此功能，說爲習氣。是業氣分，熏習所成，簡曾現業，故名習氣，如是習氣，展轉相續，至成熟時，招異熟果，此顯當果，勝增上緣。

這向下是以論文來解釋頌義。今先釋第一句。論上說：頌中所說的諸業，就是：福業、非福業、不動業，如其次第又名爲有漏善、不善、思三業。依瑜伽論的解釋：福，就是感得人天善趣的異熟總報，及順五趣受的善業別報。非福，就是感得三惡趣的異熟總報，及順五趣受的不善業別報。不動，就是感得色、無色界的異熟總報，及順色、無色界受的禪定別報。

問：思，何以名之爲業，又何以名爲不動？以上三業通身、語、意，是以「思」爲體的，就是與意識相應的審、決二思：動發身語，造善、造惡，名之爲業；止息身語，定於一境，名爲不動。

不但業體名業，就是業的眷屬——如律儀等，亦立業名。因爲他們同業一樣，能招引總報及招滿別報的異熟果故。

此業雖纔現起，無間刹那，便卽滅去，好像沒有任何理由能招當來的眞異熟果；然而在正造業時，有一種熏於本識裏，當起自果的功能，這功能就是頌中所說的「習氣」。因爲這是由業的氣分熏習而成的，不同薩婆多等過去有體的「曾業」；也不同順世外道作時便能得果的「現業」；所以名爲習氣。如此習氣前滅後生，展轉相續，直到成熟的時候，纔能感招或總、或別的異熟報果。這表顯習氣是當來得果的勝增上緣，與親能辦果的因緣不同。

相見、名色、心及心所、本末，彼取皆二取攝。彼所熏發，親能生彼本識上功能，名二取習氣。此顯來世異熟果心，及彼相應諸因緣種。俱，謂業種、二取種俱，是疏親緣，互相助義。業招生顯，故頌先說。

這是解釋第二句頌。頌中所說的「二取」有四：一、相、見二取——所取的相，及能取的見。二、名、色二取——取五蘊中的第一蘊的色，餘四蘊的名。三、心及心所二取——一切五蘊，都不離這心心所法。四、本、末二取——取第八識的總報爲本，取餘識的別報爲末。彼以上的四種二取，都屬於這頌中的二取所攝。彼所熏發在根本識上那親能生彼自果的功能，叫做二取習氣。這表顯二取習氣是未來世的異熟果心，及彼相應諸法親能辦果的因緣種子，與業種不同。

「俱」字是說諸業及二取種子，都能俱時感生自果。諸業種子，是感果的增上疏緣；二取種子，是生果的親因緣；他們有互相爲助的意義。二種雖是俱時，而業種的感招生果力顯；所以頌中先說業種，後說因緣。

前異熟者，謂前前生業異熟果；餘異熟者，謂後後生業異熟果。雖二取種受果無窮

，而業習氣受果有盡，由異熟果性別難招，等流增上性同易感。由感餘生業等種熟，前異熟果受用盡時，復別能生餘異熟果。由斯生死輪轉無窮，何假外緣方得相續。

這是解釋後二句頌。所謂「前異熟」者，不但是前世一生，而且是前世之前多生的業感異熟報果。所謂「後異熟」者，不但是後世一生，而且是後世之後多生的業感異熟報果。雖二取種子受果無窮，而業習氣受果有盡。因爲異熟果：一則性別——業是善惡，果是無記；二則難招——他必待異世成熟，方能得果；所以業習氣受果有盡。等流和增上二果：一則性同——業是善惡，果亦善惡；二則易感——他於熏成種子的同時，便能生果；所以二取種子受果無窮。

爲的要感得當來餘生業種，及二取種子的成熟；所以現在身中的前異熟果，到臨終受用盡時，又能別生來世的餘異熟果。由此業果不斷，有情生死輪轉無窮。何必要假藉外緣，才能生死相續呢。

此頌意說：由業二取，生死輪迴，皆不離識，心心所法爲彼性故。

這頌文的意思是說：由於業及二取爲疏親緣、因的關係，所以生死輪迴，都不離識，並不是心外之法使生死相續。因爲生死因果，是以心、心所法爲體性故。

甲三　再釋頌答

復次，生死相續，由諸習氣；然諸習氣總有三種：一、名言習氣，謂有爲法各別親種。名言有二：一、表義名言，卽能詮義，音聲差別。二、顯境名言，卽能了境心心所法。隨二名言所熏成種，作有爲法各別因緣。二、我執習氣，謂虛妄執我我所種。我執有二：一、俱生我執，卽修所斷我我所執。二、分別我執，卽見所斷我我所執。隨二我執所熏成種，令有情等自他差別。三、有支習氣，謂招三界異熟業種。有支有二：一、有漏善，卽是能招可愛果業。二、諸不善，卽是能招非愛果業。隨二有支所熏成種，令異熟果善惡趣別。應知我執有支習氣，於差別果，是增上緣。

這是再釋頌文以答所問，故曰「復次」。有情的生死相續，非由外緣，而是由於一切習氣之所使然。然習氣雖多，總略不過如下三種。

第一種是名言習氣，就是生起五蘊、三性等一切有爲法的各別親種。但這名言，亦有二種：一是表義名言，就是能够詮表義理的音聲差別。這名言本非善惡，他不能熏成色心等種；然而隨著名言而轉的第六意識，變似三性法等而熏成種子；這種子因名而起，所以叫做名言種。二是顯境名言，就是在前七識裏，除去相分心外，其餘能够了境的心、心所法。這心心所法本非名言，然而他所了別的境相，正同言說所詮的法義一樣，所以也叫做名言。隨著這表義、顯境二種名言所熏成的種子，作爲有爲法親辦自果的各別因緣，所以叫做名言習氣。

第二種是我執習氣，就是虛妄執著我及我所，熏成自他差別的種子。但這我執，亦有二種：一是俱生我執，就是在修道位中所斷那第六、七識所執的我及我所。二是分別我執，就是在見道位中所斷那第六意識所執的我及我所。隨著這俱生、分別二種我執所熏成的種子，能使一切有情，有自、他的差別，所以叫做我執習氣。

第三種是有支習氣，就是能招三界異熟報果的善惡業種。但這有支，亦有二種：一是有漏善有支，就是能招人天善趣可愛果的業種。二是諸不善有支，就是能招三惡趣非可愛果的業種。隨著這有漏善、不善二種有支所熏成的種子，令異熟報果，有善惡趣生的差別，所以叫做有支習氣。

我們應當知道以上這三種習氣，望異熟果，除名言習氣是親生因緣外，其餘的我執、有支，都是增上緣攝。因爲我執能令有情自他差別，有支是異性故。

此頌所言業習氣者，應知卽是有支習氣；二取習氣，應知卽是我執、名言二種習氣。取我我所及取名言而熏成故，皆說名取。俱等餘文，義如前釋。

這頌中所說的「諸業習氣」，應知就是指這有支習氣而言；所說的「二取習氣」，應知就是指這我執、名言二種習氣而言。因為二取習氣，是取著我和我所，及取著名言而熏成之故，所以都說為取，名二取習氣。至於頌中其餘的文義，如：俱義、習氣義、異熟旣盡復生義，都同前面的解釋一樣，這裏不再費詞了。

甲四　三釋頌答

乙一　正解習氣

復次生死相續，由惑業苦：發業潤生煩惱名惑；能感後有諸業名業；業所引生衆苦名苦。惑業苦種，皆名習氣，前二習氣，與生死苦為增上緣，助生苦故。第三習氣，望生死苦能作因緣，親生苦故。頌三習氣，如應當知：惑苦名取，能所取故，取是著義，業不得名。俱等餘文，義如前釋。

這是三釋頌文以答所問，故曰「復次」。有情的生死相續，非由外緣，而是由惑、業、苦之所致。什麼叫做惑業苦？能夠發業的是分別煩惱；滋潤業種使之受生的是俱生煩惱；這發業潤生的煩惱，就叫做惑。能招感後有總別報果的一切造作，就叫做業。業所引生的三苦、八苦，就叫做苦。

由這現行惑業苦三道所熏成的種子，都叫做習氣。前二種的惑、業習氣，望生死苦果，爲增上疏緣。因爲他們對於苦果，只能助生而不能親生之故。第三種的苦習氣，望生死苦果，能作因緣。因爲他能辦體親生苦故。

頌中所說的三種習氣：那二取習氣，就是這裏所說的惑、苦種子；業習氣，則不問可知，就是這裏所說的業種子了。爲什麼惑、苦名取，業不名取呢？因爲惑是能取，苦是所取，所以惑、苦都名爲取。取是執著的意義，業非執著，所以他不得名之爲取。至於「俱」等其餘的文義，都同前面的解釋一樣，勿勞再說。

乙二　別攝有支

丙一　辨體明義

此惑業苦，應知總攝十二有支：謂從無明乃至老死，如論廣釋。然十二支略攝爲四：一、能引支：謂無明行，能引識等五果種故。此中無明，唯取能發，正感後世善惡業者，即彼所發，乃名爲行。由此一切順現受業，別助當業，皆非行支。

這惑、業、苦三，應知總攝十二有支，就是：無明、行、識、名色、六處、觸、受、愛、取、有、生、老死。這在瑜伽、對法、十二因緣等論裏有廣汎的解釋。然而這十二支，除了諸論廣釋以外，又可以略攝爲四。玆隨文列舉如下。

第一是能引支。就是第一支的「無明」，第二支的「行」。因爲這無明、行二支，能引發識、名色、六處、觸、受五支果的種子之故，所以叫做能引支。但這裏所說的無明，不同常途所說，而是唯取其能發正感後世善惡總業而言。至於那不能發業，或助感別業的無明，則非此所取。卽彼無明所發那正感後世善惡總業，就叫做「行」。由此證明，一切不感當果的現受報業，以及唯助當果的別報業，都不是這能引支中的行支所攝。

二、所引支。謂本識內親生當來異熟果攝，識等五種，是前二支所引發故。此中識種，謂本識因；除後三因，餘因皆是名色種攝；後之三因，如名次第，卽後三種。或名色種，總攝五因，於中隨勝，立餘四種。六處與識，總別亦然。集論說識，亦是能引，識中業種，名識支故；異熟識種，名色攝故。經文識支，通能所引，業種識種，俱名識故；識是名色依，非名色攝故。識等五種，由業熏發，雖實同時，而依主伴、總別、勝劣、因果、相異，故諸聖敎假說前後，或依當來現起分位有次第故，說有前後。由斯識等，亦說現行，因時定無現行義故。復由此說生引同時，潤未潤時必不俱故。

第二是所引支。就是第八根本識裏那親生當來異熟果攝的識、名色、六處、觸、受五種。因爲他們都是前無明、行二支所引發故，所以叫做所引支。這五種中的識種，就是本識之因，也就是阿賴耶識的因緣種子。除了後三因外，其餘的前二因，都屬於名色種攝。後之三因，如其名的次第，就是後三種——六處、觸、受。

或以名色種總攝五因，於中隨其殊勝，建立了其餘的四種：1.隨執持識勝，建立識種；2.隨生識的處勝，建立處種；3.隨觸境的觸勝，建立觸種；4.隨領納的受勝，建立受種。六處與識的總別，准此亦然，就是說：六處種與識種，也一樣的可以總攝五因，隨其殊勝，建立了其餘的四種。

問：依此所說，識是所引，何以集論上說，識也是能引呢？答：因爲識種子中，也有行支的業種，說名識支，他既以行種說名爲識，那當然屬於能引支了。問：如果這樣，那識種更屬何法所攝？答：異熟識種，是屬於名色所攝的啊。

問：緣起經上，何以說識支通能引、所引呢？答：因爲業種和識種，都叫做識，以二別義來說，通能、所二引。問：爲什麼緣起經不同集論所說，識種爲名色所攝呢？答：因爲彼經但說識種爲名色所依，並非就是名色，他如何能同集論一樣，說爲名色所攝呢？

問：識等五種，是前後熏發呢？還是一時熏發？答：一時！那麼，爲什麼說有前後呢？這有兩種答案：（一）若依由業熏發的感招位說，雖實同時，而依主伴、總別、勝劣、因果的相異之故，一切經論都假說前後。就是：五種之中，以識爲主，餘四爲伴，因爲伴從於主，所以主先伴後。餘四種中，以名色爲總，餘三爲別，因爲總能賅別，所以總先別後。餘三種中，以六處爲勝，餘二爲劣，因爲劣依於勝，所以勝先劣後。餘二種中，以觸爲因，受種爲果，因爲果從因生，所以因先果後。（二）或依當來生起的分位而說，各有次第，前後不同。

由此識等五種當來生起的道理，聖教上也說他們是現行。因爲因位決定沒有現行的意義。又因此理，經上說他們是生、引同時。因爲初熏種子，必待當來愛等的潤緣合時，才能引生現行，生引同時，並無前後；在潤緣尚未潤時他必定不能同時生果。

三、能生支。謂愛取有，近生當來生老死故。謂緣迷內異熟果愚，發正能招後有諸業爲緣，引發親生當來生老死位五果種已；復依迷外增上果愚，緣境界受，發起貪愛，緣愛復生欲等四取，愛取合潤，能引業種及所引因，轉名爲有，俱能近有後有果故。有處唯說業種名有，此能正感異熟果故。復有唯說五種名有，親生當來識等種故。

第三是能生支。就是愛、取、有三支。因其能近生當來生與老死的二苦果故，所以叫做生支。意謂：在這三支前的受支有二義：一是內異熟受，二是外境界受。受內異熟時，由於迷執內異熟果的愚癡無明，不能了知生老死苦，所以才發起正能招得後有諸業爲增上緣，而引發了親生當來生老死位的識等五果種子。在引發這五果種後，又依迷執外增上果的無明，以境界受爲緣，發起了貪愛的煩惱，即是愛支。由愛復生欲、見、戒、我語四取，即是取支。由這愛、取和合滋潤的勢力，那能引的業種及所引的識等五種，就轉名爲有支了。爲什麼轉名爲有？因爲業等六種都能近生那生、老死的後有苦果之故。

何以有的經論上唯說業種爲有呢？因爲業種能正感異熟報果，識等五種雖是正因能生，而無力正感，所以唯說業種名有不說五種。何以又有唯說五種名有呢？因爲五種能親生當來識等五法種子，業種不能，所以唯說五種名有，不說業種。

四、所生支。謂生、老死，是愛、取、有近所生故。謂從中有，至本有中，未衰變來，皆生支攝，諸衰變位，總名爲老，身壞命終，乃名爲死。

第四是所生支。就是生及老死二支。因爲這二支是愛、取、有三支的近所生果。意謂：從「中有」初生，直到「本有」，在這一段過程中間，只要身心健壯，衰變現象還沒有來，都屬於生支所攝。諸衰變位，無論年變、月化、日遷、時移，但見色、心俱衰，總名爲老。五蘊分離，身壞命終，乃名爲死。

老非定有，附死立支。病何非支？不偏定故。老雖不定，偏故立支。諸界趣生除中夭者，將終皆有衰朽行故。名色不偏，何故立支？定故立支，胎卵濕生者，六處未滿，定有名色故。又名色支，亦是偏有。有色化生，初受生位，雖具五根，而未有用，爾時未名六處支故。初生無色，雖定有意根，而不明了，未名意處故。由斯論說，十二有支，一切一分上二界有。愛非偏有，寧別立支？生惡趣者，不愛彼故。定故別支，不無無有，生善趣者，定有愛故。不還潤生，愛雖不起，然如彼取，定有種故。又愛亦偏，生惡趣者，於現我境，亦有愛故。依無希求惡趣身愛，經說非有，非彼全無。

外人難：諸支都是各別而立，何以老死並立一支呢？論主釋：有情不一定都能活到老，也有中途夭亡的，所以把老支附於死支並立爲一。那麼！有情也不一定有病，何以不並立病支？這病法，並不是三界五趣一切有情，普偏的決定都有，如尊者薄拘羅，他年逾八十，從不知病爲何事，所以不立病支。老雖不定，但在三界、五趣、四生的一切有情，除了中途夭亡者外，將命終時，普偏的都有根、識衰朽的老相顯現，所以得立爲支。

外人難：若說偏則立支，不偏則不立；那名色不但無色界無，即色界和欲界的化生，也都是六處頓起，是名色不偏，何故立支？論主釋：名色雖是不偏，但決定有，他不同不偏不定的病法一樣。例如：四生中除了化生以外的卵、胎、濕生，他們在六處未滿以前，決定都有名色，所以立支。這不過是隨問而答，並非盡理。還有依正理的解釋是：名色不但定有，而且也是徧有，怎樣徧有？色界化生的有情，在初生時雖已具足五根，但還沒有生觸的作用，彼時但名名色，不名六處；初生無色界的有情，雖定有意根，而思量尚不明了，但有名及色種依識而轉，未名意處。由此瑜伽論說：十二有支的一切一分，上二界都有，所以名色亦是徧有。

外人難：若法徧有方可立支；那愛非徧有，豈可別立爲支？怎知愛非徧有呢？生在惡趣的有情，並不是愛彼苦報啊。論主釋：愛雖非徧，但決定有，所以別立爲支。怎知決定有呢？除了求無後有及生惡趣者外，其餘不求無有及生善趣的有情，都決定有愛。若然！不還果人無潤生愛，怎可說爲定有？不還果人於潤生愛雖不現起，然而如彼取支一樣，雖無現取，定有取種；既有取種，豈能沒有愛種嗎？這不過是隨問而答，並非盡理，還有依正理的解釋是：愛不但定有，而且也是徧有，怎樣徧有？生惡趣的有情，雖於未生當生的苦報不起愛欲，然而於已生的現我身境卻不能無愛。經上依於沒有希求當生惡趣身的愛，才說生惡趣沒有愛起，並不是說惡趣有情諸愛全無。

何緣所生立生老死，所引別立識等五支？因位難知差別相故，依當果位，別立五支

。謂續生時，因識相顯；次根未滿，名色相增；次根滿時，六處明盛；依斯發觸；因觸起受；爾時乃名受果究竟。依此果位，立因爲五。果位易了差別相故，總立二支，以顯三苦。然所生果若在未來，爲生厭故，說生老死；若至現在，爲令了知分位相生，說識等五。

外人難：因果雖殊，體應無別，爲什麼於所生的果位，合立生、老死二支；於所引的因位，別立識等五支呢？論主釋：所引因位，行相差別，隱伏難知；所以才依著當生的果位，別立因支爲五。就是：當來續生果時，因識的功用相顯（在時間上說，即最初刹那，在一七日）；次於識後，五根未滿以還，緣識而名色相增（以時間來說，約在四七日前）；再次於名色後，至五根滿時，復緣名色而六處明盛；依此六處發觸；因觸起受；這時方名爲受果究竟。即依：識、名色、六處、觸、受這當起果位的次第，立因支爲五。

所生果位，因爲其差別相，容易了知之故，所以才總立生、老死二支，來顯示行苦、壞苦、苦苦的三苦（生顯行苦、老顯壞苦、死顯苦苦）。然而，這所生的果：若在未來，爲令有情生厭離心故，所以才說生、老死二支；若至現在，爲令有情了知生、老死的分位生相之故，所以才說識等五支的差別。

何緣發業總立無明，潤業位中別立愛取？雖諸煩惱皆能發潤，而發業位無明力增，

以具十一殊勝事故。謂所緣等，廣如經說。於潤業位愛力偏增，說愛如水，能沃潤故。要數灌溉方生有芽。且依初後，分愛取二；無重發義，立一無明。雖取支中，攝諸煩惱，而愛潤勝，說是愛增。

外人難：一切煩惱都能發業，都能潤業；為什麼在發業位中不同愛取而總立無明；潤業位中不同無明而別立愛取呢？論主釋：雖一切煩惱，都能發業，然而在發業位中的所有煩惱，都沒有無明的功力增勝，因為他具有十一種殊勝事件的原故。這十一種是：（一）所緣勝——能偏緣染淨。（二）行相勝——能隱眞顯妄。（三）因緣勝——能為惑業生起的根本。（四）等起勝——能平等發起能引、所引、能生、所生的緣起諸法。（五）轉異勝——能轉變為隨眠、纏縛、相應、不共四法。（六）邪行勝——於四諦能起增益苦集，損減滅道的邪行。（七）相狀勝——自相微細，普偏於愛及非愛的共相而轉。（八）作業勝——能作流轉所依事，寂止能障事。（九）障礙勝——能障礙勝法。（十）隨轉勝——能由欲界隨轉到無色有頂。（十一）對治勝——為權、實二種妙智之所對治。所以總立一無明為發業支，不說其他煩惱亦名發業。

雖一切煩惱都能潤業，然而在潤業位中的所有煩惱，唯獨愛力偏增，如聖教上說：「愛力如水，能沃潤故」，所以唯說愛潤，不說餘惑。那麼！為什麼於發業但立無明，於潤業則分愛爲取呢？潤業要同灌田一樣，必須數數漑灌，才能生出「後有」的萌芽，今且依此潤業的初後分爲愛、取二支，其實愛惑尚不止此。發業就不然了，他好像發芽一樣，一發不能再發，所以立一無明。雖前在取支中，說有四種二取攝一切煩惱，然而愛的潤生獨勝一切，所以這裏唯說愛增。並非沒有餘惑。

諸緣起支皆依自地，有所發行依他無明，如下無明發上地行。不爾！初伏下地染者，所起上定，應非行支，彼地無明猶未起故。從上下地生下上地者，彼緣何受而起愛支？彼愛亦緣當生地受，若現若種，於理無違。

問：諸緣起支，都是依自地緣起呢，還是亦依他地？雖諸緣起皆依自地，但有所發行，也得依他地無明，如以下地無明發上地行者便是。否則的話，那初伏下地染者，所起的「未到上定」，就應該不是行支了。因爲上地無明，要到「根本定」後，才能生起，此時旣無無明，他如何能發爲行支？

問：有情從現在的上地，當生下地；或從現在的下地，當生上地時，他們是緣當生地的受，還是緣現居地的受，而起潤生愛呢？都緣！不但緣現居地受，而且也緣當生地受；無論是俱時的現行受，或前時的種子受，都於理無違。

此十二支，十因二果，定不同世。因中前七，與愛取有，或異或同。若二、三、七，各定同世。如是十二，一重因果，足顯輪轉，及離斷常，施設兩重，實爲無用，或應過此，便致無窮。

十二支的前十支是因，後二支是果；約一期生死爲一世而論，這十二支的十因二果，定不同世。因爲總異熟因，不能即生受果。至於因中的前七支與愛、取、有三支，則是或異世，或同世，那就不一定了：若以今生作業，來世受果的「順生受業」而論，其世必同；若以今生作業，二世以去受果的「順後受業」而論，其世必異。因爲將受果時，方起愛、取之故。若生、老死二；愛、取、有三；無明等七；這二、三、七支各定同世，其理易了。

一般以時分爲世，講十二支兩重因果：1.無明、行二支，是過去因；識等五支，是現在果。2.愛、取、有三支，是現在因；生、老死二支，是未來果。其理由無非爲破外道撥無過未生死輪轉，妄執斷、常。然而依此生死爲世說十二支一重因果：十支爲因，二支爲果；因在過去，果在現在；或因在現在，果在未來；已足以顯生死輪轉，及離斷、常，前前如是，後後亦如是了。何勞施設兩重因果，實爲無用。甚或有不了前前際者，認爲二因不足，應再說因；不了後後際者，認爲二果不足，應再說果；這樣便有無窮之過了。

此十二支義門別者：九實、三假。已潤六支，合爲有故；卽識等五，三相位別，名生等故。五是一事，謂無明、識、觸、受、愛五；餘非一事。三唯是染，煩惱性故；七唯不染，異熟果故；七分位中，容起染故，假說通二；餘通二種。無明、愛、取，說名獨相，不與餘支相交雜故；餘是雜相。六唯非色，謂無明、識、觸、受、愛、取；餘通二種。皆是有漏，唯有爲攝；無漏無爲，非有支故。

這向下是把十二有支分作十六門來解釋：第一是假實門：就是前九支是實，後三支是假。何以說後三支是假？爲愛、取所已潤的行等六支合而爲有；卽此六支中的識等五種，於現起時所顯那生、異、滅三相的分位差別，就叫做生、老死，他們這有、生、老死的後三支，都沒有實在的自體，所以說之爲假。

第二是一非一事門：這十二支中有五支是各唯一事，非二別體，就是無明、識、觸、受、愛五支。其餘的七支，如：行通善染，取通餘惑等，都非一事。

第三是染、不染門：染，是染汚；不染，是善、無記。無明、愛、取三支，唯是染汚，因爲他們是以煩惱爲體性的。識等五支，及生、老死二，這七支唯是不染，因爲他們的體性，是無記的異熟總果。但在現行的分位中，也容或起染，而體實非染，所以瑜伽假說通染、不染二。其餘的行通善、染；有通善、染、無記，所以說「餘通二種」。

第四是獨雜門：無明、愛、取三支，說名獨相。因爲他們純以自體爲支，不與餘支相交雜故。其餘九支，都是雜相。原因是他們以行等六支轉名爲有、生、老死的；這樣六轉名三，三攬六成，豈不都成爲雜相了嗎？

第五是色非色門：無明、識、觸、受、愛、取，這六支唯是心法，所以說「六唯非色」。其餘六支通色心二法，如：行通三業；名色五蘊；六處二蘊；六支名有；五蘊現行名生、老死，所以說「餘通二種」。

第六是有漏有爲無漏無爲門：十二有支，都是有漏有爲法。何以不是無漏無爲呢？因爲無漏法是逆斷生死的；無爲法又沒有緣起的意義，所以不是有支。那有支當然是有漏有爲了。

無明、愛、取，唯通不善、有覆無記；行唯善、惡；有通善、惡、無覆無記；餘七唯是無覆無記；餘七唯是無覆無記。七分位中，亦起善染。雖皆通三界，而有分有全。上地行支，能伏下地，即粗苦等六種行相，有求上生，而起彼故。一切皆唯非學無學。聖者所起有漏善業，明爲緣故，違有支故，非有支攝。由此應知聖必不造感後有業，於後苦果不迷求故。雜修靜慮資下故業，生淨居等，於理無違。

第七是三性門：無明、愛、取三支通不善及有覆無記。行支唯通善、惡，不通無記，因爲無記不能感果。有支通善、惡、有覆無記三性，因爲有支是行等六支所合。其餘識等五支及生、老死二支，唯是無覆無記，因爲這七支都是異熟性；假使是現起分位的話，那他也通善、惡。

第八是三界門：十二有支雖皆通三界，而分、全不等：欲界攝十二支全；色無色界各攝少分。所以論說欲界具一切支，色無色界一切一分。

第九是能所治門：上地的行支，能伏下地煩惱。什麼是上地行支？就是觀下界的十二支爲粗、苦、障；觀上界一切爲靜、妙、離的六種行相。因爲這是有欣求生上界者，爲斷下界煩惱所起的觀行，所以是上地行支。

第十是學等分別門：十二有支的一切，都非有學及無學，而是非學、非無學的異生所攝。問：有漏善業，豈非有支？非！聖者所起的有漏善業，是以無漏明慧爲緣，與有支相違，所以不是有支所攝。因此我們應當知道，聖者必定不造感「後有」業的，因爲他既然以明爲緣，對於後有的生死苦報，決定不會迷求。問：若然！不還果人雜修五淨居業，是不是行支；若是行支，聖便造業；若不是行支，他如何能感生淨居天的總報？當知不還果的聖者，雜修第四靜慮，以無漏資助所造的有漏故業，由淨居以下的無雲等三天而生於淨居，這業不是聖者新造，於理無違。

有義：無明唯見所斷，要迷諦理能發行故，聖必不造後有業故；愛取二支唯修所斷，貪求當有而潤生故，九種命終心，俱生愛俱故；餘九皆通見修所斷。有義：一切皆通二斷。論說預流果，已斷一切一分有支，無全斷者故。若無明支唯見所斷，寧說預流無全斷者？若愛取支唯修所斷，寧說彼已斷一切支一分？又說全界一切煩惱，皆能結生，往惡趣行，唯分別起煩惱能發；不言潤生，唯修所斷，諸感後有行，皆見所斷發。

第十一是三斷門：這有二師說法不同：第一師說：無明唯是見道所斷。因爲必須要迷於諦理的無明，才能發爲行業，聖者必定不造後有業故。假使不是見道所斷，那見道就不能照見眞理；聖者也不能不造後有業了。愛、取二支唯是修道所斷。因爲貪求後有而是以愛取爲潤生的；九種命終心（三界有情臨命終時，各有潤生三愛），都與俱生的潤生愛俱起之故。假使不是修道所斷，阿羅漢何以不受後有？其餘九支，皆通見、修所斷。

第二師說：十二有支，一切都通見、修所斷。因爲瑜伽論上說：預流果已斷一切一分有支，並沒有一支一支的完全斷盡。假使無明是唯見所斷的話；那論上爲什麼不說預流果全斷一切有支，而說無全斷呢？假使愛、取二支是唯修所斷的話；那論上爲什麼不說預流果未斷一切支，而說已斷一切支的一分呢？又說：全界一切煩惱都能結生；往惡趣行唯是分別所起的煩惱能發。既不說潤生煩惱唯修所斷；而說全界煩惱都能結生，怎知愛取二支是唯修所斷？既不說一切趣感後有行，都是由見道所斷的煩惱所發；而說往惡趣行爲分別煩惱所發，怎知無明是唯見所斷。

由此故知無明、愛、取三支，亦通見修所斷。然無明支正發行者，唯見所斷，助者不定；愛、取二支正潤生者，唯修所斷，助者不定。又染汚法自性應斷，對治起時彼永斷故。一切有漏不染汚法，非性應斷，不違道故，然有二義說之爲斷：一、離縛故，謂斷緣彼雜彼煩惱；二、不生故，謂斷彼依令永不起。依離縛斷，說有漏善、無覆無記，唯修所斷；依不生斷，說諸惡趣、無想定等，唯見所斷。說十二支通二斷者，於前諸斷，如應當知。

這是第二師的結申正義。他說：由此以上所說的道理之故，所以應當知道，不但其餘九支，即此無明、愛、取三支，亦通見修所斷。然而無明對於發行，有正、助之別：若是正發行的，唯見所斷；若是助發行的，可就不一定了；因爲論說往惡趣行，唯分別惑發，就是顯示助發人天總報的業行，亦通修斷。愛、取二支對於潤生，也有正、助之別：若是正潤生的，唯修所斷；若是助潤生的，也就不一定了；因爲論說全界一切煩惱都能結生，四取俱名爲取，所以亦通見斷。

問：所謂十二支通見修二斷，是怎樣的斷法？一切不善及有覆無記的染汚法，是自性應斷；因爲這暗法種子，到了對治的無漏明法起時，他就永遠的斷絕了。一切善及無覆無記的有漏不染汚法，非性應斷；因爲他們與無漏聖道並不相違。不過這善無記法，雖非性應斷，然而有二種意義，也可以說之爲斷：一是離縛斷：就是斷緣彼煩惱，斷雜彼煩惱。什麼叫做斷緣彼煩惱？隨七轉識緣彼有漏善法等境所生的煩惱，叫做「緣彼煩惱」；能緣的煩惱斷時，說所緣的善法等境名爲得斷，叫做「斷緣彼煩惱」。什麼叫做斷雜彼煩惱？有漏善法爲煩惱所引而成，如六識所起的善法，就是依第七識的煩惱而成爲有漏的，這就叫做「雜彼煩惱」；第七識的煩惱斷時，也說六識善法名爲得斷，叫做「斷雜彼煩惱」。二是不生斷：此有二義：（一）斷彼因依，令果不生。如三惡趣果，因依見惑；見惑因斷，則果永不生。（二）斷彼果依，令因不起。如三惡趣的別報善業，果依見惑，見惑果斷，則因永不起。

依前「離縛斷」的緣故，所以瑜伽第六十六說：有漏善法及無覆無記，唯是修道所斷。依後「不生斷」的緣故，所以又說：一切惡趣的異熟趣體，及無想定、無想天等，唯是見道所斷。至於瑜伽等論說十二有支通二斷者，於前諸斷中如：無明、愛、取三支，通見、修二斷，亦通自性斷；其餘見修所斷的染汚者，通自性斷；不染汚者，通離縛、不生二斷。這是應當知道的。

十樂捨俱，受不與受共相應故；老死位中，多分無樂及客捨故。十一苦俱，非受俱故。十一少分，壞苦所攝，老死位中，多無樂受，依樂立壞，故不說之。十二少分，苦苦所攝，一切支中有苦受故。十二全分，行苦所攝，諸有漏法皆行苦故。依捨受說，十一少分，除老死支，如壞苦說。實義如是。諸聖教中，隨彼相增，所說不定。皆苦諦攝，取蘊性故。五亦集諦攝，業煩惱性故。

十二是三受門：俱字當相應講，不是同世爲俱。十二支，除受及老死二支外，其餘的十支都與樂、捨二受相應。爲什麼要除去受及老死？因爲受受同體，不自相應，所以除受；老死位中，多分沒有樂及客捨（對第八識的主捨而言），所以要除老死。十二支中唯除受支，餘十一支都與苦受相應。何以除受？義同前釋。

十三是三苦門：十二有支，除老死外，其餘十一支的少分，爲樂事離去的「壞苦」所攝。爲什麼除去老死？因爲老死位中，多分沒有樂受，今依樂受建立壞苦，所以不說老死亦爲壞苦所攝。十二支中每一支的少分，爲苦事所成的「苦苦」所攝。原因是一切支中都有苦受。十二支的全分，爲遷流無常的「行苦」所攝。因爲諸有漏法，無非都是行苦。若依三受門的捨受來說行苦，那就不是十二支全，而是十一支的少分，除去老死，同壞苦的說法一樣。以支攝苦的體相，實義不過如是而已；但在諸聖教中，或但約果；或通因果，隨義相增的說法就不一定了。

十四是四諦門：十二有支都歸苦諦所攝。因爲他們是以煩惱生蘊，蘊生煩惱的有漏「取蘊」爲性的。其中行、有、無明、愛、取五支亦屬集諦。因爲行、有以業爲性；無明、愛、取煩惱爲性，他們都有集諦的招感意義。

諸支相望，增上定有，餘之三緣，有無不定，契經依定，唯說有一。愛望於取，有望於生，有因緣義。若說識支是業種者，行望於識，亦作因緣。餘支相望，無因緣義。而集論說無明行有因緣者，依無明時業習氣說。無明俱故，假說無明，實是行種。瑜珈論說諸支相望無因緣者，依現愛取唯業有說。無明望行，愛望於取，生望老死，有餘二緣。有望於生，受望於愛，無等無間，有所緣緣。餘支相望，二俱非有。此中且依鄰近順次，不相雜亂，實緣起說。異此相望，爲緣不定。諸聰慧者，如理應思。

十五是四緣門：十二支一一相望，四緣中的增上緣是決定有的；其餘三緣的有、無那就不一定了。契經上唯說有一增上緣者，就是依這決定有的意義來說的，並不是說沒有其餘三緣。若以愛支望於取支，有支望於生支，便有因緣的意義。因爲愛增名取，取緣愛生；識等五種名之爲有，所起現行名爲生故。若以對法說識支是業種的話；那就以行支望於識支，識也可以作爲行的因緣了。除此以外，其餘的支支相望，都沒有親生因緣的意義。

然而集論上說，無明望行有因緣者，那是依無明俱時的思業習氣來說的。因爲業習氣是與無明俱時的，所以假說無明，實際上還是現行種的思業習氣。瑜伽論說愛、取、有三支無因緣者，那是依現行的愛、取，及唯業種的有來說的；並非依種的愛、取，及識等五種的有而說。

無明望行、愛望於取、生望老死，這三支不但有增上緣，而且還有其餘的等無間及所緣二緣。若是有望於生、受望於愛，那就沒有等無間，唯有所緣緣了。其餘如：行望於識，乃至觸望於受、取望於有，則二緣俱無。因爲他們都不是現行的心、心所相引生的，所以沒有等無間；不是能緣慮心，所以沒有所緣緣。

當知這裏是依據：鄰近、順次、不相雜亂、實緣起的四個條件來說的。假使：異此鄰近而超越、異此順次而倒逆、異此不相雜亂而雜亂、異此實緣起而假說緣起，那就不能決定了。一切聰明智慧的人，應如理而思。

惑業苦三攝十二者：無明、愛、取，是惑所攝，行、有一分，是業所攝；七、有一分，是苦所攝。有處說業全攝有者，應知彼依業有說故。有處說識業所攝者，彼說業種爲識支故。惑業所招獨名苦者，唯苦諦攝，爲生厭故。由惑、業、苦卽十二支，故此能令生死相續。

十六是三道門：惑、業、苦三道怎樣攝十二有支？無明、愛、取三支，是惑道所攝；行支及行所潤的一分有支，是業道所攝；識、名色、六處、觸、受、生、老死七支，及含有識等五種的一分有支，是苦道所攝。

何以瑜伽論上不說業攝有一分，而說業全攝有呢？當知彼論是但依業有而說的；假使兼說苦有，那就得加以分別了。何以對法不但說行、有爲業所攝，而說識也是業所攝呢？那是因爲他說業種爲識支的緣故。何以惑業不名爲苦，唯其所招的當果獨名爲苦呢？因爲惑業亦屬集諦，所招的當果唯苦諦攝，爲使有情對苦生厭，不再起惑造業之故，所以獨以所招名之爲苦。

由於這惑、業、苦三，就是十二支的緣故，能令有情生死相續，何必要假藉外緣。

甲五　四釋頌答

乙一　別解二死

復次、生死相續，由內因緣，不待外緣，故唯有識。因謂有漏、無漏二業正感生死，故說爲因；緣謂煩惱、所知二障助感生死，故說爲緣。所以者何？生死有二：一、分段生死，謂諸有漏善不善業，由煩惱障緣助勢力，所感三界粗異熟果，身命短長，隨因緣力，有定齊限，故名分段。二、不思議變易生死，謂諸無漏有分別業，由所知障緣助勢力，所感殊勝細異熟果，由悲願力，改轉身命，無定齊限，故名變易。無漏定願正所資感，妙用難測，名不思議。或名意成身，隨意願成故。如契經說：如取爲緣，有漏業因，續後有者，而生三有。如是無明習地爲緣，無漏業因，有阿羅漢、獨覺，已得自在菩薩，生三種意成身。亦名變化身。無漏定力，轉令異本，如變化故。如有論說：聲聞無學永盡後有，云何能證無上菩提？依變化身，證無上覺，非業報身，故不違理。

這是第四次解釋頌義以答所問，故曰復次。有情的生死相續，由內因緣，不待外緣，所以說唯有識。什麼是內因緣？因，就是有漏和無漏二業；因爲這二業能正感生死，所以說名爲因。緣，就是煩惱和所知二障；因爲這二障能助二業招感生死，所以說名爲緣。爲什麼要這樣分別？因爲生死有二，現在把這二種生死，依次列舉如左。

一種是分段生死。就是一切有漏善、不善業的正因，由煩惱障助緣的勢力，所感三界的粗異熟果。這異熟身命分分段段的存在期間，或如曇花一現之短，或至八萬刧之長，隨著宿世業因，和煩惱障緣的力量，有一定齊限，不得錯亂。所以名爲分段生死。

二種是不思議變易生死。就是一切無漏後得的有分別業，由所知障助緣的力勢，所感殊勝的細異熟果。這細異熟果，是由菩薩的大悲願力，改變了有一定齊限的分段身命，而爲無定齊限的殊勝妙身；所以名爲變易。由無漏定願的正所資生，正所感得，妙用難測，非凡夫二乘所能計度；所以名不思議。

這不思議變易生死，或名意成身。因爲這生死果，是隨著大悲意願之所成故。例如勝鬘經上說：假如以取爲緣（卽煩惱障緣），以有漏業爲因，繼續後有者，便生三界之有；假如以五住地中的無明習地爲緣（卽所知障緣），以無漏業爲因，那就有阿羅漢、獨覺、已得自在菩薩，生這三種的意成身了。

這不思議變易生死，亦名變化身。因爲由無漏定力，轉令異於本有的分段身，清淨微妙，如變如化故。這變化身，雖是從喻得名，亦不違理，例如顯揚論上說：聲聞、無學果等，他們已永盡後有，不再受分段生死了，如何能不住涅槃，不厭生死，自行化他，證無上菩提呢？當知他們是依變化身證無上覺的，並不是業報身啊。所以變化身從喻得名，並不違理。

若所知障助無漏業，能感生死，二乘定性，應不永入無餘涅槃？如諸異生拘煩惱故。如何道諦實能感苦？誰言實感？不爾如何？無漏定願，資有漏業，令所得果，相續長時，展轉增勝，假說名感。如是感時，由所知障爲緣助力，非獨能感。然所知障，不障解說，無能發業潤生用故。何用資感生死苦爲？自證菩提，利樂他故。謂不定性獨覺、聲聞，及得自在大願菩薩，已永斷伏煩惱障故，無容復受當分段身。恐廢長時修菩薩行，遂以無漏勝定願力，如延壽法資現身因，令彼長時與果不絕，數數如是定願資助，乃至證得無上菩提。彼復何須所知障助？既無圓證無相不悲，不執菩提有情實有，無由發起猛利悲願。又所知障，障大菩提，為永斷除，留身久住。又所知障，為有漏依，此障若無，彼定非有，故於身住，有大助力。

問難：假使所知障助無漏業，能感變易生死的話；那二乘定性聲聞，就應當為所知障所拘礙，不能永入無餘涅槃啊？論主答：二乘定性，為所知障所拘礙，馳流於無相涅槃，不趣無上正等菩提；就像那一切異生，為煩惱障所拘礙，馳流生死，不趣涅槃一樣。

問：前說無漏正感生死，那無漏道諦，他如何能實感生死苦報呢？答：誰說道諦實能感苦？問：不是實感是怎樣的感呢？答：由第四禪的無漏勝定，資有漏業，令其所得的果，相續長時，新新不絕，展轉增勝，實則是有漏業感，不過由於無漏的資助力勝，假說名感而已，並不是無漏實能感苦。這樣無漏感時，還得由所知障作為緣助，並不是無漏業獨能感果。然所知障，但障菩提，不障解脫，因為他沒有無明煩惱發業潤生的功用。

問：二乘無學，他們盡此報身必永入滅，為什麼還用資感生死苦呢？因為要自證菩提，利樂有情，所以要資感生死。就是不定性的獨覺、聲聞，以及得了自在的大願菩薩，他們這些二乘已永斷煩惱障；菩薩已永伏煩惱障，都無容再受當來的分段身了。然而又恐怕分段報盡，會廢棄了長時修自他二利的菩薩大行，遂以無漏的勝定願力，好像阿羅漢的延壽法一樣，資助那能感現身的宿世業因，令其長時與果不絕。這樣數數以定願資助，乃至經三大劫之久，證得了無上菩提。

問：彼不定性二乘、自在菩薩，既以無漏定願，資助現身的先業，令果不絕；又何須再以所知障的助力感得此果呢？這有如下三種答案：一、他們既沒有成佛，圓證無相大悲，一味平等；若再不假所知障執實有菩提可求，有情可度；那就沒有因由能夠發起猛利的大悲願力了。這與煩惱障所資的有漏業，似同而實異。二、又所知障，障大菩提。爲的要永斷這能障菩提的知障，才留身久住。三、又所知障，爲一切有漏之所依。假使沒有這所知障，那能依的一切有漏，決定非有。所以他於變易身的久住，有大助力。

若所留身，有漏定願所資助者，分段身攝，二乘、異生所知境故；無漏定願所資助者，變易身攝，非彼境故。由此應知變易生死，性是有漏異熟果攝，於無漏業，是增上果。有聖教中說爲無漏出三界者，隨助因說。

這是正解二種生死的別體。若所留身，是三界有漏的定願所資助者；那便是有一定齊限的分段身攝。這是定性二乘，及異生所知之境。若所留身，是無漏定願所資助者；那便是妙用難測的變易身攝。這不是二乘、異生之所知境。

由此，我們應當知道，這變易生死的性是有漏，屬於五果之一的異熟果攝。因為是有漏宿業之所正感。若以此果望於無漏業，那就是增上果攝了。因為是無漏疎緣的力助之故。至於有的聖教中說，這變易生死，是無漏出三界者；那是隨著無漏業的助因來說的，而其體實非無漏。

乙二　總釋頌文

頌中所言諸業習氣，即前所說二業種子；二取習氣，即前所說二障種子，俱執著故。俱等餘文，義如前釋。變易生死，雖無分段前後異熟別盡別生，而數資助，前後改轉，亦有前盡餘復生義。雖亦由現生死相續，而種定有，頌偏說之。或為顯示眞異熟，因果皆不離本識，故不說現。現異熟因，不即與果。轉識間斷，非異熟故。

頌中所說的「諸業習氣」，就是這前面所說那有漏、無漏的二業種子；頌中所說的「二取習氣」，也就是這前面所說那煩惱、所知的二障種子。因為障、取俱是執著，所以障亦名取。至於「俱」字及「前異熟既盡，復生餘異熟」等餘文的意義，都同前面最初的解釋一樣。

問：變易生死，他不同於分段生死的前後異熟別盡別生，如何可說「前異熟既盡，復生後異熟」呢？變易生死雖無分段生死的別盡別生，而以定願數數資助，使前惡改易，轉生後勝，也一樣的有前異熟盡，復生餘異熟的意義。

問：頌中何以不說生死相續亦由現行，而唯說習氣呢？雖亦由現行生死相續，但種子相續決定一切時有，不同於現行的間斷，所以頌中偏說種子即業習氣。或爲顯示眞異熟因爲本識所藏而成熟爲果，這因果都不離本識，現行則否！所以不說現行。現行的善惡等法，雖然也是異熟因，但所熏的種子，不能卽時與果，須待異時方能與果，所以但說種子。六轉識的現行，雖然也是異熟果，也不離識，而轉識間斷，非眞異熟，不過是異熟生而已。所以頌中偏說第八識習氣，而不說現行。

前中後際，生死輪迴，不待外緣，既由內識，淨法相續，應知亦然。謂無始來，依附本識有無漏種，由轉識等，數數熏發，漸漸增勝，乃至究竟得成佛時，轉捨本來雜染識種，轉得始起清淨識種，任持一切功德種子。由本願力，盡未來際，起諸妙用相續無窮。由此應知唯有內識。

過去、現在、未來的前中後三際，有情的生死輪廻，既是不待外緣，但由內識；染法的相續是這樣的，淨法的相續，應知也是這樣的。何以言之？無始以來依附於本識的有漏、無漏種子；這無漏種子，由七轉識不斷的熏而發，發而熏，數數熏發，漸漸增勝，乃至究竟得成佛時，便轉捨了本來的有漏雜染識種，轉得了始起於本識的無漏清淨識種，任持一切功德種子，由佛本因的大誓願力，盡未來際起一切利他妙用，相續無窮。

由此以上所說的染淨道理，我們應當知道，諸法相續，唯有內識，非由外緣。第一章釋違理難竟。

第二章　釋違教難

第一節　初舉頌釋

甲一　藉問起頌

若唯有識，何故世尊處處經中說有三性？應知三性亦不離識。所以者何？頌曰：『由彼彼偏計，偏計種種物；此偏計所執，自性無所有。依他起自性，分別緣所生；圓成實於彼，常遠離前性。彼此與依他，非異、非不異；如無常等性，非不見此故』。

問：設若沒有外境，唯有內識，那就是唯有一性了，為什麼世尊在處處經中說有三性呢？你應當知道，所說的三性亦不離識，並不是說性有三，便非唯識。那麼！這三性不離識的所以然者是什麼呢？以下舉出三頌來答覆這個問題：前二頌是辨解三性；後一頌的前三句是明三性非一非異；第四句是明依他、圓成證見的先後。這頌文的意義，向下論文自有解釋。

甲二　釋頌文

乙一　別釋

丙一　辨釋三性

論曰：周徧計度，故名徧計；品類衆多，說爲彼彼。謂能徧計虛妄分別。卽由彼彼虛妄分別，徧計種種所徧計物。謂所妄執蘊處界等，若法若我自性差別。此所妄執自性差別，總名徧計所執自性。如是自性，都無所有，理教推徵，不可得故。

此下是以論文解釋頌中的意義，這是難陀對第一頌的解釋。論曰：諸識有徧而非計的，如無漏及有漏善識；有計而非徧的，如有漏的第七識；有非徧非計的，如前五識及第八識；這都不得名爲徧計。唯有第六識的有漏染汚，又有周徧，又有計度，所以才名爲徧計。何以說爲彼彼？這徧計心的品類，或二或三，衆多不一，所以說爲彼彼。這徧計心的體性又是什麼？就是一切能起徧計依他的虛妄分別。以此能虛妄分別的徧計執心，徧計那種種所徧計的物。這物體又都是些什麼？就是虛妄計執的五蘊、十二處、十八界等，若法、若我的自性差別。這所妄執的自性差別，總名叫做「徧計所執自性」。

這徧計所執心外法、我的自性，都如龜毛兎角一無所有。何以知之？以理教推徵，那是不可得的啊。

或初句顯能徧計識，第二句示所徧計境，後半方申徧計所執若我若法自性非有，已廣顯彼不可得故。

這是護法、安慧等的解釋。他說：第一頌的第一句是顯示能徧計的識。第二句是顯示所徧計的境。後半頌才是申張徧計所執心外我、法的自性非有。這在前面第四篇裏已經詳細說過彼心外我、法不可得了。

初能徧計自性云何？有義：八識及諸心所有漏攝者，皆能徧計，虛妄分別爲自性故；皆似所取能取現故；說阿賴耶，以徧計所執自性妄執種爲所緣故。

問：既說初句是能徧計，那初能徧計的自性是什麼呢？這問題，向下有安慧、護法二師的解釋不同。本文是第一師安慧的解釋，他說：八識心王及心所有法，只要不是無漏，但屬有漏，都能徧計。因爲有漏心都是以虛妄分別爲自性的；又都似所取、能取的二取相現；又瑜伽顯揚等論都說：第八阿賴耶識，以徧計所執自性，妄執種子爲所緣境。以此證明，所以有漏心都能徧計。

有義：第六、第七心品執我法者，是能徧計。唯說意識能徧計故，意及意識名意識故，計度分別能徧計故，執我法者，必是慧故，二執必與無明俱故，不說無明有善性故，癡無癡等不相應故，不見有執導空智故，執有達無不俱起故，曾無有執非能熏故。有漏心等不證實故，一切皆名虛妄分別。雖似所取能取相現，而非一切能徧計攝，勿無漏心亦有執故，如來後得應有執故。經說佛智現身土等種種影像，如鏡等故，若無緣用，應非智等。雖說藏識緣徧計種，而不說唯，故非誠證。由斯理趣，唯於第六、第七心品，有能徧計。識品雖二，而有二、三、四、五、六、七、八、九、十等徧計不同，故言彼彼。

這是第二師護法的解釋。他說：並不是一切心都是能徧計，不過執我執法的第六第七二識是能徧計罷了。這有如下十種理由可以證明：①假使一切心都能徧計，那攝論上爲什麼唯說意識是能徧計呢？②第七識名意，合第六識總名意識；所以論上但說意識是能徧計，就是連第七識也包括在內了。③有計度分別的是能徧計；唯有第六、七二識有計度分別，所以是能徧計。④唯有執我執法的第六、七二識，必與慧俱，是能徧計；餘識無慧，他們怎能徧計。⑤我、法二執，是染而非善，他必與無明俱起。⑥瑜伽等論，都沒有說過無明有善性的話。⑦若說一切有漏皆名不善，不過說行相輕微的不善，名之爲善而已。那怎麼會對！痴與無痴，這兩個性質相違的法，是不能相應的啊。⑧若說痴相輕微名為無痴，那加行心，不也成為輕微的痴相了嗎？凡屬有痴，必有法執，他如何能引導空智使之現前？誰見過有執心能導空智來？⑨加行心隨順聖教作我、法空觀，名為達無，既有法執，應名執有，這執有的心與達無的智，他如何能夠俱起？可見加行心決無法執。⑩假使有漏心都有法執，那第八異熟心，不也成為能熏了嗎？因為凡有執心都有能熏的勢用，從來沒有有執心不是能熏的。然而實際上第八異熟，並非能熏，不過是所熏而已；所以他不是能徧計。

假定是這樣的話，那楞伽、中邊等，何以說三界八識都是虛妄分別呢？下答有三：①有漏心等，雖也能作空觀假相，而不能像無漏一樣能證實理，所以一切八識都名為虛妄分別，並不是虛妄分別都是執心。②雖有漏心，也有依他相似的所取能取相現，而不是一切有漏都能徧計。唯有計度分別的六、七二識，才是能徧計哩。若似二取都是有執，豈不是無漏心也有執嗎？因為如來的後得智，也像菩薩二乘一樣的有似二取相，難道說如來的無漏心也有執不成？若說如來的後得智沒有似二取相，那便有違背聖教的過失！因為佛地經上說，佛智能現身土等種種影像，如：平等性智、妙觀察智、成所作智、大圓鏡智等，既能現種種影像，豈不是都有似二取嗎？這證明無漏心是有相分的；既有相分，必有見分；若無見分，便無緣用；若無緣用，那如來智就應當不是智品所攝了。③若有漏心，都非有執，如何說藏識緣徧計種？雖說藏識緣徧計種，而不說唯；既不說唯緣徧計種子，那就是第八識所緣的種子，除徧計外，還有其他。所以他不能證明有漏心都是徧計。

由於以上所說的這些理趣，所以那前五識及第八識等都沒有能徧計；唯獨有漏的第六、第七心品，才有能徧計哩。

這裡所說的徧計，雖只有第六、第七這二種識品，但攝大乘等還說有二至十等之多的徧計不同：二種徧計是：自性計（眼等色根）、差別計（常、無常等）。三種徧計是：我、法、用。四種徧計是：自性、差別、有覺、無覺。五種徧計是：依名計義、依義計名、依名計名、依義計義、依名義計名義。六種徧計是：自性、差別、覺悟、隨眠、加行、名徧。七種徧計是：有相、無相、任運、尋求、伺察、染汚、不染汚。八種徧計是：自性、差別、總執、我、我所、愛、不愛、愛不愛俱違。九種徧計是：愛、恚、慢、無明、見、取、疑、嫉、慳。十種徧計是：根本分別（第八識）、緣相分別（緣慮之時）、顯相分別（眼等識）、緣相變異分別、顯相變異分別、他引分別（聞不正法）、不如理分別（外道）、如理分別（正法）、執著分別（我見）、散動分別。此外還有十一、十二，乃至無量等的徧計，實難煩引。所以說是「彼彼」。

次所徧計自性云何？攝大乘說是依他起，徧計心等所緣緣故。圓成實性寧非彼境？眞非妄執所緣境故。依展轉說亦所徧計。徧計所執雖是彼境，而非所緣緣，故非所

徧計。

初能徧計的自性，已如上說。其次所徧計的自性又是怎麼樣呢？根據攝大乘論說，這所徧計的自性，就是三性中的「依他起」。因爲所緣緣，必有其託緣而生的法；依他起，就是徧計心等所緣緣的法啊。問：圓成實性，也是有法，豈非徧計所緣的境嗎？答：依他虛妄，所以是徧計的親緣相分；圓成眞實，他不是妄執的親所緣法。但疎亦不遮，若依展轉離妄依眞而論，也可以說是所徧計。問：徧計所執的境，何以不名所徧計？答：無法名境；所緣緣只局於有法而不是無法，所以所執的雖是徧計心境，而不是所緣緣；既不是所緣緣，那當然也不是所徧計了。

徧計所執，其相云何？與依他起，復有何別？有義：三界心及心所，由無始來虛妄熏習，雖各體一，而似二生，謂見相分，卽能所取。如是二分，情有理無，此相說爲徧計所執。二所依體，實託緣生，此性非無，名依他起，虛妄分別緣所生故。云何知然？諸聖教說：虛妄分別是依他起，二取名爲徧計所執。

問：既說所徧計的自性就是依他起，那麼！徧計所執的體相是什麼，他同依他起又有什麼分別？對於這兩個問題，有二師的解答不同。第一師說：三界有情的心及心所，由無始來的虛妄熏習，他們各自的體，雖是一個自證分，却似依他的二分而生。這二分，就是見分和相分；也就是所謂的能、所二取。如是二分，妄情似有，理實是無，此相據中邊論說是偏計所執。這是對第一問題的解答。

這見、相二分所依的自證分體，並不是如龜毛兎角的偏計所執無；而實是託緣而生，這託緣而生的名就叫做依他起。因爲是仗託著虛妄分別的種子因緣之所生故。這是對第二問題的解答。

以上所說，你是怎樣知道的呢？一切經論上都說：虛妄分別，是依他起；能、所二取，名爲偏計所執。這是有根據的啊。

有義：一切心及心所，由熏習力所變二分，從緣生故，亦依他起。偏計依斯妄執定實有無、一異、俱不俱等，此二方名偏計所執。諸聖教說：唯量、唯二、種種，皆名依他起故。又相等四法，十一識等，論皆說爲依他起攝故。不爾！無漏後得智品二分，應名偏計所執，許應聖智不緣彼生，緣彼智品，應非道諦；不許，應知有漏亦爾。又若二分是偏計所執，應如兎角等，非所緣緣，偏計所執體非有故。又應二分不熏成種，後識等生，應無二分。又諸習氣是相分攝，豈非有法能作因緣？若緣所生內相見分非依他起，二所依體，例亦應然，無異因故。由斯理趣，衆緣所生心

心所體及相見分，有漏、無漏皆依他起，依他衆緣而得起故。

第二師說：一切有漏、無漏，染與不染的心及心所，由熏習力所變的見、相二分，但從因緣生者，也是依他起。假使是徧計心依此見、相二分，虛妄執著，來決定這眞實是有、是無；是一、是異；是有無一異俱、有無一異不俱等，這樣的二分，才名叫徧計所執哩。因爲諸聖教上都說：唯識之量，與屬於唯識的見、相二分，以及見、相二分的種種行相，都叫做依他起。還有五法中除第五的如如法外，其餘的四法：一相、二名、三分別、四正智；十一識：一身（五根）、二身者（五識所依的意界）、三受者（第六識所依的意界）、四彼所受（六塵）、五彼能受（六識）、六世、七數、八處、九言說、十自他別、十一善惡趣生。這四法十一識，瑜伽顯揚等論，都說是依他起攝。不然的話，那就難免有如下的五種過失了。

一、假使一切相分不是依他起；那佛等無漏後得智品所變的見、相分，就應當名叫徧計所執！試問你許不許這樣？若許無漏心的見、相二分是徧計所執，那聖智就應當不是緣依他的相見而生了；假使緣依他相分而生徧計執，那能緣依他所起的智品，就應當不是道諦。若不許無漏心的見相二分是徧計所執，你應當知道，有漏心的見、相二分，也同無漏心一樣的不是徧計所執。

二、假使有漏的見、相二分，都是徧計所執；就應當同龜毛兎角一樣的不是所緣緣，因爲所緣緣有法，徧計無法啊。

三、又如你所執的見、相二分，決定不能熏習成種，因爲徧計無法，他好像石女不能生兒一樣，到後來識等生時，就應當沒有見、相二分；然而後識生時非無二分，可知二分並不是徧計所執。

四、又一切有漏習氣，原是相分所攝，豈不是有法作因緣嗎？怎能說他是無體法的徧計所執呢？

五、假定從緣所生不離於識的相、見二分不是依他起；那二分所依依他起的自證分體，依例也應當同二分一樣的不是依他起。因爲他們都是因緣種子所生，並沒有什麼差別的異因。

由於以上所說這道理與義趣之故，所以衆緣所生的心、心所體，及相、見二分，無論是有漏、無漏，都是依他起。因爲是依他衆緣而得生起的緣故。

頌言：分別緣所生者，應知且說染分依他；淨分依他，亦圓成故。或諸染淨心心所法，皆名分別，能緣慮故。是則一切染淨依他，皆是此中依他起攝。

第二頌中所說的「分別緣所生」這一句話，有兩種解釋：一、應知頌中這一句話，是唯說染分依他，爲分別法的因緣所生。何以不說淨分？因爲淨分依他，不但分別，亦通圓成實故。二、或者一切染淨的心、心所法，都名分別，因爲：若染、若淨、若色、若心，一切唯識能緣慮故。這樣，就一切染淨依他，都是這頌中所說的依他起攝了。

二空所顯圓滿成就諸法實性，名圓成實。顯此偏常，體非虛謬。簡自共相，虛空我等。無漏有爲離倒究竟，勝用周偏，亦得此名。然今頌中，說初非後。此即於彼依他起上，常遠離前偏計所執，二空所顯眞如爲性。說於彼言，顯圓成實與依他起不即不離；常遠離言，顯妄所執能所取性理恒非有；前言義顯不空依他；性顯二空非圓成實，眞如離有離無性故。

偏計、依他，已如上說，現在該講圓成實性了。什麼叫做圓成實？依人、法二空所顯的眞如，具有圓滿、成就、諸法實性三義，就叫做圓成實性。爲什麼眞如具此三義？一、圓滿，是顯示眞如體偏，一切處有。二、成就，是顯示眞如體常，非生滅法。三、諸法實性，是顯示眞如體實，並非虛謬。這偏、常、非虛謬的眞如性體，又都是顯示些什麼？一、偏，是簡別與自相不同；因爲諸法的自相，局於他自己的法體，不通餘法；唯有眞如的性體，是偏通餘法的。二、常，是簡別與共相不同；因爲諸法的共相，是無常遷變的；唯有眞如的性體，是常無改易。三、非虛謬，是簡別與虛空、我等不同；因爲小乘所執的虛空與外道所執的常我，都是虛謬，非法實性；唯有眞如不是虛謬，而是諸法實性。

如此說來，那淨分的依他，體非常徧，他如何也通圓成實？因爲淨分依他，是無漏有爲，他也具有如下三義：一、是離於顚倒虛妄的實義。二、是究竟能斷一切染法的成義。三、是勝用周徧，無境不緣的圓義。這三義同於眞如，所以也得名爲圓成實性。然而，因爲淨分依他，不是證得的法性，故今頌中，說初眞如名圓成實，非後淨分。這圓成實，就是在彼依他起上，常常遠離了前面的徧計所執，而以人、法二空所顯的眞如爲自性的。

第三句頌中所說的「於彼」二字，是顯示圓成實與依他起的體是不卽不離的。何以說是不卽？若卽，就應當眞如有滅，依他無生；然而眞如並非有滅，依他也並非無生，所以說是不卽。既說不卽，何以又說不離？若離，就應當眞如不是依他之性，離依他外別有如性了；然而如性並不是離依他而別有，所以又說不離。

第四句頌中所說的「常遠離」三字，是顯示虛妄的徧計所執是能、所取性，並非暫無，理恒非有，所以說是常遠離。「前」字的意義，是顯示空的是前面的徧計，不空依他。「性」字，是顯示圓成實是二空所顯的眞如，而二空並非卽是圓成實。因爲眞如是離有離無性。若說二空就是圓成實，則是眞如雖離於有，而尚未離於無了。

丙二　明非一異

由前理故，此圓成實與彼依他起，非異非不異。異應眞如非彼實性，不異此性應是

無常。彼此俱應淨非淨境，則本後智，用應無別。云何二性非異非一？如彼無常無我等性，無常等性與行等法異，應彼法非無常等，不異，此應非彼共相。由斯喻顯此圓成實與彼依他，非一非異。法與法性，理必應然，勝義世俗，相待有故。

上來釋前二頌已，現在是解釋第三頌的前三句。由此前面所說不即不離之理的原故，所以這圓成實性與那依他起性，是非異非不異。何以說是非異？因為眞如是依他起的實性；若說是異，那眞如就應當不是依他起的實性了，所以說是非異。既說非異，何以又說非不異呢？因為眞如性常，與依他起的無常不同；若說不異，這眞如性就應當同那依他起一樣的是無常了，所以說非不異。又、圓成實是淨的根本智境，依他起是淨通非淨的後得智境，假使二體是一，彼依他起與此圓成實的境，都應當是淨通非淨，這樣，則根本智與後得智的照用，就應當沒有差別了。

圓成、依他二性，是怎樣的非異非一？這譬如：無常、無我等性與行等諸法一樣，若說無常等性與行等諸法是異，那行等諸法，就應當不是無常等性了；然而行等諸法，却是生滅無常，所以說是非異。若說是一，那這無常等就應當不是彼行等諸法的共相了；然而無常等，却是行等諸法的共相，與自相不同，所以說是非一。由此譬喻來顯示這圓成實性與彼依他起性的非一非異。依他起的法與圓成實的法性，在道理上必然是這樣的。因為圓成的勝義，與依他的世俗，是相待而立之故。俗待眞有，眞待俗有，並不是像龜毛兎角一樣說非一非異。

非不證見此圓成實，而能見彼依他起性。未達徧計所執性空，不如實知依他有故。無分別智證眞如已，後得智中方能了達依他起性如幻事等。雖無始來心心所法，已能緣自相見分等，而我法執恒俱行故，不如實知衆緣所引自心心所虛妄變現，猶如幻事、陽燄、夢境、鏡像、光影、谷響、水月變化所成，非有似有。依如是義，故有頌言：『非不見眞如，而能了諸行，皆如幻事等，雖有而非眞』。

這是解釋第四句頌圓成、依他證見的次第。必須先以無漏聖慧證見了圓成實，然後才能夠了達依他起性，並不是不證見此圓成實，而能了彼依他起性的。爲什麼要先證圓成，次達依他？因爲妄所執力，覆彼依他，非達所執無，證圓成實，不能了知；所以行人在尚未了達徧計所執的性體是空無的地前等位，他無論怎樣也不能如實了知依他似有。要到五地以去，以無分別智證眞如理後，才能從後得智中了達依他起性是如幻事等。

雖一切異生無始以來的心、心所，已能緣其各自的相、見分等（見分緣相分，自證分緣見分及自證自分，自證自分緣自證分），然而由於我、法二執恒時與心俱行之故，不能如實了知依他衆緣所引的自心、心所是虛妄變現，猶如：幻事、陽燄、夢境、鏡像、光影、谷響、水月的變化所成，非有似有。依據此義，所以在厚嚴經中有一首頌的意思這樣說：「並非不證見眞如，而能了達諸行無常，都如幻事等一樣，雖有而不是眞有。」

乙二　總結

此中義說三種自性，皆不遠離心心所法。謂心心所及所變現，衆緣生故，如幻事等非有似有，誑惑愚夫，一切皆名依他起性。愚夫於此橫執我法，有無、一異、俱不俱等，如空華等，性相都無，一切皆名徧計所執。依他起上，彼所妄執我法俱空，此空所顯識等眞性，名圓成實。是故此三不離心等。

這三頌中大概的意義是說：徧計、依他、圓成，這三種自性，都不是離心、心所法而別有的。怎樣不離心心所法？心、心所法的自證分，及其所變現的相、見二分，因爲是衆緣生故，所以如幻事等非有似有。誑惑愚夫，不了如幻，謂爲實有，這一切都名叫依他起性。被誑惑的愚夫，在這依他起上，橫執我、法是有、是無；是一、是異；是有無一異俱、不俱等，如空華水月，性相都無，這一切都名叫徧計所執。若在依他起上，了達其所妄執的我、法，都空無所有，由此空理所顯的識及心所，一切相分等的眞性，就名叫圓成實。以是之故，這徧、依、圓三性，都不離心、心所法。

甲三　諸門攝屬

虛空、擇滅、非擇滅等，何性攝耶？三皆容攝。心等變似虛空等相，隨心生故，依他起攝；愚夫於中妄執實有，此卽偏計所執性攝；若於眞如假施設有虛空等義，圓成實攝。有漏心等，定屬依他；無漏心等，容二性攝。衆緣生故，攝屬依他；無顚倒故，圓成實攝。

向下分十二門辨釋攝屬，這是第一的無爲相攝門。問：虛空、擇滅、非擇滅、不動、想受滅、眞如，這六種無爲，屬於三性的那一性攝呢？答：三性都攝。怎見得是三性都攝呢？心、心所、見、相分等，由數數聞熏，變現出非有似有的虛空無爲等相，這是隨心分別的緣所生故，所以是依他起攝。愚夫不達，於此依他起中，妄執虛空等相謂爲實有，這就是徧計所執性攝。若於眞如理上，假藉名言施設有虛空無爲等義，便是圓成實攝。

若依有漏、無漏心說，那依他起義可就不一定了。假使是有漏心所變的虛空等相，決定唯屬依他；假使是無漏心所變的虛空等相，那就容屬依、圓二性所攝了。爲什麼屬二性所攝？衆緣生故，攝屬依他；無顚倒故，圓成實收。

如是三性，與七眞如，云何相攝？七眞如者：一、流轉眞如，謂有爲法流轉實性。

二、實相眞如，謂二無我所顯實性。三、唯識眞如，謂染淨法唯識實性。四、安立眞如，謂苦實性。五、邪行眞如，謂集實性。六、清淨眞如，謂滅實性。七、正行眞如，謂道實性。此七實性，圓成實攝，根本後得二智境故。隨相攝者：流轉、苦、集三，前二性攝，妄執雜染故。餘四皆是圓成實攝。

這是第二的眞如相攝門。像這徧、依、圓三性，與七眞如，是怎樣的相攝呢？現在先把這七種眞如的名體一一說出，然後再解答問題。一、流轉眞如，就是一切有爲法生滅流轉的實性。二、實相眞如，就是由人、法二無我的空義所顯的實性。三、唯識眞如，就是染淨法，隨染淨心而爲染淨的唯識實性。四、安立眞如，就是苦諦的實性。五、邪行眞如，就是能招感諸苦——集諦的實性。六、清淨眞如，就是證得淳槃——滅諦的實性。七、正行眞如，就是修三無漏學——道諦的實性。

這七種眞如，是約能詮義說的，並不是眞如的體有七種差別。若廢詮言體，那就只有一如實性了。若約實性來說，這七種眞如，都屬圓成實攝。因爲他們都是根本、後得二智之所緣境——實相、唯識、清淨三如實性，是根本智境；其餘的四如實性，是後得智境。若以隨相來說，流轉、苦、集三如，屬三性的前二性所攝。因爲這三如約妄所執說，都屬徧計執攝；若約詮雜染說，那就都屬依他起攝了。至於其餘的實相、唯識、清淨、正行四如，都屬圓成實攝。因爲他們都是聖智所顯的聖境。

三性六法，相攝云何？彼六法中，皆具三性。色受想行識及無爲，皆有妄執緣生理故。

這是第三的六法相攝門。問：三性與六法的相攝怎樣？答：彼六法中的一一法，都具有三性。因爲色、受、想、行、識、無爲六法，都有妄執、緣生的道理。於前色等五蘊，妄執我、法，所以是徧計執攝；衆緣所生，所以是依他起攝；自性本空，所以是圓成實攝。後一的無爲，如前第一門說。

三性五事，相攝云何？諸聖教說相攝不定。謂或有處，說依他起，攝彼相、名、分別、正智；圓成實性，攝彼眞如；徧計所執，不攝五事。彼說有漏心心所法，變似所詮，說名爲相；似能詮現，施設爲名；能變心等，立爲分別；無漏心等，離戲論故，但總名正智，不說能所詮。四從緣生，皆依他攝。或復有處，說依他起，攝相、分別；徧計所執，唯攝彼名；正智、眞如，圓成實攝。彼說有漏心及心所相分名相；餘名分別；徧計所執，都無體故，爲顯非有，假說爲名；二無倒故，圓成實攝。或有處說，依他起性，唯攝分別；徧計所執，攝彼相、名；正智、眞如，圓成實攝。彼說有漏心及心所相見分等，總名分別，虛妄分別爲自性故；徧計所執，能詮所詮，隨情立爲名相二事。復有處說，名屬依他起性，義屬徧計所執。彼說有漏心心所法相見分等，由名勢力成所徧計，故說爲名；徧計所執，隨名橫計，體實非有，假立義名。諸聖教中所說五事，文雖有異，而義無違。然初所說不相雜亂，如瑜珈論廣說應知。

這是第四的五事相攝門。問：三性與相、名、分別、正智、眞如，這五事的相攝怎樣？答：一切聖教說相攝不定。玆分別列舉如左：

或有處，如瑜伽、顯揚等說：依他起性，攝五事之四的相、名、分別、正智；圓成實性，攝彼五事之一的眞如；徧計所執性，不攝五事。爲什麼五事之四，都屬依他起攝呢？因爲彼瑜伽等，是約詮門而說的，他說：有漏的心、心所法，變似所詮的義理，就說名爲「相」；變似能詮的言說，就施設爲「名」；能變所詮能詮的心、心所法，就立名「分別」；有漏心等不離戲論，所以有能詮所詮，無漏心等離戲論故，但總名「正智」，不說有能詮所詮的差別。這相、名、分別、正智四事，都從有漏或無漏心等的因緣所生，所以都屬依他起攝。

或復有處，如中邊論說：依他起性，攝相及分別二事；徧計所執，唯攝名之一事；正智、眞如二事，則屬圓成實攝。爲什麼三性攝盡五事？因爲辨中邊論，是依見、相分等而說的，他說：有漏心及心所的相分名「相」，其餘的自證及見分等，都名叫「分別」，此二緣生，所以是依他起攝；徧計所執，都無實體，爲了顯示其實體的非有，所以假說爲「名」；正智、眞如，二無顚倒，體屬無漏，所以是圓成實攝。

或有處，如楞伽經說：依他起性，唯攝分別一事；徧計所執，攝相、名二事；正智、眞如二事，屬圓成實攝。爲什麼要這樣說？因爲楞伽對見、相分等，及能詮、所詮的解釋不同，他說：有漏心及心所的相、見分等，總名分別，因爲他們都是以虛妄分別爲自性的，所以屬依他起攝；徧計所執，於能詮、所詮，隨著妄計的情執，假立能詮爲名，所詮爲相，而體實非有，所以相、名二事，屬徧計執攝。

又有處，如攝論上說：名之一事，屬依他起性；義（相及分別）之二事，屬徧計所執。因爲有漏心、心所法的相、見、自證、自證自分，由名勢力的緣起成所徧計，所以名屬依他起性。徧計所執，卽隨此名橫計於義，而體實非有，不過假立義名而已，所以義屬徧計所執性。

以上諸聖教中所說五事，文雖不同，而各據一義，互不相違。然在四說之中，以最初瑜伽所說的較爲淸晰，不相雜亂。詳如瑜伽論的廣說，這是應當知道的。

又聖教中說有五相，此與三性相攝云何？所詮能詮各具三性。謂妄所計，屬初性攝；相名分別，隨其所應，所詮能詮，屬依他起；眞如正智，隨其所應，所詮能詮，屬圓成實，後得變似能詮相故；二相屬相，唯初性攝，妄執義名定相屬故；彼執著相，唯依他起，虛妄分別爲自性故；不執著相，唯圓成實，無漏智等爲自性故。

這是第五的五相相攝門。問：聖教中說有：所詮、能詮、相屬、執著、不執著五相，這五相與三性的相攝，是怎樣的呢？答：所詮、能詮二相，各具三性。就是：妄所計的所詮諸法，能詮諸名，屬偏計所執性攝。前說五事中的相、名、分別三事：分別的全部是所詮相；相、名的部分是所詮相，部分是能詮相；隨這三事所應的所詮能詮，屬依他起攝。前說五事中的正智、眞如二事：眞如是所詮相；正智的部分是所詮相，部分是能詮相；隨這二事所應的所詮能詮，是圓成實攝。無漏正智，非能詮相，何以能詮並屬三性？因爲後得的正智，也以變似能詮相故，所以所詮能詮並屬三性。第三的能詮所詮二「相屬相」，唯屬偏計所執性攝，因爲妄計能詮的名及所詮的義，決定是相屬之故。第四的執著相，唯屬依他起攝，因爲執著是以虛妄分別爲自性的。第五的不執著相，唯屬圓成實攝，因爲不執著是以無漏二智及無爲等爲自性的。

又聖教中說四眞實，與此三性相攝云何？世間道理所成眞實，依他起攝，三事攝故

。二障淨智所行眞實，圓成實攝，二事攝故。辨中邊論，說初眞實，唯初性攝，共所執故。第二眞實，通屬三性，理通執無執，雜染淸淨故。後二眞實，唯屬第三。

這是第六的眞實相攝門。聖教中所說的四種眞實，與此三性的相攝，是怎樣的呢？現在先把四種眞實，一一略說，然後再解答問題。一種是世間所成眞實。就是世人自昔以名言決定，分別一切，例如：大家共許這是山，那是水，並不是出於個人的推斷。二種是道理所成眞實。就是有漏智者依現、比、至敎三量，證成道理所建立的事實。三種是煩惱障淨智所行眞實。就是解脫了煩惱障，依四諦三無漏智所行的眞實。四種是所知障淨智所行眞實。就是解脫了所知障，依一切法空觀智所行的眞實。

瑜伽，對法等說：世間、道理所成的二種眞實，屬依他起攝。因爲這二種眞實，是五事中的相、名、分別三有漏法之所攝故。煩惱、所知二障淨智所行的二種眞實，屬圓成實攝。因爲這二種眞實，是五事中的正智、眞如二無漏法之所攝故。

辨中邊論說：第一的世間所成眞實，唯屬徧計所執性攝。因爲那是一切世間共同所執的實我、法故。第二的道理所成眞實，通屬三性所攝。因爲道理通執與無執，執中有能執所執：所執是徧計執性；能執是依他起性。無執中有雜染淸淨：雜染的無執是依他起性；淸淨的無執是圓成實性。後二障淨智所行的二種眞實，唯屬第三的圓成實攝，義同前釋。

三性四諦，相攝云何？四諦中一一皆具三性。且苦諦中，無常等四，各有三性。無常三者：一、無性無常，性常無故。二、起盡無常，有生滅故。三、垢淨無常，位轉變故。苦有三者：一、所取苦，我、法二執所依取故。二、事相苦，三苦相故。三、和合苦，苦相合故。空有三者：一、無性空，性非有故。二、異性空，與妄所執自性異故。三、自性空，二空所顯爲自性故。無我三者：一、無相無我，我相無故。二、異相無我，與妄所執我相異故。三、自相無我，無我所顯爲自相故。集諦三者：一、習氣集，謂偏計所執自性執習氣，執彼習氣，假立彼名。二、等起集，謂業、煩惱。三、未離繫集，謂未離障眞如。滅諦三者：一、自性滅，自性不生故。二、二取滅，謂擇滅二取不生故。三、本性滅，謂眞如故。道諦三者：一、偏知道，能知偏計所執故。二、永斷道，能斷依他起故。三、作證道，能證圓成實故。然偏知道，亦通後二。七三三性，如次配釋。今於此中所配三性，或假或實，如理應知。

這是第七的四諦相攝門。三性與苦、集、滅、道四諦的相攝怎樣？不但四諦中的一一諦，都具有三性；而且苦諦中的無常、苦、空、無我四行，亦各具三性；如是廣說爲七，玆依次列左。

無常三者：一、無性無常——因體性常無，所以是徧計所執性。二、起盡無常——因爲是依緣而起的有生滅法，所以是依他起性。三、垢淨無常——因爲垢淨雖位有轉變，而性非無常，所以是圓成實性。

苦有三者：一、所取苦——因爲是我、法二能執心之所取故，所以是徧計所執性。二、事相苦——因爲一切事的緣起，是以苦苦、壞苦、行苦，這三苦爲相的，所以是依他起性。三、和合苦——因爲眞如雖與一切有漏的苦相和合，而性實非苦，所以是圓成實性。

空有三者：一、無性空——因爲自性非有，妄計爲有，所以是徧計所執性。二、異性空——因爲是有爲的有體法，與無性的妄執有異，緣之爲空，而體實非空，所以是依他起性。三、自性空——因爲是以人、法二空所顯的理爲自性的，所以是圓成實性。

無我三者：一、無相無我——因爲我相本無，唯妄所執，所以是徧計所執性。二、異相無我——因爲與妄所執的我相有異，所以是依他起性。三、自相無我——因爲是以無我所顯的理爲自相的，所以是圓成實性。

集諦三者：一、習氣集諦——這是徧計所執自性，執有我、法的習氣，體雖依他，而從因假立彼名爲徧計所執性。二、等起集——由煩惱起業，由業起果，煩惱、業、果平等緣起，所以是依他起性。三、未離繫集——卽尚未離障的在纏眞如，所以是圓成實性。

滅諦三者：一、自性滅——滅是不生義，偏計所執的自性是不生的，所以是偏計所執性。二、二取滅——依智慧擇滅，使能、所二取，滅而不生，所以是依他起性。三、本性滅——滅是寂滅，眞如實性本來是寂滅的，所以是圓成實性。

道諦三者：一、偏知道——能知偏計所執，從所知立名，名偏計所執性。二、永斷道——卽能永斷依他，從所斷立名，名依他起性。三、作證道——卽能證圓成實，從所證立名，名圓成實性。然，偏知道，既能偏知，當然不僅能知初性的偏計執，亦通後二性的依他、圓成。

以上所說的苦諦下有四種三，集、滅、道三諦下各有一三，這七種三與三性相攝，如其次第的配屬，都解釋已竟；其中或諦實而性假，或諦假而性實，如理應知。

三解脫門所行境界，與此三性相攝云何？理實皆通，隨相各一。空、無願、相，如次應知。緣此復生三無生忍：一、本性無生忍。二、自然無生忍。三、惑苦無生忍。如次此三，是彼境故。

這是第八的解脫相攝門。空、無願、無相，這三解脫門所行的境，與此三性的相攝怎樣？約總相說：理實三解脫門，皆通三性：若緣依他起；了無偏計執；卽是圓成實。圓成實性，既是因空而顯，便是空境；於此不起願求，便是無願境；若以空緣三性，那當然是無相境了。隨別相說：三性與三解脫門，各一相攝：空解脫門，爲偏計所執性攝；無願解脫門，爲依他起性攝；無相解脫門，爲圓成實性攝。如次應知。

緣此三性，又生三無生忍：一、本性無生忍——卽緣偏計所執的本體是無生的。二、自然無生忍——卽依他緣起，並非自然而生。三、惑苦無生忍——卽證圓成實時，那惑業苦果就不會再生起了。如其次第的配屬，這三性就是彼三無生忍的所緣境。

此三云何攝彼二諦？應知世俗具此三種，勝義唯是圓成實性。世俗有三：一、假世俗。二、行世俗，三、顯了世俗。如次應知卽此三性。勝義有三：一、義勝義，謂眞如，勝之義故。二、得勝義，謂涅槃，勝卽義故。三、行勝義，謂聖道，勝爲義故。無變無倒，隨其所應，故皆攝在圓成實性。

這是第九的二諦相攝門。這三性，是怎樣的攝彼世俗、勝義二諦呢？應知世俗諦具此三性，勝義諦唯是圓成實攝。茲分別明之如左。

世俗有三：第一是假世俗——實在沒有體性可言，不過假名爲世俗而已；這在四種世俗諦中，屬第一的假名無實諦。第二是行世俗——這是有爲依他，也是行人證悟的方便法門；在四種世俗諦中，屬第二的隨事差別諦；及第三的方便安立諦。第三是顯了世俗——這是斷了染分依他、及偏計所執，所顯的眞如；在四種世俗諦中，屬於第四的勝義諦。這三種世俗諦，如其次第，屬徧計、依他、圓成三性所攝。

勝義有三：第一是義勝義——妙體離言的眞如，爲最勝之義；在四種勝義諦中，屬第四的勝義勝義。第二是得勝義——涅槃是證得的勝境，勝卽是義；在四種勝義諦中，屬第三的證得勝義。第三是行勝義——聖道的無漏智，是以知苦、斷集、證滅、修道的勝法爲所緣義的；在四種勝義諦中，屬第二的道理勝義。這三勝義諦的前二諦，是理無變易；後一諦，是智無顚倒；所以隨其所應，都攝在圓成實性。

如是三性，何智所行？徧計所執，都非智所行，以無自體，非所緣緣故。愚夫執有，聖者達無，亦得說爲凡聖智境。依他起性，二智所行。圓成實性，唯聖智境。

這是第十的凡聖智境門。如是三性，於凡、聖二智，屬那一智所行呢？徧計所執性，都不是凡、聖智之所行；因爲他沒有自體，不是二智的所緣緣。然而，在這徧計執上，愚夫執以爲有；聖者了達是無，也得說他是凡聖智境。依他起性，爲凡、聖二智之所行；但依他是有爲法，只能說他是世間無漏聖智之境，非出世智。圓成實性，唯聖智境，不是凡智所能親緣的。

此三性中，幾假幾實？徧計所執，妄安立故，可說爲假；無體相故，非假非實。依他起性，有假有實：聚集、相續、分位性故，說爲假有；心心所色從緣生故，說爲

實有。若無實法，假法亦無，假依實因而施設故。圓成實性唯是實有，不依他緣而施設故。

這是第十一的假實門。這三性中，有幾性是假，幾性是實呢？第一徧計所執性：若從妄情安立而論，可以說他是假；若從法體無相而論，可以說他是非假非實。第二的依他起性，有假有實：假有三種：一種是聚集假——就是由多法聚集所成的假法，如情與非情。二種是相續假——在刹那生滅的三世因果相續上，所立的假法，如佛說：「昔者鹿王，今我身是」。三種是分位假——如不相應行，都是從色、心等法的分位上，假施設的。由此三假之故，所以說爲假有；心、心所、色等，因爲是從緣生故，所以說爲實有。因緣所生法，分明就是聚集假，何以說爲實有？若無實法，假法亦無，假是依實爲因而施設的，今從其依因爲論，說之爲實。第三的圓成實性，唯是實有，因爲是勝義所攝，不是依他衆緣而施設的。

此三爲異，爲不異耶？應說俱非，無別體故；妄執、緣起、眞義別故。

這是第十二的異不異門。這三性是異呢，還是不異？應當說是非異、非不異。何以說是非異？因爲不了依他起，才妄計所執，並非離依他外，別有執性；若了依他起，不妄計所執，便是圓成實，並非離依他外，別有實性。這徧、依、圓三無差別，所以說非異。何以說是非不異？因爲徧計是妄執性；依他是緣起性；圓成是眞義性。三性各各有別，所以說非不異。

如是三性，義類無邊，恐厭繁文，略示綱要。

乙二　總結止繁

如是三性的義類，深廣無邊，恐厭繁文，僅作以上十二門辨，略示綱要。

第二節　次舉頌答

甲一　藉問起頌

若有三性，如何世尊說一切法皆無自性？頌曰：『卽依此三性，立彼三無性；故佛密意說，一切法無性。初卽相無性；次無自然性；後由遠離前，所執我法性。此諸法勝義，亦卽是眞如；常如其性故，卽唯識實性』。

上來初舉三頌，釋違敎難竟，此下是次舉三頌，釋違敎難。問：若不離識而有三性者，爲什麼世尊說，一切法都沒有自性呢？這豈不是與敎相違嗎？下舉三頌以答所問：第一頌總答；第二頌別答；第三頌明唯識性。這頌中的意義，向下論文自有廣釋。

甲二　釋頌文

論曰：卽依此前所說三性，立彼後說三種無性：謂卽相、生、勝義無性。故佛密意說一切法皆無自性，非性全無。說密意言，顯非了義：謂後二性雖體非無，而有愚夫於彼增益，妄執實有我法自性，此卽名爲徧計所執，爲除此執，故佛世尊於有及無總說無性。

這向下是以論文來解釋頌義，今先釋第一頌。論上說：三無自性，並非由別觀而立，卽是依這前面所說的徧計、依他、圓成三性，建立那後面所說的三種無性：1. 相無性；2. 生無性；3. 勝義無性。因此佛才密意的說，一切法皆無自性，並不是連依他、圓成的二性全都沒有了。密意的話，顯示不是究竟了義，而是權宜方便的說法。如何是權宜方便？後二性的依他、圓成，雖自體非無，然而猶有不達二空的愚夫，在彼依、圓二自性上，橫起增益，妄執本無自性的我、法，謂爲實有，這就叫做徧計所執。爲了除此妄執，所以佛世尊才依三性的有體無體，總說三種無性。實則這三無性，無的是徧計所執，而不是依他、圓成。

云何依此而立彼三？謂依此初徧計所執，立相無性。由此體相畢竟非有，如空華故。依次依他，立生無性。此如幻事託衆緣生，無如妄執，自然性故，假說無性，非性全無。依後圓成實，立勝義無性。謂卽勝義，由遠離前徧計所執我法性故，假說無性，非性全無。如太虛空，雖徧衆色，而是衆色無性所顯。雖依他起非勝義故，亦得說爲勝義無性，而濫第二，故此不說。

上來釋第一頌竟，現在該釋第二頌了。怎樣依這三性，來建立那三無性呢？就是：依這三性最初的徧計所執，建立那三無性的「相無性」。因爲這徧計所執的體相，畢竟非有，好像病眼所見的空華一樣。依這三性第二的依他起，建立那三無性的「生無性」。因爲這依他起，如幻事一樣是仗託著衆緣所生，他沒有像外道那樣妄執諸法是自然所生的自然性，所以假說無性，並不是依他起的自性全無。依這三性最後的圓成實，建立那三無性的「勝義無性」。因爲圓成實就是勝義，由於遠離了前徧計所執的我、法性故，所以假說無性，並不是圓成實的自性全無。譬如：太虛空，雖徧衆色，却是由衆色無性，色卽是空之所顯現。勝義亦然，雖是諸法實性，却是於依他起上，無徧計執之所顯現。

雖依他起實有體法，而非勝義，非者無也，所以也得說他爲勝義無性。然而，若說依他爲勝義無性，便與第二的圓成勝義無性相濫，所以但說圓成爲勝義無性，不說依他。

此性卽是諸法勝義，是一切法勝義諦故。然勝義諦，略有四種：一、世間勝義，謂蘊處界等。二、道理勝義，謂苦等四諦。三、證得勝義，謂二空眞如。四、勝義勝義，謂一眞法界。此中勝義，依最後說，是最勝道所行義故。爲簡前三，故作是說。此諸法勝義，亦卽是眞如。眞謂眞實，顯非虛妄；如謂常如，表無變易。謂此眞實，於一切位，常如其性，故曰眞如，卽是湛然不虛妄義。亦言顯此復有多名，謂名法界及實際等，如餘論中，隨義廣釋。此性卽是唯識實性，謂唯識性略有二種：一者虛妄，謂徧計所執。二者眞實，謂圓成實性。爲簡虛妄，說實性言。復有二性：一者世俗，謂依他起。二者勝義，謂圓成實。爲簡世俗，故說實性。

上來釋第二頌竟，現在該解釋第三頌了。這圓成實勝義無性，就是一切法的勝義諦。然勝義諦，隨法淺深，約略只有四種：第一種是世間勝義——就是五蘊、十二處、十八界等。事相粗顯，尙可破壞，所以名爲世間；又爲聖者之所知，勝於世俗諦的第一世俗，所以名爲勝義。第二種是道理勝義——就是苦、集、滅、道的四諦。爲知、斷、證、修的因果差別，所以名爲道理；又是無漏智境，勝於世俗諦的第二世俗，所以名爲勝義。第三種是證得勝義——就是二空眞如。此理依聖智所詮的空門而顯，所以名爲證得；又爲凡愚所不測，勝於世俗諦的第三世俗，所以名爲勝義。第四種是勝義勝義——就是一眞法界。妙體離言，超一切法，所以名爲勝義；又是聖者內智，勝於世俗諦的第四世俗，所以又名勝義。

這頌中所說的諸法勝義，是依最後的勝義勝義而說的，因爲這是最勝道的行義，特爲簡非前三勝義，故作此說。這諸法勝義，也就是眞如。眞，是眞實，顯示不是有漏虛妄的偏計所執；如，是如常，表示不是無漏有爲生滅變易的依他。就是說：這眞實，在一切法位上，是常如其性的，所以叫做眞如；也就是澈法底源，湛然離倒的不虛妄義。頌中所說「亦卽是眞如」的「亦」字，是顯示這眞如，除本論所立名外，還有很多不同的異名，如：無我性、空性、無相、實際、法界等。至於這些異名的意義，如其餘的對法、顯揚等論中的隨義廣釋。

這圓成實性，就是唯識實性。爲什麼要說唯識實性？因爲唯識性略有二種：一是虛妄唯識性——就是非有而遣的偏計所執。二是眞實唯識性——就是非空而證的圓成實性。爲的要遮簡虛妄，所以才說實性的話。這唯識復有二性：一是世俗唯識性——就是斷然後淨的依他起。二是勝義唯識性——就是唯證所淨的圓成實。爲的要簡別世俗，所以才說爲實性。

乙二　總結

三頌總顯諸契經中說無性言，非極了義。諸有智者不應依之，總撥諸法都無自性。

以上三頌，總是顯示一切經中所說的「無性」那句話，並不是究竟了義；凡是有智慧的人，不應依據那不了義經，總撥一切法都無自性。

第六篇　入唯識位

第一章　總明五位

如是所成唯識相性，誰於幾位，如何悟入？謂具大乘二種性者，略於五位漸次悟入。何謂大乘二種種性？一、本性住種性，謂無始來依附本識，法爾所得無漏法因。二、習所成種性，謂聞法界等流法已，聞所成等熏習所成。要具大乘此二種性，方能漸次悟入唯識。

本論自開宗以來，已釋二十五頌竟。在這二十五頌中，前二十四頌成唯識相，後之一頌成唯識性。問：如是所成的唯識相性，在五乘不同的種性中，都是那些種性的人，經過幾層階位，才能悟入呢？答：具有大乘二種種性的人，大略經過五層階位，一位一位的漸次悟入。什麼是大乘二種種性？一是本性住種性——就是無始以來，本性依附在菩薩的根本識中，法爾自然所得的無漏法因，非由熏習，不自今有，所以名為本性住種性。二是習所成種性——就是聞聽從法性流出，與法性相似的等流教法已後，依聞、思、修三慧熏習成長的無漏種子，所以名為習所成種性。

必須要具有這大乘的二種種性，才能循序漸進，次第悟入唯識相性。但這裡所說的大乘，唯簡定性與無種性，至於不定性聲緣，亦大乘收。

何謂悟入唯識五位？一、資糧位，謂修大乘順解脫分。二、加行位，謂修大乘順決擇分。三、通達位，謂諸菩薩所住見道。四、修習位，謂諸菩薩所住修道。五、究竟位，謂住無上正等菩提。

怎樣叫悟入唯識五位？第一是資糧位——就是修學大乘的順解脫分，籌備佛道資糧。從初發心到十廻向終，就叫做順解脫分。第二是加行位——就是修學大乘的順決擇分，方便加行。見道前的煖等四善根，就叫做順決擇分。第三是通達位——就是諸菩薩通達二空無我之理所住的見道。初地入心，就叫做見道。第四是修習位——就是諸菩薩修習妙觀所住的修道。從初地住心到十地出心，就叫做修道。第五是究竟位——就是究竟斷惑證理，永住於無上正等菩提。

云何漸次悟入唯識？謂諸菩薩，於識相性資糧位中，能深信解；在加行位，能漸伏除所取能取，引發眞見；在通達位，如實通達；修習位中，如所見理數數修習，伏斷餘障；至究竟位，出障圓明，能盡未來化有情類，復令悟入唯識相性。

怎樣才能漸次悟入唯識？就是諸菩薩，在唯識相、性的第一資糧位中，能深信唯識，深解相性；次在第二的加行位，能漸漸伏除了所取、能取，而引發眞見；次在第三的通達位中，起無漏現行二智，如實通達諸法相性；次在第四的修習位，如其所見的眞理，精勤不懈，數數修習，以伏除煩惱，斷餘知障；次至第五的究竟位，出離二障。於功德智慧，體無不備，叫做圓；用無不行，叫做明；既已圓明，不但自己悟入唯識相性，而且還能盡未來際，度化一切有情之類，敎他們也能悟入唯識相性。

第二章　別釋五位

第一節　釋資糧位

甲　藉問起頌

初資糧位，其相云何？頌曰：『乃至未起識，求住唯識性；於二取隨眠，猶未能伏滅』。

上來總明五位竟，此下是別釋五位。問：五位中最初的資糧位，他的義相是怎樣的呢？下擧一頌以答所問。關於頌中的意義，向後論文自有解釋，勿庸費詞。

論曰：從發深固大菩提心，乃至未起順決擇識，求住唯識眞勝義性，齊此皆是資糧位攝。爲趣無上正等菩提，修習種種勝資糧故。爲有情故，勤求解脫，由此亦名順解脫分。此位菩薩，依因、善友、作意、資糧，四勝力故，於唯識義雖深信解，而未能了能所取空，多住外門修菩薩行，故於二取所引隨眠，猶未有能伏滅功力，令彼不起二取現行。

此下是以論文來解釋頌義。論曰：菩薩從大悲願力，策發深遠堅固的大菩提心開始，一直到尚未生起順決擇識，以求住於唯識的眞勝義性爲止，齊此地前三十心，都是資糧位攝。爲的要趣向無上正等菩提，才修習種種福智及宿世善根的殊勝資糧，如人遠行，必須要籌備川資食糧一樣，所以名爲資糧。趣無上菩提，非但自利，爲度化有情故，勤求解脫，順修解脫之因，由此亦名順解脫分。

這資糧位的菩薩，依聞熏修的因力；善友的緣力；決定勝解的作意力；善修福智的資糧力，這四種殊勝力故，對於唯識義趣，雖已深生信解，而未能了達能所取空。很少能內觀眞如，多住外門以散心修菩薩行。因此，於二取所引的隨眠，還沒有能够伏滅的功力，使他不起二取現行。

此二取言，顯二取取，執取能取所取性故。二取習氣，名彼隨眠，隨逐有情眠伏藏識，或隨增過，故名隨眠，卽是所知煩惱障種。煩惱障者，謂執偏計所執實我，薩迦耶見而爲上首。百二十八根本煩惱，及彼等流諸隨煩惱，此皆擾惱有情身心，能障涅槃，名煩惱障。所知障者，謂執偏計所執實法，薩迦耶見而爲上首。見疑無明愛恚慢等，覆所知境，無顚倒性，能障菩提，名所知障。

二取有執與非執之別，這頌中所說的二取，就是顯示二取之取，非名二取；而是執取能、所二取爲實有性，方名二取。若以二取名取，那非執的二取，豈是所伏斷的嗎？由二取現行所熏成的習氣，名爲二取隨眠。因爲他隨逐有情不捨生死，一直如睡眠似的潛伏在阿賴耶的藏識裡面；或者隨逐有情，使增過非，昏迷如睡，所以名爲隨眠。這二取習氣的隨眠，就是所知、煩惱二障的種子。

什麼叫做煩惱障？就是執著偏計所執的實我，以人我、我所的薩迦耶見而爲上首。一百二十八種根本煩惱（屬於見道所斷的一百一十二種，修道所斷的十六種。）以及彼根本煩惱的等流隨惑，他們都擾惱有情身心，能障涅槃，所以名爲煩惱障。

什麼叫做所知障？就是執著偏計所執的實法，以法我、我所的薩迦耶見而爲上首。見、疑、無明、愛、恚、慢等，覆蓋了所應了知的一切有爲無爲，以及無顚倒性的眞如理境，令智不生，能障菩提，所以名爲所知障。

此所知障，決定不與異熟識俱，彼微劣故，不與無明慧相應故，法空智品與俱起故，七轉識內，隨其所應，或少或多，如煩惱說。眼等五識無分別故，法見疑等定不相應，餘由意力皆容引起。

這所知障，決定不與第八異熟識俱，其故有三：一、彼異熟識，微細劣弱，他不及法執的粗强。二、法執必與無明慧俱，因無明迷暗，慧能計度，第八識唯與作意心所相應，與無明慧是不相應的。三、法空智品與第八識是俱起的，法空智起，當然法執就不能現行了。

並不是離煩惱外，別起法執，所以此數與煩惱等同，在七轉識裡，第七識有根本煩惱四，隨煩惱八，及別境慧一，共十三法；第六識具有一切；前五識有根煩惱三，隨煩惱十，共十三法。所以說，隨其所應，或少或多，如煩惱說。

眼等五識，因爲沒有分別的作用，所以由分別所生的法見、疑、慢等，決定不與相應。餘如：法貪、恚、痴等，由於五俱意識之力，皆容引起。

此障但與不善、無記二心相應，論說無明唯通不善、無記性故，痴無癡等不相應故。煩惱障中，此障必有，彼定用此爲所依故。體雖無異而用有別，故二隨眠，隨聖道用，有勝有劣，斷或前後。此於無覆無記性中，是異熟生，非餘三種。彼威儀等

，勢用薄弱，非覆所知，障菩提故。此名無覆，望二乘說，若望菩薩，亦是有覆。

這所知障，在善、惡、無記的三性心中，但與不善、無記二心相應，不通善性。因爲瑜伽論上說：無明唯通不善、無記，並沒有說亦通善性。論上何以不說亦通善性呢？無明就是痴，善心無痴，法執有痴，痴與無痴，是絕對不相應的啊。

煩惱障中，必定有所知障，因爲法執體寬，煩惱障狹，狹隘的煩惱障，必須要用這寬濶的所知障爲所依故。這二障的體不相違，可以說是無異；而用義分途，可以說是有別。所以二障隨眠，隨著三乘聖道的功用，有勝有劣，斷或前後。就是：煩惱障粗，所知障細，或先斷煩惱，後斷所知，如二乘回趣；或先斷所知，後斷煩惱，如菩薩地等。

這所知障，在四種無覆無記性中，是異熟生無記，而不是其餘的三種。因爲異熟無記的勢力强大，覆所知境，能障菩提；彼威儀、工巧、變化三種無記的勢用薄弱，他們既不能覆所知境，亦不能爲菩提障。問：無記既名無覆，何以能覆所知？當知，此名無覆，是對二乘而說，因爲他不能覆二乘的轉依勝果；若對菩薩，亦是有覆，因其能覆所知，障菩提故。

若所知障有見疑等，如何此種契經說爲無明住地？無明增故，總名無明，非無見等。如煩惱種，立見一處、欲、色、有愛，四住地名，豈彼更無慢、無明等？

倘若所知障中有見、疑等惑，如何有關這類的契經上說，所知障爲五住地中的無明住地呢？那是因此住地的無明，較為增上，超勝餘惑，所以總名無明，並不是沒有其餘的見等煩惱。例如：煩惱種子，見、修皆有，然以見道所斷的，立見一處住地；修道所斷的，立欲愛、色愛、有愛住地，這四住地的名，不過各約其偏增而立罷了，豈彼除見、愛外，更無貪、瞋、痴、慢等惑嗎？

如是二障，分別起者，見所斷攝；任運起者，修所斷攝。二乘但能斷煩惱障，菩薩俱斷。永斷二種，唯聖道能，伏二現行，通有漏道。菩薩住此資糧位中，二粗現行雖有伏者，而於細者及二隨眠，止觀力微未能伏滅。

如是二障，若是由後來邪師所教及邪分別而起的，屬於見道所斷；若是由無始熏習，任運而起的，那就屬修道所斷了。二乘唯能斷煩惱障，不斷所知障，因彼但取涅槃，不悟菩提，所知障不障涅槃故。菩薩則二障俱斷，因彼直趣菩提大果，不唯取小果涅槃。要永斷二障種子，唯初地入心到十地出心的無漏聖道，才能成辦；若暫伏二障現行，那就不唯無漏聖道，即地前的有漏道，亦能成辦。

菩薩住在這資糧位中，對於二障的粗惑現行，雖有多分被伏，少分於四善根方伏；而於微細現行，及二障隨眠，由於對治的止觀力微，猶未能伏滅。

丙　辨位修行

此位未證唯識眞如，依勝解力修諸勝行，應知亦是解行地攝。所修勝行，其相云何？略有二種：謂福及智。諸勝行中，慧爲性者，皆名爲智，餘名爲福。且依六種波羅密多，通相皆二；別相，前五說爲福德，第六智慧；或復前三唯福德攝，後一唯智，餘通二種。復有二種，謂利自他。所修勝行，隨意樂力，一切皆通自他利行。依別相說：六到彼岸，菩提分等，自利行攝；四種攝事，四無量等，一切皆是利他行攝。如是等行差別無邊，皆是此中所修勝行。

上來釋頌文竟，此下是辨位修行。這資糧位的菩薩，因爲還沒有證得唯識眞如，所以才依決定印可的勝解力，修一切勝行。應知不但順決擇分是解行地，即此亦是解行地攝。問：所修的勝行，都是些什麼？答：略有二種：1.福。2.智。什麼叫做福智？在一切勝行中，凡是以慧爲體性的，都叫做智；不以慧爲體的，都叫做福。現在別的勝行不說，且以六波羅密多爲論：約通相說，皆名福智：若與智俱行，助成智業的，都叫做智；若與福俱行，助成福業的，都叫做福。約別相說：前五非智，說爲福德；第六非福，說爲智慧。或復以前三的布施、持戒、忍辱唯屬福德；後一的般若唯屬智慧；其餘的精進、禪定通福智二種。怎樣通二？若依精進修布施持戒等，即名爲福；修三慧等，即名爲智。若依禪定修四無量等，即名爲福；修六善巧等，即名爲智。

勝行，除以上所說福、智二種外，還有二種：1.自利。2.利他。就是所修勝行，隨意樂力的一切功德，都通於自利、利他二行。若依別相來說：六度、三十七菩提分等，都是自利行攝；四種攝事、四無量心等，都是利他行攝。像這樣的勝行，差別無邊，都是這資糧位中所修的勝行。

此位二障雖未伏除，修勝行時有三退屈，而能三事練磨其心，於所證修勇猛不退。一聞無上正等菩提廣大深遠，心便退屈；引他已證大菩提者，練磨自心勇猛不退。二聞施等波羅密多甚難可修，心便退屈；省己意樂能修施等，練磨自心勇猛不退。三聞諸佛圓滿轉依極難可證，心便退屈；引他粗善況己妙因，練磨自心勇猛不退。由斯三事練磨其心，堅固熾然修諸勝行。

這資糧位中的煩惱、所知二障雖未伏除，致使修勝行時，有三種退屈；然而，猶能以三事練磨其心，於所證修，勇猛精進，不令退屈。現在把三種退屈及三事練磨，列舉如左。

一、聞說無上正等菩提，廣大無邊，深遠難測，便躊躇不前，心生退屈；此時即引用其他已證大菩提者的大悲願行，來練磨自心，便能發大勇猛，精進不退。

二、聞說施等六波羅密多，甚難可修，心便退屈；此時即省察自己的意樂，已能修施、戒等行，只要再一鼓餘勇，不難圓滿六到彼岸，這樣練磨自心，便勇猛不退。

三、聞說諸佛圓滿轉依，極難可證，心便退屈；此時卽引用他人所行的施等粗善，來比況自己的妙因，粗善尙獲善果，妙因豈能不證妙果？這樣練磨自心，便勇猛不退。

由此以上三事練磨其心，能使三種退屈的行者，堅固熾然的修諸勝行而不退屈。

第二節　釋加行位

甲　藉問起頌

次加行位其相云何？頌曰：『現前立少物，謂是唯識性；以有所得故，非實住唯識』。

上來已釋初資糧位竟，此下該釋第二的加行位了。問：次加行位，他的義相是怎樣的呢？下擧一頌以答所問。這頌中的意義，向後論文自有解釋，勿庸費詞。

乙　辨位修法

論曰：菩薩先於初無數劫，善備福德智慧資糧，順解脫分旣圓滿已，爲入見道住唯識性，復修加行，伏除二取，謂煖、頂、忍、世第一法。此四總名順決擇分，順趣眞實決擇分故；近見道故，立加行名，非前資糧無加行義。煖等四法，依四尋思、

四如實智，初後位立。四尋思者：尋思名、義、自性、差別，假有實無。如實徧知，此四離識及識非有，名如實智。名義相異，故別尋求。二二相同，故合思察。

論曰：菩薩先於最初的無數大刼，貯備福德智慧的勝行資糧，順解脫分，旣已圓滿，爲的要入見道住唯識性，所以還得更修加行以伏除二取，這就是所謂的煖、頂、忍、世第一法的四善根。這四善根，總名爲順決擇分，因爲在五位裏，這一分位，是隨順趣向於眞實的決擇之智。又因鄰近見道，就是見道的加行，所以立加行名，並非前資糧位沒有加行的意義，不過約近見道來說，唯有這四善根獨得加行之名而已。

煖等四法，依四尋思觀，而立初煖、頂二位；依四如實智觀，立後忍、世第一法二位。什麼叫做四尋思？行者尋求思察那能詮的名言、所詮的義理、名義等法的各自體性、體性上無常苦等的差別，這四法都是唯識所變，依他假有，徧計實無，就叫做四尋思。什麼叫做如實智？前四尋思，但觀所取的名等四境，離識非有；此智更於忍可所取空後，進而如實徧知能取的識，也決定非有。依此能、所俱空的空理，便能入圓成實性，所以叫做如實智。

何以諸法的名、義要各別尋求；名義的自性、差別要合並思察呢？名是名，義是義，名義相異，所以要各別尋求。名義二種的自性同，差別亦同，這二二相同，所以要合爲思察。

依明得定，發下尋思，觀無所取，立爲煖位。謂此位中，創觀所取名等四法，皆自

心變，假施設有，實不可得。初獲慧日前行相故，立明得名。卽此所獲道火前相，故亦名煖。

初得無漏慧的明相，叫做明得；明得之定，叫做明得定。依此明得定，發下品尋思，觀所取空，立爲煖位。在這煖位當中，開始創觀所取的名、義、自性、差別四法，都是自心所變，假施設有，實際上是不可得的。這下尋思觀，初獲慧前的行相，喻如日出前的明相，所以立明得名。卽此所獲聖道，喻之如火，道火之前，必有煖相，所以亦名爲煖。

依明增定，發上尋思，觀無所取，立爲頂位。謂此位中，重觀所取名等四法，皆自心變，假施設有，實不可得。明相轉盛，故名明增。尋思位極，故復名頂。

明得定增，叫做明增定。依此明增定，發上品尋思，觀無所取，立爲頂位。在這頂位當中，重觀所取的名等四法，同煖位一樣是自心所變，實不可得。但在所獲慧前的明相，較前煖位的明相增盛，所以名爲明增；尋思位到此已登峯造極，所以又名爲頂。

依印順定，發下如實智，於無所取，決定印持，無能取中，亦順樂忍。旣無實境，離能取識，寧有實識離所取境？所取能取，相待立故。印順忍時，總立爲忍。印前順後，立印順名。忍境識空，故亦名忍。

印前所取無，順後能取無，叫做印順定。依此印順定，發下品如實智，對無所取的境，決定印持，於無能取的識中，也順樂忍可。爲什麼二取都無？既然沒有實境，離了能取的識而存在；那裡有什麼實識，離了所取的境而獨存呢？所取、能取是相待而立的啊。忍有三名：下品爲印忍，忍所取無；中上品爲樂順忍，忍能取無；印順忍時，這三忍在四善根中總立爲忍。因爲此位能印前所取無，順後能取無，所以立印順名；忍可所取的境空，能取的識亦空，所以亦名爲忍。

依無間定，發上如實智，印二取空，立世第一法。謂前上忍，唯印能取空，今世第一法，二空雙印。從此無間，必入見道，故立無間名。異生法中，此最勝故，名世第一法。

與見道鄰近，而無間隙，叫做無間定。依此無間定，發上品如實智，印可能、所二取皆空，立名世第一法，謂前忍位中的上忍，唯能印可能取空，不能印可所取亦空，今此世第一法，是能、所二空雙印。從此不間斷的雙印二空，必入見道，所以立無間名。這在異生法中，最爲殊勝，所以名世第一法。

如是煖、頂，依能取識，觀所取空；下忍起時，印境空相；中忍轉位，於能取識，如境是空，順樂忍可；上忍起時，印能取空；世第一法，雙印空相。

如以上所說這加行的煖、頂二法，只能依能取的識，觀所取境空；到了忍位的下忍起時，便能印持所取境的空相；繼而到了中忍轉位，對於能取的識，也如所取的境是一樣的空，順樂忍可而修此無能取觀；修到了上忍起時，便能印持此能取空；再進到世第一法，便能雙印能、所二取的空相。

丙　正釋本頌

皆帶相故，未能證實。故說菩薩此四位中，猶於現前安立少物，謂是唯識眞勝義性。以彼空有二相未除，帶相觀心有所得故，非實安立眞唯識理，彼相滅已，方實安住。依如是義，故有頌言：『菩薩於定位，觀影唯是心，義相既滅除，審觀唯自想。如是住內心，知所取非有，次能取亦無，後觸無所得』。

上來所說加行位的煖等四法，雖已印忍能、所取空，但還都是帶著有、空二相，未能證實。所以說菩薩在這四位之中，猶於現前安立少物，就說這是唯識的眞勝義性。所以本頌的前二句說：『現前立少物，謂是唯識性』。那知這少物是定心所變的似眞如相，非眞勝義。何以說是非眞勝義？因彼空、有二相，尚未除滅，帶相觀心，有所得故，既有所得，那當然不是實在安住的眞唯識理。所以本頌的後二句說：『以有所得故，非實住唯識』。要到那有、空二相滅了之後，才能實在的安住眞唯識性。

依據這樣的意義，所以分別瑜伽論上有兩首頌說：菩薩在定中修行，觀名、義等的影像，唯是內心所變現，義相既已滅除，諦審觀察，唯自心想，更無少物。這樣便安住內心，先了知所取非有，次了知能取亦無，最後觸覺到無所得的眞唯識性。這第一頌的前二句，說在煖位；後二句說在頂位。第二頌的前三句，在忍、世第一法二位；後一句，入眞見道。

丁　斷縛託勝

此加行位，未遣相縛，於粗重縛，亦未能斷。唯能伏除分別二取，違見道故。於俱生者及二隨眠，有漏觀心，有所得故，有分別故，未全伏除，全未能滅。此位菩薩，於安立諦，非安立諦，俱學觀察。爲引當來二種見故，及伏分別二種障故，非安立諦，是正所觀，非如二乘，唯觀安立。

有漏的現行境相，束縛於心，不得自在，叫做相縛；二障種子，叫做粗重縛，是爲二縛。這加行位，既未遣除有、空的相縛，當然對於二障種子的粗重縛，也未能斷滅。唯能伏除分別二取，不起現行。因爲這分別二取是違見道的，爲入見道，所以要把他伏除。於俱生現行，但伏除少分，未全伏除。於分別、俱生二種隨眠，則全未能滅。因爲此位是有漏觀心，有所得相，有分別故。

施設有差別名言的苦等四諦，叫做安立諦；離差別名言的二空眞如，叫做非安立諦。這加行位的菩薩，無論對安立諦、非安立諦，都修學觀察。為引發當來的眞、相二種見道，及伏除由分別所起的煩惱、所知二障，所以於安立、非安立諦，要都學觀察。不過菩薩為入二空觀眞如理，非安立諦是所正觀；至於亦觀安立，那是因為起勝進道，成熟佛法，以降伏二乘的方便之故。與二乘的唯觀安立不同。

菩薩起此煖等善根，雖方便時，通諸靜慮；而依第四，方得成滿。託最勝依，入見道故。唯依欲界善趣身起。餘慧厭心非殊勝故。此位亦是解行地攝，未證唯識眞勝義故。

菩薩起此煖等善根，雖在前方便時，通色界四禪及未到地定入聖諦現觀，而要世第一法依第四禪，才能成就圓滿。因為第四禪望餘禪為勝，必須託最勝依處，入見道故。若約界趣而論，入聖諦現觀，唯依欲界善趣的人身而起，非餘界餘趣。因為除欲界人趣，對現觀的慧心，生死的厭心殊勝之外；其餘上界及色、無色界的厭心，惡趣的慧心，少分尙無，何況殊勝？

此位但依勝解力，修四善根，也同資糧位一樣是解行地攝，因為還沒有證到唯識的眞勝義諦。

第三節　釋通達位

甲一　藉問起頌

次通達位其相云何？頌曰：『若時於所緣，智都無所得，爾時住唯識，離二取相故』。

上來釋第二加行位竟。此下該釋第三的通達位了。問：次通達位，他的義相是怎樣的呢？下舉一頌以答所問。關於頌中的意義，向下論文自有解釋，這裡勿庸費詞。

甲二　釋頌文

乙一　略釋本頌

論曰：若時菩薩於所緣境，無分別智都無所得，不取種種戲論相故。爾時乃名實住唯識眞勝義性，即證眞如。智與眞如，平等平等，俱離能取所取相故，能所取相俱是分別，有所得心戲論現故。

論曰：若於四善根修行圓滿時的菩薩，對所緣眞如，以根本無分別智，如實照了，都一無所得。因爲無分別智與俗智不同，他不執取能取、所取的種種戲論相故。這是略釋本頌的前二句。

爾時，心、境相稱，如、智冥合，這才名叫實住唯識的眞勝義性，也就是證得的眞如。智外無所證之如；如外無能證之智，智與眞如無高下淺深之別，平等平等。爲什麼能夠如、智平等？因爲能取與所取的相，都已離了之故。何以要離能、所取相？因爲無分別智，無所得如，方證平等；能、所取相，都是分別有所得心的戲論相現，所以要證平等，就非離了他們不可。這是略釋後二句頌。

乙二　廣辨頌義

有義：此智二分俱無，說無所取能取相故。有義：此智相見俱有，帶彼相起，名緣彼故。若無彼相名緣彼者，應色智等名聲等智。若無見分應不能緣，寧可說爲緣眞如智？勿眞如性亦名能緣，故應許此定有見分。有義：此智見有相無，說無相取，不取相故。雖有見分而無分別；說非能取，非取全無。雖無相分，而可說此帶如相起，不離如故。如自證分緣見分時，不變而緣，此亦應爾。變而緣者，便非親證。如後得智應有分別，故應許此有見無相。

頌中所說的「智」，有三家不同的解釋：第一家說：這無分別智，相、見二分都無。因爲本頌所說的「離二取相」，就是顯示沒有所取、能取的相、見二分相故。

第二家說：這無分別智，相、見二分都有。因爲所緣緣，要有帶彼似境相起，才能名叫緣彼相。假使此智沒有帶彼眞如相，而名緣彼眞如者，那色智等上無聲相等，就應當名爲聲等智啊，所以此智是決定有相分的。假使此智沒有見分，就應當無能緣用，怎可說爲緣眞如智呢？你不能說眞如性，也名叫能緣吧！所以應許此智定有見分。

第三家說：這無分別智，見有、相無。因爲瑜伽三十七所說的「無相取」，就是沒有相分可取；所說的「不取相」，就是雖有見分而不取於相。第一師引「無能取」的話，是表示雖有見分，而無分別，並不是連能取的見分全都沒有了。第二師所引「帶彼相起」的話，是表示雖無相分，但可說此無分別智，是帶著眞如的體相而起的，所以名爲所緣，並不是帶著相分的影像而起，名叫緣如，因爲根本智，是不離眞如的。譬如：自證分緣見分時，並非變爲相分而緣，此智緣如，應知也是這樣的。假使變相而緣，那就不是無分別智的親證如理了，豈不同後得智有分別是一樣了嗎？因此我們應當承諾這緣眞如的無分別智，是有見分而沒有相分的。

加行無間，此智生時，體會眞如，名通達位；初照理故，亦名見道。

菩薩從加行位無間修行，到這無分別智生起的時候，體會了唯識實性眞如。體卽是通；會卽是達，所以名叫通達位。又因此位最初照見眞實如理，所以亦名見道。

然此見道，略說有二：一、眞見道，謂卽所說無分別智。實證二空所顯眞理，實斷二障分別隨眠。雖多剎那事方究竟。而相等故，總說一心。有義：此中二空二障，漸證漸斷，以有淺深粗細異故。有義：此中二空二障，頓證頓斷，由意樂力有堪能故。

然而這見道的類別雖多，略說不過有二：第一是眞見道，就是所說的無分別智，因爲是唯以此智而證眞的。怎樣證眞，經多少剎那？實證由人、法二空所顯的眞如之理，實斷煩惱、所知二障的分別隨眠，此證斷之事，雖經無間、解脫等的很多剎那，方能究竟，而其念念剎那相似相等，所以總說爲一心眞見道。

對此見道證斷的漸頓問題，有兩家不同的主張：第一家說：這見道中的二空眞理、二障種子，都是漸次而證，漸次而斷的。因爲理有淺深，障有粗細，人、法有異，所以不能頓證頓斷。第二家說：這見道中的二空眞理，二障種子，都是一時頓證頓斷的。因爲在前加行時由意樂之力，有此可能。

二、相見道，此復有二：一、觀非安立諦，有三品心：一、內遣有情假緣智，能除輭品分別隨眠。二、內遣諸法假緣智，能除中品分別隨眠。三、徧遣一切有情諸法假緣智，能除一切分別隨眠。前二名法智，各別緣故；第三名類智，總合緣故。法

眞見道，二空見分，自所斷障，無間解脫，別總建立，名相見道。有義：此三是眞見道，以相見道緣四諦故。有義：此三是相見道，以眞見道，不別緣故。

第二是相見道，這相見道，也有二種：一種是觀非安立諦，有三品心。什麼叫做三品心？初起的智，力尙薄弱，名之謂「輭」；次起的智，勝前劣後，名之謂「中」；後起的智，勝於前二，名之謂「上」。二障隨眠，各分粗細，斷有先後，也隨這能斷的智，如其次第的名謂輭、中、上三品：一品是內遣有情假緣智。「內」是內身；「遣」是遣除；「有情假」是有情爲妄計所執，並無實體，唯有內心變似有情；「緣智」就是能緣心。合起來講：就是緣內身爲境，遣除有情假的能緣智。以下二心，准此例釋。此初起智，力尙薄弱，只能除輭品的分別隨眠。二品是內遣諸法假緣智。此次起智，勝前劣後，能除中品的分別隨眠。三品是徧遣一切有情、諸法假緣智。此後起智，勝於前二，能除上品一切內外分別隨眠。

這三品心的前二心，名爲法智，因爲是各別緣法；第三心，名爲類智，因爲是總合一類而緣。效法眞見道中能親緣眞如的二空見分，隨自所斷障有無間、解脫二道：就無間道中的人、法二見分，各別立此初、二品心；解脫道中的人、法二見分，總立此第三品心；這別總而立的三心，就叫做相見道。但這三心究竟是相見道，還是眞見道？猶有諍論：前主張漸證漸斷的第一師說：這三心是眞見道，因爲相見道，是緣四諦的，他不作三心緣非安立。主張頓證頓斷的第二師說：這三心是相見道，因爲眞見道，是總緣眞如的，他不是三心的別緣。

二緣安立諦，有十六心。此復有二：一者依觀所取能取，別立法類十六種心，謂於苦諦有四種心：一、苦法智忍，謂觀三界苦諦眞如，正斷三界見苦所斷二十八種分別隨眠。二、苦法智，謂忍無間，觀前眞如，證前所斷煩惱解脫。三、苦類智忍，謂智無間，無漏慧生，於法忍智，各別內證。言後聖法，皆是此類。四、苦類智，謂此無間，無漏智生，審定印可，苦類智忍。如於苦諦，有四種心，集滅道諦，應知亦爾。此十六心，八觀眞如，八觀正智。法眞見道，無間解脫，見自證分，差別建立，名相見道。二者依觀下上諦境，別立法類十六種心，謂觀現前不現前界，苦等四諦各有二心：一、現觀忍，二、現觀智。如其所應法眞見道，無間解脫，見分觀諦，斷見所斷百一十二分別隨眠，名相見道。

二種是緣安立諦，有十六心。這十六心，又有二種：一者依觀所取的諦理，能取的緣理之智，各別安立法忍、法智；類忍、類智的十六種心。這十六種心怎樣別立？就是在苦諦上有四種心：一、苦法智忍——對於緣苦諦教法的無間道智，決定忍可，以此觀三界苦諦眞如，斷三界見惑苦諦所斷的二十八種分別隨眠（欲界苦諦，有貪嗔等十；色、無色界苦諦，各除嗔有九）。二、苦法智——前忍，是斷惑；此智是證理。所以此苦法智，就是前法忍的無間道智，觀前苦諦眞如，斷前分別煩惱後所證得的解脫道智。三、苦類智忍——就是苦法智的無間道中，無漏慧生，以此緣前法忍、法智，各別內證的無間道智。所謂「類」者，就是說爾後的聖法，皆是此智之類。四、苦類智——就是由此類忍的無間道，生起無漏解脫道智，以審定印可苦類智忍。如於苦諦有以上這四種心，於集、滅、道諦，應知也一樣的各有四心。這四諦十六種心，是以法忍、法智的八心觀眞如；類忍、類智的八心觀正智。效法眞見道中的無間道見分，建立法忍，解脫道的見分，建立法智；無間道的自證分，建立類忍，解脫道的自證分，建立類智。這樣差別建立，名相見道。

二者依觀下上界四諦之境，各別建立法忍、法智、類忍、類智的十六種心。就是觀現前的欲界，不現前的上二界苦等四諦，各有二心：一、現觀忍，二、現觀智。如其所應：這現觀忍，法眞見道中的無間道見分，別立欲界四諦法忍，上二界四諦類忍的八心；這現觀智，法眞見道中的解脫道見分，別立欲界四諦法智，上二界四諦類智的八心。爲什麼不法自證分？因此十六心觀諦，較前十六心爲粗，所以不以自證分爲法。如是觀諦，斷見道所斷的一百一十二種分別隨眠（欲界四諦四十；上二界除嗔各三十六）。這就叫做相見道。如後表解。

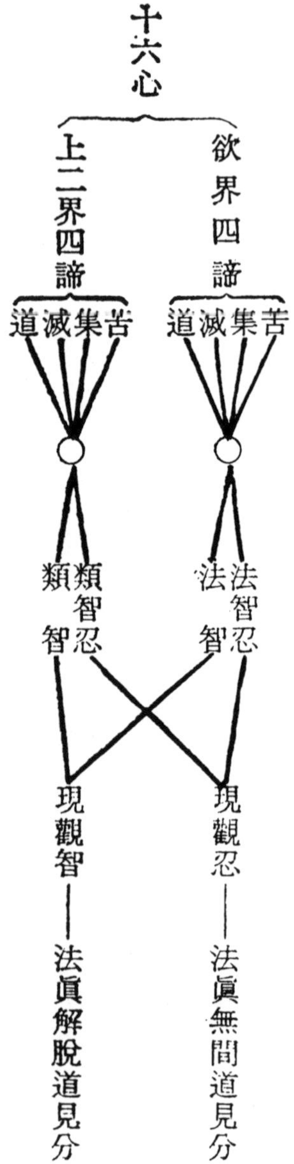

若依廣布聖教道理，說相見道有九種心。此卽依前緣安立諦二十六種止觀別立：謂法類品忍智合說，各有四觀，卽爲八心；八相應止，總說爲一。雖見道中止觀雙運，而於見義觀順非止，故此觀止開合不同。由此九心，名相見道。

上來說相見道，有二種十六心，那是依行人緣安立諦而說的，若依菩薩廣布聖教的道理來說，相見道只有九種心。這九種心，就是依前緣安立諦的兩個十六種止觀而別立的。或依前十六心，緣如爲境的法忍、法智八心，合立四觀；緣智爲境的類忍、類智八心，合爲四觀。或依後十六心，屬於忍品的八忍，合爲四觀；屬於智品的八智，合爲四觀。這樣各有四觀，卽爲八心；然觀雖有八，與這八觀相應的八止，總說爲一。問：見道中止觀雙運，定慧均等，何以這裏開觀爲八，合止爲一？答：雖見道中止觀雙運，而循順於見義的，是觀而非止

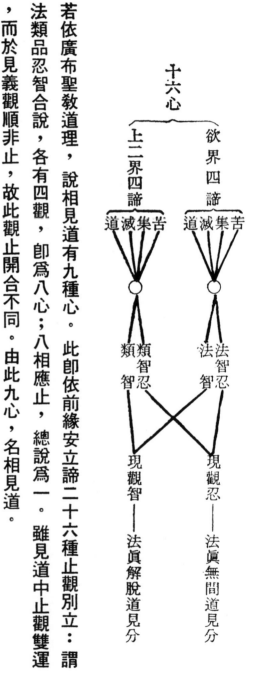

，所以這觀止的開合，也就不同了。由此八觀一止的九心，名相見道。

諸相見，依眞假說。世第一法無間而生，及斷隨眠，非實如是。眞見道後，方得生故；非安立後，起安立故；分別隨眠，眞已斷故。前眞見道，證唯識性；後相見道，證唯識相。二中初勝，故頌偏說。

以上所說的三心、十六心、九心，這諸相見道，都是依眞而假說的。所謂由世第一法無間而生，以及斷種種分別隨眠，並不是實在這樣。因爲十六心的相見道，是從一心眞見道後，方始得生，並不是在安立諦後，才起安立的。分別隨眠，也不是相見道斷，而是在眞見道中已竟斷了。見道既有眞、相二種，何以頌中唯說眞見道呢？因爲前眞見道，證唯識實性；後相見道，證唯識法相，前後二見道中，初勝於後，所以頌中偏說眞見道。

前眞見道，根本智攝；後相見道，後得智攝。諸後得智有二分耶？有義：俱無，離二取故。有義：此智見有相無，說此智品有分別故，聖智皆能親照境故。不執著故，說離二取。有義：此智二分俱有。說此思惟似眞如相，不見眞實眞如性故。又說此智，分別諸法自共相等，觀諸有情根性差別，而爲說故。又說此智現身土等，爲諸有情說正法故。若不變現似色聲等，寧有現身說法等事？轉色蘊依不現色者，轉

四蘊依應無受等。又若此智不變似境，離自體法，應非所緣，緣色等時，應緣聲等。又緣無法等，應無所緣緣，彼體非實，無緣用故。由斯後智，二分俱有。

因前眞見道是無相的，所以屬根本智攝；後相見道是有相的，所以屬後得智攝。至於諸後得智，有沒有見、相二分？那就有三師的解釋不同了。第一師說：見、相二分都無，因爲後得智，是離了能、所二取相的。第二師說：此智但有見分，沒有相分，因爲諸聖教說：這後得智品是有分別的，所以有見；聖智都能親照理境，並非託質，所以無相。頌中所說的「離二取」，是不執着二取，並不是沒有見分。第三師說：此智見、相二分都有，玆引教理證明如左：

一、引教爲證：瑜伽七十三說：「這後得智，思惟變現似眞如相，而不能親見眞如實性」。思惟，就是見分，變似眞如相，就是相分。佛地經等又說：這後得智，能分別諸法的自相共相，觀一切有情根性差別，而爲說法。這是證有見分，破第一師的無見分說。又說：這後得智，能變現身土，爲諸有情宣說正法。假使不能變現似色似聲等相，怎能有現身說法等事？這是證有相分，破第二師的無相分說。

二、引理爲證：這轉依的通達位，並非無相，試以五蘊爲例：若說轉色蘊依，便不現色；那轉四蘊依，就應當沒有受等四蘊啊。既然轉四蘊依，非無受等，怎能轉色蘊依而不現色相呢？又、假使此智不能變現似相分境，那離了自身之法的他心、他身土等，就應當不是帶彼相起的所緣緣了。假使所緣緣，不是帶彼相起，那緣色等時的智，就應當能緣聲等相啊。又、緣無體法時，假使不變似境，就應當無所緣緣。因爲彼法既無實體，又無所變的相分，如何會有所緣緣的作用？

由此教理爲證，所以後得智，見、相二分都有。

此二見道，與六現觀，相攝云何？六現觀者：一、思現觀：謂最上品喜受相應思所成慧。此能觀審諸法共相，引生煖等加行道中觀察諸法。此用最猛，偏立現觀。煖等不能廣分別法，又未證理，故非現觀。二、信現觀：謂緣三寶世出世間決定淨信。此助現觀令不退轉，立現觀名。三、戒現觀：謂無漏戒。除破戒垢，令觀增明，亦名現觀。四、現觀智諦現觀：謂一切種緣非安立根本、後得無分別智。五、現觀邊智諦現觀：謂現觀智諦現觀後，諸緣安立世出世智。六、究竟現觀：謂盡智等，究竟位智。此眞見道，攝彼第四現觀少分；此相見道，攝彼第四、第五少分。彼第二、三，雖此俱起，而非自性，故不相攝。

這眞、相二種見道，與六現觀是怎樣的相攝呢？什麼叫做六現觀？一、思現觀：就是在五受中與最勝的上品喜受相應，因思所成的慧。此思現觀，能觀審諸行無常、諸法眞如等的共相，引生煖、頂、忍、世第一法，在加行道中觀察諸法。因此思能生修，在見道前的功用猛利，所以偏立現觀。煖等加行，但觀能所取空，不能廣分別法，不及於思；又未得證眞理，不及見道，所以他不是現觀。二、信現觀：就是緣佛、法、僧三寶，及世、出世間的漏、無漏法，都能決定淨信。這雖然不是現觀諸法的慧，但淨信能助現觀，不令退轉，所以也得立現觀名。三、戒現觀：此無漏戒，就是與無漏道共生的「道共戒」。因爲這無漏戒，能除破戒的垢污，令現觀增明，所以也名之爲現觀。四、現觀智諦現觀：就是緣非安立諦的根本、後得無分別的一切種智。五、現觀邊智諦現觀：就是於現觀智諦的現觀已後，一切緣安立諦的世、出世間，通有漏、無漏及見、修二道之智。六、究竟現觀：就是盡智（斷盡煩惱時所生的智）等究竟位的十無漏智。

這眞見道，攝彼第四現觀的少分——根本智。這相見道，攝彼第四現觀的少分——後得智，及第五現觀的少分——見道智。至於第二的信現觀、第三的戒現觀，雖也與此見道俱起；但，信、戒，不過是對現觀的助、增而已，而不是現觀慧的自性，所以不爲二見道所攝。第一屬加行位、第六屬究竟位，亦非二見道所收。

菩薩得此二見道時，生如來家，住極喜地，善達法界，得諸平等，常生諸佛大集會中。於多百門，已得自在，自知不久證大菩提。能盡未來利樂一切。

菩薩得此眞、相二見道時；生法王家，成法王子，紹隆佛法，住於十地中第一的極喜樂地。善能通達法界，得一切有情、一切菩薩、一切如來的三種平等心性。常生諸佛大集會——受用土中。於諸佛國見百如來、成熟百種所化有情、智見能入百法明門、化作百身、現百菩薩眷屬等的多百門中，已得自在。自知不久便能證得大菩提果，盡未來際，利樂一切有情。釋通達位竟。

第四節　釋修習位

甲一　藉問起頌

次修習位，其相云何？頌曰：『無得不思議，是出世間智；捨二粗重故，便證得轉依』。

上來釋第三通達位竟，次下該釋第四的修習位了。問：次修習位，他的義相是怎樣的呢？下舉一頌以答所問。這頌中的意義，向後論文自有解釋。

甲二　釋頌文

乙一　略釋

論曰：菩薩從前見道起已，爲斷餘障證得轉依，復數數修習無分別智。此智遠離所

取能取，故說無得及不思議。或離戲論，說爲無得；妙用難測，名不思議。是出世間無分別智。斷世間故，名出世間。二取隨眠，是世間本，唯此能斷，獨得出名。或出世名，依二義立，謂體無漏及證眞如。此智具斯二種義故，獨名出世。餘智不然。卽十地中無分別智。

論說：這修習位的菩薩，從前面通達位的見道起已後，也就是出了初地入心，爲更斷所餘的俱生二障，證得了二種轉依之故，又復數數的修習無分別智。這無分別智，遠離所取，名爲無得；遠離能取，名不思議。所以頌曰：「無得不思議」。或另有一種解釋：遠離有漏分別戲論，名爲「無得」；遠離過失違逆生死的妙用難測，名「不思議」。這是略釋第一句頌。

這無得不思議，是出世間的無分別智。因爲此智能斷有漏世間諸法，所以名出世間。能、所二取的隨眠，是世間根本，唯有此智能斷，他智不能，所以也唯有此智獨得「出」名。或者，「出世間」這個名稱，是依如下二義而建立的：1.自體無漏。2.證得眞如。此智具有這二種意義，所以獨名出世。其餘的後得智，那就不然了，他既不具此二義，當然也不名出世。這出世間智，也就是十地中的無分別智。這是略釋第二句頌。

數修此故，捨二粗重，二障種子，立粗重名，性無堪任，違細輕故。令彼永滅，故說為捨。此能捨彼二粗重故，便能證得廣大轉依。

數數修習這出世間的無分別智，便能如頌所謂的「捨二粗重」。二粗重，就是俱生的煩惱、所知二障種子。這二障種子，為什麼名叫粗重？因其性無堪任，違細名粗；違輕名重。數修此智至金剛心時，令彼二種粗重究竟永滅，所以說之為「捨」。這是略釋第三句頌。因為這無分別智，能夠捨彼二粗重故，到十地究竟，便能證得佛果的廣大轉依。這是略釋第四句頌。但還有如下二師的解釋不同。

依謂所依，即依他起。與染淨法為所依故。染謂虛妄偏計所執，淨謂眞實圓成實性。轉謂二分轉捨轉得。由數修習無分別管，斷本識中二障粗重，故能轉捨依他起上偏計所執，及能轉得依他起中圓成實性。由轉煩惱得大涅槃，轉所知障證無上覺。成立唯識，意為有情證得如斯二轉依果。

這是第一師對第四句頌的解釋。他說：「轉依」的依字，義謂所依，就是依他起。因為依他起，能與染、淨諸法為所依故。染，就是虛妄的偏計所執；淨，就是眞實的圓成實性。「轉依」的轉字，義謂染、淨二分的轉捨與轉得。由於數數修習無分別智，斷了第八根本識中的煩惱、所知二障粗重，便能轉捨依他起上的徧計所執，以及轉得了依他起中的圓成實性。由於轉捨煩惱障故，得大湼槃；轉捨所知障故，證無上覺。成立唯識的意義，就是爲一切有情，證得了這樣的二轉依果。

或依卽是唯識眞如，生死涅槃之所依故。愚夫顚倒，迷此眞如，故無始來，受生死苦。聖者離倒，悟此眞如，便得涅槃畢竟安樂。由數修習無分別智，斷本識中二障粗重，故能轉滅依如生死，及能轉證依如涅槃。此卽眞如離雜染性。如雖性淨，而相雜染，故離雜染時，假說新淨，卽此新淨，說爲轉依。修習位中，斷障證得，雖於此位亦得菩提，而非此中頌意所顯，頌意但顯轉唯識性。二乘滿位，名解脫身；在大牟尼，名法身故。

這是第二師的解釋。他說：依，就是唯識眞如，而不是依他起，因爲唯識眞如，是生死、湼槃的所依。怎樣爲生死所依？世間愚夫爲顚倒妄惑，迷了這眞如之理，所以從無始以來受生死苦。怎樣爲湼槃所依？出世間聖者遠離顚倒妄惑，悟了這眞如之理，便證得湼槃，畢竟安樂。

生死、湼槃，同依眞如，如何能轉滅生死，轉證湼槃？由於數數修習無分別智，斷除了根本識中的二障粗重，所以能轉滅了依於眞如的生死；以及轉證了依於眞如的湼槃；這就是眞如離雜染性。然，如體本淨，那有雜染可離？當知，眞如雖體性本淨，然而依於如體的差別諸相卻是雜染，所以當行人離此雜染相時，就假說他名爲新淨；卽此新淨，又說名轉依。這要在修習位中，漸斷二障，到金剛心後才能證得。

雖在此修習位中，亦證菩提，非但轉證依如涅槃，然而證得菩提，並不是這裏的頌意所顯，這裏頌意所顯的是轉唯識性。這唯識性，在二乘無學滿位，名解脫身；在大牟尼，名爲法身。牟尼，義爲寂默，寂止默靜諸雜染法，簡非不寂，名大牟尼。非但菩提是唯識性。

乙二　廣釋

丙一　總答所問

云何證得二種轉依？謂十地中，修十勝行，斷十重障，證十眞如，二種轉依，由斯證得。

問：怎樣證得二種轉依？這是雙問能證的因緣與所得的果。下答有四：1. 十地中，是所經的位次；2. 修十勝行，是所修的因；3. 斷十重障，是所對治的斷法；4. 證十眞如，是所觀照的眞理。那二種轉依的果，就是由這四種因緣而證得的。

丙二　別明所答

丁一　明能證因

言十地者：一、極喜地，初獲聖性，具證二空，能益自他，生大喜故。二、離垢地，具淨尸羅，遠離能起微細毀犯煩惱垢故。三、發光地，成就勝定大法總持，能發無邊妙慧光故。四、燄慧地，安住最勝菩提分法，燒煩惱薪，慧燄增故。五、極難勝地，眞俗兩智，行相互違，合令相應，極難勝故。六、現前地，住緣起智，引無分別最勝般若令現前故。七、遠行地，至無相住功用後邊，出過世間二乘道故。八、不動地，無分別智，任運相續，相用煩惱不能動故。九、善慧地，成就微妙四無礙解，能偏十方善說法故。十、法雲地，大法智雲，含衆德水，蔭蔽一切，如空粗重，充滿法身故。如是十地，總攝有爲無爲功德，以爲自性。與所修行爲勝依持，令得生長，故名爲地。

上來總答能證二轉依果，有四種因，向下依次廣解。今先解第一因的十地如左：

一、極喜地：此地得名，具有三因：1. 菩薩初斷分別二障的凡性，獲得無漏聖性。2. 具證人、法二空，簡非二乘的但證人空。3. 能利益自、他，簡非二乘的但能自利。由此三因能生大喜之故，所以名叫極喜地。

二、離垢地：菩薩於初極喜地，雖具淸淨尸羅禁戒，但離性罪的粗重。到此更能遠離遮罪微細毀犯的煩惱塵垢，所以名叫離垢地。

三、發光地：此地菩薩，成就心一境相的殊勝妙定，而為廣大教法的總持。因定斷障聞思轉勝，能發無邊勝妙慧光，所以名叫發光地。

四、燄慧地：此地菩薩，安住於四念處等三十七科的菩提分法，以智慧滅一切煩惱，如火燒薪，慧燄增勝，所以名叫燄慧地。

五、極難勝地：眞智無分別；俗智有分別，這二智的行相是互相違反的。此地菩薩，能卽眞觀俗；卽俗觀眞，合此相違的二智，使之相應。這是前四地所極難成辦的，所以名叫極難勝地。

六、現前地：此地菩薩，觀十二支緣起，安住諸法緣生無性的如智，引發無分別的最勝般若，使之現前，所以名叫現前地。

七、遠行地：前六地中，觀十二緣起，尙執有流轉還滅相的細境，不能於空中起有勝行。此地菩薩，能於空中起有勝行，遠至無相功用的最後邊際，超過了世間及出世間的二乘道，所以名叫遠行地。

八、不動地：前七地菩薩，雖也不為一切有相所動；但猶有加行功用，不能自在的任運而轉。此地菩薩，能自在任運不依加行功用，一切煩惱都動他不得，所以名叫不動地。

九、善慧地：此地菩薩，成就微妙的法、義、詞、辯四無礙解，能徧於十方善說法要，成利他行。這四無礙解，亦名四無礙智，智卽慧，爲此地菩薩最初所證，所以名叫善慧地。

十、法雲地：此地菩薩，總緣一切教法的共相境智，其大如雲，所以名爲大法智雲。智裏藏着大陀羅尼、三摩地門的衆德，如雲含水，蔭蔽着一切如虛空似的那樣廣大的粗重二障，不令現前。這殊勝功德充滿了所證的法身，所以名叫法雲地。

像這以上所說的十地，是以總攝有爲、無爲的功德爲自性的。有爲功德，是能證的正智；無爲功德，是所證的如理。這有爲、無爲功德，何以能爲地體而名之爲地呢？因其能與所修的行作殊勝依持，令得生長，所以才能爲地體而名之爲地。

戊二　解十勝行

己一　釋波羅密

十勝行者，卽是十種波羅密多。施有三種：謂財施、無畏施、法施。戒有三種：謂律儀戒、攝善法戒、饒益有情戒。忍有三種：謂耐怨害忍、安受苦忍、諦察法忍。精進有三種：謂被甲精進、攝善精進、利樂精進。靜慮有三種：謂安住靜慮、引發靜慮、辦事靜慮。般若有三種：謂生空無分別慧、法空無分別慧、俱空無分別慧。方便善巧有二種：謂迴向方便善巧、拔濟方便善巧。願有二種：謂求菩提願、利樂他願。力有二種：謂思擇力、修習力。智有二種：謂變受用法樂智、成熟有情智。

上來已解第一因的十地竟，此下該講第二因的十勝行了。所謂的十勝行，就是十種波羅密多。波羅密多，此翻爲度，或到彼岸。今一一釋之如左：

一、施有三種：1.財施——卽犧牲金錢財物，給濟貧困，以資益他身。2.無畏施——卽以大無畏精神，救人脫離險難，解除其恐怖心理，以資益他心。3.法施——卽隨宜說法，以資他善根。

二、戒有三種：1.律儀戒——卽嚴守戒律儀則，以防止過非。2.攝善法戒——卽攝持應修應證的一切善法。3.饒益有情戒——卽拔濟衆苦，利樂有情。

三、忍有三種：1.耐怨害忍——卽菩薩對一切衆生都不起煩惱，卽令衆生無端以怨敵加害，亦能忍耐。2.安受苦忍——卽菩薩對風雨寒暑老病死等，非人力所能抗拒的一切苦難，都能安然忍受。3.諦察法忍——卽諦審觀察一切法本來不生今亦不滅的眞理，而安忍不動。

四、精進有三種：1.被甲精進——卽修行波羅密多，如勇士身被堅甲上陣作戰一樣，沒有怯弱。2.攝善精進——卽於一切善法，加行精進。3.利樂精進——卽利樂自他精進不息。

五、靜慮有三種：1.安住靜慮——就是安於現法樂住而不動。2.引發靜慮——就是由靜慮所引發的神通妙用。3.辦事靜慮——就是成辦利生事業。

六、般若有三種：1.生空無分別慧——就是了達人空，而不起人我見的智慧。2.法空無分別慧——就是了達法空，而不起法我見的智慧。3.俱空無分別慧——就是了達人、法俱空，而不起人、法二種我見的智慧。

七、方便善巧有二種：1.迴向方便善巧——就是菩薩行六度時，將所集的善根功德，迴轉趣向於一切有情，共求無上正等菩提。是爲大智。2.拔濟方便善巧——就是菩薩於生死海中拔濟有情，使之出離。是爲大悲。

八、願有二種：1.求菩提願——就是菩薩發願成無上佛道。2.利樂有情願——就是菩薩發願度無量衆生。

九、力有二種：1.思擇力——就是菩薩以思惟抉擇之力，知所當行與不當行。2.修習力——就是以修習力，修習所思擇的當行之法。

十、智有二種：1.變受用法樂智——就是由六度所成立的殊勝妙智，於佛大集會中，變化種種受用法樂。是爲自利。2.成熟有情智——就是以此妙智，使有情由善因而成熟爲果，而解脫生死。是爲利他

己二　諸門分別

此十性者：施以無貪及彼所起三業爲性；戒以受學菩薩戒時三業爲性；忍以無瞋、精進、審慧，及彼所起三業爲性；精進以勤及彼所起三業爲性；靜慮但以等持爲性；後五皆以擇法爲性，說是根本，後得智故。有義：第八以欲、勝解及信爲性，願

以此三為自性故。此說自性，若並眷屬，一一皆以一切俱行功德為性。

這十波羅密的自體是什麼？今一一明之左：

一、施波羅密，是以無貪及所起的身、語、意三業為體性的。因為布施必以無貪為先決條件，而無貪必與思俱，由思發動身、語二業，方能成施。

二、戒波羅密，是以正受菩薩戒及學菩薩戒時的三業為體性的。因為律儀戒唯重身語；菩薩戒雖意業亦不許犯，如文殊問經說：『若心分別男女非男女等是波羅夷，乃至於樹葉欲取，犯僧伽婆尸沙』。

三、忍波羅密，是以無瞋、精進、審慧，及彼三業為體性的。例如論上所說的菩薩耐怨害忍，卽是以無瞋及所起三業為性；安受苦忍，卽是以精進及所起三業為性；諦審法忍，卽是以審慧為性的。

四、精進波羅密，是以勤勇及彼所起的三業為體性的。如前所謂的「被甲」等三，俱通三業。

五、靜慮波羅密，唯以平等持心的三摩地定為體性，不通三業。

六至第十這最後的五種波羅密多，都是以擇法為體性的。因為論上說，第六的般若波羅密多是根本智；其餘的四種波羅密多是後得智攝。然有師釋謂：餘義無諍，唯第八波羅密，是以欲、勝解、信爲自性的，非以擇法。因爲「願」是以這欲等三法爲自性故。

這以上都是約自性爲體而說的。若並有關的眷屬而論；那十度的一一度，都以一切的俱行功德爲性，總以五蘊爲十度體。

此十相者，要七最勝之所攝受，方可建立波羅密多。一、安住最勝，謂要安住菩薩種性。二、依止最勝，謂要依止大菩提心。三、意樂最勝，謂要悲愍一切有情。四、事業最勝，謂要具行一切事業。五、巧便最勝，謂要無相智所攝受。六、迴向最勝，謂要迴向無上菩提。七、清淨最勝，謂要不爲二障間雜。若非此七所攝受者，所行施等非到彼岸。由斯施等十對波羅密多，一一皆應四句分別。

這十度的名相，是怎樣建立的呢？要爲七最勝之所攝受，方可建立。現在把這七種最勝說在下面：

一、安住最勝，就是要安住於菩薩種性。因爲在五性中，唯有菩薩種性是無上佛果的最勝因，所以要安住於菩薩種性，方能成其爲度。

二、依止最勝，就是菩薩發心要以上求佛道下化有情的大菩提爲依止，才能建立波羅密多。

三、意樂最勝，就是要以大悲心憐愍一切有情爲最勝意樂。

四、事四最勝，就是要具行隨順度生的一切事業，才是事業的最勝者。

五、巧便最勝，就是菩薩在行波羅密多時，要爲三輪淸淨的無相智所攝受。如心地觀經的布施偈云：『能施所施及施物，於三世中無所得，我等安住最勝心，供養一切十方佛』。

六、迴向最勝，就是將行波羅密多的功德，迴避人天小果，趣向於無上菩提。

七、淸淨最勝，就是要以純一的淸淨心去行波羅密多，不爲煩惱、所知二障所間雜。

倘若不是這七種最勝之所攝受，則其所行的施等，就不是到彼岸了。因此施等十種，對於波羅密多，是不是能够建立，一一都應當以四句分別。玆舉一布施爲例：1. 施而非度，就是離了七最勝所行的布施。2. 度而非施，就是依七最勝所行的戒等餘度。3. 亦施亦度，就是依七最勝所行的布施。4. 非施非度，就是離了七最勝所行的戒等餘度。布施如是，餘度可知。

此但有十不增不減者，謂十地中，對治十障，證十眞如，無增減故。復次，前六不增減者，爲除六種相違障故；漸次修行諸佛法故；漸次成熟諸有情故。此如餘論廣說應知。又施等三，增上生道，感大財體及眷屬故；精進等三，決定勝道，能伏煩惱，成熟有情，及佛法故。諸菩薩道，唯有此二。又前三種，饒益有情，施彼資財，不損惱彼，堪忍彼惱，而饒益故；精進等三，對治煩惱，雖未伏滅，而能精勤修對治彼諸善加行，永伏永滅諸煩惱故。又由施等，不住涅槃，及由後三，不住生死，爲無住處涅槃資糧。由此前六不增不減。後唯四者，爲助前六，令修滿足，不增減故。方便善巧，助施等三；願助精進；力助靜慮；智助般若，令修滿故。如解深密廣說應知。

爲什麼這波羅密多的名數，剛好有十，不增不減呢？因爲在菩薩十地中，所對治的障有十；所證的眞如亦有十，都是無增無減，所以能對治的波羅密多，也只好唯有十了。這是總解。復次以下，是把十波羅密多，分爲前六後四，次第明其不增不減的所以。前六之所以不增不減者，其理由有如下六種：

一、爲的要除滅慳吝、犯戒、嗔恚、懈怠、散亂、惡慧，這六種相違障故，所以有施等六度的建立。

二、前四度，是不散動因；第五度，是不散動的成熟；第六度，得如實覺。爲的要這樣漸次修行諸佛法故，所以有施等六度的建立。

三、施能攝受；戒能不害不惱；忍能耐苦不退；勤能策勵不懈；定能使未定得定；慧能使定者解脫。菩薩爲如是漸次成熟一切有情故，所以才有六度的建立。

以上這三種，都如其餘的攝論等所廣說，是應當知道的。

四、又施等的前三度，是增上生道；後三度，是決定勝道。怎樣叫做增上生道？布施能感得富裕的大財；持戒能感得尊貴的大體；忍辱能感得一切有情咸來歸附而爲眷屬。這就叫做增上生道。怎樣叫做決定勝道？精進是伏除煩惱的方便；靜慮是成熟有情的方便；智慧是成熟佛法的方便。這就叫做決定勝道。諸菩薩道，唯有此二，缺一不可。

五、又前三度，能饒益有情，怎樣饒益？1. 布施能給有情資財。2. 持戒能不損惱有情。3. 忍辱能忍受有情無端加諸於我的損惱。後三度，能對治煩惱，怎樣對治？1. 精進雖未能伏滅煩惱，却能勤修善品加行而不爲煩惱所傾動。2. 靜慮能永伏煩惱。3. 般若能永害隨眠。諸菩薩道，亦唯有此二，缺一不行。

六、又由施等的前三度，能利樂未來際的一切有情，所以菩薩爲利生故，不自安住於涅槃的寂滅，是謂大悲。由精進等的後三度，能斷一切煩惱，所以菩薩爲斷惑故，亦不住於生死的染污，是謂大智。由不住涅槃，不住生死故，所以這六度實爲修行「無住處涅槃」的資糧。

由於以上所說的六種理由，所以這前六度，不增不減恰好有六。至於後四度爲什麼也唯有四呢？因爲他是助成前六度，使之修學滿足的，所以也唯有四不增不減。若分開來說：1. 方便善巧，能攝受有情以助成施等三度。2. 願，能以宏誓助成精進。3. 力，能如理作意，以勝解助成靜慮。4. 智，能從定所發慧以助成般若。

如是十度，能令菩薩修學圓滿，在解深密經裏有詳細的解釋，是應當知道的。

十次第者：謂由前前引發後後，及由後後持淨前前。又前前粗，後後細故，易難修習，次第如是。釋總別名，如餘處說。

十波羅密，爲什麼要有由施到智的一定次第？這有四種理由：一、由前前引發後後。就是每一前度引發每一後度。如施引戒、戒引忍，乃至力引智。二、由後後持淨前前。就是由每一後度持每一前度，使之清淨。如戒能持施，使之不惱不害等。三、又前前粗，後後細故。就是以行相粗細而分前後的。如施相最粗，立爲第一；戒細於施，立爲第二；乃至智相最細，立爲第十。四、易難修習。就是修習波羅密，先易後難。如施爲最易，戒比施難，乃至智爲最難。

十波羅密多的次第，就是這樣建立的。至於解釋波羅密多的總名，及施等的別名，都如攝大乘論等餘處所說，此不繁舉。

此十修者，有五種修：一、依止任持修；二、依止作意修；三、依止意樂修；四、依止方便修；五、依止自在修。依此五修，修習十種波羅密多，皆得圓滿。如集論等廣說其相。

這十波羅密多，有五種修習法則：一、依止任持修——就是依止於菩薩種性的因力、殊勝自體的果力、上求下化的願力、簡擇的慧力，來任持對波羅密多所修的正行。二、依止作意修——就是依止與諸度相應的教法，於已得功德，深起愛味；見他人行度，深生隨喜；於自他當來的勝品度行，深生願樂，這樣作意來修習波羅密多。三、依止意樂修——就是依止於大慈大悲無厭足的歡喜心，來修習波羅密多。四、依止方便修——就是以無分別智，觀察三輪清淨，不執有所度、能度的人我相，及波羅密多的法相。五、依止自在修——就是為求依止於如來的自在身、自在行、自在說法，而修波羅密多。

依此五種修習的法則，來修習十波羅密多，皆得圓滿。至於五種修的行相，如雜集論等的廣說。

此十攝者：謂十一一皆攝一切波羅密多，互相順故。依修前行而引後者，前攝於後，必待前故；後不攝前，不待後故。依修後行持淨前者，後攝於前，持淨前故；前不攝後，非持淨故。若依純雜而修習者，展轉相望，應作四句。

這十度的相攝，是每一度都攝一切度。因為十行是互相隨順的。若依修前度行引起後度而論，則前攝於後，有戒皆施，因為後必待前，方得生起；後不攝前，有施非戒，因為前不待後，自能生起。若依修後度行持淨前度而論，則後攝於前，有施皆戒，因為前度必待後度的任持，方得清淨；前不攝後，有戒非施，因爲後度不待前度，自能清淨。若依純雜修習而論，則展轉相望，應作四句分別，例如：1. 施而非戒；2. 戒而非施；3. 亦施亦戒；4. 非施非戒。前二是一行純修，後二是諸行雜修。

此實有十而說六者，應知後四第六所攝。開爲十者，第六唯攝無分別智，後四皆是後得智攝，緣世俗故。

這波羅密多，實有十種，然而有處但說爲六者；應知，那是因爲最後的方便善巧、願、力、智這四度，統歸第六的般若所攝了。爲什麼有處又開六爲十呢？那是因爲第六唯攝無分別智，後四都是後得智攝，爲緣世俗，起後得故。

此十果者：有漏有四，除離繫果；無漏有四，除異熟果。而有處說，具五果者，或互相資，或二合說。

這十度所得的果，屬於有漏的有四果，就是在五果中除去了離繫果。屬於無漏的也有四果，就是在五果中除去了異熟果。然而有處說具有異熟、等流、士用、增上、離繫五果者；那是或約無漏資助有漏，亦得異熟；有漏資助無漏，亦得離繫；或合有漏無漏，具說有五。

十與三學互相攝者：戒學有三：一、律儀戒，謂正遠離所應離法。二、攝善法戒，

謂正修證應修證法。三、饒益有情戒，謂正利樂一切有情。此與二乘有共不共，甚深廣大，如餘處說。

十度與三學怎樣相攝？此下先出三學名體，次明相攝。戒學有三：一、律儀戒——就是以七衆戒爲體，正要遠離所應離去的一切惡法。二、攝善法戒——就是以有爲無漏、無爲無漏的善法爲體，正要修證所應修證的一切善法。三、饒益有情戒——就是以三業爲體，正要做那利樂有情的一切事業。

這大乘戒與二乘戒有共與不共的分別。什麼叫做共？卽殺、盜、淫、妄的性戒（佛縱不制此戒，犯亦有罪），這是大、小乘所共同受持的。什麼叫做不共？卽飲酒等的遮戒，（性雖非罪，而能引罪，故佛特爲遮止），在菩薩或起現行，不與二乘共持。這共不共法，甚深廣大，都如餘處所說，此不繁舉。

定學有四：一、大乘光明定，謂此能發照了大乘理教行果智光明故。二、集福王定，謂此自在集無邊福，如王勢力無等雙故。三、賢守定，謂此能守世出世間賢善法故。四、健行定，謂佛菩薩大健有情之所行故。此四、所緣、對治、堪能、引發、作業，如餘處說。

定學有四：一、大乘光明定——謂此定能發智慧光明，照了大乘的理、教、行、果。二、集福王定——謂此定菩薩，能任運自在集無邊福德，好像有國王那樣大的勢力，無人和他相等成雙。三、賢守定——得了此定的菩薩，能守護世、出世間的賢善之法，不使亡失。四、健行定——佛菩薩的大行剛健勇猛，叫做大健有情。健行定，就是大健有情之所行。

因爲攝大乘論上，說有：所緣、種種、對治、堪能、引發、作業的六種差別。其第二的種種差別，就是這裏所謂的四種定學，所以說「此四、所緣、對治、堪能、引發、作業，如餘處說」。

慧學有三：一、加行無分別慧。二、根本無分別慧。三、後得無分別慧。此三自性、所依、因緣、所緣、行等，如餘處說。如是三慧，初二位中，種具有三，現唯加行。於通達位，現二種三。見道位中，無加行故。於修習位，七地以前，若種若現，俱通三種，八地以去，現二種三，無功用道，違加行故，所有進趣，皆用後得，無漏觀中，任運起故。究竟位中，現種俱二，加行現種，俱已捨故。

慧學有三：一、加行無分別慧——這帶相觀心，猶有所得的加行慧，非無分別，但能引發根本無分別慧，從其所引名無分別。二、根本無分別慧——一念眞如，無能緣、所緣之別，而爲出生一切功德法的根本，所以名爲根本無分別慧。三、後得無分別慧——這是根本無分別慧後所得之慧，能分別一切差別諸相，從其所得名無分別。

這三種慧學，是離於無作意、有尋伺、想受滅、大種、計度五法爲自性；以非心是心爲所依；以聞熏習爲因緣；以二無我所顯的眞如爲所緣；以無分別智爲行相的，還有任持、助伴等，都如餘處攝大乘等所說。

如是三慧，在資糧、加行的初二位中：以種子而論，則三慧俱有，因爲法爾有無漏種子；若以現行而論，則唯有加行而沒有根本、後得，因爲根本、後得是無漏慧，在見道前還沒有證得。在第三的通達位中：以現行而論，則唯有根本、後得二慧而沒有加行，因爲加行是有漏慧，見道已斷；若以種子而論，則三慧俱有。在第四的修習位中：七地已前，無論種子現行，俱通三慧，因爲菩薩在七地已前還有加行功用；若到八地以去，那現行就唯有根本、後得二慧而沒有加行了，因爲已達無功用道，違加行故；既違加行，則所有進趣，都用後得慧在無漏觀中任運而起。在第五的究竟位中：無論現行種子，都唯有根本、後得二慧，因爲無學道，已究竟斷惑證理，加行的現行種子，都已捨去了。

若自性攝：戒唯攝戒；定攝靜慮；慧攝後五。若並助伴，皆具相攝。若隨用攝：戒攝前三，資糧、自體、眷屬性故；定攝靜慮；慧攝後五；精進三攝，徧策三故。若隨顯攝：戒攝前四，前三如前，及守護故；定攝靜慮；慧攝後五。

上來出三學名體竟，現在是講三學與十度相攝。若約三學的自體相攝爲論：那就是戒學唯攝戒度；定學唯攝靜慮；慧學唯攝最後的般若等五度了。若和資助三學的伴侶並論，則三學具攝十度。若隨作用而論相攝：則戒學攝前三度，因爲布施是戒學的資糧、持戒是戒學的自體、忍辱是戒學的眷屬；定學唯攝靜慮；慧學攝最後五度；至於精進一度，則三學俱攝，因爲他能够普偏的策勵三學。若隨顯現而論相攝：則戒學攝前四度，因爲前三度的施、戒、忍爲戒學所攝，義同前說，第四精進能守護戒故，所以亦爲戒學所攝；定學唯攝靜慮；慧學攝最後五度。

此十位者，五位皆具。修習位中，其相最顯。然初二位，頓悟菩薩，種通二種，現唯有漏。漸悟菩薩，若種若現，俱通二種，已得生空無漏觀故。通達位中，種通二種，現唯無漏。於修習位，七地已前，種現俱通有漏無漏；八地已去，種通二種，現唯無漏。究竟位中，若現若種，俱唯無漏。

上來講三學與十度相攝竟，現在是講十度與五位相攝。這十度與五位的相攝，是一一位中皆具十度，特別是在第四的修習位中其相最顯，因其通有漏、無漏，能行不住有、無二邊的中道大行之故。然在資糧、加行的初二位中，則有頓漸之別：若是直聞大乘的頓悟菩薩，種子通有漏、無漏，現行唯通有漏；若是回小向大的漸悟菩薩，那就無論種、現俱通有漏、無漏了。爲什麼漸悟菩薩的現行能並通無漏？因爲他在二乘無學位中，已得了生空無漏智故。在第三的通達位中，種子通有漏、無漏，現行唯通無漏。在第四的修習位中，七地已前，種、現俱通有漏、無漏；八地已去，種子通有漏、無漏，現行唯通無漏。在第五的究竟位中，那就無論種、現，都唯通無漏了。

此十因位，有三種名：一、名遠波羅密多，謂初無數劫，爾時施等勢力尚微，被煩惱伏，未能伏彼，由是煩惱不覺現行。二、近波羅密多，謂第二無數劫；爾時施等勢力漸增，非煩惱伏，而能伏彼，由斯煩惱故意方行。三、名大波羅密多，謂第三無數劫，爾時施等勢力轉增，能畢竟伏一切煩惱，由斯煩惱永不現行。猶有所知微細現種及煩惱種，故未究竟。

這十度，在尚未成佛的因位中，有三種不同的名稱：一名遠波羅密多——就是菩薩在最初無數大劫的修行期間，距果地尚遠，這時所行施等波羅密多，僅能於一行中修一行，勢力還嫌微弱，反被煩惱所制伏，而不能伏彼煩惱，因此那煩惱就不知不覺的起現行了。二名近波羅密多——就是菩薩由第一無數大劫進入第二無數大劫的修行期間，距果地較近，這時的施等波羅密多，已能於一行中修一切行，勢力漸漸增强，不但不被煩惱所伏，而且能伏彼煩惱，由斯伏煩惱故，作意方起。三名大波羅密多——就是菩薩由第二無數大劫進入第三無數大劫的修行期間，將得菩提大果，這時所行施等波羅密多，更能於一切行中修一切行，勢力急轉增勝，能畢竟降伏一切煩惱，因此那煩惱就永遠的不起現行了。然，猶有所知障的微細現行與種子，及煩惱障的微細種子存在，還沒有究竟。

己三　總攝義門

此十義類，差別無邊；恐厭繁文，略示綱要。十於十地雖實皆修，而隨相增地地修一。雖十地行有無量門，而皆攝在十到彼岸。

這十度義類的差別，如解深密經所說：度清淨、度最大、度威德、度因果等，實有無量無邊之多，本論惟恐學人厭惡繁文，故略示綱要。十度雖實爲十地所皆修，然而隨其相增，每一地不過唯修一度而已，如初地以施爲增上，唯修施度，乃至十地以智爲增上，唯修智度。雖十地的行門有無量無邊之多，然而都爲十到彼岸的勝行所收。

戊三　解十重障

己一　別釋障義

十重障者：一、異生性障：謂二障中分別起者，依彼種立異生性故。二乘見道現在前時，唯斷一種，名得聖性；菩薩見道現在前時，具斷二種，名得聖性。二眞見道

現在前時，彼二障種必不成就，猶明與暗定不俱生，如秤兩頭，低昂時等。諸相違法，理必應然。是故二性無俱成失。無間道時，已無惑種，何用復起解脫道為？斷惑證滅，期心別故。為捨彼品粗重性故。無間道時雖無惑種，而未捨彼無堪任性。為捨此故，起解脫道及證此品擇滅無為。

上來已解第二因的十勝行竟，向下該講第三因的十重障了。一、異生性障——就是由分別而起的所知、煩惱二障，即依彼能生現行的二障種子，來建立異生性，所以名為「異生性障」。此障在未入見道已前，全然未斷，不達二空，名異生性。若入見道，各望自乘所斷，名得聖性，所以說：二乘的見道現在前時，唯斷一煩惱障種，名得聖性；菩薩的見道現在前時，具斷煩惱、所知二障種子，名得聖性。

有薩婆多等，作這樣的問難：若異生性在見道前捨，無漏果起，可以說沒有凡聖俱起之失，今既在見道所斷的惑種上立異生性，那就是無間道裏，還有異生未斷的惑種存在，豈不是有凡聖俱起的過失嗎？答：無失！此唯依分別的二障種子立異生性，所以當二眞見道現在前時，那二障種子必定不能成就。這好像明生暗滅，明與暗決定不能俱生一樣；又好像秤的兩頭，高低時等，這頭高時那頭必低。一切相違的法，在道理上必然是這樣的。因此凡、聖二性，沒有俱成的過失。

又有小乘問難：我們的無間道裡，猶有惑種，可以再起解脫道來對治此惑，你們在無間道時，既無惑種，那還要再起解脫道幹麼？答：這有兩種解釋：一、無間道能够斷惑，解脫道能够證滅，二心的期望有別，所以無間道既已斷惑，還得要再起解脫道以證滅理。二、無間道時雖無惑種，猶有彼品粗重的無堪任性未捨，起解脫道，就是要捨彼品的無堪任性及證得此品的擇滅無爲。

雖見道生，亦斷惡趣諸業果等，而今且說能起煩惱，是根本故。由斯初地，說斷二愚及彼粗重。一、執著我法愚，卽是此中異生性障。二、惡趣雜染愚，卽是惡趣諸業界等。應知愚品，總說爲愚。後準此釋。或彼唯說利鈍障品，俱起二愚。彼粗重言，顯彼二種，或二所起無堪任性。如入二定，說斷苦根，所斷苦根，雖非現種，而名粗重，此亦應然。後粗重言，例此應釋。

雖見道生時不但斷異生障，而且亦斷惡趣人天所起的業果，然而現在且說能起的煩惱，而不說所起業果者，因爲煩惱是業果的根本之故。由此說初地菩薩，斷二種愚及彼粗重。什麼叫做二愚？一、執着我法愚——此愚執着心外有實我、實法，不達我、法二空，就是這裏所說的異生性障。二、惡趣雜染愚——此愚卽惡趣及諸人天分別所起的雜染業果。我、法二執，可以說是愚，業果何以也說是愚呢？應知業果的體雖非愚，然而業是因愚所起，果是因愚所惑，他們都是屬於愚品的，所以總說爲愚。到後面諸地所說的愚，都準此例釋。或者，彼初地唯說與利、鈍障品俱起的二愚，不說其餘的煩惱，如：第一的執着我、法，是與利障俱起的愚；第二的惡趣雜染，是與鈍障俱起的愚。至於所謂「彼粗重」的話，那是爲顯示彼二愚的種子，或爲顯示二愚所起的無堪任性。例如：瑜伽論說，入第二定，說斷苦根，苦根的種子初定已斷，今第二定所斷的苦根雖非現種，而名爲粗重。這裏所斷的無堪任性，亦應如此。向後諸地所說的粗重，都應當以此釋爲例。

雖初地所斷，實通二障，而異生性障，意取所知。說十無明，非染污故，無明卽是十障品愚。二乘亦能斷煩惱障，彼是共故，非此所說。又十無明不染污者，唯依十地修所斷說。雖此位中亦伏煩惱，斷彼粗重，而非正意，不斷隨眠，故此不說。理實初地修道位中，亦斷俱生所知一分。然今且說最初斷者，後九地斷，準此應知。住滿地中，時既淹久，理應進斷所應斷障。不爾！三時道應無別。故說菩薩得現觀已，復於十地修道位中，唯修永滅所知障道，留煩惱，助願受生，非如二乘速趣圓寂。故修道位，不斷煩惱，將成佛時，方頓斷故。

雖初地見道所斷，實通二障，然今所說的異生性障，其意唯取所知，不取煩惱。因爲攝論上說，以十種無明望二乘來說，不得謂爲染污，若取煩惱，那十種無明便亦通污染，而爲十障品之愚了。爲什麼不說初地無明通煩惱障呢？因爲二乘聖者也能斷煩惱障，斷煩惱障是與二乘所共，所以不在這大乘所說的範圍。還有，說十無明爲不染汚者，是依十地修所斷說的，若依見所斷說，那就不是不染汚了。雖此十地修道位中，亦伏煩惱斷彼粗重，然而那不是正意，因爲還沒有斷煩惱的隨眠，故此不說。

問：既依十地修所斷說，何以初地但說異生性障，不說修所斷障呢？答：按道理說，實在初地住、出的修道位中，亦斷俱生所知一分，然今唯說分別起的異生性障，不說俱生的修所斷障者，完全是約最初的入心來說的。初地斷障既約入心而說，後九地斷障，准此應知皆從初地所說。

問：怎樣知道初地等出了入心的見道之後，更斷餘惑呢？答：住地心與滿地心（卽出地心）中，所經過的時間，既很久遠，按道理說，應當更進一步斷其所應斷的所知障，否則的話，那入、住、出的三時道，就應當沒有三品的差別了。所以對法論說：菩薩於眞見道得現觀諦已，復於十地的修道位中，唯修永斷的所知障道，留着煩惱障不斷，以助悲願受生，隨類應化，他不如二乘的速斷煩惱而趣於圓寂涅槃。所以菩薩在修道位中不斷煩惱，直到將成佛時，才一齊頓斷。

二、邪行障，謂所知障中俱生一分，及彼所起誤犯三業。彼障二地極淨尸羅，入二

地時便能永斷。由斯二地說斷二愚及彼粗重。一、微細誤犯愚，即是此中俱生一分。二、種種業趣愚，即彼所起誤犯三業。或唯起業，不了業愚。

二、邪行障——就是有情的所知障中，與生俱起的俱生一分，及由彼障所起誤犯的身、語、意三業。這三業在初地猶有誤犯，能障二地極淨尸羅，使不得淨；入二地時便能永斷，不再誤犯。由斯、說二地所斷，有二種愚及彼粗重。什麼叫做二愚？一、微細誤犯愚——就是這所知障中的俱生一分。這俱生惑所誤犯的愚痴，微細難知，所以叫做微細誤犯愚。二、種種業趣愚——就是從彼障所起的誤犯三業。此所發業，並非招感生死惡果的縛法，所以這裡的「趣」字是毀責之詞，不得謂為能取惡果的能取趣。至於「粗重」二字，義如前釋，此不別解。

或者，唯說第一的微細誤犯愚，是起業之愚；第二的種種業趣愚，是不了業之愚。這又是一種解釋。

三、闇鈍障，謂所知障中俱生一分，令所聞思修法忘失。彼障三地勝定總持，及彼所發殊勝三慧。入三地時便能永斷。由斯三地說斷二愚及彼粗重。一、欲貪愚，即是此中能障勝定及修慧者。彼昔多與欲貪俱故，名欲貪愚；今得勝定及修所成，彼

即是此中能障總持聞思慧者。

三、闇鈍障——也就是所知障中的俱生一分，令所聞、所思、所修的法，立卽忘失，不復記憶。因此這闇鈍障，能障三地的殊勝無漏禪定，與總持法、義、咒、忍的陀羅尼；及由彼禪定、總持所發的聞、思、修三慧。此障二地未斷，入三地時，便能永遠的斷除。由斯說三地所斷有二種愚，及彼二愚所起的粗重。

什麼叫做二愚？一、欲貪愚——就是這裏能障勝定及修慧的那個愚。因修慧與定相近，所以偏說，並非不障聞思。問：欲貪，屬於煩惱，何以所知障亦名欲貪？答：因爲彼所知障，過去多與煩惱中的欲貪俱起，所以名欲貪愚，並不是所知障的體名爲欲貪。今三地中得無漏勝定及修所成慧，彼所知障的根本既已永斷，那欲貪的枝末也就隨之而伏滅了。當知這欲貪煩惱，無始以來，就是依彼所知障而轉變的。二、圓滿聞持陀羅尼愚——就是這裏能障總持聞思慧，使之不得圓滿的那個愚。因爲聞思與總持相近，所以偏說，並非不障修慧。

四、微細煩惱現行障，謂所知障中俱生一分，第六識俱身見等攝。最下品故，不作意緣故，遠隨現行故，說名微細。彼障四地菩提分法，入四地時便能永斷。彼昔多

與第六識中任運而生執我見等同體起故，說煩惱名。今四地中，既得無漏菩提分法，彼便永滅，此我見等，亦永不行。初二三地，行施戒修，相同世間，四地修得菩提分法，方名出世，故能永害二身見等。寧知此與第六識俱？第七識俱執我見等，與無漏道性相違故，八地已去，方永不行，七地已來，猶得現起，與餘煩惱爲依持故。此粗彼細，伏有前後，故此但與第六相應。身見等言，亦攝無始所知障攝定愛法愛，彼定法愛，三地尙增，入四地時，方能永斷，菩提分法特違彼故。由斯四地說斷二愚及彼粗重。一、等至愛愚，卽是此中定愛俱者。二、法愛愚，卽是此中法愛俱者。所知障攝二愚斷故，煩惱二愛亦永不行。

四、微細煩惱現行障——也是所知障中的俱生一分，屬於第六意識俱生的身見、我見、我愛、我慢等所攝。這煩惱現行障，何以名爲微細？其故有三：1.他在第六識中，不是屬於分別身見等的粗猛上品，及獨頭貪等的中品，而是屬於最下品的無記性。2.他是任運而起，不是假强思作意而緣境的。3.他遠自無始以來，就是隨逐於身而起現行的。由有此三，所以名爲微細。這微細的煩惱現行，能障四地的菩提分法，不使證入；入四地時，得觀身不淨、觀法無我等慧，便能永斷。

問：既是所知障，有何因緣立煩惱名？答：彼所知障，往昔多分與第六識中任運而生的執我見等煩惱同體俱起，所以說煩惱名。今四地中，既得無漏菩提分法，彼所知障，便能永滅，這我見等，也就永遠的不起現行了。

問：爲什麼我見等，在初二三地不斷，到第四地才斷呢？答：初地行施、二地行戒、三地行修，這三福業事未證菩提分法，與世間相同；今第四地證得菩提分法，方名出世，所以才能夠永害分別、俱生的二身見等。問：怎知這微細煩惱，唯與第六識俱，不與第七識俱呢？答：與第七識俱的執我見等，因爲與無漏道的性質相違，所以到八地以去無漏相續時，才能永斷不行；七地以前猶有有漏，所以還得現起，俾與其餘的貪瞋等煩惱作爲依持。又、與此第六識俱的身見等粗；與彼第七識俱的身見等細，粗的先伏，細的後伏，所以這微細煩惱，唯與第六識相應。

所謂身見等，非但指貪瞋癡慢等的本惑，及其餘俱起的隨惑而言；而且亦攝無始以來，屬於所知障攝的定愛、法愛。前三地，於彼定、法猶生愛着，入四地時，方能永斷。因爲一入四地，便得菩提分法，這菩提分法，特別與彼定、法二愛是相違背的。

由斯四地說斷二愚及彼粗重。怎樣叫做二愚？一、等至愛愚——「等至」是定的別名；等至愛愚，就是這三地中與定愛相應的愚法。二、法愛愚——就是這三地中與法相應的愚法。屬於這所知障的二愚斷了，那煩惱障的二愛，也就永遠的不起現行了。

五、於下乘般涅槃障，謂所知障中俱生一分。令厭生死樂趣涅槃，同下二乘厭苦欣滅，彼障五地無差別道，入五地時便能永斷。由斯五地說斷二愚及彼粗重。一、純作意背生死愚，即是此中厭生死者。二、純作意向涅槃愚，即是此中樂涅槃者。

五、下乘般涅槃障——這也是所知障中的俱生一分，能令行人厭離生死，樂趣涅槃，同下劣的聲、緣二乘，厭苦欣滅一樣。彼障四地猶有，能障五地無差別道，不令證入；入五地時，緣眞實如理，生死、涅槃都無差別，便能永斷這下般涅槃障。因此說第五地斷二種愚及彼粗重。什麼叫做二愚？一、純作意背生死愚——此種愚痴，不達生死如幻本無可離，而作意背離，就是這四地中的厭生死者。二、純作意向涅槃愚——此種愚痴，不達涅槃非實本無可向，而作意趣向，就是這四地中的樂涅槃者。

六、粗相現行障，謂所知障中俱生一分。執有染淨粗相現行，彼障六地無染淨道，入六地時便能永斷。由斯六地說斷二愚及彼粗重。一、現觀察行流轉愚，即是此中執有染者，諸行流轉染分攝故。二、相多現行愚，即是此中執有淨者，取淨相故。相觀多行，未能多時住無相觀。

六、粗相現行障——這也是所知障中的俱生一分，由前五地現觀四諦，執實有苦集的染相，滅道的淨相。此相望後緣起的細相爲粗，所以說是粗相現行障。彼粗相現行，能障六地的無染淨道，不令證入；入六地時，緣眞如理，染淨平等，便能永斷。由斯六地說斷二愚及彼粗重。什麼叫做二愚？一、現觀察行流轉愚——就是這裏執實有染相的行人，現觀苦集諸行流轉，爲有漏染分所攝。二、相多現行愚——就是這第五地中執有淨相的行人，因執取無漏淨相，多作有相觀行，而未能多時住於無相妙觀。

七、細相現行障，謂所知障中俱生一分。執有生滅細相現行，彼障七地妙無相道，入七地時便能永斷。由斯七地說斷二愚及彼粗重。一、細相現行愚，即是此中執有生者，猶取流轉細生相故。二、純作意求無相愚，即是此中執有滅者，尚取還滅細滅相故，純於無相作意勤求，未能空中起有勝行。

七、細相現行障——也是所知障中的俱生一分。由前地作緣起觀，不達無相空理，尙執有流轉的生相，還滅的滅相。這生滅相的現行，望前粗相的四諦爲細，所以說是細相現行障。彼障能障七地的妙無相道，不令證入；入七地時緣無相眞如，便能永斷。由斯說第七地斷二種愚及彼粗重。什麼叫做二愚？一、細相現行愚——就是這第六地中執有生相的行人，他還執取有流轉的微細生相。二、純作意求無相愚——就是這第六地中執有滅相的行人，他還執取有還滅的微細滅相，純於無相作意勤求，未能冥合真、俗二境，於無相空理之中，不加作意而起有觀的勝行。

八、無相中作加行障，謂所知障中俱生一分。令無相觀不任運起。前之五地，有相觀多，無相觀少；於第六地，有相觀少，無相觀多；第七地中，純無相觀，雖恒相續而有加行；由無相中有加行故，未能任運現相及土。如是加行，障八地中無功用道，故若得入第八地時，便能永斷；彼永斷故，得二自在。由斯八地說斷二愚及彼粗重。一、於無相作功用愚。二、於相自在愚。令於相中不自在故，此亦攝土相一分故。八地以上，純無漏道任運起故，三界煩惱永不現行。第七識中細所知障，猶可現起，生空智果不違彼故。

八、無相中作加行障——這也是所知障中的俱生一分。令第七地於無相觀猶作加行，不能自然的任運而起。前五地的觀心尚劣，所以作有相觀時多，無相觀時少；進而到了第六地觀染淨平等，所以作有相觀時少，無相觀時多；更進而至於第七地中，斷了生滅細相，才能作純無相觀；雖純無相觀恒時相續，而猶有加行；由於無相中還有加行之故，所以未能任運對一切莊嚴等相及淨穢等土自在顯現，如是加行，能障第八地中的無功用道，令不得入；所以若得入第八地時，便能永遠的斷除了彼加行障；由於加行障的永斷之故，所以才獲得了任運現相、現土的二種自在。因此說第八地斷二種愚及彼粗重。什麼叫做二愚？一、於無相作功用愚——就是第七地中，於無相觀尙有加行功用的那種愚痴。二、於相自在愚——就是能令於身、土相中，不得自在顯現的那種愚痴。

八地以上，因爲純無漏道不加功用的任運現起之故，所以三界煩惱就永遠的不現行了。不過第七識中的微細所知障，還是可以現起的。這是什麼緣故呢？因爲八地的生空智果，與彼第七識的法執末那，不相違故。

九、利他中不欲行障，謂所知障中俱生一分。令於利樂有情事中，不欲勤行，樂修己利。彼障九地四無礙解，入九地時便能永斷。由斯九地說斷二愚及彼粗重。一、於無量所說法、無量名句字、後後慧辯、陀羅尼自在愚。於無量所說法陀羅尼自在者，謂義無礙解，卽於所詮總持自在，於一義中現一切義故。於無量名句字陀羅尼自在者，謂法無礙解，卽於能詮總持自在，於一名句字中現一切名句字故。於後後辯陀羅尼自在者，謂詞無礙解，卽於言音展轉訓釋總持自在，於一音聲中現一切音聲故。二、辯才自在愚。辯才自在者，謂辯無礙解，善達機宜巧爲說故。愚能障此四種自在，皆是此中第九障攝。

九、利他中不欲行障——這也是所知障中的俱生一分。能令第八地菩薩，雖得無功用道，猶樂無相，就着寂滅，而於利樂有情之事不欲勤行，只是勤修自利。彼不欲行障，能障第九地的義、法、詞、辯四無礙解，不令證入；入九地時，便能永斷。因此說第九地斷二種愚及彼粗重。

什麼叫做二愚？一、於無量所說法、無量名句字、後後慧辯的陀羅尼自在愚——就是以一陀羅尼貫通三無礙辯：1. 於無量所說法陀羅尼自在者，就是「義無礙解」，在所詮釋的義理上能總持自在。因爲菩薩說法，能於一義中現一切義故。2. 於無量名句字陀羅尼自在者，就是「法無礙解」，在能詮的名句字上能總持自在。因爲菩薩說法，能於一名句字中現一切名句字故。3. 於後後慧辯陀羅尼自在者，就是「詞無礙解」，在以言說音聲展轉爲衆生訓解釋義時，能總持自在。因爲菩薩說法，能於一方的音聲中現一切音聲故。二、辯才自在愚——什麼叫做辯才自在？就是「辯無礙解」，菩薩能善達衆生機緣，權宜巧便而爲說法。

以上所說的四無礙解，唯愚能障，使之不得自在，所以總說爲愚，都是這裏第九「利他中不欲行障」所攝。

十、於諸法中未得自在障，謂所知障中俱生一分。令於諸法不得自在。彼障十地大法智雲，及所含藏所起事業，入十地時便能永斷。由斯十地說斷二愚及彼粗重。一、大神通愚，即是此中障所起事業者。二、悟入微細秘密愚，即是此中障大法智雲及所含藏者。

十、於諸法中未得自在障——這也是所知障中的俱生一分。能令第九地菩薩，雖得四無礙解，猶於諸法不得自在。彼障能障十地緣眞如大法如雲之智，及所含藏的陀羅尼門、三摩地門等功德，與所起的神通事業。入十地時得大法智，便能永斷彼障。因此說十地斷二種愚及彼粗重。什麼叫做二愚？一、大神通愚——就是這第九地裏能障所起利他事業的諸大神通，不令顯現的那種愚痴。二、悟入微細秘密愚——就是這第九地裏能障微細秘密的大法智雲，及其所含藏的諸功德等，不令悟入的那種愚痴。

此地於法雖得自在，而有餘障，未名最極。謂有俱生微所知障，及有任運煩惱障種，金剛喻定現在前時，彼皆頓斷入如來地。由斯佛地說斷二愚及彼粗重。一、於一切所知境極微細著愚，即是此中微所知障。二、極微細礙愚，即是此中一切任運煩惱障種。故集論說：得菩提說，頓斷煩惱及所知障，成阿羅漢及成如來，證大涅槃大菩提故。

這第十地菩薩，雖於陀羅尼門、三摩地門，及所起事業等法，得到了自在；然而猶有殘存的餘障，還未能名爲最極。這餘障就是俱生的微細所知障，及任運的煩惱障種子，要到金剛喻定現前的時候，才能頓斷彼障入如來地。因此說佛地斷二種愚及彼粗重。什麼叫做二愚？一、於一切所知境極微細著愚——就是第十地裏尚有俱生微所知障的執着，那種愚痴。二、極微細礙愚——就是這十地裏尚有一切任運煩惱障種的那種愚痴。

因爲二愚爲佛地所斷，所以雜集論上說：得菩提時，頓斷煩惱及所知障，成阿羅漢及成如來，證得了大涅槃及大菩提的二種極果。

己二總明伏斷

此十一障，二障所攝。煩惱障中見所斷種，於極喜地見道初斷。彼障現起，地前已伏。修所斷種，金剛喻定現在前時，一切頓斷。彼障現起，地前漸伏，初地以上，能頓伏盡，令永不行，如阿羅漢。由故意力，前七地中雖暫現起，而不爲失。八地以上，畢竟不行。

上來於別釋十重障中，因爲乘便解釋佛地障故，成爲十一障了。這十一障，總爲煩惱所知二障所攝。向下是說明這二障的伏斷位次，今先明煩惱障。煩惱障中屬於見道所斷的分別種子，在菩薩極喜地的眞見道裡，無分別智起時，最初便斷，並非相見道的後得智能斷此障。然而，彼煩惱障的分別現行，以直悟菩薩來說，他在未登地前的資糧、加行位中，已經被伏滅了。

屬於修道所斷的俱生種子，到金剛喻定現前的時候，才能一切頓斷。然而，彼俱生現行，在地前的三賢位中已少分漸伏，初地以上便能頓時伏盡，使之永不現行，好像證了阿羅漢果一樣。雖在前七地中，猶有不怕煩惱的菩薩，由故意力故暫起現行，但不會因煩惱而犯了過失。八地以上，就畢竟不起現行了。

所知障中見所斷種，於極喜地見道初斷。彼障現起，地前已伏。修所斷種，於十地中漸次斷滅，金剛喻定現在前時，方永斷盡。彼障現起，地前漸伏，乃至十地，方永伏盡。八地以上，六識俱者不復現行，無漏觀心及果相續能違彼故。第七俱起猶可現行，法空智果起位方伏。前五轉識，設未轉依，無漏伏故，障不現起。

上來說煩惱障伏斷位次竟，現在是講所知障的伏斷位次。所知障中，屬於見道所斷的分別種子，也在菩薩極喜地的見道初斷；至於彼障的分別現行，也在極喜地前的加行位時已被伏斷了。屬於修道所斷的俱生種子，在十地中一地一地的漸次斷滅，直到金剛喻定現前的時候，才能永遠斷盡；至於彼障的俱生現行，那在未登地前，就已開始漸伏，乃至十地才永遠伏盡。

八地以上，與第六識俱的所知障，就不再現行了，因二空的無漏觀智及漏盡定果，相續不斷，能違彼故；與第七識俱起的所知障，還是可以現行，因第七識的法執，要到法空智果的金剛位時，才能伏斷；前五轉識的所知障，設若還沒有轉依，就由第六識俱的無漏所伏，不令現起。

雖於修道十地位中，皆不斷滅煩惱障種，而彼粗重亦漸斷滅。由斯故說二障粗重，一一皆有三位斷義。雖諸位中皆斷粗重，而三位顯，是故偏說。

問：若如前說，俱生的煩惱障種，十地不除，爲什麼瑜伽四十八說，二障三位中斷呢？答：雖於修道位的十地中，都不能斷滅煩惱障的種子，然而彼煩惱障的粗重，也可以漸漸斷滅。因此，彼論說煩惱、所知二障粗重，一一都有三位斷義。斷煩惱障的三位是：1. 極喜地，斷上中品煩惱；2. 決定位，斷下品煩惱；3. 金剛位，斷三品煩惱的習氣隨眠。斷所知障的三位是：1. 在皮；2. 在膚；3. 在肉；如其次第的配屬同前。

問：若煩惱粗重，不屬種子，豈非地地皆斷，何以但說三位？答：雖十地的每一階位中皆斷粗重，而三位特顯，如無漏觀心的初起、無間、圓滿。所以偏說三位斷，而不說地地皆斷。

斷二障種，漸頓云何？第七識俱煩惱障種，三乘將得無學果時，一剎那中三界頓斷。所知障種，將成佛時，一剎那中一切頓斷，任運內起無粗細故。餘六識俱煩惱障種見所斷者，三乘見位眞見道中，一切頓斷。修所斷者，隨其所應：一類二乘，三界九地，一一漸次，九品別斷；一類二乘，三界九地，合爲一聚，九品別斷；菩薩要起金剛喻定，一剎那中三界頓斷。所知障種，初地初心，頓斷一切見所斷者。修所斷者，後於十地修道位中，漸次而斷，乃至正起金剛喻定，一剎那中方能斷盡。通緣內外粗細境生，品類差別有衆多故。

問：斷二障種子時，其漸頓怎樣？玆解答如左：

與第七識俱的煩惱障種子：在聲聞、緣覺、菩薩，這三乘聖者，將要證得無學果時的一剎那中，三界頓斷。與第七識俱的所知障種子，在菩薩將成佛時的一剎那中，一切頓斷。因爲第七識的我、法二執，是任運而起唯緣本識自內之境，他沒有品類粗細的差別，所以能夠頓斷。

與其餘六識俱的煩惱障種子：屬於見道所斷的，在三乘見道位的眞見道中，一切頓斷；屬於修道所斷的，那就隨其根的鈍利所應而有漸頓之別了。例如：有一類漸次得果的鈍根二乘，他於三界九地的八十一品煩惱，必須一地地的各分九品而漸次別斷；有一類超越不還的利根二乘，他能將三界九地的八十一品煩惱，合為一聚九品而一一別斷；菩薩要到起金剛喻定時，於一剎那中，三界頓斷。與六識俱的所知障種子：屬於見道所斷的，菩薩於初地最初的入心，一切頓斷；屬於修道所斷的，後於十地的修道位中，漸次而斷，直到正起金剛喻定時的一剎那中，才完全斷盡。因為他不同唯緣內境的第七識一樣，而是通緣內外粗細境生，品類有很多差別，所以諸地分分別斷。

二乘根純，漸斷障時，必各別起無間、解脫，加行、勝進或別或總。菩薩利根，漸斷障位，非要別起無間解脫，剎那剎那能斷證故。加行等四，剎那剎那前後相望，皆容俱有。

此明三乘四道的同異。二乘行者，因為根鈍，所以他們於漸斷障時，必各別起無間、解脫二道。就是必須於每一品障，先起無間道以斷惑；再起解脫道以證悟真理，品品都是這樣的。但於加行、勝進二道，或每品各別起一加行、勝進；或九品總起一加行、勝進，可就沒有一定了。

菩薩行者，因為根利，所以他們於修道的漸斷障位，並非同二乘一樣別起無間解脫，而是剎那剎那的念念都能斷惑證理；加行、無間、解脫、勝進四道，剎那剎那的前後相望，念念都容許俱有。略如：以第三品的自品爲無間；望第一品爲勝進；望第二品爲解脫；望第四品爲加行。詳如唯識述記所說。

戊四　解十眞如

十眞如者：一、徧行眞如：謂此眞如二空所顯，無有一法而不在故。二、最勝眞如：謂此眞如具無邊德，於一切法最爲勝故。三、勝流眞如：謂此眞如所流教法，於餘教法極爲勝故。四、無攝受眞如：謂此眞如無所繫屬，非我執等所依取故。五、類無別眞如：謂此眞如類無差別，非如眼等類有異故。六、無染淨眞如：謂此眞如本性無染，亦不可說後方淨故。七、法無別眞如：謂此眞如雖多教法，「種種安立而無異故。八、不增減眞如：謂此眞如離增減執，不隨淨染有增減故。即此亦名相土自在所依眞如：謂若證得此眞如已，現相現土俱自在故。九、智自在所依眞如：謂若證得此眞如已，於無礙解得自在故。十、業自在等所依眞如：謂若證得此眞如已，普於一切神通作業總持定門，皆自在故。雖眞如性實無差別，而隨勝德假立十種。雖初地中已達一切，而能證行猶未圓滿，爲令圓滿，後後建立。

上來能證四因，已解其三，現在該講第四的十眞如了。玆一一分別如左。

一、徧行眞如——這眞如，是初地菩薩證人、法二空所顯的平等如理，徧法界裏沒有一法無眞如存在。

二、最勝眞如——這眞如，是第二地菩薩遠離了微細遮罪的煩惱塵垢之所證，所以具有無邊莊嚴的淨德，在一切法中最爲超勝。

三、勝流眞如——這眞如，是第三地菩薩成就總持大法的勝定所顯。因此，從這眞如流出的教法，望其餘教法，極爲殊勝。

四、無攝受眞如——這眞如，是第四地菩薩斷了微細煩惱現行障之所顯。因此，他無所繫屬，並非我執、我慢、我愛、無明、邊見、我所見等之所依取。

五、類無別眞如——這眞如，是第五地菩薩合眞俗二觀，無生死、涅槃的差別之所證，他不同眼等隨着有情類而有別異一樣。

六、無染淨眞如——這眞如，是第六地菩薩觀一切法緣生無性的如智之所顯發。因此眞如的本性並非染汚，所以也不可說是後來才清淨的。

七、法無別眞如——這眞如，是第七地菩薩離了生滅細相現行所顯的如理，雖有勝義、法界、實相等，多種教法的安立，而此眞如，體實無異。

八、不增減眞如——這眞如，是第八地菩薩於無功用道中離了增、減二執的如理，他不隨着得淨而起增執；斷染而起減執。卽此離增減執，也可以名相土自在所依眞如。因爲證得了這眞如已後，無論現相現土，都能不加功用的任運自在。

九、智自在所依眞如——就是第九地菩薩，證得了這眞如已後，便能於四無礙解，獲得了善說法要的自在，成利他行。

十、業自在等所依眞如——就是第十地菩薩，證了這眞如已後，普徧於利樂有情的一切神通作業、陀羅尼的總持、三摩地的勝定，都能夠自在無礙。

問：眞如性元是一味，何以分爲十種？答：雖眞如性，實無差別，而隨其所證、能證的勝德，假立十名。雖於初地之中已經通達了一切如理，而於能證的行位，還沒有圓滿，爲令行位圓滿，所以才於初地之後而又後，依次建立了十種眞如。

丁二　明所證果

戊一　結前起後

如是菩薩於十地中，勇猛修行十種勝行，斷十重障，證十眞如，於二轉依便能證得。

上來明能證因竟，此下明所證果。今先結前起後以發論端。像這前來所說的菩薩，在十地中，勇猛修行十種勝行，斷十重障，證十眞如，於菩提、涅槃的二轉依果，便能證得。

轉依位別，略有六種：一、損力益能轉：謂初二位，由習勝解及慚愧故，損本識中染種勢力，益本識內淨種功能，雖未斷障種，實證轉依，而漸伏現行，亦名爲轉。二、通達轉：謂通達位，由見道力，通達眞如，斷分別生二障粗重，證得一分眞實轉依。三、修習轉：謂修習位，由數修習十地行故，漸斷俱生二障粗重，漸次證得眞實轉依。攝大乘中，說通達轉，在前六地。有無相觀，通達眞俗間雜現前，令眞非眞，現不現故。說修習轉，在後四地。純無相觀，長時現前，勇猛修習，斷餘粗重，多令非眞，不顯現故。

轉依位的差別，略有六種：一、損力益能轉——就是在第一的資糧位、第二的加行位裏，由於修習決定的勝解力，及慚愧的勝德故，損減了根本識裏的染種勢力；增益了根本識裏的淨種功能，雖未斷二障種子實證轉依，然而已能漸伏二障現行，也得名之爲轉。二、通達轉——就是在第三的通達位裏，由於見道的無分別力，通達了眞實如理，斷了分別生的二障粗重，證得了一分的眞實轉依，所以名爲通達轉。三、修習轉——就是在第四的修習位裏，由於數數不斷的修習從初地住心到十地滿心的波羅密多，漸次斷了俱生的二障粗重，漸次證得了眞實轉依，所以名爲修習轉。

然攝大乘論上說，通達轉在前六地，並非見道者；那是約有相觀通俗；無相觀通眞，這樣通達眞俗間雜現前來說的。就是說：或作有相觀時，令非眞現前，眞不現前；或作無相觀時，令眞現前，非眞不現。因此他與本唯識論約通達徧行眞如，而說初地見道爲通達轉，並不相違。

攝大乘中又說，修習轉在後四地，並非十地者；那是約純無相觀長時現前，勇猛修習斷餘粗重，多令非眞不得顯現來說的。因此他與本論約漸證眞如，說十地爲修習轉，並不相違。

四、果圓滿轉：謂究竟位，由三大劫阿僧企耶，修習無邊難行勝行，金剛喻定現在前時，永斷本來一切粗重，頓證佛果圓滿轉依，窮未來際利樂無盡。五、下劣轉：謂二乘位，專求自利，厭苦欣寂，唯能通達生空眞如，斷煩惱種，證眞擇滅。無勝堪能，名下劣轉。六、廣大轉：謂大乘位，爲利他故，趣大菩提。生死涅槃，俱無欣厭，具能通達二空眞如，雙斷所知煩惱障種，頓證無上菩提涅槃。有勝堪能，名廣大轉。此中意說廣大轉依，捨二粗重而證得故。

四、果圓滿轉——就是在第五的究竟位裏，由於曾經三大阿僧企耶（無數長時），修習無邊之多而又難行的勝行——波羅密多，直到金剛喻定現前的時候，永遠斷除了本來的二障粗重，頓時證了究竟佛果而圓滿轉依，窮未來際，利樂有情，無有盡時。所以名爲果圓滿轉。五、下劣轉——就是二乘的有、無學位，他們專求自利，不求利他；厭生死苦，欣寂滅樂；唯能通達生空眞如，不達法空；唯斷煩惱障種，不能斷所知障；唯由眞智的揀擇力證滅諦涅槃，沒有一切智的勝堪能法證菩提大果。所以名爲下劣轉。六、廣大轉——就是大乘的菩薩位，爲利他故，趣向於菩提大果，不捨生死，不取涅槃，所以菩薩於生死涅槃，都無所欣厭，具能通達生空、法空的二空眞如，雙雙的斷了所知、煩惱的二障種子，頓證無上菩提，及大般涅槃。因爲有此一切智的勝堪能，所以名爲廣大轉。

轉依位雖有六種，但這頌中所取的轉依體，是約第六的廣大轉依來說的。因爲頌中說：「捨二粗重故，便證得轉依」，廣大轉依，就是菩薩修十地行，地地捨二粗重而證得的啊。

戊三 釋轉依義

己一 總標

轉依義別，略有四種。

上來釋轉依位竟。此下釋轉依義。轉依在意義上的差別，略有四種。

己二 別釋

一、能轉道，此復有二：一、能伏道，謂伏二障隨眠勢力，令不引起二障現行。此通有漏無漏二道，加行根本後得三智。隨其所應，漸頓伏彼。二、能斷道，謂能永斷二障隨眠。此道定非有漏加行，有漏曾習相執所引，未泯相故；加行趣求所證所引，未成辦故。有義：根本無分別智，親證二空所顯眞理，無境相故，能斷隨眠；後得不然，故非斷道。有義：後得無分別智，雖不親證二空眞理，無力能斷迷理隨眠，而於安立非安立相，明了現前，無倒證故，亦能永斷迷事隨眠。故瑜伽說：修道位中，有出世斷道，世出世斷道，無純世間道，能永害隨眠，是曾習故，相執引故。由斯理趣，諸見所斷及修所斷迷理隨眠，唯有根本無分別智親證理故，能正斷彼。餘修所斷迷事隨眠，根本後得俱能正斷。

第一種是「能轉道」。這能轉道又分爲二：一、能伏道——就是能伏煩惱、所知二障隨眠的勢力，使他不能引起二障的現行。這能伏道，通三乘見道前後的有漏、無漏二道，及加行、根本、後得三智。隨其三智的所應，或漸或頓，伏彼二障。就是或以加行智漸伏二障；根本、後得二智頓伏二障。或根本、後得二智亦頓亦漸；加行智則唯漸不頓。二、能斷道

——就是能夠永斷二障隨眠。這能斷道，決定不是有漏加行。因爲有漏心，是曾習境及相執所引，未泯相故，所以不能斷惑；加行智，對於趣求所證的眞如及所引的無分別智，都還沒有成辦，所以也不能斷惑。這能斷道既非有漏加行，那當然是無漏根本後得的無分別智了。但對於無漏心及根本、後得智，是否都是能斷道的問題，尙有如下兩家的解釋不同。

第一家說：唯有根本無分別智，親證我、法二空所顯的眞理沒有境相，才能斷二障隨眠；後得智就不然了。因爲以後得智作無相觀時，還有相分的境相存在，不能斷障，所以他不是能斷道。

第二家說：後得的無分別智，雖不能親證二空所顯眞理，沒有力量斷行相深遠的迷理隨眠；然而在安立諦及非安立諦明了現前的時候，他不會把安立當作非安立來顚倒取證，所以也能夠斷行相淺近的迷事隨眠。

因此，瑜伽論上說：修道位裏有二種斷道：一種是根本無分別智的出世斷道；二種是後得無分別的世、出世斷道。沒有有漏心的純世間道，能夠永害隨眠的，因爲有漏心是曾習境及相執之所引故。由於以上所說的理趣，所以諸見所斷迷事的忿等十惑隨眠，及修道所斷無明、二見等的迷理隨眠，唯有根本無分別智，親證二空眞理，才能正式的斷了他們。其餘修道所斷貪、瞋、無明、慢等的迷事隨眠，那就不但根本智能斷，卽後得智亦能斷彼。

二、所轉依，此復有二：一、持種依，謂根本識。由此能持染淨法種，與染淨法俱爲所依，聖道轉令捨染得淨。餘依他起性，雖亦是依，而不能持種，故此不說。二、迷悟依，謂眞如。由此能作迷悟根本，諸染淨法依之得生，聖道轉令捨染得淨。餘雖亦作迷悟法依，而非根本，故此不說。

第二種是「所轉依」。這所轉依又分爲二：一、持種依——就是第八根本識。由於這根本識能執持染、淨法的種子，而爲染、淨法之所依，修行聖道，能轉令捨染得淨，所以名爲轉依。其餘的依他起性，雖亦是轉依，但不能執持種子，所以這裏唯說根本識而不說依他。二、迷悟依——就是眞如。由於這眞如能作迷悟的根本，迷時的一切染法，依之而得生起；悟時的一切淨法，也依之而得生起。修行聖道，能轉令捨染得淨，所以名爲轉依。其餘的依他起性，雖亦爲迷悟法之所依，而非根本，所以這裏唯說眞如爲迷悟依而不說依他。

庚三　釋所轉捨

三、所轉捨，此復有二：一所斷捨，謂二障種。眞無間道現在前時，障治相違，彼便斷滅，永不成就，說之爲捨。彼種斷故，不復現行妄執我法。所執我法，不對妄情，亦說爲捨。由此名捨偏計所執。二、所棄捨，謂餘有漏劣無漏種。金剛喩定現

在前時，引極圓明純淨本識，非彼依故，皆永棄捨。彼種捨已，現有漏法及劣無漏，畢竟不生，既永不生，亦說爲捨。由此名捨生死劣法。有義：所餘有漏法種及劣無漏，金剛喻定現在前時，皆已棄捨，與二障種俱時捨故。有義：爾時猶未捨彼，與無間道不相違故，菩薩應無生死法故，此位應無所熏識故，住無間道應名佛故，後解脫道應無用故。由此應知餘有漏等，解脫道起，方棄捨之，第八淨識，非彼依故。

第三種是「所轉捨」。這所轉捨又分爲二：一、所斷捨——就是煩惱、所知二障種子。怎樣斷捨？當對治二障的眞無間道現在前時，那障與治道，就好像無明與明似的敵體相違，彼障便爲治道所斷滅，永遠不能成就，所以說之爲捨。由於彼障種子的斷滅之故，就不會再起現行之妄情，執有我、法了。所執的我法，本非實有，原爲能執的妄情對境而起，今既無妄情爲境所對，則我法亦滅，所以亦說爲捨，因此名捨徧計所執。二、所棄捨——就是二障之餘的有漏善，與十地所生的劣無漏種。到金剛喻定現在前時，引起極圓明純淨無雜的第八本識，不是彼有漏及劣無漏種之所依，所以都永遠的捨了他們。彼種子既已捨棄，那現行的有漏及劣無漏法，就畢竟不生；既永不生，當然也可以說之爲捨，因此名爲捨生死劣法。然此有漏及劣無漏，究於何時捨棄？這問題，尙有如下二師的解釋不同。

第一師說：二障所餘的有漏法種及劣無漏，在金剛喻定現前的時候，都已完全的棄捨了。因爲他們同二障種子，既是俱時而生，當然也是俱時而捨的緣故。

第二師說：金剛心時，還沒有棄捨彼有漏種及劣無漏。因爲他們與無間道並不相違，如何能够棄捨？假使金剛心時已棄捨了他們，便有如下二過：1.菩薩就應當無生死法；若無生死，何以名爲菩薩？2.此金剛心位，就應當無所熏識；若無所熏識，住無間道，就應當名之爲佛；如此，則金剛心後的解脫道，豈不就沒有用了嗎？由於這種道理，應知二障之餘的有漏及劣無漏，必須到金剛心後的解脫道起時，才能棄捨。因爲這時的第八淨識，不是他們所依止之故。

庚四　釋所轉得

辛一　總標

四、所轉得，此復有二。

第四種是「所轉得」。這所轉得又分爲二，後當別解。

辛二　別解

壬一　釋所顯得

一、所顯得，謂大涅槃。此雖本來自性清淨，而由客障覆令不顯。眞聖道生，斷彼障故，令其相顯，名得涅槃。此依眞如離障施設，故體卽是清淨法界。

一、所顯得——就是大涅槃。涅槃何以言大？表示與小乘唯斷煩惱的寂滅不同，所以言大。這大涅槃，雖是從本以來自性清淨；然而，由於客塵煩惱、所知二障的覆蓋，使他不得顯現，到能證眞理的聖道生時，把客障斷了，才能使涅槃相顯，這個名字就叫做得涅槃。因爲這大涅槃，是依眞如離障而施設的，並非有相；所以他的自體，就是清淨法界。

涅槃義別，略有四種：一、本來自性清淨涅槃，謂一切法相眞如理，雖有客染而本性淨，具無數量微妙功德，無生無滅，湛若虛空，一切有情平等共有，與一切法不一不異，離一切相一切分別，尋思路絕，名言道斷，唯眞聖者自內所證，其性本寂，故名涅槃。二、有餘依涅槃，謂卽眞如出煩惱障，雖有微苦所依未滅，而障永寂，故名涅槃。三、無餘依涅槃，謂卽眞如出生死苦，煩惱既盡，餘依亦滅，衆苦永寂，故名涅槃。四、無住處涅槃，謂卽眞如出所知障，大悲般若常所輔翼，由是不住生死涅槃，利樂有情窮未來際，用而常寂，故名涅槃。

涅槃在釋義上的差別，略有四種：

一、本來自性清淨涅槃——就是一切法相的眞如理性，有如下六種意義：1.雖有染污的客塵，而自性本淨，並非客塵所能染汚。2.具足無量數的微妙功德。3.無生無滅，湛然凝寂，好像虛空一樣，爲十界凡聖一切有情平等共有。4.與一切法非一非異：一則眞如應有生滅；異則眞如應非法性。5.離一切所取的相，及能取的分別。6.因其非粗心境，所以尋思路絕；非假安立，所以名言道斷。具有如上六義的眞如理性，唯是眞正聖者的自內所證，其性本寂，所以名爲涅槃。

二、有餘依涅槃——就是眞如出離了煩惱的障蔽，此時雖有微細苦果的依身未滅，而煩惱障却已永遠的寂滅了。所以名爲涅槃。

三、無餘依涅槃——就是眞如出離了生死苦的纏縛，此時煩惱的苦因旣盡，所餘的依身苦果亦滅，如是衆苦永寂，所以名爲涅槃。

四、無住處涅槃——就是眞如出離了所知障，此時菩薩的大悲、大智，如鳥之兩翼，相輔而行。由大智故，不住生死；由大悲故，不住涅槃。如是利樂有情，盡未來際，雖妙用無窮，而體常寂，所以名爲涅槃。

一切有情，皆有初一；二乘無學，容有前三；唯我世尊，可言具四。如何善逝有有餘依？雖無實依，而現示有；或苦依盡，說無餘依，非苦依在，說有餘依，是故世

尊可言具四。若聲聞等有無餘依，如何有處說彼非有？有處說彼都無涅槃，豈有餘依彼亦非有？然聲聞等身智在時，有所知障，苦依未盡，圓寂義隱，說無涅槃，非彼實無煩惱障盡所顯眞理有餘涅槃。爾時未證無餘圓寂，故亦說彼無無餘依，非彼後時滅身智已，無苦依盡無餘涅槃。或說二乘無涅槃者，依無住處，不依前三。

此下是把以上所說的四種涅槃，以三乘來作分別。一切有情無論凡聖，都有初一的「本來自性清淨涅槃」，所以經上說：一切有情本來涅槃。凡夫及二乘有學，還沒證到後三涅槃，唯有初一。未入地的不定性二乘無學，唯有初一的「自性」及第二的「有餘依」涅槃，而沒有「無餘依」及「無住處」的後二涅槃。定性的二乘無學，有前三涅槃，唯無後一。直往大乘且已登地的菩薩，唯有初一及第四的二種涅槃，而沒有第二第三。無學回心且已登地的菩薩，除無無餘涅槃，餘三都有。唯獨我佛世尊，可以說是具備了四種涅槃。

爲什麼善逝——佛，尚有有餘依涅槃，難道說佛的苦依還沒有盡嗎？答：佛雖沒有實在苦依未盡的有餘涅槃；然而爲應化示現的苦諦，似有有餘。或約苦依盡說，名無餘依；約非苦的無漏依身而說，名有餘依。以是之故，世尊可以說是具足了四種涅槃。

假使聲、緣二乘有無餘依涅槃的話；爲什麼有處如勝鬘經說彼二乘沒有無餘涅槃呢？答：勝鬘經說彼二乘人無論有餘、無餘涅槃，全都沒有，並不是但說無無餘依，豈有餘依二乘也沒有嗎？然而，當聲聞等的身、智在時，尚有所知障及苦果的依身未盡，圓寂的意義，隱昧不顯，所以經上說他沒有涅槃，並不是說他實在沒有煩惱障盡所顯眞理的有餘涅槃。爾時二乘聖者，還沒有證到無餘的圓寂，所以也說他沒有無餘依，並不是說他滅了身智已後，沒有苦依已盡的無餘涅槃。或者說二乘沒有涅槃，是依第四的無住處涅槃說的，並不是依前三涅槃而說。

又說彼無無餘依者，依不定性二乘而說。彼纔證得有餘涅槃，決定迴心求無上覺，由定願力，留身久住，非如一類入無餘依。謂有二乘深樂圓寂，得生空觀，親證眞如，永滅感生煩惱障盡，顯依眞理有餘涅槃。彼能感生煩惱盡故，後有異熟無由更生。現苦所依任運滅位，餘有爲法旣無所依，與彼苦依同時頓捨，顯依眞理無餘涅槃。爾時雖無二乘身智，而由彼證，可說彼有。此位唯有淸淨眞如，離相湛然，寂滅安樂，依斯說彼與佛無差；但無菩提利樂他業，故復說彼與佛有異。

又說二乘無無餘依者，是依不定性的二乘說的。因彼不定性二乘，剛纔證得有餘涅槃，就決定再迴小向大，求無上覺。由於這樣的定力和願力，不厭生死，留身久住，在世間修利他行。這與那一類定性二乘，但厭生死，入無餘涅槃不同，所以說他爲無無餘依。

定性二乘，深深的躭樂圓寂，厭患生死，緣無我境，得生空觀智，親證眞如，永遠的滅了能感生死苦報的煩惱障盡，顯示了依眞如理的有餘涅槃。由於彼能感生死的煩惱因盡，後有的異熟報果，就無從再生，現在的苦所依身，也只有任運而滅了。在這現苦所依的任運滅位，那其餘能依的有爲法，既無所依，便與彼苦依同時頓捨，顯示了依於眞如理的無餘涅槃。

問：爾時的二乘，身智都滅，誰有無餘？答：爾時雖無二乘身智；然而此滅却是由彼所證，所以說他有無餘依，並不是身智在時，說有無餘。

問：二乘既證無餘涅槃，就應當與佛沒有差別，何以仍舊與佛有異？答：這二乘的無餘依位，唯有清淨眞如的離相湛然，寂滅安樂；依斯義故，說彼與佛沒有差別。但他沒有發大菩提心，去做那利樂有情的萬行事業，所以又說他與佛有異。

諸所知障，既不感生，如何斷彼，得無住處？彼能隱覆法空眞如，令不發生大悲般若，窮未來際利樂有情，故斷彼時顯法空理，此理卽是無住涅槃，令於二邊俱不住故。

問：所知障，雖亦發犯毀三業，但障所知，不感生死，如何斷彼便能得無住處涅槃呢？答：彼所知障，雖不感生死，但能隱覆法空觀智所顯的眞實如理，使之不能發生大悲般若，窮未來際利樂有情，所以斷彼障時，才能顯示法空眞理；這法空眞理，就是無住處涅槃。因爲緣法空眞如所起的大悲般若，能令於生死、湼槃二邊俱不住故。

若所知障，亦障涅槃，如何斷彼，不得擇滅？擇滅離縛，彼非縛故。旣爾，斷彼寧得涅槃？非諸涅槃，皆擇滅攝。不爾性淨應非涅槃，能縛有情住生死者，斷此說得擇滅無爲，諸所知障不感生死，非如煩惱，能縛有情，故斷彼時，不得擇滅。然斷彼故，法空理顯，此理相寂，說爲涅槃，非此涅槃，擇滅爲性。故四圓寂諸無爲中，初後卽眞如，中二擇滅攝。若唯斷縛得擇滅者，不動等二，四中誰攝？非擇滅攝，說暫離故，擇滅無爲唯究竟滅，有非擇滅，非永滅故。或無住處，亦擇滅攝，由眞擇力，滅障得故。擇滅有二：一滅縛得，謂斷感生煩惱得者。二滅障得，謂斷餘障而證得者。故四圓寂諸無爲中，初一卽眞如，後三皆擇滅，不動等二，暫伏滅者，非擇滅攝，究竟滅者，擇滅所攝。

問：湼槃是以擇滅爲性的，假使所知障亦障湼槃的話，爲什麼斷了彼障，唯證眞如不得擇滅呢？答：由智慧簡擇，離了生死束縛所得的滅，名爲擇滅；彼所知障，旣不束縛有情，招感生死，那當然斷彼障已，唯證眞如，不得擇滅了。

問：旣然如此，那湼槃也是由離縛而得的，斷所知障不得擇滅，豈能便得湼槃嗎？答：

並不是一切湼槃，都歸擇滅所攝，不然的話，那不屬擇滅的自性清淨，就應當不是湼槃了。要知道，能縛有情住於生死的東西唯是煩惱，這煩惱斷了，才叫做得擇滅無爲，諸所知障不感生死，他不同煩惱能縛有情一樣，所以斷彼障時，不得擇滅。然而，由於斷彼障故，使法空眞理得以顯現，這法空理的相本寂滅，所以說名湼槃，並不是這湼槃以擇滅爲性。因此之故，那四種湼槃在諸無爲中，初後的自性、無住二種湼槃，卽眞如無爲；中間的有餘、無餘二種湼槃，是擇滅無爲所攝。

問：假定如上所說，唯有斷縛方得擇滅的話；那不動無爲及想受滅無爲亦非斷縛，他們在虛空、擇滅、非擇滅、眞如這四無爲中，屬於那個所攝呢？答：非擇滅攝！因爲不動及想受滅這二種無爲，不過是暫時離縛，而擇滅無爲，唯究竟滅；不動及想受滅，他們但有非擇滅缺緣不生的意義，而不是永滅，所以是非擇滅攝。

或者還有一種解釋：無住處湼槃，也可以說是擇滅所攝。因其體雖非縛，却是由法空觀智的眞簡擇力，滅了所知障而證得之故，所以也是擇滅所攝。要知道擇滅有二種：一種是滅縛得——就是斷了能招感生死的煩惱所得的擇滅。一種是滅障得——就是斷了煩惱之餘的所知障而證得的擇滅。所以四種湼槃在四無爲中：初一的自性湼槃，卽是眞如；後三的有餘、無餘、無住處湼槃，都是擇滅。不動及想受滅這二種無爲，假定是暫時伏滅的，屬於非擇滅攝；究竟滅的，那就屬於擇滅所攝了。

既所知障亦障涅槃，如何但說是菩提障？說煩惱障但障涅槃，豈彼不能爲菩提障？應知聖教依勝用說，理實俱能通障二果。如是所說四涅槃中，唯後三種，名所顯得。

問：既然所知障，亦障㴱槃，如何聖教上但說是菩提障，不說亦是㴱槃障呢？答：這例如：聖教說煩惱障但障㴱槃，難道他眞的只障㴱槃，就不能爲菩提障嗎？應知所知障，以能障菩提的功用爲勝；煩惱障，以能障㴱槃的功用爲勝，聖教上是依這二障的勝用來說的，理實而論，二障都能通障菩提、㴱槃二果。

像這以上所說的四種㴱槃中，唯有後三是由斷障所顯，名「所顯得」；第一是自性本寂，非所顯得。

壬二　釋所生得

二、所生得，謂大菩提。此雖本來有能生種，而所知障礙故不生。由聖道力，斷彼障故，令從種起，名得菩提。起已相續，窮未來際。此卽四智相應心品。

二、所生得——就是大菩提。這大菩提，雖從本以來，就有法爾能生的種子，然而由於所知障的障礙之故，不得生起。由聖道的力量，斷了彼障之故，令菩提從能生的種子而起現行，這個名就叫做得菩提。起了現行已後，相續不斷的窮未來際，這就是四智相應心品。

云何四智相應心品？一、大圓鏡智相應心品：謂此心品，離諸分別，所緣行相，微細難知，不忘不愚，一切境相，性相清淨，離諸雜染，純淨圓德現種依持，能現能生身土智影，無間無斷，窮未來際，如大圓鏡，現衆色像。

什麼叫做四智相應心品？向後依次解釋，玆先出名體。

一、大圓鏡智相應心品——大圓鏡是智，心品是相應法。就是說，這心品，遠離一切我、我所執，能取、所取的分別，所緣的境及其行相，都微細難知。不忘，卽一切種智不忘失於差別諸相；不愚，卽一切智不愚闇於平等空性。如是性、相清淨，離諸雜染，離雜則純；離染則淨；究竟俱離則圓。這純淨而又圓滿的功德，爲現行和種子的依持，能現自他身土及其餘的三智等影。這樣不間斷的窮未來際，現身土智影，好像一個大圓鏡裏，影現種種色相一樣。

二、平等性智相應心品：謂此心品，現一切法自他有情，悉皆平等。大慈悲等恒共相應，隨諸有情所樂，示現受用身土影像差別。妙觀察智不共所依，無住涅槃之所建立。一味相續，窮未來際。

二、平等性智相應心品——此心品，在凡夫位時，因有我執，自、他差別；今轉凡成聖，證二無我理，所以現一切法自、他有情，都一律平等。大慈悲等，恒與此智相應，隨着十地「覺有情」之所樂，示現化他的受用身土影像差別。這平等性智，是依第七識而轉的；妙觀察智，是依第六識而轉的，所以此智與妙觀察智不共所依。此智大悲平等，是無住涅槃之所建立，如大海水一味不變一樣，相續不斷，窮未來際。

三、妙觀察智相應心品：謂此心品，善觀諸法自相共相，無礙而轉。攝觀無量總持定門，及所發生功德珍寶。於大衆會，能現無邊作用差別，皆得自在，雨大法雨，斷一切疑，令諸有情皆獲利樂。

三、妙觀察智相應心品——此心品，妙用無方，善能觀察諸法的自相和共相，無礙而轉；又能攝觀無量總持——陀羅尼門、定——三摩地門，及其發生的六度道品、十力等的功德珍寶；在大衆會上，能示現無邊神通，作用差別，皆得自在；雨大法雨，斷一切疑障，令諸有情都獲得了利益和安樂。雖其餘三智亦有此德，而此智爲勝。

四、成所作智相應心品：謂此心品，爲欲利樂諸有情故，普於十方示現種種變化三業，成本願力所應作事。

四、成所作智相應心品——此心品，爲欲令一切有情都得到利樂之故，普徧於十方世界，示現種種變化三業：1. 隨類示現變化身業，工技善巧；2. 隨機示現變化語業，樂說無礙；3. 隨發身、語，似意業轉，而心實不變。以此三業，成就本來願力所應作的利他事業。

如是四智相應心品，雖各定有二十二法，能變所變種現俱生，而智用增，以智名顯。故此四品，總攝佛地一切有爲功德皆盡。此轉有漏八、七、六、五識相應品，如次而得。智雖非識，而依識轉，識爲主故，說轉識得。又有漏位，智劣識强，無漏位中，智强識劣，爲勸有情依智捨識，故說轉八識而得此四智。

上來出四智體竟，此明轉識成智。像以上所說這四智相應心品，雖各個心品，決定有二十二法（徧行五、別境五、善十一、所取心），及其能變的種子、所變的現行同時俱起，然而還是智的作用比較增上，故以智名來顯示心品。所以這四智心品，總將佛地的一切有爲功德，都攝盡無餘。

這轉有漏的八、七、六、五識的相應心品，是如其次第而轉得的——轉第八識得大圓鏡智、轉第七識得平等性智、轉第六識得妙觀察智，轉前五識得成所作智。

智既非識，何以說轉識得智？關於這個問題，有如下兩種答案：1. 智雖非識，而依識轉，因爲八識心王有依之爲主而轉捨轉得的意義，所以說轉識成智。2. 在有漏位，智的決斷力劣，識的分別力强；在無漏位中，智的決斷力强，識的分別力劣。爲勸導有情，依智捨識，所以說轉捨八識而得此四智。

大圓鏡智相應心品：有義：菩薩金剛喩定現在前時，即初現起，異熟識種與極微細所知障種，俱時捨故。若圓鏡智爾時未起，便無能持淨種識故。有義：此品解脫道時，初成佛故，乃得初起。異熟識種，金剛喩定現在前時，猶未頓捨，與無間道不相違故，非障有漏劣無漏法，但與佛果定相違故，金剛喩定無所熏識，無漏不增，應成佛故。由斯此品，從初成佛，盡未來際，相續不斷，持無漏令不失故。

上來明轉識成智竟。此下是明四智的現起位。大圓鏡智相應心品到什麼時候現起呢？這問題有如下二師的解釋不同：

第一師說：在菩薩金剛喩定現前的時候，即是大圓鏡智初現起時。因爲此時的異熟識種與極微細的所知障種，都完全捨棄，唯有能持淸淨種識的存在，倘若大圓鏡智在爾時尙未現起，便沒有能持淸淨種的識了。

第二師說：不對！這大圓鏡智相應心品，要到解脫道的剛成佛時，方得初起。因爲異熟識種，在金剛喩定現在前時，還沒有頓捨，他與此時的無間道並不相違，不障有漏善及劣無漏法，但與解脫道的佛果決定相違，所以要到解脫道時，才能頓捨異熟，起圓境智。假使金剛喻定現在前時便起鏡智；那就是金剛喻定，既沒有所熏的識，又沒有無漏法的增長，應當成佛，豈有此理？因此，這大圓鏡智相應心品，從初成佛時開始現起，盡未來際，相續不斷，執持着無漏法的種子，令不散失。

平等性智相應心品，菩薩見道初現前位，違二執故，方得初起。後十地中，執未斷故，有漏等位，或有間斷；法雲地後，與淨第八相依相續，盡未來際。

平等性智相應心品，在菩薩眞見道的初現前位，便得初起。因爲這平等性智，不是第七識的自力現起，而是由見道位的第六識轉爲妙觀察智之所引生。如是平等觀察俱時而起，違我、法二執，所以於眞見道位，便得初起。後來到十地中，因爲俱生二執的粗重未斷，此智在這有漏等位的出空觀時，或有間斷；直到究竟無漏的第十法雲地後，才與第八淨識相依相續的盡未來際。

妙觀察智相應心品，生空觀品，二乘見位，亦得初起。此後展轉至無學位，或至菩薩解行地終，或至上位，若非有漏，或無心時，皆容現起。法空觀品，菩薩見位，方得初起，此後展轉乃至上位，若非有漏，生空智果，或無心時，皆容現起。

妙觀察智相應心品的現起，有生空觀品與法空觀品之別：一、生空觀品，在二乘見道的有學位，亦得初起。從此以後展轉到無學位；或菩薩住、行、向的解行地終；或十地上位，在此中間，假定不是有漏心，或入無心的滅盡定時，都容許現起。二、法空觀品，要到菩薩的見道位——初地入心，方得現起。從此以後展轉乃至十地最後心的上位，在此中間，假定不是有漏心；或不達法空的生空智果；或無心定時，都容許現起。

成所作智相應心品：有義：菩薩修道位中，後得引故，亦得初起。有義：成佛方得初起。以十地中，依異熟識所變眼等，非無漏故，有漏不共，必俱同境，根發無漏識，理不相應故，此二於境，明昧異故。由斯此品，要得成佛，依無漏根，方容現起，而數間斷，作意起故。

成所作智相應心品，由何時現起？這有如下二師的說法不同：

第一師說：此心品在菩薩修道位中，因爲第六意識的後得所引故，亦得初起。

第二師說：此心品要到成佛的時候，才可以初起。因爲在十地中，依第八異熟識所變的眼等五根，並非無漏，而是有漏五識，不共餘法，住必同境的俱有所依。像這樣的有漏根，發無漏識，在道理上說，是不相應的。應知漏與無漏，此二取境，明昧不同，他如何能夠發無漏識？由於這種道理的緣故，此智心品，要到成佛的時候，依無漏根，方容現起；但非相續，而數數間斷。因爲是作意方起之故，他不同餘識，不假作意而恒時現起。

此四種性，雖皆本有，而要熏發，方得現行。因位漸增，佛果圓滿，不增不減，盡未來際。但從種生，不熏成種，勿前佛德，勝後佛故。

這四智心品的種子，都是本來就有的，要現起便現起，何以有因果分位的差別？雖是本有，然而要藉緣力的熏發，方得現行，所以在因位漸次增勝，直到佛果才究竟圓滿，不增不減，盡未來際。但這圓滿的佛果，是從本有的無漏種子而生，不再熏成種子。當知佛的果德，並沒有前後勝劣的差別，何用熏爲。

大圓鏡智相應心品：有義：但緣眞如爲境，是無分別，非後得智，行相所緣，不可知故。有義：此品緣一切法。莊嚴論說：大圓鏡智，於一切境，不愚迷故。佛地經說：如來智鏡，諸處境識，衆像現故。又此決定緣無漏種，及身土等諸影像故，行緣微細，說不可知，如何賴耶，亦緣俗故。緣眞如故，是無分別，緣餘境故，後得智攝。其體是一，隨用分二。了俗由證眞，故說爲後得。餘一分二，准此應知。

上來明現起位竟。此下是明四智心品的所緣境。大圓鏡智相應心品的所緣境，有如下二師的解釋不同：

第一師說：此智心品但緣眞如，不緣俗境。因爲他是緣眞的根本無分別智，而不是緣俗的後得智，其行相、所緣，都微細得不可測知。

第二師說：此智心品緣一切法，並不是但緣眞如。因爲莊嚴論上說：大圓鏡智，於一切眞，俗之境，都不愚迷。佛地經上也說：如來的智鏡裏，無論是六處、六境、六識，這十八界的衆像，都無不顯現。又、此智心品決定緣無漏種子，及身土等的一切影像。前師對「行、緣微細，說不可知」者，那是說果地的鏡智，也如因地的阿賴耶一樣的緣俗，其行相、所緣，因旣微細，果亦難知，並不是但緣眞如，不緣俗境。至於二智的差別，那是因爲緣眞的是無分別智；緣餘境的是後得智攝；智體是一，不過隨其功用的不同，分之爲二罷了。了俗之智，是由證眞已後所得的，所以說他是後得智，並非二智有二別體。餘智心品的一體分二，應知准此爲例。

平等性智相應心品，有義：但緣第八淨識，如染第七，緣藏識故。有義：但緣眞如爲境，緣一切法平等性故。有義：徧緣眞俗爲境，佛地經說：平等性智，證得十種平等性故。莊嚴論說：緣諸有情自他平等，隨他勝解，示現無邊佛影像故。由斯此品，通緣眞俗，二智所攝，於理無違。

平等性智相應心品，所緣何境？這有如下三家不同的解釋：

第一家說：但緣第八淨識爲境，也如染污的第七末那緣第八藏識爲境一樣。

第二家說：但緣眞如爲境，因爲此智心品，是緣一切法平等性的；平等性，就是眞如境界。

第三家說：是徧緣眞俗爲境的。因爲佛地經上說：平等性智，爲證得十種平等性故，所以徧緣眞俗。莊嚴論上也說：緣一切有情自他平等，隨着他們勝解力的差別，示現無邊佛影像故。因此這平等性智相應心品，爲通緣眞俗的根本、後得二智所攝，於理無違。

妙觀察智相應心品，緣一切法自相共相，皆無障礙，二智所攝。

妙觀察智相應心品，是緣一切法的自相、共相爲境的。所以皆無障礙，通爲根本、後得二智所攝。

成所作智相應心品，有義：但緣五種現境。莊嚴論說：如來五根，一一皆於五境轉故。有義：此品亦能徧緣三世諸法，不違正理。佛地經說：成所作智，起作三業諸變化事，決擇有情心行差別，領受去來現在等義。若不徧緣，無此能故。然此心品，隨意樂力，或緣一法，或二或多。且說五根於五境轉，不言唯爾，故不相違。隨作意生，緣事相境，起化業故，後得智攝。

成所作智相應心品，所緣何境？有如下二師的解釋不同：

第一師說：但緣色聲等五種現前塵境。因爲莊嚴論上說：如來的眼等五根，一一根都是在五境上轉的。

第二師說：此智心品，也能够偏緣過去、現在、未來的三世諸法，這樣才不違正理。因爲佛地經上說：成所作智，能起作身、語、意三業的諸變化事，來決擇有情的心行差別，以領受其過去、現在、未來等義。假使不能偏緣諸法，那就無此可能了。

然此心品，隨意樂之力，或緣一法；或緣二法；或緣多法。莊嚴論上，但說五根於五境轉，並不是說唯緣爾境，不緣諸法；所以與偏緣諸法的道理互不相違。

此智心品，因爲是隨着作意而生，緣一切事相之境，起變化三業之故，所以是後得智攝。

此四心品，雖皆偏能緣一切法，而用有異。謂鏡智品，現自受用身淨土相，持無漏種；平等智品，現他受用身淨土相；成事智品，能現變化身及土相；觀察智品，觀察自他功能過失，雨大法雨，破諸疑網，利樂有情。如是等門，差別多種。

這四智相應心品，雖都能偏緣一切法，而其緣境的作用，却是各各有異。大圓鏡智相應心品的作用，能够現起自受用身，及自受用的淨土境相，執持無漏種子；平等性智相應心品的作用，能够現起他受用身，及他受用的淨土境相；成所作智相應心品的作用，能够現起變化身，及變化的淨穢土相；妙觀察智相應心品的作用，能夠觀察自他功能過失，於淨穢土，雨大法雨，破一切疑網，利樂有情。像這所生菩提等門的差別，尚有多種，此不繁舉。

辛三　結所轉得

此四心品，名所生得。此所生得，總名菩提，及前涅槃，名所轉得。

這四智心品，就叫做所生得；這所生得的總名，就叫做菩提；再加上前面所顯得的涅槃，就叫做所轉得。

己三　結轉依義

雖轉依義總有四種，而今但取二所轉得，頌說證得轉依言故。

雖轉依義總有：能轉道、所轉依、所轉捨、所轉得的四種差別；然而現在但取第四的涅槃、菩提，二所轉得，不取餘三。因為頌中說有「便證得轉依」這句話的緣故。

甲三　明因位攝

此修習位，說能證得，非已證得，因位攝故。

這修習位，是說十地能夠證得涅槃、菩提的二種轉依，並不是已經證得。因為十地尚屬因位所攝。還沒有到達佛地的果位。

第五節　釋究竟位

甲一　藉問起頌

後究竟位，其相云何？頌曰：『此即無漏界，不思議善常，安樂解脫身，大牟尼名法』。

上來五位已釋其四，此下該釋最後第五的究竟位了。問：這最後的究竟位，他的義相是怎樣的呢？下舉一頌以答所問。第一句頌是出位體；次七字是顯勝德；後八字是簡二乘與三乘別。向後論文依次解釋。

甲二　釋頌文

乙一　出位體

論曰：前修習位所得轉依，應知即是究竟位相。此謂此前二轉依果，即是究竟無漏界攝。諸漏永盡，非漏隨增，性淨圓明，故名無漏。界是藏義，此中含容無邊希有大功德故；或是因義，能生五乘世出世間利樂事故。

此下是以論文來解釋頌義。論曰：前修習位裏的所得轉依，應知即是這究竟位相。怎見得呢？第一句頌上加一「此」字，就是說這前面的涅槃、菩提二轉依果，即是究竟位的無漏界攝。二轉依果何以名爲無漏？因其對一切雜染的諸漏，已永遠斷盡；離相應、所緣二縛的非漏，隨之而增，如是性淨圓明，所以名爲無漏。問：二乘、菩薩不是也名爲無漏嗎？答：二乘但空而不明；菩薩雖明而不圓，他們雖名無漏而非究竟。

「界」字的意義是「含藏」，這二轉依果中，含藏有無量無邊甚爲希有的大功德——涅槃含藏無爲功德；菩提含藏有爲功德。或者「界」字的意義是「因」，因能出生人、天、聲、緣、菩薩這五乘世、出世間的利樂事業。這是總解第一句頌。

清淨法界，可唯無漏攝，四智心品，如何唯無漏？道諦攝故，唯無漏攝。謂佛功德及身土等，皆是無漏種性所生，有漏法種已永捨故。雖有示現作生死身，業煩惱等似苦集諦，而實無漏道諦所攝。

外人問難：清淨法界，是涅槃的理法，可以說是唯無漏攝；四智心品的菩提，是佛身中的有爲功德，怎麼也說是唯無漏呢？論主答：因爲四智爲苦等四諦中的道諦所攝，道諦既是無漏，當然四智也唯是無漏攝了。就是說：佛的六度道品、十力等一切功德，及所現身土，都是無漏種子的道諦所生；有漏法的種子，在金剛心後已經永遠的捨棄了。佛雖有示現誕生、入滅的化身，及叱呵、病痛的業煩惱等，好像有漏的苦集；然而實際上是無漏的道諦所攝。

集論等說：十五界等，唯是有漏，如來豈無五根、五識、五外界等？有義：如來功德身土，甚深微妙，非有非無，離諸分別，絕諸戲論，非界處等法門所攝，故與彼說理不相違。

外人又問：雜集論等上說：十五界等唯是有漏。今言佛身唯無漏攝，如來豈能沒有五根、五識、五外境的十五界嗎？如來既有十五界，怎能說佛身唯無漏呢？關於這個問題，向後有三家的解釋不同。

第一家說：如來功德及所現身土，非常的深微奧妙，有而非有，無而非無，離諸能、所的分別，絕於名言戲論，不是界、處、蘊等的法門所攝。所以這裏說佛身唯無漏攝，與彼所說十五界唯是有漏的道理，並不相違。

有義：如來五根五境，妙定生故，法界色攝。非佛五識，雖依此變，然粗細異，非五境攝。如來五識，非五識界，經說佛心恒在定故，論說五識性散亂故。成所作智何識相應？第六相應，起化用故。與觀察智性有何別？彼觀諸法自共相等，此唯起化，故有差別。此二智品應不並生，一類二識不俱起故。許不並起，於理無違；同體用分，俱亦非失。或與第七淨識相應，依眼等根緣色等境，是平等智作用差別：謂淨第七，起他受用身土相者，平等品攝，起變化者，成事品攝。豈不此品轉五識得？非轉彼得，體卽是彼，如轉生死言得涅槃，不可涅槃同生死攝，是故於此，不應爲難。

第二家說：如來的五根、五境，是無漏妙定所生，所以爲法界色一分所攝。假使非佛而是其餘的菩薩、異生等的五識，雖依佛妙定所變的根境上變爲身土，然而粗細有異，卽餘所變者粗，屬於五境；佛所變者細，非五境攝。如來的五識，不是五識界的有漏五識，因爲經上說：佛心恒在定中；論上說：五識性是散亂。佛心既恒在定，當然不是散亂的五識界了。

接着外人又問：佛的五識既非五識界攝，那依五識所轉的成所作智，與什麼識相應呢？論主答：與第六淨識相應。因第六淨識，對菩薩、二乘、異生三類，能隨機現起分身的化用，非餘識俱。問：既與第六識相應，與妙觀察智的體性又有什麼差別？答：彼妙觀察智，能觀諸法的自相共相，這成所作智，唯起作用，所以他們是有差別的。問：如此說來，這二智品就應當不能並生，一類智品是不能俱起二識的，如何成所作智，能與第六識相應？答：若以前念後念剎那別起而論，就是許不並生，也於理無違；若以同一識體用分爲二來說，就是許二俱起，也沒有什麼過失。

或者成所作智與第七淨識相應。因爲依眼等根，緣色等境，不過是平等智品在作用上的差別而已。那麼，成所作智與平等性智不是就沒有差別了嗎？有！第七淨識，爲化菩薩，起他受用身土相者，屬平等性智心品所攝；爲化異生，起變化身土者，是成所作智心品所攝。

問：這成所作智心品。豈不是由轉五識而得的嗎？既由轉五識而得，何以與第七淨識相應？

答：並不是因爲轉彼五識得此智心品，便說此智心品的體性就是五識，譬如：轉生死說得涅槃，不可說涅槃同生死攝。所以不應在這裏提出問難。

有義：如來功德身土，如應攝在蘊處界中，彼三皆通有漏無漏。集論等說十五界等唯有漏者，彼依二乘粗淺境說，非說一切。謂餘成就十八界中，唯有後三通無漏攝；佛成就者雖皆無漏，而非二乘所知境攝。然餘處說佛功德等非界等者，不同二乘劣智所知界等相故。理必應爾！所以者何？說有爲法，皆蘊攝故；說一切法，界處攝故；十九界等，聖所遮故。若絕戲論，便非界等。亦不應說卽無漏界善常安樂解脫身等。又處處說：轉無常蘊，獲得常蘊，界處亦然，寧說如來非蘊處界？故言非者，是密意說。又說五識性散亂者，說餘成者，非佛所成。故佛身中，十八界等，皆是具足，而純無漏。

第三家說：如來的功德，及所現身土，都如其所應的攝在蘊、處、界中。因彼蘊處界三，皆通有漏、無漏，故佛無漏亦彼所攝。集論等說十五界等唯有漏者，彼依二乘粗淺境說，並不是說一切凡聖有情的十五界等，都唯有漏。就是說：其餘的菩薩、二乘所成就的六根、六境、六識，這十八界裏，唯有後三的意根、法境、意識通無漏攝，餘十五界唯是有漏。佛成就的雖皆無漏，而非二乘所知境攝。然而餘處如大般若經說，佛的功德身土，非界蘊處者，那是表示佛的功德殊勝，不同二乘劣智所知的界處等相，並非不屬界等所攝，在道理上必然應當是這樣的。所以者何？諸論通說：有爲法皆屬蘊攝；又說：一切法，界處都攝。佛的功德法，難道不是界處所攝嗎？假使不是界處所攝，那就是十九界、六蘊、十三處所攝了。然而十九界等說，爲聖教所遮，是不能成立的。若絕戲論便非界處等者；也不應當在頌中說：如來功德，卽無漏界、善、常、安樂、解脫身等；既然可說解脫身等，何獨不可說爲蘊處界攝？又、涅槃經及莊嚴論等說：轉無常蘊，獲得常蘊，界處亦然；怎能說如來不是蘊處界呢？所以說非蘊處界者，那是爲顯佛意深密，非淺顯智境所能知而說的。以上是破第一家所計。

又、論說五識性散亂者，那是指其餘菩薩、二乘所成就而說的，不是佛所成就。這是破第二家所計。

因此之故，佛身中的十八界，都完全具足，而且是純淨的無漏。

乙二　顯勝德

此轉依果，又不思議，超過尋思言議道故，微妙甚深自內證故，非諸世間喻所喻故。

上來釋頌第一句出位體竟，此下是釋不思議、善、常、安樂七字以顯勝德。今先釋「不思議」：這二轉依果，又是不思議的。因其一切相俱離，超過了常人的尋思與言議之道，微妙甚深，唯聖智自內所證，不是一切世間用譬喻所可喻知的。

此又是善：白法性故；清淨法界，遠離生滅，極安隱故；四智心品，妙用無方，極巧便故；二種皆有順益相故；違不善故；俱說爲善。論說處等，八唯無記，如來豈無五根三境？此中三釋，廣說如前。一切如來身土等法，皆滅道攝，故唯是善，聖說滅道唯善性故，說佛土等，非苦集故。佛識所變有漏、不善、無記相等，皆從無漏善種所生，無漏善攝。

此釋「善」字。這二轉依果，頌上又說是善，因爲此果是以「白法」爲體性的。白法，是不是就是有漏善呢？不！清淨法界的大涅槃，遠離生滅煩惱，至極安穩；四智心品的大菩提，妙用無方，至極巧便。這二種無爲的涅槃，有爲的菩提，都有順益之相，既與有漏善不同；又與不善相違，所以俱說爲善。

外人問難：四智心品，既唯是善，何以對法論說，十二處裏就有八處唯是無記呢？如來豈能沒有五根及香、味、觸三境的八處嗎？答：這問題在前面三釋有漏裏，已經說得很詳細了，勿庸再說。

一切如來的身土等法，都屬滅道所攝，故唯是善。因爲經論上說：屬於滅、道二諦的唯是善性；又說佛的身土非苦、集諦。既非苦集，當然是善性的滅、道二諦了。至於由佛淨識所變的似有漏、不善、無記相等，都是從無漏善種所生，所以也都是無漏善攝。

此又是常，無盡期故。清淨法界，無生無滅，性無變易，故說爲常。四智心品，所依常故，無斷盡故，亦說爲常。非自性常，從因生故，生者歸滅，一向說故，不見色心，非無常故。然四智品，由本願力，所化有情，無盡期故，窮未來際，無斷無盡。

此釋「常」字。這二轉依果，頌上又說是常。因爲此果是永無盡期的。清淨法界的大涅槃，無生無滅，性無變易，所以說之爲常。四智心品的大菩提，所依的眞如是常，能依的智品無斷無盡，所以也說爲常。但這四智心品的常，可不是自性常；因爲他是從因生的，既從因生，必歸於滅，一向都是這樣說的，不見有誰說過色心不是無常。

然而，四智心品，何以又說是常？由於本願力的宏深，所化有情無有盡期，能化的四智心品也就窮未來際，無斷無盡了。所以又說是常。

此又安樂，無逼惱故。清淨法界，衆相寂靜，故名安樂。四智心品，永離惱害，故名安樂。此二自性，皆無逼惱及能安樂一切有情，故二轉依俱名安樂。

此釋「安樂」二字。這二轉依果，頌上又說是安樂。因爲這二果對有情類無逼無惱，不令生死，所以名爲安樂。清淨法界的大涅槃果，衆相寂靜，所以名爲安樂。四智心品的大菩提果，永離惱害，所以也名爲安樂。不但這二果的自性都無逼無惱，而且能利益安樂一切有情，所以二轉依果俱名安樂。

乙三　簡二顯三

二乘所得二轉依果，唯永遠離煩惱障縛，無殊勝法，故但名解脫身。大覺世尊，成就無上寂默法故，名大牟尼。此牟尼尊所得二果，永離二障，亦名法身。無量無邊力無畏等，大功德法所莊嚴故。體依聚義，總說名身。故此法身，五法爲性，非淨法界，獨名法身，二轉依果，皆此攝故。

上來釋「不思議、善、常、安樂」七字以顯勝德竟。此下是釋「解脫身、大牟尼名法」八字，以簡二乘顯示三乘得果的差別。聲、緣二乘所得的二轉依果，唯是永遠離了煩惱障的生死縛法，還沒有離所知障，得殊勝妙法。所以但名爲解脫身，而不名法身。

大牟尼世尊，因爲成就了無上的寂默法故，所以名爲「大牟尼」。牟尼，譯爲寂默，是幽深玄遠，過言語地的不二法門。此大牟尼世尊所得的二轉依果，由於永離煩惱、所知二障之故，所以不但名解脫身，而且亦名法身。爲什麼離所知障，亦名法身呢？因其爲無量無邊十力、四無畏等大功德法所莊嚴之故。爲什麼名之爲身呢？因其含有體性、依止、衆德所聚，這三義之故，所以總名爲身。因此，這法身是以眞如及四智菩提五法爲性，非但清淨法界，獨名法身。因爲二轉依果的涅槃、菩提，都是這法身的五法所攝之故。

乙四　諸門分別

丙一　三身別相門

如是法身，有三相別：一、自性身：謂諸如來眞淨法界，受用變化平等所依，離相寂然，絕諸戲論，具無邊際眞常功德，是一切法平等實性，卽此自性，亦名法身，大功德法所依止故。二、受用身：此有二種：一、自受用，謂諸如來三無數劫，修集無量福慧資糧，所起無邊眞實功德，及極圓淨常徧色身，相續湛然，盡未來際，恒自受用廣大法樂。二、他受用，謂諸如來由平等智，示現微妙淨功德身，居純淨土，爲住十地諸菩薩衆，現大神通，轉正法輪，決衆疑網，令彼受用大乘法樂。合

此二種，名受用身。三、變化身：謂諸如來由成事智，變現無量隨類化身，居淨穢土，爲未登地諸菩薩衆、二乘、異生、稱彼機宜，現通說法，令各獲得諸利樂事。

像這以上所說的法身，旣是三義的總名，當然也有三相的差別。玆列舉如左：

一、自性身：就是諸如來所證的眞實清淨法界。此法界，爲自、他受用，及變化身的平等所依。又是離相寂然：離心緣相，所以尋思路絕；離言說相，所以絕諸戲論。還具有無邊無際的眞常功德，是一切法平等實性。卽此自性，不但名自性身，而且也名叫法身。爲什麼亦名法身？因爲他是有爲、無爲的大功德法所依止故。

二、受用身：這有兩種：一種是自受用。就是一切如來，經過三大阿僧祇的無數長劫，修集了無量福慧資糧，所起的無邊眞實功德；以及莊嚴咸備、衆患俱離、無間無斷、無所不在的極圓淨常徧色身，相續湛然，盡未來際，恒自受用廣大法樂。二種是他受用身。就是一切如來，由平等性智，示現的微妙淨功德身，居住在純淨無穢的國土，爲住於十地的諸菩薩，現大神通，轉正法輪，解決一切疑網，教他們受用大乘的法樂。綜合這自、他受用二種，名爲受用身。

三、變化身：就是一切如來，由成所作智，變現無量隨類化身，居住於淨穢國土，爲尙未登地的諸菩薩衆、二乘異生，稱量彼等的根機，隨其利鈍，權宜施教，或現神通，或說法要，使他們各個都獲得了一切利樂之事。

丙二　五法三身門

以五法性攝三身者：有義：初二攝自性身。經說眞如是法身故；論說轉去阿賴耶識，得自性身，圓鏡智品轉去藏識而證得故。中二智品，攝受用身。說平等智，於純淨土，爲諸菩薩現佛身故；說觀察智，大集會中，說法斷疑，現自在故；說轉諸轉識，得受用身故。後一智品，攝變化身。說成事智，於十方土，現無量種難思化故。又智殊勝，具攝三身，故知三身，皆有實智。

以眞如、四智五法攝自性、受用、變化三身的問題，有如下兩家的解釋不同。今第一家說：是以最初的眞如、第二的大圓鏡智攝自性身的。怎見得呢？因爲佛地經上說：眞如就是法身。可見是以眞如攝自性身的。攝大乘論上說：轉去第八阿賴耶識，得自性身；又說：大圓鏡智，是由轉去藏識而證得的。可見是以大圓鏡智攝自性身的。

中間的平等、觀察二智，是攝受用身的。怎見得呢？因爲有的論上說：平等性智，於純淨土，爲一切地前、地上菩薩的受用法樂而現佛身；又說：妙觀察智，在大集會中，說法斷疑，示現自在；又說：轉諸轉識，得受用身。可見平等、觀察二智，是攝受用身的。

最後的成所作事智，是攝變化身的。因爲莊嚴論上說：成所作智，於十方國土，示現無量種類，微妙難思的變化。所以成所作事智，攝變化身。

又、攝大乘論上說：由於智品的殊勝，具攝三身。所以無論自性、受用、變化三身，都有實智。

有義：初一攝自性身。說自性身本性常故；說佛法身無生滅故；說證因得，非生因故；又說法身諸佛共有，徧一切法，猶若虛空，無相無爲，非色心故。然說轉去藏識得者，謂由轉滅第八識中二障粗重，顯法身故。智殊勝中說法身者，是彼依止彼實性故。自性法身，雖有眞實無邊功德，而無爲故，不可說爲色心等物。

第二家說：五法中，只有最初的眞如一法，攝自性身，並非鏡智亦攝。因爲佛地經論等說：自性身是本性常住；又說：佛的法身，無生無滅；又說：法身是由能證的因地而證得的，並非由生因而生；又說：法身是諸佛共有，徧一切法，猶若虛空，無相無爲，非色非心。這都是唯一眞如攝自性身，非鏡智亦攝的明證。

然，前師引攝論所說，大圓鏡智轉去藏識而證得者；那是說，由轉滅第八識中的二障粗重，以顯示法身，並不是法身同鏡智一樣由轉識而得。又說智品殊勝具攝三身中有法身者；那是因爲法身是彼智品所依止的實性，並非法身爲彼智品所攝。

自性法身，雖有眞實無邊功德；然而由於是無爲之故，不可說他是鏡智的色心等物。

四智品中眞實功德：鏡智所起常徧色身，攝自受用；平等智品所現佛身，攝他受用；成事智品所現隨類種種身相，攝變化身。說圓鏡智是受用佛，轉諸轉識得受用故。雖轉藏識亦得受用，然說轉彼顯法身故，於得受用略不說之。又說法身無生無滅，唯證因得，非色心等，圓鏡智品，與此相違，若非受用，屬何身攝？又受用身，攝佛不共有爲實德。故四智品，實有色心，皆受用攝。

四智品中的眞實功德，是怎樣的攝三身呢？圓鏡智品所起的常徧色身，攝自受用；平等智品別爲上機所現的佛身，攝他受用；成所作事智品普爲衆機所現的隨類種種身相，攝變化身。說圓鏡智品是受用身佛，而不是法身佛者，有如下三種理由：

一、因爲圓鏡智品，是轉諸轉識所得的受用身故。那麼，爲什麼攝論不說轉藏識亦得受用身呢？雖轉藏識亦得受用，然而爲的要說轉彼藏識顯法身故，所以對於亦得受用，就略而不說了。

二、又前說法身無生無滅，唯證因得，亦非色心等。圓鏡智品既有生滅，又是色心，與法身相違，若非受用，他將屬何身所攝？

三、又受用身，攝佛不共餘乘的有爲眞實功德，所以四智心品，實有色心，都是受用身攝。

又他受用及變化身，皆爲化他方便示現，故不可說實智爲體。雖說化身智殊勝攝，而似智現，或智所起，假說智名，體實非智。但說平等、成所作智，能現受用三業化身，不說二身卽是二智，故此二智自受用攝。

又、他受用及變化二身，都是爲化他有情，而方便示現的，所以不可說他以實智爲體。問：前引攝論上說，智品殊勝，具攝三身，怎能說化身沒有實智？答：雖說化身是智殊勝攝；然而，因爲是似智所現，或由智所現起，所以假說智名，而體實非智。問：前引平等、成事二智所現受用、變化二身，怎能說二身體實非智？答：但說平等性智能現受用身；成所作智能現三業化身，並不是說二身就是二智。所以這平等、成事二智，都是自受用身攝。

然變化身及他受用，雖無眞實心及心所，而有化現心心所法。無上覺者神力難思，故能化現無形質法。若不爾者，云何如來現貪瞋等？久已斷故。云何聲聞及傍生等，知如來心？如來實心，等覺菩薩尚不知故。由此經說化無量類皆令有心；又說如來成所作智化作三業；又說變化有依他心，依他實心，相分現故。雖說變化無根心等，而依餘說，不依如來。又化色根心心所法無根等用，故不說有。

問：若說二身的體實非智，那佛不是就沒有心、心所法，去化他有情了嗎？答：變化身及他受用身，雖說沒有眞實的心及心所，却有化現的心心所法。按凡情推測，心心所法不是有形質的色身，怎麼能够化現？因爲無上覺者的神力難思，出乎凡情，所以能化現無形質法。倘若不是這樣的話，那如來如何能應機示現久已斷了的貪瞋等相？又如何受化的聲聞及傍生等，知如來心？這所知的如來心，豈非就是化心嗎？因爲如來的實心，等覺菩薩尚不能知，何況聲聞傍生？

因此涅槃經說：變化無量化人之類，皆令有心。又佛地經說：如來的成所作智，化作身、語、意三業。又解深密經說：變化有依他心。什麼叫做依他心？就是依他實心爲因緣，而相分現起。

問：瑜伽九十八說，變化無根心等，豈非與此相違？答：不違！瑜伽雖說變化無根心等；然而那是依其餘的二乘、菩薩而說，非依如來。因彼二乘等由劣智所化的色根及心心所法，不似如來依實心所起根心有自在化他的妙用，所以不說他們有變化根心。

丙三　功德各異門

如是三身，雖皆具足無邊功德，而各有異。謂自性身，唯有眞實常樂我淨，離諸雜染，衆善所依無爲功德，無色心等差別相用。自受用身，具無量種妙色心等眞實功德。若他受用及變化身，唯具無邊似色心等，利樂他用化相功德。

像這以上所說的自性、受用、變化三身，雖皆具足無邊功德，而各各有異。怎樣有異？就是：第一的自性身，唯具有眞實常樂我淨的功德：體非生滅，所以名常；寂滅安隱，所以名樂；得大自在，所以名我；解脫垢汚，所以名淨。這雖是離諸雜染，爲衆善所依的無爲功德，却沒有色心等的差別相用。第二的自受用身，具有無量種妙色心等的眞實功德。至於第三的他受用及變化身，唯具有無邊似色心等，爲利樂他用的化相功德。

丙四　三身二利門

又自性身，正自利攝，寂靜安樂，無動作故；亦兼利他，爲增上緣，令諸有情得利樂故；又與受用及變化身爲所依止，故俱利攝。自受用身，唯屬自利。若他受用及變化身，唯屬利他，爲他現故。

又自性身，正說應當爲自利所攝，因其寂靜安樂，在利他行上，無動作故；但亦兼利他，因其能爲利他作增上緣，令諸有情得利樂故；又自性身，能與受用及變化身，爲所依止，所以爲自、他二利所俱攝。

自受用身，唯屬自利，不兼利他，因其爲恒自受用廣大法樂的常徧色身之故。若他受用及變化身，則唯屬利他，不兼自利，因其專爲他有情類——菩薩、二乘、異生，轉法輪，決疑網的利他事業而示現故。

又自性身，依法性土。雖此身土體無差別，而屬佛法，相性異故，此佛身土俱非色攝。雖不可說形量大小，然隨事相，其量無邊，譬如虛空徧一切處。

又自性身，是依法性土而安住的，雖此身、土同一眞如，體無差別；然而身屬於佛，土屬於法，相、性有異。因爲佛是能證的覺相，爲衆德所聚的受用、變化二身的自體，所以名自性身。法是所證的理性，爲諸法自性；能持自性，所以名法性土。

此佛的自性身與法性土，都不是色法所攝。雖不可說形量大小，然隨着事相的顯現，其量是無邊的。譬如虛空徧一切處一樣。

自受用身，還依自土。謂圓鏡智相應淨識，由昔所修自利無漏純淨佛土，因緣成熟，從初成佛，盡未來際，相續變爲純淨佛土，周圓無際，衆寶莊嚴，自受用身常依而住。如淨土量，身量亦爾。諸根相好一一無邊，無限善根所引生故。功德智慧既非色法，雖不可說形量大小，而依所證及所依身，亦可說言徧一切處。他受用身，亦依自土。謂平等智大慈悲力，由昔所修利他無漏純淨佛土，因緣成熟，隨住十地菩薩所宜變爲淨土，或小或大，或劣或勝，前後改轉，他受用身依之而住。能依身

量，亦無定限。

自受用身，還是依自受用土而住的。就是與大圓鏡智相應的淨識，由往昔所修的自利無漏純淨佛土，一旦因緣成熟，從最初成佛開始，一直到盡未來際，這淨識卽相續不斷的變爲純淨佛土，周圓無際，爲諸珍寶之所莊嚴，自受用身卽常依此純淨的佛土而住。此能依的身量，也如所依的土量一樣，土量有多大，身量也有多大。不但身量，卽身所具的根相，相所具的隨形好，也都一一無邊，因爲是無限善根所引生的緣故。此身所具的功德智慧，既非色法，不可說他的形量大小；然而智慧隨其所證的如法；功德隨其所依的佛身，也可以說是徧一切處。

他受用身，也是依他受用土而住的。就是平等性智大慈悲力，由往昔所修的利他無漏純淨佛土，一旦因緣成熟，隨着住十地菩薩所適應的機宜，變爲淨土，或小、或大、或劣、或勝，前後改轉。怎樣改轉？卽前地與後地比較起來，前地所變的淨土爲小爲劣；後地所變的淨土爲大爲勝；從初地到十地，逐漸改變前地的小劣，轉易爲後地的大勝。他受用身，卽依此淨土而住。其能依的身量，也沒有一定大小的局限。

若變化身，依變化土。謂成事智大慈悲力，由昔所修利他無漏淨穢佛土，因緣成熟，隨未登地有情所宜，化爲佛土，或淨或穢，或小或大，前後改轉，佛變化身依之

而住。能依身量，亦無定限。

若變化身，則是依變化土而住。就是成所作事智的大慈悲力，由於往昔所修利他的無漏淨穢佛土，一旦因緣成熟，隨着尚未登地的地前菩薩、二乘、異生所適應的機宜，化爲佛土，或淨如彌陀所化的樂土；或穢如釋迦所化的娑婆；或小或大，如三變土田。穢土雖是有情自業所感，非佛所化；然佛爲度化有情，亦變似穢土與之融合，以有情業感而論，名爲穢土；以佛變化而論，名變化土。佛的變化身卽依此變化土而住，能依的身量，也是應緣改轉，沒有一定大小的局限。

丙六　身土同異門

自性身土，一切如來同所證故，體無差別。自受用身及所依土，雖一切佛各變不同，而皆無邊不相障礙。餘二身土，隨諸如來所化有情，有共不共。所化共者，同處同時，諸佛各變爲身爲土，形狀相似，不相障礙，展轉相雜爲增上緣，令所化身，自識變現。謂於一土有一佛身，爲現神通說法饒益。於不共者，唯一佛變。諸有情類無始時來，種性法爾更相繫屬，或多屬一，或一屬多，故所化生有共不共。不爾！多佛久住世間，各事劬勞，實爲無益，一佛能益一切生故。

自性身與法性土，因爲是一切如來，同所證故，所以體無差別，唯一如理。自受用身及所依的自受用土，雖一切佛各自所變的不同；然而他們的形量却都無邊際，不相障礙，如一室千燈，光光交融一樣。其餘的他受用與變化身土，是隨諸如來所化的有情，有共與不共之別。怎樣叫做共？所化共者：在同一地點，同一時間，諸佛各自變化爲身爲土，形狀都髣髴相似，互不障礙，彼此展轉相雜，爲增上緣，令其所化的有情，在自識的變現上，不見有諸佛身土的差別，認謂於一佛土有一佛身，爲現神通，說法饒益。怎樣叫做不共？於不共者：身土唯爲一佛所變，而不是諸佛共變。

爲什麼諸佛所化衆生有共不共？因爲諸有情類，從無始時來，他們的種性，必然於諸佛化緣，是更相繫屬的：或一生屬於多佛；或多生屬於一佛，或多生屬於多佛；或一生屬於一佛，因此所化衆生有共不共。假使不是這樣更相繫屬的話，那很多的佛，久住世間，各事劬勞，實在沒有利益，因爲一佛已能利益一切衆生，何用多佛。

丙七　見相同異門

此諸身土若淨若穢，無漏識上所變現者，同能變識俱善無漏，純善無漏因緣所生，是道諦攝，非苦集故。蘊等識相，不必皆同，三法因緣雜引生故。有漏識上所變現者，同能變識皆是有漏，純從有漏因緣所生，是苦集攝，非滅道故。善等識相，不

必皆同，三性因緣雜引生故。蘊等同異，類此應知。不爾！應無五、十二等。然相分等依識變現，非如識性依他中實。不爾！唯識理應不成！許識內境俱實有故。或識相見等從緣生，俱依他起，虛實如識，唯言遣外，不遮內境。不爾！眞如亦應非實。

以上所說的這些身土，無論淨穢，只要是無漏識上所變現的，那就同能變的識一樣，都是善無漏法，因爲這身土是純善無漏的因緣所生，在四諦裏，屬於道諦所攝，而不是苦集二諦。問：若能變與所變，都是一樣的話；那能變的識與所變的相分蘊等，何以色心不同？答：不必皆同，因爲由識所起的蘊、處、界三法，是雜引生故，他不同純無漏種所變的相分也是無漏一樣。

假使身土是有漏識上所變現的，那就同能變的識一樣，都是有漏。因爲是純從有漏因緣所生，屬於四諦的苦集諦攝，而不是滅道二諦。問：若能變的識是有漏，所變的相分也是有漏的話；那能變的識是善、惡、無記三性，何以所變的相分都是無記？答：不必皆同，因爲三性因緣雜引生故，他不同純有漏種所變的相分也是有漏一樣。三性旣如此別，當知蘊等的異同，也是這樣的。否則！若相、見分蘊等亦同；那就應當沒有五蘊、十二處、十八界的分別了。

然、相、見二分，因爲是依識自體所變現的原故，所以是虛妄計執，非如能變的識體，是依他緣起中的實法。假定不是這樣，而說相見分也是依他中實；那唯識的道理，就應當不能成立。因許內識和外境，俱是實有之故，何言唯識？

或說：識的自體、相、見分等，都是因緣所生的依他起性。相、見二分的虛實，如識體一樣；識既非虛，相見亦然。那麼，爲什麼不說萬法唯境，而說唯識呢？當知，唯識的「唯」字，唯遣心外的徧計所執，不遣內識所變的相分等境。假定不這樣解釋，眞如亦應非實。眞如既實，那能緣眞如的心豈容是假？

內識與境，既並非虛，如何但言唯識非境？識唯內有，境亦通外，恐濫外故，但言唯識。或諸愚夫迷執於境，起煩惱業，生死沉淪，不解觀心，勤求出離，哀愍彼故，說唯識言，令自觀心，解脫生死，非謂內境如外都無。或相分等皆識爲性，由熏習力，似多分生。眞如亦是識之實性。故除識性，無別有法。此中識言，亦說心所，心與心所定相應故。

外人問難：若如上說，內境與識，既都非虛，如何但說唯識非境？向下有三種解答：

一、識唯內有；若相分境，則不唯內有，且亦通外；內是依他；外是徧計，恐內外相濫，所以但言唯識。

二、或者因爲一切愚夫，迷於心外之境，執取爲實，隨至起煩惱業，沉淪生死，不解觀心之法以勤求出離。特爲哀愍彼愚夫故，所以才說此唯識之言，令其自知觀心，解脫生死，並不是說內境同外境一樣的全都沒有。

三、或者，相分等本來都是以識爲性的，由於虛妄熏習力故，似有相、見二分生起，實則唯一識性。如此說來，那不是妄習所生的眞如，是否也是唯識呢？是！因爲眞如也是識的實性，所以除識性外，無別有法。這裏所說的識，並非但指心王，亦兼心所，因爲心與心所是決定相應的。

第七篇　結歸施願

此論三分成立唯識，是故說爲成唯識論。亦說此論名淨唯識，顯唯識理極明淨故。此本論名唯識三十，由三十頌，顯唯識理，乃得圓滿，非增減故。

此論：前二十四頌明唯識相；中間一頌明唯識性；後五頌明唯識位。如是三分成立唯識，所以名爲「成唯識論」。也有說此論名「淨唯識」的，因其彰顯唯識教理，極明淨故，所以名淨唯識。此唯識的本論，何以名爲唯識三十？因爲世親菩薩以三十首頌，來顯示唯識相、性、位的道理，乃得圓滿，並不須要增加一頌，或減少一頌，所以名爲「唯識三十論頌」。

已依聖教及正理，分別唯識性相義；所獲功德施羣生，願共速登無上覺。

這是論師結束了他們解釋本論以後所說的一首頌。與第一篇敬願敍裏的四句偈遙相呼應。初二句是結牒所釋，後二句是迴施發願。如文易解。

成唯識論研習終

國家圖書館出版品預行編目資料

成唯識論研習／普行法師著. -- 1 版. -- 新北市：
華夏出版有限公司, 2022.05
面；　公分. -- (Sunny 文庫；217)
ISBN 978-986-0799-84-2(平裝)
1.瑜伽部

222.13　　110020738

Sunny 文庫 217
成唯識論研習

著　作　普行法師
印　刷　百通科技股份有限公司
電話：02-86926066　傳真：02-86926016
出　版　華夏出版有限公司
220 新北市板橋區縣民大道 3 段 93 巷 30 弄 25 號 1 樓
電話：02-32343788　傳真：02-22234544
E-mail：pftwsdom@ms7.hinet.net
總 經 銷　貿騰發賣股份有限公司
新北市 235 中和區立德街 136 號 6 樓
電話：02-82275988　傳真：02-82275989
網址：www.namode.com
版　次　2022 年 5 月 1 版
特　價　新台幣　1080 元 (缺頁或破損的書，請寄回更換)

ISBN：978-986-0799-84-2